Fit fürs Studium

Informatik

Boockmeyer, Fischbeck, Neubert

Liebe Leserin, lieber Leser,

aus Gesprächen mit Lehrenden und Studierenden kennen wir die Lage: Jedes Studium setzt Inhalte aus dem »Schulstoff« voraus. Hat die Vorlesung einmal begonnen und ist der Takt vorgegeben, sollten sie präsent sein, um richtig gut ins Studium hineinzufinden.

Damit Sie mögliche Wissenslücken mit Schwung und ohne aufwendige Recherche schließen können, haben wir »Fit fürs Studium« im Programm.

Unsere Autoren führen Sie direkt in die relevanten Themen ein und berücksichtigen dabei typische Fallstricke. Idealerweise lesen Sie die Kapitel in der angebotenen Reihenfolge, denn manche Inhalte bauen aufeinander auf. Sie lassen sie sich aber auch gut einzeln lesen, falls Sie ein bestimmtes Thema vertiefen oder am Ende noch einmal etwas nachlesen möchten.

Auch, wenn Sie sich einfach nur informieren möchten, sind Sie hier richtig: Unsere Autoren zeigen Ihnen die Vielfalt der Themen, die zur Informatik gehören, seien es theoretische Grundlagen, Künstliche Intelligenz, Programmierung, Ethik oder Teamwork.

Sie brauchen keinen Computer, um mit diesem Buch zu arbeiten – mit Ausnahme des Hands-On-Kapitels über Programmierung mit Python.

Eine Anmerkung noch in eigener Sache: Wir möchten unsere Arbeit und unsere Bücher immer besser machen. Lob und konstruktive Kritik sind uns deshalb willkommen. Das gleiche gilt für die Autoren, die eine Webseite zum Buch eingerichtet haben und sich über Feedback freuen.

Einen guten Start an der Hochschule wünscht Ihnen

Ihre Almut Poll
Lektorat Rheinwerk Computing

almut.poll@rheinwerk-verlag.de
www.rheinwerk-verlag.de
Rheinwerk Verlag · Rheinwerkallee 4 · 53227 Bonn

Auf einen Blick

1	Algorithmen	28
2	Zahlen und Kodierungen	50
3	Datenstrukturen	68
4	Einfache Sortieralgorithmen	84
5	Komplexität	104
6	Effizientere Sortieralgorithmen	122
7	Suchen	144
8	Backtracking und Dynamische Programmierung	164
9	Graphen	176
10	Formale Sprachen	196
11	Modellierung	216
12	Datenbanken	232
13	Künstliche Intelligenz	260
14	Computer	288
15	Netzwerke	308
16	Verschlüsselung	326
17	Softwareentwicklung	338
18	Teamarbeit	348
19	Fehler	362
20	Hands-on: Programmieren mit Python	378
21	Ethik in der Informatik	404
22	Extro	424

Wir hoffen, dass Sie Freude an diesem Buch haben und sich Ihre Erwartungen erfüllen. Ihre Anregungen und Kommentare sind uns jederzeit willkommen. Bitte bewerten Sie doch das Buch auf unserer Website unter **www.rheinwerk-verlag.de/feedback**.

An diesem Buch haben viele mitgewirkt, insbesondere:

Lektorat Almut Poll
Fachgutachten Thomas Bläsius, Timo Kötzing, Pascal Lenzer
Herstellung Norbert Englert
Korrektorat Marlis Appel, Troisdorf
Einbandgestaltung Mai Loan Nguyen Duy
Titelbilder iStock: 466821084 © baona, 497282978 © anyaberkut, 543699252 © izusek, 488598485 © 58shadows
Typografie und Layout Christine Netzker
Satz SatzPro, Krefeld, gesetzt aus der Cambria (9,5 pt/13,7 pt) in FrameMaker
Druck und Bindung mediaprint solutions, Paderborn

Dieses Buch wurde mit mineralölfreien Farben auf chlorfrei gebleichtem, PEFC®-zertifiziertem Offsetpapier (90 g/m²) gedruckt.

Der Umwelt zuliebe wurde auf die Einschweißfolie verzichtet.

Hergestellt in Deutschland.

Das vorliegende Werk ist in all seinen Teilen urheberrechtlich geschützt. Alle Rechte vorbehalten, insbesondere das Recht der Übersetzung, des Vortrags, der Reproduktion, der Vervielfältigung auf fotomechanischen oder anderen Wegen und der Speicherung in elektronischen Medien.

Ungeachtet der Sorgfalt, die auf die Erstellung von Text, Abbildungen und Programmen verwendet wurde, können weder Verlag noch Autor*innen, Herausgeber*innen oder Übersetzer*innen für mögliche Fehler und deren Folgen eine juristische Verantwortung oder irgendeine Haftung übernehmen.

Die in diesem Werk wiedergegebenen Gebrauchsnamen, Handelsnamen, Warenbezeichnungen usw. können auch ohne besondere Kennzeichnung Marken sein und als solche den gesetzlichen Bestimmungen unterliegen.

Die automatisierte Analyse des Werkes, um daraus Informationen insbesondere über Muster, Trends und Korrelationen gemäß § 44b UrhG (»Text und Data Mining«) zu gewinnen, ist untersagt.

Bibliografische Information der Deutschen Nationalbibliothek:
Die Deutsche Nationalbibliothek verzeichnet diese Publikation in der Deutschen Nationalbibliografie; detaillierte bibliografische Daten sind im Internet über *http://dnb.dnb.de* abrufbar.

ISBN 978-3-8362-8599-5

2., aktualisierte und erweiterte Auflage 2021; 1., korrigierter Nachdruck 2024
© Rheinwerk Verlag, Bonn 2021

Informationen zu unserem Verlag und Kontaktmöglichkeiten finden Sie auf unserer Verlagswebsite **www.rheinwerk-verlag.de**. Dort können Sie sich auch umfassend über unser aktuelles Programm informieren und unsere Bücher und E-Books bestellen.

Inhalt

Geleitwort 17
Intro 19

1 Algorithmen 28

1.1 Wo ist der Ausgang des Labyrinths? 29
1.2 Was ist ein Algorithmus? 30
1.3 Wie wird ein Algorithmus notiert? 32
      Graphische Notation 33
      Pseudocode 34
1.4 Schleifen 35
1.5 Verzweigungen 37
1.6 Logische Aussagen 39
      Logisches NICHT 40
      Logisches UND 40
      Logisches ODER 41
      Klammerung und Vorrangsregeln 41
      Besondere Aussagen 42
1.7 Funktionen 43
1.8 Zusammenfassung und Einordnung 44

2 Zahlen und Kodierungen 50

2.1 Gib mir 31! 51
2.2 Zahlensysteme und Einheiten 52
      Rechnen im Binärsystem 53
      Einheiten 54
2.3 Kodierungen 56
      Natürliche Zahlen 56
      Ganze Zahlen 57
      Kommazahlen 58

	Text	59
	Bilder	60
2.4	**Zusammenfassung und Einordnung**	62

3 Datenstrukturen 68

3.1	**Speicherung gleicher Daten**	69
3.2	**Geordnete Daten**	69
	Repräsentation im Speicher	72
	Andere Operationen auf den Datenstrukturen	75
3.3	**Ungeordnete Daten**	75
3.4	**Datenzuordnungen**	77
3.5	**Zusammenfassung und Einordnung**	78

4 Einfache Sortieralgorithmen 84

4.1	**Bücher sortieren**	85
4.2	**Selection Sort**	86
4.3	**Insertion Sort**	91
4.4	**Bubble Sort**	93
4.5	**Ordnungen**	96
4.6	**Zusammenfassung und Einordnung**	97

5 Komplexität 104

5.1	**Schokolade aufteilen**	105
5.2	**Verschiedene Wege führen zum Ziel**	106
5.3	**Eingabegröße**	107
5.4	**Messen der Laufzeit**	108
5.5	**Berechnen der Laufzeit**	108
5.6	**Die Landau-Notation**	111

5.7	Typische Laufzeiten	114
5.8	Zusammenfassung und Einordnung	116

6 Effizientere Sortieralgorithmen … 122

6.1	Sortieren im Team	123
6.2	Merge Sort	123
6.3	Quick Sort	128
6.4	Rekursion und Divide and Conquer	131
6.5	Noch schneller sortieren	133
6.6	Zusammenfassung und Einordnung	136

7 Suchen … 144

7.1	Finden und Sortieren	145
7.2	Lineare Suche	145
7.3	Binäre Suche	148
7.4	Suchbäume	151
	Suchen in Suchbäumen	152
	Hinzufügen eines Elements	154
	Erstellen von Suchbäumen	155
	Balancierte Bäume	157
7.5	Zusammenfassung und Einordnung	158

8 Backtracking und Dynamische Programmierung .. 164

8.1	Das Kistenproblem	165
8.2	Die perfekte Kiste	165
8.3	Branch and Bound	167
8.4	Dynamische Programmierung	168
8.5	Zusammenfassung und Einordnung	170

9 Graphen 176

- 9.1 Morgendliches Anziehen 177
- 9.2 Verknüpfte Daten 178
- 9.3 Varianten von Graphen 179
  - Gerichtete Kanten 179
  - Gewichtete Kanten 180
  - Beispiele für Graphen 180
- 9.4 Suchen und Bewegen in Graphen 182
  - Implementierung 183
  - Beispiel 184
- 9.5 Eigenschaften von Graphen 187
  - Bäume und Zyklenfreiheit 187
  - Zusammenhang 188
  - Eulersche Graphen 189
  - Planarität 189
- 9.6 Zusammenfassung und Einordnung 190

10 Formale Sprachen 196

- 10.1 Sätze erzeugen 197
- 10.2 Grammatiken 198
  - Reguläre Grammatiken 200
  - Kontextfreie Grammatiken 200
  - Höhere Grammatiken 201
- 10.3 Automaten 202
  - Endliche Automaten 202
  - Höhere Automaten 205
- 10.4 Sprachen und Mengenoperationen 206
- 10.5 Reguläre Ausdrücke 208
- 10.6 Zusammenfassung und Einordnung 210

11 Modellierung ... 216

11.1 Das Vereinsfest ... 217
11.2 Modellierung und Modelle ... 217
11.3 Problemmodellierung ... 219
11.4 Prozessmodellierung ... 220
Aktivitäten und deren Reihenfolge ... 220
Start- und Endknoten ... 220
Verzweigungen ... 221
Verantwortungsbereiche ... 222
11.5 Strukturmodellierung ... 223
Objekte und Klassen ... 223
Vererbung ... 224
Abstrakte Klassen ... 225
Sichtbarkeiten ... 226
11.6 Zusammenfassung und Einordnung ... 226

12 Datenbanken ... 232

12.1 Max' Lieblingsfilme ... 233
12.2 Strukturierte Datenspeicherung ... 235
Grundbegriffe ... 236
Darstellung ... 236
Kardinalitäten ... 237
Schlüssel ... 239
12.3 Operationen auf Datenbanken ... 239
Daten abfragen und sortieren ... 240
Gruppierung von Daten ... 243
Einträge einfügen ... 245
Einträge modifizieren ... 245
Einträge löschen ... 246
12.4 Empfohlene Strukturierung von Daten ... 247
Ein Wert pro Zelle ... 247
Redundanzen vermeiden ... 249
12.5 Zusammenfassung und Einordnung ... 251

13 Künstliche Intelligenz ... 260

- **13.1** Mensch gegen Maschine ... 261
- **13.2** Was ist Intelligenz? ... 262
  - Autonomie und Lernfähigkeit ... 262
  - Intelligenztests für Maschinen ... 263
  - Starke und schwache Intelligenz ... 264
- **13.3** Nachgeahmte Intelligenz ... 265
  - Entscheidungsbäume ... 265
  - Wissens- und logikbasierte Systeme ... 267
  - Heuristiken ... 271
- **13.4** Maschinelles Lernen ... 272
  - Arten des Lernens ... 272
  - Künstliche neuronale Netze ... 274
- **13.5** Anwendungsfelder ... 278
  - Automatische Textverarbeitung ... 279
  - Empfehlungssysteme in der Medizin ... 279
  - Intelligente Handykameras ... 281
  - Selbstfahrende Fahrzeuge ... 281
- **13.6** Zusammenfassung und Einordnung ... 282

14 Computer ... 288

- **14.1** Addieren auf Hardware-Ebene ... 289
- **14.2** Logische Schaltungen ... 290
  - Die Knobelei als Schaltplan ... 291
  - Exklusives ODER ... 292
  - Algorithmen als logische Schaltungen ... 293
- **14.3** Hardware-Komponenten und ihr Zusammenspiel ... 293
- **14.4** Betriebssysteme ... 296
  - Kernfunktionen von Betriebssystemen ... 297
  - Verbreitete Betriebssysteme ... 299
  - Betriebssystemnahe Programmierung ... 300

14.5	**Betriebssystemunabhängigkeit**	301
	Interpreter	301
	Bytecode-Sprachen	302
14.6	**Virtuelle Computer**	302
14.7	**Zusammenfassung und Einordnung**	303

15 Netzwerke ... 308

15.1	**Die Post des Kanzleramts**	309
15.2	**Eine mögliche Lösung für die Poststelle**	309
15.3	**Netzwerke**	311
	Clients und Server	311
	Weitere Netzwerkgeräte	312
15.4	**Internetstruktur**	314
	Services im Internet	316
	Daten im Internet versenden	316
	Adressauflösung zum Finden der IP-Adresse	317
15.5	**Einheitliche Kommunikation**	318
	Eine HTTP-Anfrage	318
	Die Antwort des Webservers	319
	Die Anfrage zusätzlicher Ressourcen	320
15.6	**Zusammenfassung und Einordnung**	321

16 Verschlüsselung ... 326

16.1	**Fdhvdu**	327
16.2	**Warum verschlüsseln?**	328
16.3	**Symmetrische Verschlüsselung**	328
16.4	**Asymmetrische Verschlüsselung**	329
16.5	**Hybridverfahren**	332
16.6	**Verschlüsselungen knacken**	332
16.7	**Zusammenfassung und Einordnung**	334

17 Softwareentwicklung 338

17.1	Algorithmus vs. Software	339
17.2	Die Werkzeuge eines Softwareentwicklers	341
17.3	Große Probleme lösen	343
	Top-down-Methode	343
	Bottom-up-Methode	344
17.4	Zusammenfassung und Einordnung	345

18 Teamarbeit 348

18.1	Konflikte	349
18.2	Warum Teams?	350
18.3	Softwareentwicklung im Team	350
18.4	Kommunikation in Teams	351
18.5	Aufgabenverwaltung und Kommunikationswerkzeuge	352
18.6	Versionsverwaltung	353
	Änderungen kleinschrittig speichern	354
	Daten mit einem Server synchronisieren	354
	Mit anderen Entwicklern zusammenarbeiten	355
	Verschiedene Entwicklungszweige verfolgen	356
18.7	Zusammenfassung und Einordnung	358

19 Fehler 362

19.1	Auf Fehlersuche	363
19.2	Warum ist Software fehlerhaft?	364
19.3	Bugs	365
19.4	Verschiedene Fehlerarten	365
	Kompilierungsfehler	365
	Laufzeitfehler	366
	Logische Fehler	367

		Designfehler	368
		Umgebungsfehler	370
		Kommunikationsfehler	370
	19.5	**Techniken zur Fehlervermeidung**	371
		Testen	371
		A/B Testing	372
		Programmierstil	373
		Pair Programming	373
		Code Review	374
	19.6	**Zusammenfassung und Einordnung**	374

20 Hands-on: Programmieren mit Python — 378

20.1	**Die Programmiersprache Python**	379
20.2	**Hallo Leser**	380
	Ausführung	380
	Erklärung des Programmcodes	381
20.3	**Variablen**	381
20.4	**Klassen, Objekte und Methoden**	382
	Eigenschaften von Objekten	383
	Verhalten von Objekten	383
20.5	**Datentypen**	386
	Zahlen	386
	Wahrheitswerte	387
	Zeichen und Zeichenketten	388
	Arrays	389
	Queues und Stacks	390
	Sets und Maps	392
20.6	**Kontrollstrukturen**	393
	Verzweigungen	393
	Schleifen	394
20.7	**Fehlersuche**	396
20.8	**Eine kleine Werkzeugkiste**	398

21 Ethik in der Informatik ... 404

21.1 Recht und Ordnung ... 405
Software für den Überwachungsstaat ... 405
Die Hutfarben der Hacker ... 407

21.2 Informatik in der Wirtschaft ... 407
Automatisierung statt Arbeitsplatz ... 407
Netzneutralität ... 408

21.3 Der Wert persönlicher Daten ... 409

21.4 Gemeingüter und Open Source ... 412
Wissen für jedermann ... 412
Kostenlose und quelloffene Software ... 413
Probleme der Anarchie ... 413

21.5 Vertrauen in Informationen ... 415

21.6 Verantwortung für Technologie ... 416
Das Leben in der Blase ... 416
Vermeidbare Fehlfunktionen ... 417
Unvermeidbare Folgen ... 418

21.7 IT-Gerechtigkeit ... 419

21.8 Der technisierte Mensch ... 420
Abhängigkeit von Technik ... 420
Arbeitszeit: 24/7 ... 421

21.9 Zusammenfassung und Einordnung ... 422

22 Extro ... 424

22.1 Wie wird man Informatiker*in? ... 425
Inhalte des Informatikstudiums ... 425
Organisation des Studiums ... 427
Entscheidung für ein Studium ... 427
Ausbildung als Alternative zum Studium ... 429
Ein duales Studium als Mittelweg ... 429
Das Berufsleben in der Informatik ... 430

| **22.2** | **Ressourcen** .... | 430 |
| **22.3** | **Wie geht es weiter?** .... | 430 |

Index 433

Geleitwort

Informationen sind ein wertvoller Rohstoff. Wer mehr oder genauere Informationen hat als andere, ist im Vorteil. Das ist schon sehr lange so, wie insbesondere die Geschichte der Verschlüsselung zeigt, in der es seit alters her darum geht, den eigenen Informationsvorteil nicht zu verlieren. Dieser Vorteil kann ausgebaut werden, wenn vorhandene Informationen verarbeitet und weitere Informationen daraus gewonnen werden können. Auch das ist nicht neu: Schlussfolgerungskalküle wurden u. a. bereits von Aristoteles entwickelt. Leibniz beschäftigte sich mit der arithmetischen Modellierung von Logik, entwickelte das Dualsystem und zeigte auf, wie »mechanisch« man mit dualen Zahlen rechnen kann. Aber erst Mitte des 20. Jahrhunderts wurde diese Mechanik technisch umgesetzt, und damit begann die Stunde der Informatik zu schlagen. Nach nur 80 weiteren Jahren ist die Automatisierung der Informationsverarbeitung, zu der die Informatik den zentralen Beitrag leistet, so weit fortgeschritten, dass die Menschen beginnen, Informatik-Systemen mehr zu vertrauen als sich selbst, ob bei der Kontrolle der individuellen Fortbewegung oder der Anbahnung zwischenmenschlicher Beziehungen.

Das Potenzial der Informatik und ihrer Anwendungen kann begeistern; alles scheint möglich. Außerdem werden mit Informatik-Anwendungen Milliarden verdient; die Plätze 1, 4, 5, 7, 8 und 9 der vom Magazin »Forbes« im Mai 2021 veröffentlichten Liste der Superreichen werden von Menschen belegt, deren Vermögen auf Informatik-Systemen beruht. Und diese Systeme haben in vielen Fällen – wie Amazon, Facebook oder Google – die Welt verändert. Die richtige Idee für eine neue Informatik-Anwendung kann so schnell reich machen wie einst der Fund einer Ölquelle oder einer Goldader. Ob inhaltliche Begeisterung, die Aussicht auf Weltveränderung oder Wohlstand: Es ist kein Wunder, dass junge Menschen sich von diesem Thema und diesem Fach angezogen fühlen. Ein Informatikstudium ist attraktiv – aber eventuell zu schwierig? Was ist, wenn ich in der Schule keinen Informatikunterricht hatte? Das ist gar nicht so unwahrscheinlich, denn trotz ihrer umfassenden Relevanz hat die Informatik noch keineswegs überall ihren festen Platz im Schulsystem gefunden. Und es gibt noch viele andere Gründe, sich zu fragen: Bin ich fit fürs Informatikstudium?

Dieses Buch kann Ihnen diese Sorge nehmen – vorausgesetzt, Sie lesen es und gehen auch den Knobeleien zu Beginn und den Aufgaben am Ende jedes Kapitels nicht aus dem Weg. Die wichtigsten Themen und Bereiche der Informatik werden behandelt, und die zweite Auflage geht nun auch auf das Thema »künstliche Intelligenz« bzw. »maschinelles Lernen« ein, das zuletzt so rasant an Bedeutung gewonnen hat. Am Ende werden Sie jedenfalls einen breiten Überblick über das Fach und entsprechende gute Grundkenntnisse besitzen.

Und das ist auf jeden Fall erstrebenswert, selbst wenn Sie (noch) nicht Informatik studieren wollen. Wir alle sollten nämlich in der Lage sein, Entwicklungen, die die Welt und die Menschheit verändern, zu verstehen und – auch kritisch – zu begleiten. In diesem digitalen Zeitalter ist das ohne Informatikkenntnisse aber nicht möglich. Deshalb ist dieses Buch im Prinzip für jede(n) geeignet.

Die Autoren dieses Buchs haben selbst ein Studium im Bereich der Informatik absolviert und waren schon früh von den Möglichkeiten der Informatik begeistert – zwei der Autoren haben als Schüler höchst erfolgreich am Bundeswettbewerb Informatik teilgenommen. Sie wissen deshalb genau, welche Themen für einen Einstieg geeignet und im Studium wichtig sind. Entscheidend ist aber, dass die Autoren selbst von ihrem Fach begeistert sind und dies auch vermitteln. Lassen Sie sich von dieser Begeisterung anstecken und werden Sie Informatikerin oder Informatiker! Aber, bei aller Begeisterung: Je mehr Sie Theorie und Praxis der Informatik beherrschen, desto mehr Macht wächst Ihnen zu, die Welt und das Leben Ihrer Mitmenschen zu verändern. Der Verantwortung, die sich aus dieser Macht ergibt, sollte sich jede Informatikerin und jeder Informatiker stets bewusst sein. Auch dieser Aspekt wird übrigens im vorliegenden Buch nicht vergessen. Und das ist nun wirklich begeisternd.

Bonn, im Juni 2021
Dr. Wolfgang Pohl
Geschäftsführer Bundesweite Informatikwettbewerbe (BWINF)

Intro

Haben Sie sich schon einmal gefragt, warum Sie jetzt ein gedrucktes Buch in den Händen halten können? Wie die Website zum Buch und alle anderen Websites auch programmiert und auf Ihrem Computer angezeigt werden können? Oder vielleicht, wieso eine Office-Anwendung oder ein Computerspiel auf Ihrem Computer ausgeführt werden kann? Die Informatik hat inzwischen einen großen Einfluss auf alle Bereiche unseres Lebens genommen.

Versuchen Sie doch einmal, das Gegenteil zu beweisen: Gehen Sie im Kopf Ihre letzte Woche durch, und schätzen Sie, mit wie vielen Dingen Sie in Kontakt gekommen sind, die *keinen* Bezug zu Informatik haben. Haben Sie etwas gefunden? Dann lassen Sie uns über ein paar Vorschläge genauer nachdenken:

Dachten Sie an Essen oder Lebensmittel? Die Landwirtschaft ist eine der digitalisiertesten Branchen überhaupt, mit Dutzenden computergesteuerten Systemen zur Qualitätssicherung, automatischen Bewässerung, Schädlingsbekämpfung, Ernteplanung und so weiter. Handelt es sich um ein maschinell hergestelltes Produkt oder überhaupt um ein Produkt, das in irgendeiner Form ausgeliefert wird, so steuert vermutlich ein Computer die Produktion, und mit Sicherheit hat bei der Auslieferung ein Algorithmus dem Paketboten den schnellsten Weg ans Ziel gezeigt.

Vielleicht hatten Sie an ein Musikstück oder einen Film gedacht? Kaum eine Medienproduktion kommt mittlerweile ohne digitale Aufnahme- und Bearbeitungstechnik aus, und selbst ältere Werke wurden längst in Nullen und Einsen überführt, übers Internet verbreitet und für die Ewigkeit archiviert.

Ein Gebäude? Wahrscheinlich hat eine Software den Architekten und den Statiker dabei unterstützt, Planungsfehler zu vermeiden. Wenn das Gebäude etwas neuer ist, werden vielleicht die Heizung und das Licht von einem Computer gesteuert. Wenn es antik ist, wurde es wahrscheinlich schon mit modernster computergestützter Technologie erfasst, um für die Geschichtsforschung neue Erkenntnisse zu gewinnen.

Ein Lebewesen? Informatiker versuchen, von der Natur zu lernen, und entwickeln Algorithmen, die zum Beispiel vom Verhalten von Ameisen inspiriert sind. Auch medizinische Versorgung ohne die automatische Verarbeitung großer Datenmengen wäre heute undenkbar.

Das nächstgelegene Gewässer? Das Wetter? Höchstwahrscheinlich überwachen zu genau diesem Zeitpunkt Dutzende Sensoren den Wasserstand, den Sauerstoffgehalt, die Fließgeschwindigkeit und weitere Werte der Flüsse und Seen in Ihrer Umgebung. Und einige der leistungsstärksten Computer der Welt berechnen gerade Daten für Ihre Wettervorhersage in den nächsten Nachrichten.

Computer und digitale Systeme, so zeigt uns dieses kleine Gedankenspiel, begleiten uns mittlerweile in allen unseren Lebenslagen und sind aus unserer Welt nicht mehr wegzudenken.

Das Buch

Die Informatik ist eine faszinierende Wissenschaft, die unser gesamtes Leben prägt wie kaum ein anderes Fachgebiet. Mit diesem Buch wollen wir Ihnen diese Faszination vermitteln und Sie begeistern und befähigen, ein Studium der Informatik zu beginnen. Sollten Sie daher gerade am Ende Ihrer Schullaufbahn sein und Interesse an einem Informatikstudium haben, ist dieses Buch genau das Richtige für Sie! Das Gleiche gilt, falls die Schulzeit schon etwas länger zurückliegt, und das ganz unabhängig davon, ob Ihnen dort »Informatik« als Fach begegnet ist. Da die einzigen Voraussetzungen zum Lesen einfache Schulmathematik und Spaß am Knobeln und Lösen von logischen Rätseln sind, benötigen Sie keine weiteren Vorkenntnisse, um direkt ins Thema einsteigen zu können. Falls Sie, zum Beispiel aus dem Schulunterricht, einige Informatikkenntnisse mitbringen, hilft Ihnen das Buch dabei, dieses Wissen zu festigen und auszubauen.

Auch ohne Studienpläne sind Sie selbstverständlich herzlich eingeladen, mit diesem Buch einen Einblick in die Informatik zu gewinnen. Unserer Meinung nach gehört ein Grundverständnis digitaler Technologien längst zum wichtigen Allgemeinwissen, und die Denkmuster unserer Wissenschaft sind auch außerhalb der Informatik sehr nützlich. Egal also, ob Sie selbst etwas Informatik lernen möchten oder vielleicht auch als Lehrkraft Ideen für einen ansprechenden Informatikunterricht suchen: Wir sind uns sicher, dass diese Lektüre ein guter Einstieg ist!

Wie liest man dieses Buch?

Mit Ausnahme von ein paar Grundlagen am Anfang ist es nicht notwendig, die Kapitel in der abgedruckten Reihenfolge zu lesen. Ganz im Gegenteil: Sie können frei nach Interesse und Wissensstand Kapitel überspringen oder spätere Kapitel vorziehen.

Wir empfehlen jedoch, auf jeden Fall mit dem ersten Kapitel über Algorithmen zu beginnen, da Sie dort eingeführte Konzepte und Schreibweisen auch später immer wieder benötigen werden. Wenn Sie dann Gefallen an algorithmischem Denken gefunden haben, können Sie dieses in den Kapiteln 2 bis 9 anwenden, denn dort sprechen wir über verschiedene Standardalgorithmen und Analysetechniken der Informatik – sozusagen die Werkzeugkiste eines jeden Informatikers. Kapitel 10, »Formale Sprachen«, macht einen Ausflug in die theoretische Informatik.

In Kapitel 11, »Modellierung«, und Kapitel 12, »Datenbanken«, verlagert sich der Fokus auf die Strukturierung von Problemen, Daten, Prozessen und Systemen. In Kapitel 13, »Künstliche Intelligenz«, beleuchten wir, was es mit künstlicher Intelligenz und maschinellem Lernen auf sich hat. Anschließend steigen wir in die technische Umsetzung ein: Kapitel 14 bis 16 widmen sich der Technik hinter Computern, Netzwerken und sicherer Datenübertragung. Ab Kapitel 17, »Softwareentwicklung«, wird es richtig praktisch, denn dort beschäftigen wir uns mit der Frage, wie eigentlich große und komplizierte Software entwickelt wird. In Kapitel 20, »Hands-on: Programmieren mit Python«, schreiben Sie dann selbst Programme am Computer – hierfür ist es ratsam, zumindest die Grundlagen zu Algorithmen, Datenstrukturen, Objektorientierung, Computern und Softwareentwicklung gelesen zu haben.

Abschließend beschäftigen wir uns in Kapitel 21, »Ethik in der Informatik«, mit ethischen und gesellschaftlichen Fragestellungen: Was darf Informatik alles, und welche Verantwortung tragen wir als Informatiker? Um Ihnen wirklich alles an die Hand zu geben, was Sie für einen erfolgreichen Studienstart benötigen, geben wir Ihnen im Extro noch einen Überblick über Ausbildungswege und mögliche Berufsfelder und verraten, wie ein Informatikstudium eigentlich abläuft.

Die meisten Kapitel fangen mit einer Knobelei an, also einer kleinen Rätselaufgabe, die Sie im Kopf, auf Papier oder mit wenigen Alltagsgegenständen lösen können – insbesondere brauchen Sie außer für Kapitel 20 keinen Computer für die Bearbeitung. Anschließend lösen wir die Knobelei auf und zeigen, welche Konzepte der Informatik sich dahinter verbergen. Stück für Stück führen wir im Hauptteil des Kapitels Begriffe und Techniken ein, die wir am Kapitelende zusammenfassen und in den Gesamtzusammenhang stellen.

Ein paar Aufgaben von einfach bis schwer geben Ihnen dann die Möglichkeit, das Gelesene zu verarbeiten und anzuwenden und zu testen, ob Sie alles verstanden haben. Auch diese Aufgaben können Sie (mit Ausnahme von Kapitel 20) völlig ohne Computer oder andere technische Hilfsmittel bearbeiten.

Folgende Stile und Icons verwenden wir, um Dinge zu kennzeichnen:

▶ **Aufgaben**

Alles, was Aufgaben betrifft, erkennen Sie auf den ersten Blick am schraffierten Seitenrand.

Zu Beginn des Kapitels gibt es eine »Knobelei zum Einstieg«, mit der Sie ohne Vorkenntnisse in das Thema des Kapitels einsteigen können.

Am Ende der Kapitel fordern Aufgaben Sie heraus.

🎓🎓🎓 Manche Aufgaben fordern Sie voraussichtlich mehr als andere. Diesen Aufgaben haben wir nicht nur einen, sondern gleich drei Doktorhütchen vorangestellt.

- **Lösungen**

    Lösungen finden Sie immer hinter den Aufgaben eines Kapitels; jede Lösung trägt die gleiche Nummer wie die Aufgabe, die sie löst.

- **Begriffe**

    Begriffe erläutern wir immer im Zusammenhang. Sie erkennen einen neu eingeführten Begriff an der *kursiven Schrift*.

> **Kompakt erklärt – bitte genau hinsehen**
>
> In diesem Buch lernen Sie viele neue Konzepte, Sachverhalte und Zusammenhänge der Informatik kennen. Manche davon haben wir hervorgehoben, weil Sie bei der Lektüre vielleicht kurz innehalten möchten; denn mit einem Kasten wie diesem unterbrechen wir unseren Gedankengang, um Ihnen wichtige Grundlagen zu vermitteln oder weiterführende Ideen vorzustellen. Diese Textstellen lassen sich zwar leicht wiederfinden, aber wir empfehlen schon beim ersten Lesen ein besonderes Augenmerk.

- **Pseudocode und Code**

    Pseudocode und Code erkennen Sie an dieser Schriftart:

    ```
    Wiederhole solange Ende des Buches nicht erreicht
        Wiederhole solange Seitenende nicht erreicht
            Falls Abschnittstyp = Aufgabe
    ```

    Schlüsselwörter der Programmiersprache bzw. Begriffe, die in einer Programmiersprache als Schlüsselwort (vgl. Kapitel 20, »Hands-on: Programmieren mit Python«) umgesetzt werden, drucken wir farbig. Moderne Entwicklungsumgebungen bieten verschiedene reichhaltige Farbdarstellungen Ihres Codes, die außerdem z. B. Zahlenwerte, Kommentare, Zeichenketten in jeweils eigenen Farben darstellen. Schlüsselwörter werden dabei immer berücksichtigt, und so halten wir es auch in diesem Buch.

Webseite zum Buch

Auf unserer Website *www.fit-fuers-informatikstudium.de* stellen wir weiteres Material zum Buch bereit. Dieses umfasst noch ausführlichere Lösungserklärungen zu manchen Aufgaben, eine Linksammlung zu weiterführender Literatur sowie alle Codebeispiele und Werkzeuge für das Programmierkapitel 20.

Wie in jedem Fachbuch wird auch bei uns der Fehlerteufel nicht völlig untätig geblieben sein. Auf unserer Website nehmen wir Fehlermeldungen entgegen und stellen Korrekturen für bereits bekannte Fehler bereit. Außerdem freuen wir uns natürlich sehr über Feedback:

Über das Kontaktformular auf unserer Website können Sie uns Fragen stellen und Lob, Anregungen und natürlich auch Kritik loswerden.

Danksagungen

Zuallererst möchten wir uns bei unserer Lektorin Almut Poll bedanken, ohne die es dieses Buch nicht gegeben hätte. Ihrer Feder entstammen Idee und Konzept des Projekts, für das sie uns als Autoren an Bord geholt hat. Wir danken ihr für das in uns gesetzte Vertrauen und die kompetente Unterstützung beim Schreiben des Buchs! Ebenso danken wir allen weiteren Mitarbeitenden des Rheinwerk Verlags, die im Hintergrund dafür gearbeitet haben, dass Sie nun ein fertiges Exemplar des Buches in der Hand halten können.

Unser Dank geht auch an Wolfgang Pohl, der das Geleitwort verfasst und damit dem Buch einen schönen Kontext gegeben hat.

Wir danken unseren Kollegen Thomas Bläsius, Timo Kötzing und Pascal Lenzner für die fachliche und didaktische Durchsicht der Kapitel. An vielen Stellen sind ihre wertvollen Anmerkungen und Ratschläge in das Buch eingeflossen und haben damit die Verständlichkeit der Erklärungen verbessert. Auch ein paar Fehler konnten wir dank den dreien ausmerzen.

Ebenso geht ein herzliches Dankeschön an unseren Freundeskreis und unsere Familien, die sich nie darüber beschwert haben, wenn wir sie völlig aus dem Zusammenhang gerissen um Rat gefragt haben. Wir danken insbesondere Jonas Chromik, Lukas Faber, Franka Fischbeck, Marie Hagenbourger, Ann Katrin Kuessner, Rita Neubert, Valentin Pinkau, Jan Schellenberg, Robert Schmid, Sebastian Serth und Jennifer Stamm dafür, dass sie uns bei der Entstehung des Buches als Testpersonen unterstützt und uns Feedback zu den Texten gegeben haben.

Wir selbst forschen und lehren an unserer Universität und sprechen unseren Kolleginnen und Kollegen sowie den Studierenden am Hasso-Plattner-Institut Potsdam großen Dank dafür aus, dass sie mit Spaß und Leidenschaft bei der Sache sind und wir tagtäglich mit ihnen arbeiten und forschen können. Insbesondere sind wir sehr dankbar für all die Gelegenheiten, die uns geboten wurden und werden, Schülerinnen und Schülern, Lehrkräften und Studierenden im Rahmen von Workshops, Camps, Tutorien und Vorlesungen unser Wissen weiterzugeben und dabei unsere eigenen didaktischen Fähigkeiten zu erproben und zu verbessern.

Was ist eigentlich Informatik?

Nicht ganz zu Unrecht denken die meisten Menschen beim Begriff »Informatik« zuallererst an Laptops, Smartphones und das Internet. Dennoch haben wir uns dafür entschieden, dieses Buch so zu schreiben, dass Sie es fast komplett ohne Computer lesen und insbesondere die Aufgaben ganz analog bearbeiten können. Die Erklärung dafür liegt darin verborgen, was Informatik außerhalb der Arbeit mit Computern eigentlich noch alles umfasst.

Die Anfänge der mechanischen Rechenmaschinen

Der Ursprung der Informatik liegt in dem Traum, Berechnungen nicht mühsam von Hand durchführen zu müssen, sondern wiederkehrende und monotone Aufgaben von einer Maschine erledigen zu lassen. Gleich drei Mathematiker bauten im 17. Jahrhundert erste mechanische Rechenmaschinen. Aus heutiger Sicht ist der bedeutendste davon Gottfried Wilhelm Leibniz, dessen Maschine alle vier Grundrechenarten beherrschte. Zwar konnte zu seinen Lebzeiten die »Leibniz'sche Rechenbank« nie voll funktionstüchtig gebaut werden, weil die damaligen Möglichkeiten der Feinmechanik noch nicht ausgereift genug waren, moderne Nachbauten funktionieren jedoch einwandfrei. Die Maschine prägte die bis heute typische Trennung einer automatischen Berechnung in *Eingabe*, *Berechnung* und *Ausgabe*. Darüber hinaus erkannte Leibniz, dass sich das Binärsystem – also das Rechnen mit den Ziffern 0 und 1 anstatt des uns geläufigen Zehnersystems mit den Ziffern 0–9 – besonders gut für maschinelle Berechnungen eignet.

Neben vielen Weiterentwicklungen dieser Rechenmaschinen durch verschiedene Erfinder leitete Joseph-Marie Jacquard um 1800 mit seinem Lochkarten-gesteuerten Webstuhl das nächste Kapitel der Informatikgeschichte ein. Statt ein kompliziertes Webmuster fest in die Mechanik des Webstuhls einbauen zu müssen, ermöglichten austauschbare Karten mit ausgestanzten Löchern, ein und denselben Webstuhl für vielerlei Muster zu verwenden. Im 19. Jahrhundert übernahm der Mathematiker Charles Babbage diese Idee für den Entwurf seiner »Analytical Engine«, einer von einer Dampfmaschine angetriebenen Rechenmaschine, die über Lochkarten programmiert werden sollte. Auch wenn die Maschine nie vollständig gebaut wurde, so geht man heutzutage doch davon aus, dass sie voll funktionstüchtig gewesen wäre. Im Gegensatz zu den Konstruktionsplänen der Maschine wurde eine Reihe von Programmen für selbige überliefert. Die Autorin dieser Programme, die Mathematikerin Ada Lovelace, gilt damit als erste Programmiererin überhaupt. Sie hatte außerdem die Vision, dass solche Rechenmaschinen langfristig nicht nur mit Zahlen, sondern auch mit Bildern und Musik arbeiten könnten.

Programmierbare Computer

Im Jahr 1938 gelang es endlich Konrad Zuse, mit der »Z1« die erste programmierbare mechanische Rechenmaschine zu vollenden. Drei Jahre später stellte er die Nachfolgerin »Z3« fertig, die als erster Computer der Welt gilt und nicht mehr mechanisch, sondern mit zweitausend Relais arbeitete. Programmiert wurde der Computer über einen Lochstreifen, Eingabe und Ausgabe erfolgten über eine Tastatur und Lampen.

Ebenfalls in den 1930er Jahren wurden wichtige Grundsteine der theoretischen Informatik geschaffen. Wissenschaftler wie Alan Turing und Alonzo Church formalisierten, welche Probleme überhaupt von Maschinen gelöst werden können. Das von ihnen maßgeblich geformte Forschungsfeld der *Berechenbarkeitstheorie* beschreibt die Grenzen der Möglichkeiten von Computern, und zwar nicht nur die der damals bekannten, sondern die aller Maschinen und Modelle zur automatischen Berechnung, die bis heute entdeckt und entwickelt wurden.

Der Brite Alan Turing war als Kryptoanalytiker auch maßgeblich daran beteiligt, im Zweiten Weltkrieg die abgefangenen verschlüsselten Nachrichten der Deutschen zu entziffern. Die Fähigkeit, die gegnerische Kommunikation abzuhören, war so bedeutend, dass damals gleich mehrere Großrechner im Vereinigten Königreich, in den USA und in Deutschland entwickelt wurden. Neben der Entschlüsselung von Nachrichten dienten sie auch zur Automatisierung von komplexen aerodynamischen Berechnungen für Flugzeuge und Geschosse. Mehr und mehr wurden dabei die fehleranfälligen und langsamen Relais durch Elektronenröhren aus der Radartechnik ersetzt.

Nachdem lange Zeit die Programmierung der Maschinen direkt über Kabel oder Löcher erfolgt war und Befehle über 0en und 1en eingegeben wurden, kam die Informatikerin Grace Hopper um 1950 auf die Idee, Programme stattdessen auf Englisch zu schreiben und diese anschließend mit einem Computer in Maschinenbefehle zu übersetzen. Sie entwickelte darauf aufbauend die ersten Programmiersprachen und die dazugehörigen Übersetzer, auch *Compiler* genannt.

Miniaturisierung und Siegeszug des Computers

Unter anderem aufgrund ihrer immensen Größe – der US-amerikanische *ENIAC* nahm 170 m^2 Platz ein – ging man damals davon aus, dass nur wenige Computer weltweit benötigt würden. Mit der Erfindung des Transistors 1947 änderte sich vieles, denn auf einmal war es möglich, viel schnellere, kleinere und wartungsärmere Computer zu konstruieren. Im Gegensatz zu den meisten vorherigen Maschinen speicherten nun Computer Programme und Daten im selben Speicher, entsprechend dem von John von Neumann beschriebenen Aufbau eines Computersystems. Die Entwicklung der ersten Mikroprozessoren durch Intel beziehungsweise Texas Instruments im Jahr 1971 führte schließlich dazu, dass Tausende Transistoren auf einem kleinen Chip Platz fanden. Anschließend vergrößerte sich die Anzahl der Transistoren auf einem Chip rasant. Der Wissenschaftler Gordon Moore prognostizierte eine Verdoppelung der Schaltkreisdichte alle ein bis zwei Jahre. Bis heute hält die Weiterentwicklung der Kernbestandteile von Computersystemen Schritt mit dieser Prognose.

Erst in den 1980er Jahren fanden Computer nach und nach Einzug in Privathaushalte, nachdem zuvor vor allem Großgeräte für Unternehmen entwickelt worden waren. Ab 1990 revolutionierte die Öffnung des Internets für die allgemeine kommerzielle Nutzung die weltweite Kommunikation. Zuvor war dieses Netzwerk auf Forschungseinrichtungen und Universitäten beschränkt gewesen, wo insbesondere die E-Mail für schnellen Nachrichtenversand genutzt wurde. Das 1989 von Tim Berners-Lee entwickelte World Wide Web ist heutzutage die bekannteste Ausprägung des Internets.

Seitdem halten Computer Einzug in immer mehr Bereiche unseres Lebens. Angefangen bei Taschenrechnern, digitalen Armbanduhren und Mobiltelefonen explodierte die Verbreitung von Computern spätestens 2007. Zwar waren Smartphones keine neue Erfindung, erst jedoch die Einführung des iPhones in jenem Jahr führte dazu, dass heute fast jeder eine universale, automatische Rechenmaschine in der Hosentasche trägt, die millionenfach leistungsstärker ist, als es sich die Erfinder der ersten mechanischen Rechner hätten erträumen können. Das sogenannte *Internet of Things* (IoT) vernetzt im Haushalt Lampen, Heizungen und Staubsauger-Roboter, und auch in der Industrie gibt es kaum noch eine Maschine, die sich nicht aus der Ferne digital überwachen und steuern ließe. Mit *Wearables* (kleinen tragbaren Computern), *Smart Clothes* (Kleidungsstücken mit integrierter Digitaltechnik) und sogar im Körper implantierten Chips ist die Durchdringung des Alltags durch digitale Systeme inzwischen praktisch allumfassend. Diese Verbreitung und Universalität von Computern macht den Beruf des Informatikers enorm spannend und herausfordernd.

Was macht ein Informatiker?

Kommunikation, Mobilität, Multimedia, Finanzwesen, Ingenieurswesen, Fabrikproduktion, Forschung und Entwicklung, Medizin, Unternehmensorganisation, Politik – die Anwendungsfelder informatischer Systeme umfassen inzwischen praktisch alles. Bei aller Weiterentwicklung ist jedoch das Grundprinzip geblieben: Die Informatik beschäftigt sich noch immer damit, wie Berechnungen automatisiert durchgeführt werden. Da die zugrundeliegenden Problemstellungen aus beliebigen Domänen stammen können, ist das Aufgabenfeld eines Informatikers so universell wie kaum ein anderes.

Hauptsächlich beschäftigt sich ein Informatiker damit, wie Probleme gut, effizient und automatisiert gelöst werden können. Dass diese Automatisierung in erster Linie durch Computer geschieht, ist zunächst einmal zweitrangig, denn eine strukturierte und präzise Beschreibung von Problemlösungen ist für Mensch wie Maschine gleichermaßen wertvoll. Die enorme Rechenkraft von heutigen Computern sorgt jedoch dafür, dass die Lösungsverfahren auch schnell ausgeführt werden können, und macht damit die Ergebnisse des Informatikers anwendbar.

Wenn man so will, ist der Computer das wichtigste Werkzeug des Informatikers für die Ausführung der Lösungen. In der Arbeit mit Computern fungiert man jedoch in erster Linie als Übersetzer zwischen der Sprache des Problems und der Sprache des Computers. Bevor aber diese Übersetzung stattfinden kann, muss zunächst das Problem gelöst und diese Lösung in eine strukturierte Form gebracht werden.

Neben mathematisch-logischem Denken ist dabei vor allem die Kompetenz eines Ingenieurs gefragt: Ohne den Blick fürs Ganze, Erfindergeist, Kreativität und Teamfähigkeit kommt man in der Informatik nicht sehr weit, denn typischerweise sind die gestellten Probleme so umfangreich und knifflig, dass deren Lösung viel Knobelei, Ausprobieren und Teamarbeit erfordert.

In die grundlegenden Denkweisen, Lösungsansätze und Ideen der Informatik wollen wir Ihnen in den folgenden Kapiteln einen Einblick geben. Die wichtigsten Werkzeuge dafür sind Papier und Stifte. Haben Sie sich dies bereitgelegt? Dann kann es ja losgehen!

Kapitel 1

Algorithmen

Um ein Problem zu lösen, brauchen Maschinen eine gute Strategie und unmissverständliche Anweisungen. In diesem Kapitel lernen Sie eine Art Sprache kennen, mit deren Hilfe Sie solche Anleitungen formal notieren können.

1.1 Wo ist der Ausgang des Labyrinths?

Knobelei zum Einstieg

Vielleicht war es keine so gute Idee Ihres Freundes, bei Neumond und Nebel allein im Maislabyrinth zu wandern: Seine Taschenlampe ist kaputt und der Ausgang unauffindbar. Im Licht des Handydisplays kann er gerade so noch erkennen, ob sich direkt vor seiner Nase eine Wand befindet.

Verzweifelt ruft er Sie an, übermittelt die GPS-Position, die sein Handy anzeigt, und bittet um Navigationshilfe zum Ausgang. Im Internet finden Sie eine Karte des Labyrinths (Abbildung 1.1) und können aus den GPS-Daten die Position und Blickrichtung Ihres Freundes in dem Labyrinth ermitteln (violetter Pfeil). Ein Kästchen entspricht einem Schritt Ihres Freundes.

Erklären Sie Ihrem Freund möglichst unmissverständlich den Weg zum Ausgang! Welche Anweisungen geben Sie telefonisch durch?

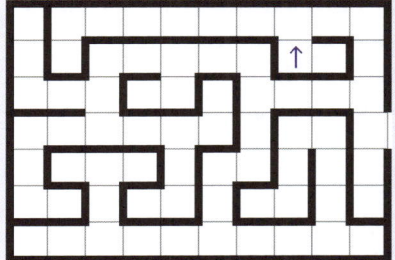

Abbildung 1.1 Labyrinth 1

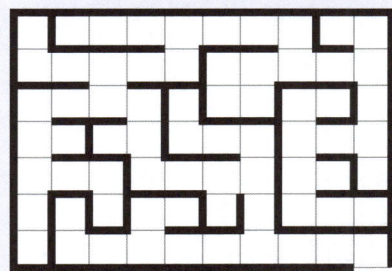

Abbildung 1.2 Labyrinth 2

Obwohl Ihr Freund genau Ihren Anweisungen gefolgt ist, hat er den Ausgang immer noch nicht erreicht. Offenbar ist das GPS-Signal im Labyrinth viel zu schlecht für eine genaue Positionierung.

▶ Gelingt es Ihnen, ohne zu wissen, wo Ihr Freund ist, dennoch Anweisungen zu geben, mit deren Hilfe er den Ausgang findet? Wenn jemand mitmachen möchte, probieren Sie es mit einer zweiten Person aus! Diese soll sich eine beliebige Startposition im Labyrinth suchen, bewegt sich auf Anweisung immer ein Kästchen vorwärts oder dreht sich in die angegebene Richtung und kann Ihnen lediglich mitteilen, ob sich direkt vor ihr eine Wand befindet.

Niemand da? Schreiben Sie Ihre Anweisungen auf. Würden Sie dem Freund auch Fragen stellen? Schreiben Sie sie mit auf. Wie hängen Ihre Anweisungen von den Antworten ab? Wenn alles aufgeschrieben ist, wechseln Sie die Rollen. Nehmen Sie sich das Papier, das Labyrinth und eine Spielfigur oder Münze für die Position zur Hand, und spielen Sie die Anweisungen durch.

Ist Ihr Freund wieder sicher aus dem Labyrinth herausgekommen? Glückwunsch! Sie haben soeben nicht nur Ihren Freund gerettet, sondern auch einen Algorithmus entwickelt. Jetzt wird es noch etwas schwieriger:

- Schaffen Sie es mit demselben Algorithmus auch, den Ausgang des zweiten Labyrinths (Abbildung 1.2) zu finden? Dabei ist das Startfeld erneut unbekannt.
- Funktioniert der Algorithmus in beliebigen Labyrinthen der obigen Art? Falls ja: Wodurch wurde diese Allgemeingültigkeit erreicht? Falls nein: Wie müssten Sie den Algorithmus abändern, damit er immer zum Ausgang führt?

1.2 Was ist ein Algorithmus?

Tatsächlich haben Sie sogar zwei Algorithmen benutzt. Zuerst haben Sie auf die Karte geschaut und von der Position Ihres Freundes aus einen Weg zum Ausgang gesucht. Sie hatten also die Karte und die Position als Ihre Eingabe und haben einen Weg ausgegeben (wenn auch nur in Gedanken). Allgemein gesprochen ist ein Algorithmus eine Anleitung dafür, aus *Eingabedaten* bestimmte *Ausgabedaten* zu produzieren und *zurückzugeben*.

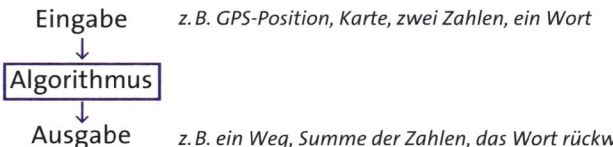

Abbildung 1.3 Ein Algorithmus von außen betrachtet: Es werden Eingabedaten in Ausgabedaten umgewandelt.

Vielleicht wissen Sie gar nicht, wie Ihr Verfahren zum Finden des Weges auf der Karte aussah, denn Sie haben wahrscheinlich intuitiv mit wenigen Blicken einen Weg gefunden. Um diesen Schritt dennoch zu konkretisieren, betrachten wir den zweiten Algorithmus, den Sie entwickelt haben: Sie haben Ihrem Freund in Form einer Anleitung konkrete Anweisungen zur Bewegung im Labyrinth gegeben.

Die Anweisungen, die von der Anleitung gegeben werden, nennen wir auch *Befehle*. Wenn eine Person oder eine Maschine diese Befehle befolgt, so sagen wir, sie *führt den Algorithmus aus*. In der Informatik gehen wir immer davon aus, dass am Ende einmal ein Computer den Algorithmus ausführen wird – für die Definition des Algorithmenbegriffs ist dies jedoch unerheblich.

Damit die Ausführung überhaupt möglich ist, darf eine solche Anleitung jedoch nicht beliebig sein, sondern muss ein paar Eigenschaften erfüllen:

Zunächst einmal kann der Algorithmus nur solche Befehle verwenden, die von der ausführenden Person oder Maschine verstanden werden. Üblicherweise sind das sehr einfache und extrem kleinschrittige Anweisungen. Damit versucht man zu erreichen, dass keine Missverständnisse auftreten. Zum Beispiel könnte man diesen Befehl unterschiedlich interpretieren:

Gehe einen Schritt nach links.

Soll sich die Person nun zunächst drehen und dann einen Schritt nach vorn machen, oder soll sie einen Schritt seitwärts gehen? Je nach Interpretation ist die Blickrichtung nach Ausführung des Befehls eine andere! Besser wäre also beispielsweise eine detailliertere Formulierung wie:

Drehe dich um 90 Grad nach links.
Als Nächstes mache einen Schritt nach vorn.

Zwar sind das zwei Befehle statt wie zuvor nur einer, dafür ist das Risiko von Missverständnissen kleiner.

Ein Befehl ist daher immer eine Anweisung, deren Bedeutung absolut eindeutig ist. Man sagt deshalb, ein Befehl ist *wohldefiniert*. Die Sammlung aller Befehle, die verstanden werden, nennt man *Befehlssatz*. Dies könnten die beiden Befehle »Drehe dich um 90 Grad nach links« und »Mache einen Schritt nach vorn« von oben sein.

Ein Algorithmus ist eine Abfolge solcher Befehle. Eine weitere wichtige Eigenschaft von Algorithmen ist, dass diese Abfolge nur endlich lang ist. Das bedeutet nichts anderes, als dass man den gesamten Algorithmus aufschreiben kann und damit irgendwann fertig wird. Es gibt keine Beschränkung der Länge, ein Algorithmus kann deswegen beliebig lang werden, aber eben nicht unendlich lang.

Damit können wir jetzt definieren, was wir unter dem Begriff *Algorithmus* verstehen: Ein Algorithmus ist eine endliche Abfolge von wohldefinierten Befehlen eines vorgegebenen Befehlssatzes, die bei Ausführung Eingabedaten in Ausgabedaten umwandeln.

Manchmal betrachten wir, wie im Fall des Labyrinths, auch die *Umgebung* der ausführenden Maschine oder des Menschen als Eingabe. Bei Ihrem Freund umfasst diese Umgebung die Information darüber, in welche Richtung eine Wand ist und wohin er weiterlaufen kann. Statt durch Rückgabe eines Wertes zum Ende des Algorithmus erfolgt die Ausgabe dann meist in Form von Veränderungen dieser Umgebung. Zum Beispiel verändert sich die Umgebung Ihres Freundes dadurch, dass er sich im Labyrinth bewegt. Statt einer Ein- und Ausgabe beschreiben wir in so einem Fall, wie die Umgebung vor der Ausführung des

Algorithmus aussieht, sowie den Zustand der Umgebung nach der Ausführung. Wir sprechen dabei von einer *Vorbedingung* (Ihr Freund befindet sich im Labyrinth) und einer *Nachbedingung* (er hat den Ausgang erreicht). Vor der Ausführung des Algorithmus trifft die Beschreibung der Vorbedingung auf die Umgebung zu, nach der Ausführung die Nachbedingung.

1.3 Wie wird ein Algorithmus notiert?

Sie haben eben Ihrem Freund den Weg aus dem Labyrinth vermutlich auf Deutsch erklärt. Zwar mögen manche Anweisungen etwas künstlich gewirkt haben, um doppeldeutige Formulierungen zu vermeiden, aber grundlegend haben Sie sich der *natürlichen Sprache* bedient, mit der Sie sich für gewöhnlich mit Menschen verständigen. Ihre Anleitung hat zum Erfolg geführt, weil Sie und Ihr Freund beide gelernt haben, diese Sprache zu interpretieren, und Ihre Interpretationen der Anweisungen sehr ähnlich oder sogar identisch waren.

Ein Computer oder natürlich auch Menschen ohne Deutschkenntnisse sind dagegen nicht in der Lage, diese Sprache ohne weiteres zu verstehen. Auch wenn die Spracherkennung von Computern schon fortgeschritten ist, so wandelt sie gesprochene Sprache auch nur in Text um. Bei der Interpretation des Textes kann der Computer aber nur auf den ihm bekannten Befehlssatz zurückgreifen.

In der Informatik bedient man sich daher eigens für Computer und Programmierer entwickelter *Programmiersprachen*. Diese basieren meist grob auf der englischen Sprache, verwenden jedoch nur wenige, wohldefinierte *Schlüsselwörter*, um dem Computer Anweisungen zu geben. Neben diesen Schlüsselwörtern sind mathematische Operationen die Basis für alle Programme. Dazu zählen insbesondere die Grundrechenarten *Addition*, *Subtraktion*, *Multiplikation* und *Division* (+, -, *, /) sowie das in der Informatik sehr gebräuchliche *Modulo*, das den Rest bei ganzzahliger Division zweier Zahlen berechnet und durch ein Prozentzeichen dargestellt wird. Beispielsweise ist 7 % 3 ein gültiger Befehl und liefert als Ergebnis 1, denn die 3 passt zweimal vollständig in die 7 und lässt dabei einen Rest von 1. Das Ergebnis von 11 % 4 ist 3, und das Ergebnis von 6 % 2 ist 0, denn die ganzzahlige Division geht auf und lässt keinen Rest.

Die meisten Programmiersprachen bieten im Großen und Ganzen dieselben Möglichkeiten zur Lösung von Problemstellungen und unterscheiden sich lediglich darin, wie bestimmte Operationen notiert werden. Aus diesem Grund können Sie Algorithmen in einheitlicher Form aufschreiben; ob Sie diese dann in Java, Python oder C umsetzen, auch *implementie-*

ren genannt, ist egal. Zum Einstieg in die Arbeit mit Algorithmen stellen wir Ihnen zwei Darstellungen vor, um sie aufzuschreiben: graphische *Programmablaufpläne* und den textbasierten *Pseudocode*.

Beide sind formal genug, um Algorithmen präzise zu analysieren, und noch nah genug an der natürlichen Sprache, um sie relativ einfach zu benutzen – eine angenehme Mischung, die nicht nur in Lehrbüchern geschätzt wird, sondern auch regelmäßig in der Entwicklung von Algorithmen. Beginnen wir mit den Grundlagen und ergänzen dann Stück für Stück nötige Elemente, bis Sie den Labyrinth-Algorithmus damit zu Papier bringen können.

Graphische Notation

Mithilfe von *Programmablaufplänen* können wir in einem einfachen Diagramm den Ablauf eines Algorithmus darstellen. Um diesen auszuführen, folgt man den *Pfeilen* und führt die in einem *Rechteck* dargestellten Befehle aus. Mit einem *abgerundeten Rechteck* sind der Anfang und das Ende des Algorithmus gekennzeichnet. Wollen wir uns im Text an anderer Stelle auf einen bestimmten Befehl beziehen, so kennzeichnen wir ihn mit einem *eingekreisten Bezeichner*. Kommentare, die es erleichtern sollen, den Algorithmus zu verstehen, sind durch einleitende *Schrägstriche* gekennzeichnet. Sie sind nicht für die Ausführung durch einen Computer gedacht!

Was der Algorithmus als Eingabe erhält und was seine Ausgabe sein soll, spezifizieren wir nicht im Diagramm selbst, sondern in einem Beschreibungstext. Die tatsächliche Rückgabe erfolgt durch Notation in einem *Parallelogramm*. In Abbildung 1.4 sind diese Elemente alle gemeinsam in einem Algorithmus dargestellt, der zwei eingegebene Zahlen x und y addiert (bei ❶) und diese Summe zurückgibt.

Meist wird ein Programmablaufplan von oben nach unten und von links nach rechts gezeichnet und abgearbeitet. Da jedoch nicht die räumliche Anordnung der Befehle, sondern die Pfeilverbindungen für den Ablauf entscheidend sind, ist eine übersichtliche Darstellung wichtiger als die Abarbeitungsrichtung.

Diese graphische Notation hat den Vorteil, dass sie ziemlich intuitiv zu lesen und schreiben ist. Durch die Anordnung der Befehle kann gut der grobe Ablauf des Algorithmus nachvollzogen und somit sehr gut die Idee eines Algorithmus vermittelt werden. Beschreibt man einen komplexen Algorithmus mithilfe solcher Ablaufgraphiken, wird das Diagramm jedoch recht schnell sehr groß.

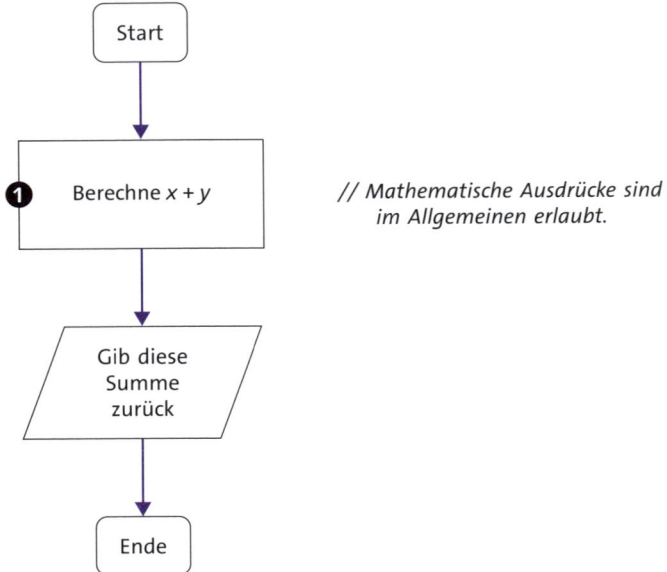

Abbildung 1.4 Eine simple Addition zweier Zahlen x und y als graphisch notierter Algorithmus

Pseudocode

Pseudocode hat seinen Namen daher, dass er tatsächlichem Programmiercode zwar ähnlich ist, aber keiner konkreten Programmiersprache entspricht. In Pseudocode schreiben Sie einen Algorithmus einfach *zeilenweise* auf. Pro Zeile steht ein Befehl, der Algorithmus wird von oben beginnend nach unten gelesen. Die Zeilen sind *durchnummeriert*, sodass Sie sich in Beschreibungstexten auf konkrete Stellen im Code beziehen können. Kommentare werden, genau wie bei der graphischen Notation, durch doppelte *Schrägstriche* eingeleitet.

Zu Beginn des Algorithmus spezifizieren Sie die Eingabe, die er erwartet, und seine Ausgabe. Zurückgegeben wird diese Ausgabe mit dem Schlüsselwort `Return`.

Während wir bei der graphischen Notation die Daten, mit denen wir arbeiten, zumeist eher natürlichsprachlich beschreiben, verwenden wir im Pseudocode *Variablen* mit einem sprechenden Namen. Über diesen Namen können Daten in der Variable gespeichert und später wieder abgerufen werden. Sie können sich eine Variable wie eine Schublade vorstellen, in die Sie Daten ablegen. Der Name einer Variable ist in dieser Analogie eine eindeutige Beschriftung der Schublade, damit man diese später wiederfindet. Im Pseudocode bedeutet der Befehl `variable := wert`, dass die Variable mit dem Namen links vom Zeichen `:=` künftig den Wert rechts davon speichert. Wir nennen diese Operation auch *Zuweisung* und das Zeichen daher *Zuweisungsoperator*. Steht auf der rechten Seite des Zuweisungsoperators ein mathematischer Ausdruck oder ein Befehl, so wird zum Zeitpunkt der Zuweisung das Ergebnis beziehungsweise der Rückgabewert davon ermittelt und dieser Wert in der Variable gespeichert. Listing 1.1 zeigt am Beispiel der Summe zweier Zahlen die Verwendung von Pseudocode zur Notation eines Algorithmus.

```
Eingabe: Zwei Zahlen x und y
Ausgabe: Die Summe der zwei Zahlen
01   summe := x + y // Auch hier sind Grundrechenarten erlaubt
02   Return summe
```
Listing 1.1 Summe zweier Zahlen als Pseudocode

Pseudocode ist in der Regel kompakter als die graphische Notation, und dank der Verwendung von Variablen ist es einfacher, den Algorithmus sehr präzise zu formulieren. Ein grober Ablauf lässt sich mit einem Diagramm jedoch meist verständlicher darstellen.

1.4 Schleifen

Eine einfache Variante, Ihrem Freund aus dem Labyrinth zu helfen, ist der Algorithmus in Listing 1.2, der von der Pfeilposition zum Ausgang führt.

```
Vorbedingung: Freund befindet sich an Position des Pfeils
Nachbedingung: Freund hat Ausgang erreicht
01   Gehe einen Schritt vorwärts
02   Drehe dich um 90 Grad nach rechts
03   Gehe einen Schritt vorwärts
04   Gehe einen Schritt vorwärts
05   Drehe dich um 90 Grad nach rechts
06   Gehe einen Schritt vorwärts
07   Gehe einen Schritt vorwärts
08   Gehe einen Schritt vorwärts
09   Drehe dich um 90 Grad nach links
10   Gehe einen Schritt vorwärts
```
Listing 1.2 Weg aus dem Labyrinth (1)

Anstatt identische Befehle mehrfach hintereinander zu schreiben, nutzen wir normalerweise sogenannte *Schleifen*, die einen oder mehrere Befehle wiederholt ausführen. Eine Wiederholung der Befehle in einer Schleife wird auch *Iteration* genannt. Die Anzahl der Iterationen kann wahlweise eine feste Zahl sein oder von einer Bedingung abhängen. Im

Pseudocode schreiben wir für eine Schleife `Wiederhole` und notieren dahinter die Anzahl an Iterationen oder die Bedingung. Die Befehle, die wiederholt werden sollen, stehen eingerückt in den darauffolgenden Zeilen. Einen solchen eingerückten Bereich von Zeilen bezeichnen wir als *Block* oder auch *Schleifenkörper*. In der graphischen Notation wird ein Schleifenblock von *Trapezen* eingerahmt, wie in Abbildung 1.5 zu sehen.

Da Schleifen selbst eine Art Befehl sind, können sie *verschachtelt* werden. Genau wie eine Schachtel in eine andere Schachtel gesteckt werden kann, kann eine Schleife in einer anderen Schleife stehen.

Mithilfe von Schleifen können wir den Weg aus dem Labyrinth nun in Listing 1.3 etwas knapper beschreiben.

```
Vorbedingung: Freund befindet sich an Position des Pfeils
Nachbedingung: Freund hat Ausgang erreicht
01   Wiederhole 2 Mal
02       Wiederhole solange Weg nach vorne frei
03           Gehe einen Schritt vorwärts
04       Drehe dich um 90 Grad nach rechts
05   Wiederhole 3 Mal
06       Gehe einen Schritt vorwärts
07   Drehe dich um 90 Grad nach links
08   Gehe einen Schritt vorwärts
```

Listing 1.3 Weg aus dem Labyrinth (2)

Eine Schleife kann auch über ein Zahlenintervall definiert werden. Dann wird der Schleifenkörper für jede Zahl in diesem Intervall einmal ausgeführt. Die Zahl der aktuellen Iteration wird in einer Variable gespeichert, um sie im Schleifenkörper verwenden zu können. Da diese Variable sozusagen durch das Intervall *läuft*, nennt man sie auch *Laufvariable* und verwendet meist den Buchstaben i (für »Iteration«) als Variablennamen. In Listing 1.4 verwenden wir eine solche Laufvariable, um die Summe der Zahlen von 1 bis zur eingegebenen Zahl n zu berechnen und zurückzugeben:

```
Eingabe: Ganze Zahl n
Ausgabe: Summe der Zahlen von 1 bis n
01   summe := 0
02   Wiederhole für alle i in 1,...,n
03       summe := summe + i
04   Return summe
```

Listing 1.4 Mit einer Laufvariable wird die Summe der Zahlen von 1 bis n berechnet.

1.5 Verzweigungen

In vielen Labyrinthen funktioniert der einfache Algorithmus von Abbildung 1.5, um von einer beliebigen Startposition den Ausgang zu finden. Der Befehl, an der Wand entlangzulaufen, ist jedoch noch sehr unpräzise. Um beschreiben zu können, wie genau der Verirrte darauf reagieren soll, wenn die Wand rechts von ihm einen Knick macht, benutzen wir *Verzweigungen*.

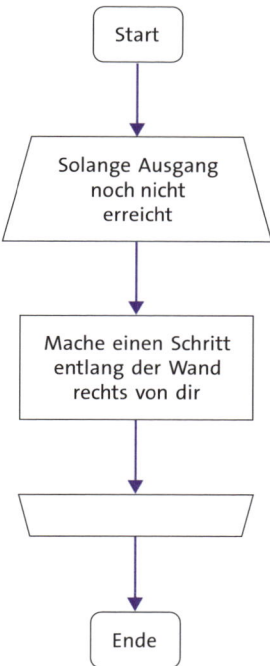

Abbildung 1.5 Dieser Rechte-Wand-Algorithmus führt in vielen Labyrinthen zum Ausgang.

Wie bei einem Weg, der sich an einer Kreuzung in mehrere Wege aufteilt, beschreiben Verzweigungen in einem Algorithmus einen oder mehrere alternative Befehle, unter denen anhand von Bedingungen für die Ausführung ausgewählt wird. Anstatt alle Befehle nacheinander abzuarbeiten, wird also ein Teil des Algorithmus nur dann ausgeführt, wenn die dazugehörige Bedingung erfüllt ist. Auf diese Weise wollen wir im Labyrinth nun abhängig vom Verlauf der Wand rechts des Verirrten entscheiden, welche Bewegung dieser ausführen soll.

Nach einem Schritt nach vorn gibt es die in Abbildung 1.6 dargestellten drei Möglichkeiten des weiteren Wandverlaufes, die der Algorithmus unterscheiden muss. Der mögliche Verlauf der linken Wand wird dabei nicht unterschieden.

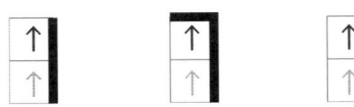

Abbildung 1.6 Mögliche Verläufe der Wand rechts vom Verirrten nach einem Schritt vorwärts von der alten (grau markierten) zur aktuellen (violett markierten) Position

Im linken Fall setzt sich die Wand rechts einfach fort und kann mit einem Schritt nach vorn weiterverfolgt werden. Im mittleren Fall macht die Wand einen Knick nach links, sodass Ihr Freund sich auf jeden Fall nach links drehen muss. Wie es danach weitergeht, entscheidet sich jeweils in der nächsten Schleifeniteration. Im rechten Fall ist nach dem Schritt nach vorn rechts keine Wand mehr. Daher muss Ihr Freund sich nach rechts drehen und einen Schritt nach vorn machen, um der Wand weiter zu folgen.

In Listing 1.5 ist der Rechte-Wand-Algorithmus mit Verzweigungen notiert. Wie schon bei Schleifen steht die Bedingung hinter einem Schlüsselwort – hier ist dies ein **Falls** –, und die Anweisungen, die ausgeführt werden sollen, wenn die Bedingung erfüllt ist, stehen eingerückt in den darauffolgenden Zeilen. Für den Fall, dass die Bedingung dagegen nicht erfüllt ist, stehen in den Zeilen nach dem Schlüsselwort **Sonst** ebenfalls eingerückt Befehle, die stattdessen ausgeführt werden sollen. Es muss nicht immer einen **Sonst**-Block geben. Auch Verzweigungen können verschachtelt werden, wie Listing 1.5 zeigt.

```
Vorbedingung: Freund befindet sich im Labyrinth
Nachbedingung: Freund hat Ausgang erreicht
01  Wiederhole solange Ausgang nicht erreicht
02      Falls rechts eine Wand ist dann
03          Falls vorne frei ist dann
04              Gehe einen Schritt vorwärts
05          Sonst
06              Drehe dich um 90 Grad nach links
07      Sonst
08          Drehe dich um 90 Grad nach rechts
09          Gehe einen Schritt vorwärts
```

Listing 1.5 Der Rechte-Wand-Algorithmus

Wählen Sie sich ein paar zufällige Ausgangspositionen in den Labyrinthen der Knobelei, und versuchen Sie, die Arbeitsweise des Algorithmus nachzuvollziehen!

In Programmablaufplänen stellen wir eine Verzweigung mit einer *Raute* dar, in der die Bedingung als Frage formuliert steht. Für jede mögliche Antwort wird die Raute von einem *beschrifteten Pfeil* verlassen. Mittels solcher Bedingungen können in Programmablaufplänen auch Schleifen dargestellt werden, ohne die explizite Trapeznotation zu verwenden.

Abbildung 1.7 zeigt einen Ausschnitt aus dem Rechte-Wand-Algorithmus mit Bedingungen im Programmablaufplan.

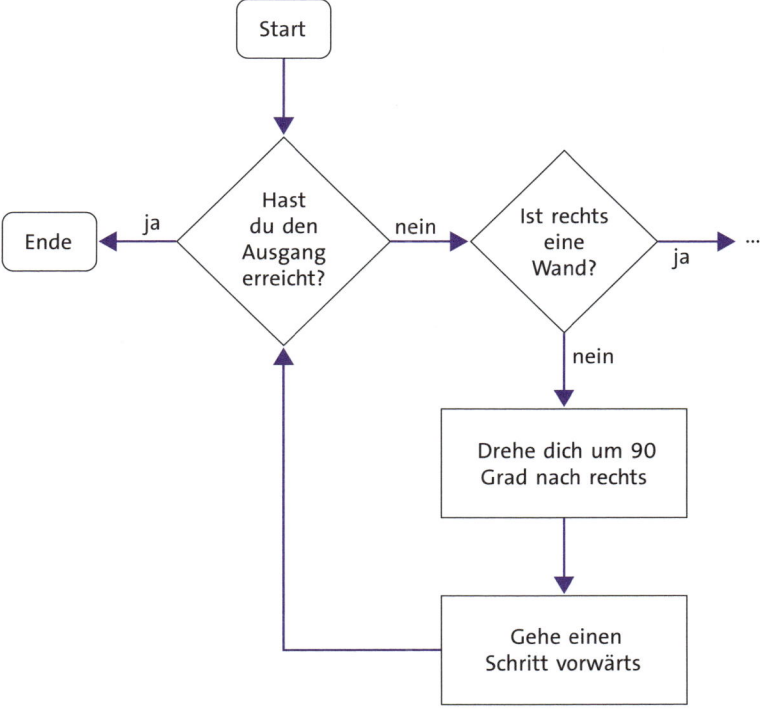

Abbildung 1.7 Ausschnitt aus dem Rechte-Wand-Algorithmus in der Darstellung als Programmablaufplan

1.6 Logische Aussagen

Sowohl bei Schleifen als auch bei Verzweigungen haben wir Bedingungen wie »Du hast den Ausgang erreicht« verwendet, um zu beschreiben, welche Befehle wie oft ausgeführt werden sollen. Solche Bedingungen werden als *logische Aussage* formuliert. Eine logische Aussage ist ein Satz, der entweder *wahr* oder *falsch* ist.

Beispielsweise ist der Satz »5 ist kleiner als 10« eine wahre logische Aussage, »6 ist eine Primzahl« ist eine falsche logische Aussage. Ob eine logische Aussage wahr oder falsch ist, nennen wir den *Wahrheitswert* der Aussage. Um eine logische Aussage zu sein, muss dieser Wert nicht bekannt sein! Jedoch arbeiten wir für gewöhnlich in der Informatik mit Aussagen, deren Wahrheitswert wir auch bestimmen können. Diese hängen dann von Variablen ab und werden wahr oder falsch je nach Wert der Variable. Statt »wahr« verwenden wir dabei auch oft den englischen Begriff »true« oder eine 1, statt »falsch« entsprechend »false« oder eine 0.

»Dieser Satz ist falsch« ist übrigens keine logische Aussage, weil er weder wahr noch falsch sein kann. Ebenso wie solche Paradoxe sind zum Beispiel auch Fragesätze oder Ausrufe keine logischen Aussagen.

Neben einfachen logischen Aussagen betrachten wir oft auch verknüpfte Aussagen wie »Rechts von dir ist eine Wand, und vor dir ist eine Wand«. Eine oder mehrere logische Aussagen können wir auch mit einem logischen Operator kombinieren, um daraus eine neue Aussage zu erzeugen. Werden zwei logische Aussagen zum Beispiel mit UND verknüpft, so ist die resultierende Aussage genau dann wahr, wenn beide ursprünglichen Aussagen wahr sind. In jedem anderen Fall ist die neue Aussage falsch. Im Beispiel müssen also sowohl die Aussage »Rechts von dir ist eine Wand« als auch die Aussage »Vor dir ist eine Wand« wahr sein. Doch wie können Sie die Bedeutung von Operatoren wie NICHT erklären, ohne das Wort selbst zu benutzen? Versuchen Sie es einmal!

Die übliche Lösung ist die Darstellung mit *Wahrheitswertetabellen*. Diese geben für jeden möglichen Wert der ursprünglichen Aussage(n) den Wert der zusammengesetzten Aussage an. Als Platzhalter für die tatsächlichen Aussagen werden *A* und *B* verwendet. Im Folgenden stellen wir die wichtigsten Operatoren mit ihren Wahrheitswertetabellen vor.

Logisches NICHT

Das logische NICHT (Tabelle 1.1) kehrt den Wert einer Aussage um. Neben der englischen Variante NOT wird in der Mathematik vor allem das Symbol $\neg$ verwendet. In Programmiersprachen verwendet man meistens ! als Symbol für das NICHT.

A	$\neg A$
falsch	wahr
wahr	falsch

Tabelle 1.1 Wahrheitswertetabelle für das logische NICHT

Logisches UND

Das logische UND (Tabelle 1.2) beschreibt, dass beide ursprünglichen Aussagen wahr sein müssen, um die neue Aussage wahr werden zu lassen. Neben der englischen Variante AND wird in der Mathematik vor allem das Symbol $\wedge$ verwendet. In Programmiersprachen verwendet man meistens && als Symbol für das UND.

A	B	A ∧ B
falsch	falsch	falsch
falsch	wahr	falsch
wahr	falsch	falsch
wahr	wahr	wahr

Tabelle 1.2 Wahrheitswertetabelle für das logische UND

Logisches ODER

Das logische ODER (Tabelle 1.3) beschreibt, dass mindestens eine der ursprünglichen Aussagen wahr sein muss, um die neue Aussage wahr werden zu lassen. Neben der englischen Variante OR wird in der Mathematik vor allem das Symbol ∨ verwendet, das von »vel«, dem lateinischen Wort für »oder«, abgeleitet ist. In Programmiersprachen verwendet man meistens || als Symbol für das ODER.

A	B	A ∨ B
falsch	falsch	falsch
falsch	wahr	wahr
wahr	falsch	wahr
wahr	wahr	wahr

Tabelle 1.3 Wahrheitswertetabelle für das logische ODER

Ein wichtiger Unterschied zur natürlichen Sprache ist, dass auch beide ursprünglichen Aussagen wahr sein dürfen, um die verknüpfte Aussage wahr zu machen. In üblichen deutschen Sätzen meinen wir mit »oder« oft ein »entweder oder«, die beiden ursprünglichen Aussagen schließen sich dabei gegenseitig aus. Beim logischen ODER tun sie dies nicht!

Klammerung und Vorrangsregeln

Wie auch in mathematischen Ausdrücken werden Klammern verwendet, um eine Auswertungsreihenfolge festzulegen, wenn mehr als zwei Ausdrücke verknüpft werden. Dass dies relevant ist, können wir an einem Beispiel ausprobieren. Dafür betrachten wir drei Aussagen, deren Wahrheitswert davon abhängt, wie die Wände um die verirrte Person positioniert sind:

- A: »Vorne ist frei.«
- B: »Rechts ist eine Wand.«
- C: »Links ist frei.«

Wir können nun für zwei verschiedene Klammerungen eine Wahrheitswertetabelle aufstellen (Tabelle 1.4).

A	B	C	(A ∧ B)	(A ∧ B) ∨ C	(B ∨ C)	A ∧ (B ∨ C)
falsch	falsch	falsch	falsch	falsch	falsch	falsch
falsch	falsch	wahr	falsch	wahr	wahr	falsch
falsch	wahr	falsch	falsch	falsch	wahr	falsch
falsch	wahr	wahr	falsch	wahr	wahr	falsch
wahr	falsch	falsch	falsch	falsch	falsch	falsch
wahr	falsch	wahr	falsch	wahr	wahr	wahr
wahr	wahr	falsch	wahr	wahr	wahr	wahr
wahr	wahr	wahr	wahr	wahr	wahr	wahr

Tabelle 1.4 Wahrheitswertetabelle für zwei verschiedene Klammerungen

Wie Sie sehen, stimmen die Wahrheitswerte der beiden Aussagen, die alle drei Teilaussagen verwenden, nicht überein. Daher ist eine korrekte Klammerung wichtig, um die Auswertungsreihenfolge festzulegen.

Ähnlich wie bei der Regel »Punkt vor Strich« in der Mathematik kann man auch für logische Operatoren eine Reihenfolge festlegen. Für unsere drei Operatoren lautet diese »NICHT vor UND vor ODER«. Um Missverständnisse zu vermeiden, empfiehlt es sich jedoch, explizit zu klammern und damit die Lesbarkeit der Aussagen zu verbessern.

Besondere Aussagen

Der Wahrheitswert einer Aussage verändert sich gewöhnlich abhängig davon, welchen Wert die Variablen, auf die sich die Aussage bezieht, annehmen. Wenn wir jedoch die Aussage »Rechts ist eine Wand ∨ Rechts ist frei« betrachten, so fällt auf, dass eine der beiden

Möglichkeiten immer zutreffen muss, weshalb die Aussage immer wahr ist. Eine solche Aussage nennt man *Tautologie*. Eine Tautologie ist also eine Aussage, die unabhängig von der Belegung ihrer Variablen immer wahr ist.

Im Gegensatz dazu können bei der Aussage »Rechts ist frei ∧ Rechts ist eine Wand« niemals beide Teilaussagen gleichzeitig erfüllt sein, weshalb die Aussage immer falsch ist. Solche Aussagen bezeichnet man als *Kontradiktion*. Eine Kontradiktion ist eine Aussage, die unabhängig von der Belegung ihrer Variablen immer falsch ist.

1.7 Funktionen

Stellen wir uns vor, unser Programm soll nun einem Roboter den Weg aus dem Labyrinth zeigen. Der Ablauf stimmt nach wie vor, aber im Gegensatz zum Menschen weiß der Roboter nicht, was es bedeutet, einen Schritt vorwärts zu machen oder sich um 90 Grad zu drehen. Stattdessen besitzt der Roboter mehrere Motoren und Sensoren, die in der richtigen Verwendung die beschriebenen Aufgaben ausführen.

Es wäre nun extrem mühsam, jede Stelle im Algorithmus, an der eine Anweisung wie `Gehe einen Schritt vorwärts` gegeben wird, durch all die Befehle zu ersetzen, die notwendig sind, um die Motoren des Roboters zu steuern. Jedoch müssen wir dem Roboter beibringen, was es bedeutet, einen Schritt zu machen.

Hierfür können wir sogenannte *Funktionen* verwenden. Eine Funktion ist einfach ein Algorithmus mit einem Namen. Dieser Name kann in anderen Algorithmen als Befehl verwendet werden. Auf diese Weise genügt es, sich wiederholende Abläufe an einer Stelle zu beschreiben, um sie im Hauptalgorithmus mehrfach zu verwenden.

Genau wie bei einem Algorithmus müssen für eine Funktion die Ein- und Ausgabe beziehungsweise Vor- und Nachbedingung definiert werden. Auch ansonsten unterscheidet sich die Notation einer Funktion nicht von der Notation eines Algorithmus, sie wird lediglich oft explizit als Funktion bezeichnet, um den Hauptalgorithmus von den Teilfunktionen unterscheiden zu können.

Wenn Funktionen aufgerufen werden, so schreiben wir im Pseudocode den Funktionsnamen als Befehl auf, gefolgt von den Eingabedaten der Funktion in *runden Klammern*. Der Befehl `summe(5,6)` bezeichnet zum Beispiel den Aufruf der Funktion `summe` mit den zwei Eingabewerten 5 und 6. Hat eine Funktion keine Eingabewerte, so werden die Klammern trotzdem geschrieben, um deutlich zu machen, dass es sich bei dem Befehl um einen Funktionsaufruf handelt. Im Fall des Roboters würden wir zum Beispiel `GeheEinenSchrittVorwärts()` schreiben, um die Funktion, die die Motoren ansteuert, auszuführen.

In Programmablaufplänen wird ein Funktionsaufruf durch ein Rechteck mit *doppelten senkrechten Rändern* dargestellt, wie in Abbildung 1.8 zu sehen. Das Unterprogramm, das einen Schritt entlang der rechten Wand macht, muss dann an anderer Stelle beschrieben werden.

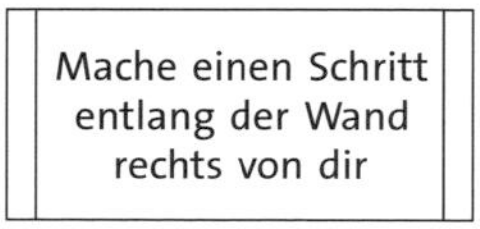

```
‖ Mache einen Schritt ‖
‖ entlang der Wand   ‖
‖ rechts von dir     ‖
```

Abbildung 1.8 Im Programmablaufplan wird eine Funktion auch »Unterprogramm« genannt und beim Aufruf mit zusätzlichen senkrechten Strichen gekennzeichnet.

Durch das Verwenden von Funktionen können wir vermeiden, komplexe Teile eines Algorithmus, die an mehreren Stellen benötigt werden, mehrfach notieren zu müssen. Außerdem verbessert sich die Lesbarkeit eines Algorithmus sehr, wenn statt kryptischer Befehle ein verständlicher Funktionsname benutzt wird.

1.8 Zusammenfassung und Einordnung

In diesem Kapitel haben Sie gelernt, dass ein Algorithmus ein besonders notiertes Verfahren ist, mithilfe dessen ein Problem gelöst oder eine Aufgabe bearbeitet werden kann. Wir haben festgestellt, dass unsere natürliche Sprache zu missverständlich ist, um sie zur Steuerung einer »dummen« Maschine wie einem Computer verwenden zu können. Stattdessen nutzen wir formale Notationen wie Programmablaufpläne und Pseudocode, um Algorithmen aufzuschreiben. Die wichtigsten Bestandteile dieser Notationen haben wir eingeführt.

Algorithmen sind ein zentraler Bestandteil der Informatik. Ein Informatiker muss daher zwei Fähigkeiten ganz besonders trainieren: die Kreativität, sich für schwierige Probleme gute Lösungsverfahren auszudenken, sowie das logische Denken und das Sprachvermögen, Lösungsverfahren so präzise formulieren zu können, dass ein Computer sie korrekt ausführen kann.

Natürlich gibt es einige Problemstellungen, denen man als Informatiker immer wieder begegnet. Einige davon werden wir in diesem Buch betrachten, und Sie werden bereits bekannte Lösungsverfahren dafür kennenlernen. Dabei werden uns stets die in diesem Kapitel eingeführten Notationen und Begriffe begleiten.

Aufgaben

Aufgabe 1: Ungerade Summenbildung

a) Wie kann man zwischen geraden und ungeraden Zahlen unterscheiden? Schreiben Sie eine Zeile Pseudocode, mit der Sie überprüfen können, ob eine gegebene Zahl i ungerade ist!

b) Schreiben Sie nun einen Algorithmus in Pseudocode, der zwei Zahlen n und m als Eingabe bekommt und die Summe aller ungeraden Zahlen von n bis m zurückgibt!

Aufgabe 2: Größe von Wahrheitswertetabellen

Wie viele Zeilen hat eine Wahrheitswertetabelle für *vier* miteinander verknüpfte Aussagen? Wie viele Zeilen werden für *fünf* verknüpfte Aussagen benötigt? Wie viele für *n* Aussagen?

Aufgabe 3: Logische Ausdrücke

Zeichnen Sie für jeden der folgenden logischen Ausdrücke alle möglichen Wandpositionen, die von diesem Ausdruck beschrieben werden! Zum Beispiel beschreibt »Rechts ist eine Wand ∧ Vorne ist eine Wand ∧ Links ist eine Wand« die beiden Situationen ↑ und ↑ .

a) »Vorne ist frei ∧ Rechts ist frei«

b) »Links ist eine Wand ∨ Vorne ist eine Wand«

c) »(¬ Hinten ist frei) ∧ (¬ Vorne ist frei)«

d) »(Links ist eine Wand ∧ Rechts ist eine Wand) ∨ Vorne ist frei«

Aufgabe 4: Sackgassen im Labyrinth

In Abbildung 1.6 ist keine Situation dargestellt, in der die Person nach dem Schritt nach vorn in einer Sackgasse steht, also links, rechts und vorn eine Wand ist. Wie findet der Rechte-Wand-Algorithmus aus dieser Sackgasse wieder heraus? Wieso müssen wir den Fall nicht zusätzlich im Pseudocode betrachten, dieser unterscheidet ja nur drei Fälle?

🎓🎓🎓 Aufgabe 5: Kompliziertere Labyrinthe

Warum funktioniert der Rechte-Wand-Algorithmus für das Labyrinth in Abbildung 1.9 nicht? Wie könnte der Algorithmus erkennen, dass die Person in einer solchen Situation ist?

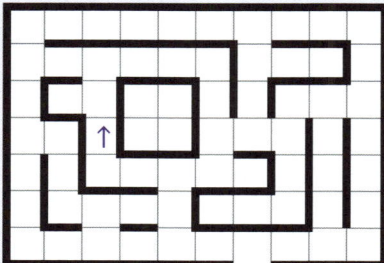

Abbildung 1.9 Labyrinth 3

Lösungen

Aufgabe 1: Ungerade Summenbildung

a) Um festzustellen, ob eine Zahl ungerade ist, kann der Rest bei Division durch zwei betrachtet werden. Bleibt kein Rest, so ist die Zahl durch zwei teilbar. Bleibt dagegen 1 als Rest, so ist die Zahl ungerade. Somit kann mit **Falls** $i \% 2 = 1$ **dann** überprüft werden, ob i ungerade ist.

b) Der Pseudocode ist in Listing 1.6 aufgeführt. In einer Schleife über alle Zahlen von n bis m wird geprüft, ob die Zahl ungerade ist, und nur dann wird diese Zahl auf die Summe aufaddiert.

```
Eingabe: Ganze Zahlen n und m
Ausgabe: Summe der ungeraden Zahlen von n bis m
01   summe := 0
02   Wiederhole für alle i in n,...,m
03       Falls i % 2 = 1 dann
04           summe := summe + i
05   Return summe
```

Listing 1.6 Summe aller ungeraden Zahlen von n bis m

Aufgabe 2: Größe von Wahrheitswertetabellen

Wenn wir die betrachtete Tabelle 1.4 mit drei verknüpften Aussagen um eine Aussage D erweitern, so erkennen wir, dass für die zusätzliche vierte Aussage jede bisherige Zeile verdoppelt wird: Einmal mit D ist »wahr«, einmal mit D ist »falsch«. Da drei verknüpfte Aussagen zu acht Zeilen führen, werden also 16 Zeilen benötigt, um alle möglichen Kombinationen bei vier verknüpften Aussagen darzustellen. Bei fünf Aussagen sind es entsprechend 32 Zeilen. Allgemein notiert hat eine Wahrheitswertetabelle für n Aussagen insgesamt 2^n Zeilen.

Aufgabe 3: Logische Ausdrücke

Die Aussagen beschreiben folgende Situationen:

a) »Vorne ist frei ∧ Rechts ist frei«

   ↑ ↑ ↑ ↑

b) »Links ist eine Wand ∨ Vorne ist eine Wand«

   ↑ ↑ ↑ ↑ ↑ ↑ ↑ ↑ ↑ ↑ ↑ ↑

c) »(¬ Hinten ist frei) ∧ (¬ Vorne ist frei)«

   ↑ ↑ ↑ ↑

d) »(Links ist eine Wand ∧ Rechts ist eine Wand) ∨ Vorne ist frei«

   ↑ ↑ ↑ ↑ ↑ ↑ ↑ ↑ ↑ ↑

Aufgabe 4: Sackgassen im Labyrinth

Steht die Person in einer Sackgasse, so wird sie sich zweimal um 90 Grad nach links drehen und dann aus der Sackgasse herauslaufen, weil die Abfolge der Situationen, in denen sie sich befindet, so aussieht:

↑ · ↑ · ↑

Auch wenn der Fall der Sackgasse nicht explizit von den Bedingungen des Algorithmus abgefangen wird, so ist implizit dennoch eine Lösung für die Situation im Algorithmus einprogrammiert. Würden wir explizit alle möglichen Wandpositionen unterscheiden, so müssten wir (davon ausgehend, dass der letzte Schritt einer nach vorn war) acht Fälle voneinander trennen. Fassen wir stattdessen alle Fälle zusammen, in denen die auszuführenden Befehle identisch sind, so erhalten wir die deutlich kürzere Lösung des abgedruckten Rechte-Wand-Algorithmus.

Aufgabe 5: Kompliziertere Labyrinthe

Befänden sich im Labyrinth »Inseln«, so würde die verirrte Person durch das Folgen der rechten Wand immer wieder zur selben Position zurückgelangen und endlos im Kreis laufen. Eine von mehreren Möglichkeiten, dennoch den Ausgang aus dem Labyrinth zu finden, ist der nach seinem Entdecker John Pledge benannte *Pledge-Algorithmus*. Dieser zählt, um ein Umherirren im Kreis zu verhindern, mit, wie oft beim Folgen der Wand nach rechts und wie oft nach links abgebogen wurde.

Zu Beginn startet der Zähler bei 0, und der Verirrte bewegt sich so lange vorwärts, bis er auf eine Wand trifft. Dort dreht er sich nach links und verringert den Zähler um 1. Bei jeder folgenden Linksdrehung wird der Zähler nochmals um 1 verringert, bei jeder Rechtsdrehung um 1 erhöht. Erreicht der Zähler wieder die 0, bevor der Ausgang gefunden wurde, so ist der Verirrte um eine solche Insel herumgelaufen.

Im Pledge-Algorithmus geht der Verirrte dann erneut vorwärts, bis er auf eine Wand trifft, und folgt dieser. Man kann tatsächlich beweisen, dass dieser Algorithmus in jedem Labyrinth einen Ausgang findet!

Kapitel 2
Zahlen und Kodierungen

Der Computer arbeitet im Gegensatz zum Menschen mit Bits und Bytes. Wir klären, was das bedeutet und wie Zahlen, Text und Bilder in einer für den Computer verständlichen Form dargestellt werden können.

2.1 Gib mir 31!

> Knobelei zum Einstieg

Mit Zahlen arbeiten wir ständig. Die einfachste, kinderleichte Form des Verwendens von Zahlen ist das Zählen. Dabei ist unsere Art des Zählens mit den Fingern nicht besonders effizient, wie Sie gleich sehen werden.

Wenn Sie mit Ihrer rechten Hand zählen, stellen Sie üblicherweise die Zahlen von 0 (keine Finger ausgestreckt) bis 5 (alle Finger ausgestreckt) dar. Dabei ist jeder Finger immer entweder ausgestreckt oder nicht. Allerdings könnten Sie mit Ihren Fingern der rechten Hand deutlich weiter zählen.

1. In wie vielen verschiedenen Zuständen, also Haltungen der Finger, kann die Hand sein, wenn Sie jeden Finger unabhängig von den anderen anwinkeln oder ausstrecken?
2. Wie viele Zustände erreichen Sie, wenn Sie auch Ihre zweite Hand hinzunehmen?
3. Welche Fingerstellung steht für welche Zahl?
4. Was ergibt sich für diese Fragen, wenn jeder Finger noch einen dritten, mittleren Zustand haben kann (halb angewinkelt)?

Der Einfachheit halber nähern wir uns der Lösung schrittweise. Wenn wir nur den Daumen benutzen, gibt es nur zwei mögliche Zustände: angewinkelt und ausgestreckt. Kommt nun der Zeigefinger hinzu, kann er wiederum in zwei Zuständen sein. Kombiniert mit dem jeweiligen Zustand des Daumens ergibt dies bereits vier Zustände mit nur zwei Fingern.

Dies lässt sich weiter fortführen. Jeder zusätzliche Finger hat zwei mögliche Zustände, die jeweils mit allen Zuständen der vorherigen Finger kombiniert werden können. Also verdoppelt jeder neue Finger die Anzahl der Zustände. Für eine Hand ergibt das $2^5 = 32$ Zustände, für zwei Hände (zehn Finger) schon $2^{10} = 1024$ mögliche Zustände.

Wir betrachten nun wieder nur die rechte Hand, und für jeden Finger schreiben wir eine 0, wenn der Finger angewinkelt ist, und eine 1, wenn er ausgestreckt ist. Dabei steht die Ziffer ganz rechts für den Daumen. Die Zahl 0 wird dargestellt durch 00000; alle Finger sind angewinkelt. Bei der 1 ist nur der Daumen ausgestreckt: 00001. Bei der 2 haben wir nur den Zeigefinger: 00010. Die 3 stellen wir nun mit 00011 dar. Weiter geht es mit 00100, 00101, 00110 usw.

Wenn wir für jeden Finger nun drei statt zwei Zustände erlauben, ergeben sich $3^5 = 243$ beziehungsweise $3^{10} = 59049$ Zustände.

2.2 Zahlensysteme und Einheiten

Um diese Zahlendarstellung besser zu verstehen und zu verallgemeinern, sollten wir zuerst die für uns übliche Darstellung verstehen: das *Dezimalsystem*. Die Zahl 1234 beispielsweise besteht aus vier Stellen, wobei die erste für die Tausender, die zweite für die Hunderter, die dritte für Zehner und die letzte für Einer steht. Also können wir alternativ schreiben:

$1234 = 1 \cdot 10^3 + 2 \cdot 10^2 + 3 \cdot 10^1 + 4 \cdot 10^0$

Hier deutet sich auch schon der Ursprung des Namens an: Da wir zur Basis 10 rechnen, nennen wir dies das Dezimalsystem. Die Faktoren bzw. Ziffern liegen jeweils zwischen 0 und 9. Die Basis können wir nun beliebig ändern. Wenn wir also die Basis b benutzen, haben wir eine Darstellung der Form

$z_n z_{n-1} \ldots z_1 z_0$,

wobei jede Ziffer z für eine Zahl zwischen 0 und $b-1$ steht. Der Wert der Zahl berechnet sich nun als

$z_n \cdot b^n + z_{n-1} \cdot b^{n-1} + \cdots + z_1 \cdot b^1 + z_0 \cdot b^0$.

Welches Zahlensystem haben wir bei den Fingern angewandt? In der Version, in der jeder Finger angewinkelt oder ausgestreckt ist, hat jeder Finger zwei mögliche Zustände. Also haben wir das Zweiersystem, auch *Binärsystem* genannt, verwendet, in dem es nur zwei Zeichen gibt: die 0 und die 1. Eine Stelle im Binärsystem nennt man dann ein *Bit*.

Nun stehen wir vor einem kleinen Problem: Wenn wir die Zahl 10110 sehen, wissen wir nicht, in welchem Zahlensystem wir sie interpretieren sollen. Deshalb kann man bei Mehrdeutigkeiten die Basis am Ende der Zahl schreiben, also 10110_2. So ist klar, dass die Binärzahl gemeint ist. Bei fehlender Basis geht man vom Dezimalsystem aus.

Aber welchen Wert hat 10110_2 im Dezimalsystem? Dazu wenden wir die Notation von oben an:

$10110_2 = 1 \cdot 2^4 + 0 \cdot 2^3 + 1 \cdot 2^2 + 1 \cdot 2^1 + 0 \cdot 2^0 = 16 + 4 + 2 = 22$

Die Zahl hat also den Wert 22 im Dezimalsystem. Die umgekehrte Richtung, also das Umwandeln einer Zahl in das Binärsystem, ist etwas komplizierter. Wenn wir die Zahl 42 in das Binärsystem umwandeln wollen, suchen wir zuerst nach der größten Zweierpotenz (1, 2, 4, 8 ...), die noch in unsere Zahl passt. Das ist die 32. Damit wissen wir: Die Binärdarstellung hat die Form $1\_\_\_\_\_{_2}$, denn $32 = 2^5$. Der verbleibende Anteil, den wir noch darstellen müssen, ist $42 - 32 = 10$. Die größte Zweierpotenz unter 10 ist die 8. Somit sind wir bei $101\_\_\_{_2}$. Die 0 entsteht, da $16 = 2^4$ nicht in die 10 passt. Nun müssen wir noch die 2 darstellen. Dies ist selbst eine Zweierpotenz (2^1), also muss nur noch die Stelle für 2^1 auf 1 gesetzt werden, und wir erhalten unser Ergebnis: 101010_2.

Bei genauerem Hinsehen erkennen wir, dass sich das Zahlensystem auch auf die Nachkommastellen übertragen lässt. Die Zahl 2,75 bedeutet eigentlich $2 \cdot 10^0 + 7 \cdot 10^{-1} + 5 \cdot 10^{-2}$, denn die Nachkommastellen stehen für Zehntel und Hundertstel. Genauso können wir auch Binärzahlen darstellen: $10{,}11_2$ steht für

$$1 \cdot 2^1 + 0 \cdot 2^0 + 1 \cdot 2^{-1} + 1 \cdot 2^{-2} = 2 + 0{,}5 + 0{,}25 = 2{,}75.$$

In der Informatik wird in erster Linie mit dem Binärsystem gearbeitet; jede Information ist in Form von Binärzahlen gespeichert. Dies hat den Grund, dass die möglichen zwei Zustände einer jeden Ziffer in verschiedensten Formen dargestellt werden können: 1 oder 0, an oder aus, Spannung oder keine Spannung, Loch oder kein Loch in der Lochkarte. Somit können Binärzahlen gut gespeichert und verarbeitet werden: Für die Speicherung in Lochkarten stanzt man Löcher, zum Rechnen können Schaltkreise verwendet werden.

Binärzahlen werden sehr schnell sehr lang. Um Zahlen kürzer schreiben und besser lesen zu können, stellt man sie in der Informatik meist im *Hexadezimalsystem* dar, dem Zahlensystem zur Basis 16. Beim Schreiben der Ziffern stoßen wir auf ein Problem: Es werden Ziffern von 0 bis 15 benötigt, in unserem normalen Zahlensystem haben wir aber nur Zeichen für die Ziffern von 0 bis 9. Stattdessen werden die übrigen Ziffern durch die Buchstaben A (für 10) bis F (für 15) dargestellt. Statt der Basis am Ende der Zahl ($A2D_{16}$) markiert man Hexadezimalzahlen meist durch die Zeichen 0x am Anfang (0xA2D). Rechnet man diese Zahl in das Dezimalsystem um, ergibt sich

$$0xA2D = 10 \cdot 16^2 + 2 \cdot 16^1 + 13 \cdot 16^0 = 2560 + 32 + 13 = 2605.$$

Neben der Kürze haben Hexadezimalzahlen noch einen Vorteil: Sie erlauben eine besonders einfache Umwandlung vom und in das Binärsystem. Dazu wird jede Ziffer in ihre entsprechenden vier Bits im Binärsystem umgewandelt, und diese werden verkettet. Da $0xA = 1010_2$, $0x2 = 0010_2$ und $0xD = 1101_2$, ist insgesamt $0xA2D = 101000101101_2$. Umgekehrt kann man eine Binärzahl in die Hexadezimaldarstellung umwandeln, indem man die Bits von hinten nach vorn in Vierergruppen unterteilt und jede Gruppe jeweils in die entsprechende Hexadezimalziffer umwandeln. Am Beispiel der Binärzahl 1011100011_2 ergibt die Gruppierung in 10_2, 1110_2 und 0011_2, dass die Hexadezimaldarstellung desselben Zahlenwerts 0x2E3 ist.

Rechnen im Binärsystem

Das Rechnen im Binärsystem funktioniert ähnlich wie im Dezimalsystem, Sie müssen nur auf die geänderte Basis achten. Bei der Addition schreiben Sie die zwei Zahlen untereinander, addieren die Werte und beachten den möglicherweise entstehenden Übertrag.

```
    10001₂
+    1011₂
    11100₂
```

Im Beispiel haben wir in der rechten Spalte einen Übertrag von 1, der sich auf die zweite Spalte von rechts überträgt. Dadurch haben wir auch dort einen Übertrag, der in der dritten Spalte von rechts den Wert 1 erzeugt. Die Subtraktion funktioniert analog.

Auch die schriftliche Multiplikation von Binärzahlen funktioniert wie die von Dezimalzahlen: Wir multiplizieren die erste Zahl einzeln mit jeder Ziffer der zweiten Zahl, schreiben die Ergebnisse versetzt untereinander und addieren diese schließlich.

```
1 0 1 1 · 1 0 0 1
        1 0 1 1
      0 0 0 0
    0 0 0 0
  1 0 1 1
  1 1 0 0 0 1 1
```

Einheiten

Um Größenordnungen verschiedener digitaler Objekte zu vergleichen, gibt es Einheiten und Einheitenpräfixe. Den Grundstein bildet die kleinste mögliche Information: das *Bit*. Das Bit wird mit den Kleinbuchstaben »bit« abgekürzt. Die nächstgrößere Einheit ist das *Byte*, abgekürzt durch ein »B«. Diese Gruppierung von 8 Bit hat sich historisch ergeben, da in den Anfängen der Computer ein einzelnes Schriftzeichen immer durch 8 Bit dargestellt wurde. Wie auch bei anderen Einheiten üblich, können Einheitenpräfixe verwendet werden, üblich sind Kilo (k), Mega (M), Giga (G) und Tera (T). Beispielsweise steht 2 GB für zwei Gigabyte, also zwei Milliarden Byte, und 16 Mbit steht für 16 Megabit, also 16 Millionen Bit.

Nun sind die Zehnerpotenzen in der Informatik aber nicht sehr gebräuchlich; viel häufiger hat man beispielsweise nicht 1000 Byte, sondern 2^{10} = 1024 Byte. Oftmals werden die Präfixe Kilo, Mega etc. fälschlicherweise so benutzt, als würden sie 1024, 1024^2 und so weiter repräsentieren. Stattdessen sollten besser die speziell zur Lösung dieses Problems eingeführten Präfixe Kibi (Ki), Mebi (Mi), Gibi (Gi) und Tebi (Ti) verwendet werden. Diese beschreiben eben die Potenzen von 1024, also sind 2 GiB zwei Gibibyte, das heißt $2 \cdot 1024^3$ Byte.

Präfix	Bedeutung
Kilo	10^3 = 1000
Kibi	2^{10} = 1024

Tabelle 2.1 Die Präfixe

Präfix	Bedeutung
Mega	$10^6 = 1000000$
Mebi	$2^{20} = 1048576$
Giga	$10^9 = 1000000000$
Gibi	$2^{30} = 1073741824$
Tera	$10^{12} = 1000000000000$
Tebi	$2^{40} = 1099511627776$

Tabelle 2.1 Die Präfixe (Forts.)

Warum brauchen wir in der Informatik überhaupt Einheiten im Bereich von Milliarden und Billionen? Dazu hilft es, ein Gefühl für die Größe verschiedener üblicher Arten von Dateien zu bekommen. In Tabelle 2.2 sehen Sie ein paar Richtwerte.

Datei	Typische Größe
Buch	800 kB
Foto	2 MB
Webseite	3 MB
Lied	5 MB
Film	5 GB
Computerspiel	10 GB
Festplatte	1 TB

Tabelle 2.2 Größen verschiedener üblicher Dateien

Sie haben wahrscheinlich oft schon selbst Dateien von mehreren Milliarden Byte verwendet, sei es, um Filme zu schauen oder ein Computerspiel zu spielen. Die Riesenzahl bleibt durch das Präfix meist unbemerkt, sodass man nicht darüber nachdenkt, dass gerade mehrere Milliarden Byte übertragen werden. Tatsächlich sind noch größere Präfixe notwendig und gebräuchlich: Websites wie Facebook und Google haben mehrere Tausend Terabyte Daten; dazu kommt die Einheit Petabyte, die für 1000 Terabyte steht, zum Einsatz.

2.3 Kodierungen

Wir haben betrachtet, wie man natürliche Zahlen in Binärform darstellen und somit speichern kann. Aber üblicherweise wollen wir noch viel komplexere Informationen auf dem Computer verarbeiten, unter anderem Kommazahlen, Texte oder Bilder. Auch für diese gibt es in der Informatik übliche Darstellungen, sogenannte *Kodierungen*, die wir hier vorstellen.

Natürliche Zahlen

> **Mengen von Zahlen**
>
> Die Menge der *natürlichen Zahlen* $\{0, 1, 2, ...\}$ wird mit dem Symbol $\mathbb{N}$ dargestellt. Die *ganzen Zahlen* sind alle Zahlen ohne Nachkommastelle, wobei hier auch die negativen Zahlen dazu zählen, also $\{..., -2, -1, 0, 1, 2, ...\}$. Für die ganzen Zahlen gibt es das Symbol $\mathbb{Z}$. Die *rationalen Zahlen* umfassen alle Zahlen, die sich als Bruch darstellen lassen. Sie werden in der Menge mit dem Symbol $\mathbb{Q}$ zusammengefasst. Schließlich gibt es noch die *reellen Zahlen*, die zusätzlich zu den rationalen Zahlen die Zahlen enthalten, die sich nicht als Bruch darstellen lassen, beispielsweise π. Sie haben das Symbol $\mathbb{R}$. Darüber hinaus existieren weitere Mengen, die wir im Folgenden jedoch nicht benötigen.

Wir können zwar natürliche Zahlen in Binärform bringen, wenn wir nun aber einfach mehrere solcher Binärzahlen hintereinander speichern, weiß der Computer nicht, wo die erste Zahl aufhört und wo die zweite anfängt. Der Computer wüsste beispielsweise bei der Folge 10110 nicht, ob 10_2 und 110_2 gemeint ist oder 101_2 und 10_2. Daher verwendet man feste Größen für die Speicherung von natürlichen Zahlen, denn so weiß der Computer genau, welche Bits zu welcher Zahl gehören. Üblich sind 1, 2, 4 oder 8 Byte für eine Zahl, abhängig davon, wie groß die Zahl sein muss, die man speichern möchte. Verwenden wir zum Beispiel 1 Byte, so können wir nur die Zahlen von 0 bis 255 darstellen.

Bei Operationen auf Binärzahlen fester Größe kann es vorkommen, dass das Ergebnis den möglichen Wertebereich überschreitet, beispielsweise wenn wir mit Zahlen einer Größe von 1 Byte $255 + 3$ rechnen. Das Ergebnis, 258, lässt sich nicht in einem Byte darstellen, und es kommt zu einem *Overflow*. Ein solcher Overflow kann zu unerwarteten Ergebnissen der Rechnung führen, denn die vorderste Stelle wird im Ergebnis einfach verworfen. Entsprechend würde dann $255_{10} + 3_{10} = 11111111_2 + 11_2 = 10_2 = 2_{10}$ als Ergebnis ermittelt. Viele Programmiersprachen bieten jedoch Mechanismen an, die solche Overflows vermeiden oder erkennen.

Ganze Zahlen

Ganze Zahlen unterscheiden sich von den natürlichen Zahlen nur durch das optionale Vorzeichen. Aber auch ganze Zahlen möchten wir digital darstellen können, um beispielsweise negative Kontostände zu repräsentieren. Eine einfache Variante, ganze Zahlen in Binärform dazustellen, wäre, das erste Bit der Zahl als Vorzeichen zu nutzen, wobei etwa die 0 für + und die 1 für − steht. Dies bringt aber Probleme mit sich: Wenn wir zwei so dargestellte Zahlen addieren wollen, müssen wir Fallunterscheidungen für die jeweiligen Vorzeichen machen. Zudem gibt es zwei Darstellungen für die 0: eine +0 und eine −0! Stattdessen wollen wir Operationen wie die Addition möglichst einfach halten. Dies wird ermöglicht durch das *Zweierkomplement*. Wie die natürlichen Zahlen werden auch die ganzen Zahlen in einer festen Größe, zum Beispiel in einem Byte, gespeichert. Dabei können wir aber nicht die Zahlen von 0 bis 255, sondern die Zahlen von −128 bis 127 darstellen. Die Zahlen von 0 bis 127 werden durch die gewohnte Binärdarstellung repräsentiert. Dabei ist die erste Stelle von links immer eine 0, da der Wert unter 128 ist. Wenn wir nun aber eine negative Zahl darstellen wollen, so machen wir Folgendes:

1. Wir stellen die Zahl binär dar, als hätte sie kein negatives Vorzeichen. Dabei fügen wir, wenn nötig, am Anfang Nullen an.
2. Wir invertieren alle Bits. Das bedeutet, an jeder Stelle wird aus einer 0 eine 1 und umgekehrt.
3. Wir addieren 1.

Das Ergebnis ist das Zweierkomplement der negativen Zahl, und die erste Ziffer ist immer eine 1. Wir rechnen dies am Beispiel der Zahl −45 durch.

1. Binär dargestellt ist $45_{10} = 00101101_2$.
2. Die Invertierung ergibt 11010010_2.
3. Die Addition von 1 ergibt 11010011_2.

Somit ist 11010011_2 das Zweierkomplement von -45_{10}. Wenn wir nun umgekehrt zu einer Binärzahl im Zweierkomplement die dargestellte ganze Zahl ermitteln wollen, schauen wir zuerst auf die erste Ziffer. Ist dies eine 0, so können wir die Zahl einfach als Binärzahl lesen, denn sie ist nicht negativ. Ist sie jedoch eine 1, so müssen wir die Schritte von oben in umgekehrter Reihenfolge ausführen: Wir subtrahieren 1, invertieren alle Ziffern und wandeln das Ergebnis in das Dezimalsystem um. Vor diesen Wert schreiben wir dann noch das negative Vorzeichen.

Der Hauptvorteil der Darstellung des Zweierkomplements ist, dass bei Operationen, insbesondere der Addition, keine Fallunterscheidung nach dem Vorzeichen erfolgen muss. Stattdessen kann die führende 0 oder 1 als Teil der Zahl angesehen werden, und die beiden Binärzahlen können so addiert werden. Das Ergebnis ist die Summe, dargestellt als Zweierkomplement, eventuell mit einer zusätzlichen Stelle, die verworfen wird. Probieren Sie eine solche Addition in Aufgabe 4, »Zweierkomplement«, aus!

Kommazahlen

Es reicht nicht, nur ganze Zahlen darstellen zu können. In der Praxis benötigen wir häufig auch Kommazahlen. Wir haben ja bereits festgestellt, dass wir auch die Nachkommastellen in Binärzahlen benutzen können. Wenn wir wieder eine feste Anzahl an Bits für die Speicherung der Zahl verwenden würden, dann müssten wir festlegen, an welcher Stelle das Komma steht. Möglich wäre zum Beispiel, 4 Byte zu benutzen, wobei die ersten 2 Byte für die Stellen vor dem Komma und die letzten beiden Byte für die Stellen nach dem Komma verwendet werden.

Diese sogenannte *Festkommadarstellung* hat aber einen großen Nachteil: Wir können keine Zahlen speichern, deren Stellen vor dem Komma bereits mehr als 2 Byte verbrauchen. Viel besser wäre doch, wenn wir festlegen könnten, wo das Komma steht, wie es in der wissenschaftlichen Notation von Zahlen üblich ist.

> **Wissenschaftliche Notation**
>
> Die *wissenschaftliche Notation* oder auch *Exponentialdarstellung* ist eine einheitliche, kompakte Schreibweise für Zahlen mithilfe einer Potenz in der Form
>
> Mantisse $\cdot$ Basis^{Exponent}.
>
> Dabei ist die *Mantisse* der Faktor vor der Potenz (bestehend aus *Basis* und *Exponent*). Beispielsweise können wir die Zahl 5396,4 darstellen als $5{,}3964 \cdot 10^3$. Hier ist 5,3964 die Mantisse, 10 ist die Basis und 3 der Exponent.
>
> In den Naturwissenschaften ist eine Basis von 10 üblich, wobei aber auch beliebige andere Basen möglich sind. Wenn man den Exponenten so anpasst, dass die Mantisse mindestens 1 und echt kleiner als die Basis ist (also hier zwischen 1 und 10), dann nennt man dies eine *Normalisierung der Mantisse*. Der Exponent darf auch negativ sein, sodass auch besonders kleine Zahlen dargestellt werden können.

Wenn wir die Exponentialdarstellung mit Basis 2 und einer normalisierten Mantisse nutzen, so haben wir beispielsweise eine Zahl der Form

$$1{,}0011_2 \cdot 2^{1100_2} = 4864_{10}$$

vorliegen. Wenn wir diese nun in Binärdarstellung speichern wollen, dann müssen wir die Mantisse und den Exponenten speichern. Um zusätzlich negative Zahlen zu erlauben, speichern wir in einem weiteren Bit, ob die Zahl positiv oder negativ ist. Da die Mantisse normalisiert ist und wir 2 als Basis haben, kann in der Mantisse die Stelle vor dem Komma nur eine 1 sein. Also müssen wir nur die Nachkommastellen der Mantisse speichern, denn das erste Bit ist implizit immer 1. Genau nach diesem Verfahren funktioniert das Speichern von Fließkommazahlen durch den IEEE-754-Standard. Die zwei stark verbreiteten Varianten in diesem Standard sind die Darstellung in 32 Bit oder 64 Bit. Die 32 Bit bestehen aus 1 Bit für das Vorzeichen, 8 Bit für den Exponenten und 23 Bit für die Mantisse, während die 64 Bit sich aus 1 Bit für das Vorzeichen, 11 Bit für den Exponenten und 52 Bit für die Mantisse zusammensetzen.

Text

Auch jede in einem Messenger verschickte Textnachricht besteht tatsächlich aus Bytes. Doch wie sehen diese Bytes aus? Wir könnten jedem nutzbaren Zeichen einen eindeutigen Byte-Wert zuordnen und so eine eindeutige *Zeichenkodierung* erhalten.

Diese Methode wurde im *ASCII*, dem »American Standard Code for Information Interchange«, festgelegt. In dieser Kodierung wird den im amerikanischen Englisch gebräuchlichsten Zeichen jeweils ein genaues Muster von 7 Bit zugeordnet. Die Menge von Zeichen umfasst unter anderem Steuerzeichen (z. B. Zeilenumbruch), Satzzeichen (z. B. Punkt), Buchstaben und Zahlen. So hat etwa der Buchstabe A den ASCII-Code 0x41 = 65. Text wird also anhand dieser Kodierung als Binärzahlen verschickt, und auf dem Computer des Empfängers können die Binärzahlen wieder als Zeichen interpretiert und angezeigt werden. Da ASCII eigentlich nur 7 Bit verwendet, aber meist 8 Bit als Einheit benutzt werden, verwendet man 8 Bit und setzt das erste (von ASCII unbenutzte) Bit auf 0.

Nun erkennen Sie vielleicht schon das Problem mit ASCII: Es können nur $2^7 = 128$ verschiedene Zeichen dargestellt werden, aber es gibt deutlich mehr Zeichen, die wir darstellen wollen. Beispielsweise sind die deutschen Umlaute nicht mit ASCII darstellbar; Sie müssten also »ae« statt »ä« schreiben. Ein ähnliches Problem haben alle anderen Sprachen mit besonderen Zeichen, insbesondere zum Beispiel die chinesische Schrift. Aus diesem Grund wurde eine Vielzahl weiterer Kodierungen entwickelt, die weitere Zeichen enthalten. Dabei entstand auch die UTF-8-Kodierung des *Unicode Standards*, die inzwischen weit verbreitet ist und versucht, allen auf der Welt genutzten Schriftzeichen einen Code zuzuweisen.

Dafür müssen mehrere Bytes pro Symbol verwendet werden. Daher können Zeichen in UTF-8 verschieden viele Bytes verwenden. Die Zeichen von nur einem Byte Länge sind identisch mit denen aus ASCII und beginnen also alle mit einer 0 (also 0 _ _ _ _ _ _ _). Nun gibt es aber auch Zeichen, deren Darstellung mit einer 1 beginnt. Die 1 zeigt an, dass das Zeichen durch mehrere Bytes dargestellt wird. Konkret haben Zeichen aus zwei Bytes immer die Struktur 110 _ _ _ _ _ 10 _ _ _ _ _ _, Zeichen mit drei Bytes haben die Struktur

1110 _ _ _ _ 10 _ _ _ _ _ _ 10 _ _ _ _ _ _ und Zeichen mit vier Bytes entsprechend 11110 _ _ _ 10_ _ _ _ _ _ 10 _ _ _ _ _ _ 10 _ _ _ _ _ _. So kann anhand des ersten Byte erkannt werden, wie viele Bytes zu diesem Zeichen gehören, und aufgrund der Vielzahl an Zeichen können auch Sprachen mit mehreren Tausend Zeichen dargestellt werden. Die deutschen Umlaute benötigen zwei Bytes in der UTF-8-Kodierung.

Im Jahr 2010 wurden die *Emojis* in den Unicode Standard aufgenommen und seitdem stetig erweitert. Emojis sind bildliche Darstellungen verschiedener Konzepte, z. B. ein lachendes Gesicht für Freude (😀). Auf diese Weise können Sie in Nachrichten Emojis innerhalb eines Textes benutzen, da diese auch einfach nur weitere Zeichen sind.

Aufgrund der verschiedenen nutzbaren Standards müssen sich Sender und Empfänger darüber einig sein, welche Kodierung verwendet wird. Dies ist auch der Grund, warum Sie manchmal Umlaute z. B. in E-Mails als »Ã¤« (statt »ä«) lesen: Der Sender hat den Text in einer bestimmten Kodierung verfasst, während Ihre E-Mail-Anwendung den Text in einer anderen Kodierung interpretiert. Aus diesem Grund wird bei Texten die Kodierung meist als zusätzliche Information des Dokuments angegeben.

Bilder

Auch Bilder können digital gespeichert und verschickt werden. Doch woraus besteht ein Bild überhaupt? Jedes Bild hat Eigenschaften wie Höhe und Breite. Diese und weitere Informationen werden in einem *Dateikopf* am Anfang der Bilddatei gespeichert. Darauf folgt die Beschreibung des Bildinhalts. Eine übliche Technik ist die Darstellung als *Rastergrafik*. Dabei stellen wir das Bild in einem Raster von Punkten dar, und jeder einzelne Rasterpunkt ist ein *Pixel*, wie in Abbildung 2.1 dargestellt.

Abbildung 2.1 Foto von Bananen mit Detailansicht der einzelnen Pixel

Jedes Pixel hat eine Farbe. Diese wird durch eine Kombination der Farben Rot, Grün und Blau dargestellt. Dies ist nicht nur beim Speichern von Bildern so: Schauen Sie sich einen Bildschirm einmal mit der Lupe an. Sie werden kleine Flächen in Rot, Grün und Blau finden.

Die Farbe wird typischerweise durch einen RGB-Wert mit einer Größe von 24 Bit gespeichert. Dabei werden jeweils 8 Bit für eine der Grundfarben verwendet. Auf diese Weise können 2^{24}, also fast 16,8 Millionen verschiedene Farben dargestellt werden! Diese Zahl an Farben reicht, um auf Fotos die tatsächlichen Farben ausreichend realistisch wiederzugeben.

Der Bildinhalt wird also durch die Angabe der RGB-Werte aller Pixel im Raster angegeben. Auf diese Weise gespeicherte Bilder benötigen aufgrund der 3 Farben pro Pixel 3 Byte. Wenn das Bild aber nur aus wenigen Farben besteht, so bietet sich stattdessen eine sogenannte *Farbpalette*, eine Liste benutzbarer Farben am Dateianfang, an. Jede dieser Farben erhält eine Nummer, und statt der Farbe eines Pixels schreiben wir stattdessen die entsprechende Nummer. Wenn wir beispielsweise nur $2^8 = 256$ verschiedene Farben nutzen wollen, so brauchen wir nur 1 Byte für die Nummer der Farbe und damit 1 Byte pro Pixel.

Eine Darstellung als Rastergrafik ist besonders bei Fotos sinnvoll und üblich. Wollen Sie aber ein Logo oder ein Symbol als Bild speichern, dann soll das Bild keine feste Auflösung haben, sondern unabhängig von der angezeigten Größe immer »scharf« aussehen. Dafür gibt es eine weitere verbreitete Darstellung von Bildern: die *Vektorgrafik*. Bei dieser werden nicht einzelne Pixel gespeichert, sondern sämtliche Elemente des Bildes mathematisch beschrieben und aufgelistet. Konkret kann die Grafik aus geometrischen Elementen wie Linien, Kurven, Kreisen oder anderen Formen zusammengesetzt werden. Vektorgrafiken können daher in beliebiger Auflösung dargestellt werden, denn die geometrischen Elemente sind nicht auf Pixel beschränkt. Die Datei besteht stattdessen aus Textbeschreibungen dieser Elemente.

Das folgende Beispiel im Dateiformat SVG beschreibt ein Bild der Größe 100 × 100 mit einem Kreis an den Koordinaten (50, 50) mit Radius 50 und Grau als Füllfarbe.

```
<svg height="100" width="100">
  <circle cx="50" cy="50" r="50" fill="gray" />
</svg>
```

Den Unterschied zwischen der Nutzung von Rastergrafik und Vektorgrafik bei Logos zeigt der Vergleich für das Darstellen des grauen Kreises von oben (Abbildung 2.2).

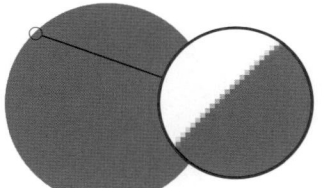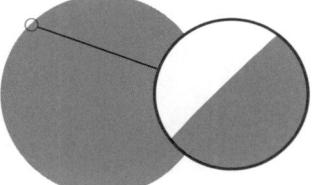

Abbildung 2.2 Die Darstellung eines Kreises durch eine Rastergrafik (links) und eine Vektorgrafik (rechts) im Vergleich

2.4 Zusammenfassung und Einordnung

In diesem Kapitel haben Sie gelernt, wie das Binärsystem funktioniert, wie Sie mit Binärzahlen rechnen und warum wir Informationen binär im Computer speichern. Sie haben jetzt ein Gefühl für die Größenordnungen von Daten. Zudem haben wir gezeigt, wie Sie verschiedene komplexere Datentypen in Binärform kodieren. Angefangen mit den grundlegenden Typen von natürlichen und ganzen Zahlen über die fortgeschrittenen Fließkommazahlen bis hin zu den verschiedenen Varianten der Kodierung von Text wissen Sie nun, wie diese für einen Computer aussehen. Anhand von Bildern haben Sie erfahren, wie die Grundstruktur umfangreicher Dateien aussehen kann.

Tatsächlich sind die meisten Dateitypen eine strukturierte Kombination einfacherer Typen wie Zahlen und Text. Aus Computersicht sind Dateien aber immer nur Nullen und Einsen; die Bedeutung entsteht erst durch die Festlegung der Kodierung und Interpretation durch von Menschen geschriebene Programme.

Aufgaben

Aufgabe 1: Umwandlung

a) Wandeln Sie 123 und 255 in das Binär- und das Hexadezimalsystem um.

b) Wandeln Sie 111011_2 und 101110010_2 in das Dezimal- und das Hexadezimalsystem um.

c) Wandeln Sie 0xAFFE und 0x101 in das Dezimal- und das Binärsystem um.

Aufgabe 2: Unärsystem

Wie könnte ein Unärsystem aussehen, also ein Zahlensystem mit nur einem Zeichen? Wie stellt man darin die Zahl 6 dar? Wo findet dieses System Anwendung?

Aufgabe 3: Präfixe

Warum sollte man nicht einfach die Präfixe Mega, Giga etc. für die Informatik so umdefinieren, dass sie die Bedeutung 2^{10}, 2^{20} etc. haben?

Aufgabe 4: Zweierkomplement

Stellen Sie die folgenden ganzen Zahlen mithilfe des Zweierkomplements in einer Länge von 8 Bit dar. Berechnen Sie in dieser Darstellung die Summe der ersten beiden Zahlen.

a) 54

b) –23

c) –128

d) 5

Aufgabe 5: Zahlenbereiche

Welchen Zahlenbereich der natürlichen Zahlen können Sie mit Binärzahlen der Länge 2, 4 oder 8 Byte darstellen? Wie sieht es mit den ganzen Zahlen im Zweierkomplement aus?

🎓🎓🎓 Aufgabe 6: Geldbeträge

Was ist problematisch am Rechnen mit binären Fließkommazahlen im Bereich von Finanzen? Warum können Geldbeträge wie 7,30 € nicht mithilfe von Fließkommazahlen im Binärsystem dargestellt werden? Überlegen Sie sich eine sinnvolle Kodierung von Euro-Beträgen auf den Cent genau!

🎓 Aufgabe 7: Text

Wie viele Byte Speicherplatz sind für den folgenden Text in ASCII-Kodierung und in UTF-8-Kodierung nötig?

Wir benutzen das Dezimalsystem vermutlich, weil wir zehn Finger haben.

Und wie viele Byte Speicherplatz sind für den folgenden Text in UTF-8-Kodierung nötig? Warum ist eine ASCII-Kodierung nicht möglich?

In der Informatik hingegen benutzen wir das Binärsystem.

🎓 Aufgabe 8: Rastergrafiken

Wie können Sie die Größe von Rastergrafikdateien noch weiter reduzieren, wenn das Original ein Foto ist? Nutzen Sie hierzu aus, dass in Fotos oft größere Bereiche einer ähnlichen Farbe zu finden sind, z. B. ein blauer Himmel.

Lösungen

Aufgabe 1: Umwandlung
a) $123 = 1111011_2 = \text{0x7B}$, $255 = 11111111_2 = \text{0xFF}$
b) $111011_2 = \text{0x3B} = 59$, $101110010_2 = \text{0x172} = 370$
c) $\text{0xAFFE} = 1010111111111110_2 = 45054$, $\text{0x101} = 100000001_2 = 257$

Aufgabe 2: Unärsystem
Das Unärsystem ist im Prinzip eine Strichliste, wie sie zum Beispiel zum Zählen bei Abstimmungen genutzt wird. Im Zahlensystem lauten die Potenzen $1^0 = 1$, $1^1 = 1$, $1^2 = 1$ und so weiter. Es gibt nur den Strich als Zeichen, und jeder Strich steht deshalb für eine 1. Die Zahl 6 stellt man also durch ||||| dar.

Aufgabe 3: Präfixe
Ein Großteil der Wissenschaft beruht auf Exaktheit und Konsistenz. Die Präfixe werden als Zehnerpotenzen schon seit Jahrhunderten in der Wissenschaft verwendet und sind so auch

standardisiert. Ein Umdefinieren der Bedeutung nur innerhalb der Informatik würde für Verwirrung sorgen und die Zusammenarbeit von Informatik und anderen Disziplinen erschweren.

Aufgabe 4: Zweierkomplement

a) 54 im Zweierkomplement ist 00110110_2.

b) −23 im Zweierkomplement ist 11101001_2.

c) −128 im Zweierkomplement ist 10000000_2.

d) 5 im Zweierkomplement ist 00000101_2.

Aufgabe 5: Zahlenbereiche

Mit zwei Byte können wir $2^{16} = 65536$ Zahlen darstellen, nämlich die Zahlen von 0 bis $2^{16} − 1 = 65535$. Im Zweierkomplement können wir die Zahlen von −32768 bis 32767 darstellen. Mit vier Byte können wir $2^{32} = 4294967296$ Zahlen darstellen, nämlich die Zahlen von 0 bis $2^{32} − 1$. Im Zweierkomplement können wir die Zahlen von $−2^{31}$ bis $2^{31} − 1$ darstellen. Mit acht Byte können wir sogar $2^{64} \approx 18,4$ Trillionen Zahlen darstellen, nämlich die Zahlen von 0 bis $2^{64} − 1$. Im Zweierkomplement können wir die Zahlen von $−2^{63}$ bis $2^{63} − 1$ darstellen. Für die meisten Anwendungszwecke reicht dieser Zahlenbereich aus.

Aufgabe 6: Geldbeträge

Im Binärsystem haben wir mit vielen Zahlen das gleiche Problem wie im Dezimalsystem: Dort lässt sich etwa ein Drittel nicht exakt darstellen, wenn die Zahl der Nachkommastellen begrenzt ist. Im Binärsystem lässt sich der Betrag 7,30 € mit begrenzten Nachkommastellen auch nur annähern, denn die vollständige Darstellung wäre $111,0\overline{1001}_2$. Dieser Verlust an Genauigkeit führt dazu, dass in vielen Programmiersprachen etwa die Rechnung 0,1 + 0,2 die Zahl 0,30000000000000004 ergibt. Dieser zunächst kleine Fehler kann sich durch weitere Rechnungen fortsetzen und so zu im Finanzbereich inakzeptablen Abweichungen führen.

Eine mögliche Lösung ist, alle Zahlen direkt als Cent-Beträge zu speichern. Dies sind dann immer ganze Zahlen. Alle Operationen wie die Addition sind dann auf übliche Weise möglich, und bei der Anzeige der Euro-Beträge kann das Komma an der richtigen Stelle eingefügt werden.

Aufgabe 7: Text

Der erste Satz besteht aus 70 Zeichen. Wenn wir diese in ASCII-Kodierung speichern, sind also 70 Byte notwendig. Da UTF-8 kompatibel zu ASCII ist und die Zeichen die gleiche Darstellung haben, sind auch in UTF-8 70 Byte notwendig.

Der zweite Satz besteht aus 56 Zeichen. Da er einen Umlaut (das »ä«) enthält, kann er nicht in ASCII dargestellt werden. Umlaute benötigen in UTF-8 zwei Byte, also sind 57 Byte notwendig.

Aufgabe 8: Rastergrafiken

Wenn viele benachbarte Pixel eine gleiche Farbe haben, können die Pixel als Gruppe anstatt einzeln beschrieben werden. In der Datei könnte dann z. B. stehen: »Im Bereich XY sind nur blaue Pixel.« Wenn die Pixel nur fast die gleiche Farbe haben, ist eine Möglichkeit, ihnen eine gemeinsame Farbe zuzuweisen. Dies ist dann ein Verlust im Vergleich zum Originalbild. Eine alternative Möglichkeit ist das Beschreiben der Farbdifferenz zur erwarteten Farbe. Wenn diese Differenzen klein sind, wird weniger Platz zum Speichern der Differenz benötigt, als für das Speichern der gesamten Farbe nötig wäre.

Kapitel 3
Datenstrukturen

Die Wahl der richtigen Datenstruktur ist wichtig für viele algorithmische Problemstellungen. In diesem Kapitel werden Sie die wichtigsten Datenstrukturen kennenlernen und erfahren, welche Operationen sie unterstützen.

3.1 Speicherung gleicher Daten

Knobelei zum Einstieg

Schauen Sie sich einmal in dem Raum um, in dem Sie sich gerade befinden. Haben Sie irgendwo ein Bücherregal stehen, in dem sich mehrere Bücher befinden? Oder liegt irgendwo ein Stapel mit Papier herum? Möglicherweise eine Kette, die aus mehreren Kettengliedern besteht? Gibt es eventuell eine Schreibtischschublade, in der sich viele Stifte befinden? Sie werden feststellen, dass Sie in Ihrem Zimmer viele solcher Häufungen von Objekten finden.

Konkret zum Bücherregal und zum Papierstapel – ob nun einer zugegen ist oder nicht: Welche Unterschiede zwischen den beiden »Speichern« können Sie feststellen? Denken Sie dabei vor allem daran, wie Sie auf die Bücher oder ein bestimmtes Blatt Papier in dem Stapel zugreifen können. Können Sie beispielsweise einfach ein neues Buch hinzufügen oder ein Blatt Papier aus Ihrem Stapel entfernen? Überlegen Sie außerdem, ob die Objekte eine bestimmte Ordnung haben und in welcher Reihenfolge Sie sie betrachten können. Sie werden sehen, dass sich die verglichenen Strukturen in einigen Details unterscheiden. Versuchen Sie doch zum Beispiel einmal, den fünften Stift aus einem Behälter voll mit Stiften zu nehmen – welcher ist der fünfte Stift?

3.2 Geordnete Daten

Auch wenn Sie es beim Anblick Ihres Papierstapels oder des Bücherregals vielleicht nicht glauben mögen, aber es handelt sich dabei im technischen Sinne um *geordnete Daten*. Das bedeutet erst einmal nur, dass die Elemente eine definierte Reihenfolge haben. Jedes Element hat eine eindeutige Position, die in der Informatik auch *Index* genannt wird.

Geordnete Daten werden in Datenstrukturen gespeichert, die mehrere Objekte vom gleichen Typ sammeln können. Davon gibt es viele verschiedene, von denen wir einige jetzt vorstellen werden. Man charakterisiert sie anhand der Operationen, die man auf ihnen ausführen kann.

Die einfachste Datenstruktur zur Speicherung geordneter Daten ist das *Array*. Ein Array können Sie sich wie Ihr Bücherregal vorstellen. In einem Bücherregal haben Sie für eine bestimmte Anzahl an Büchern Platz. Um weitere Bücher hinzuzustellen, müssten Sie ein neues Bücherregal hinzufügen oder das Regal verlängern. Genauso haben auch Arrays erst einmal eine *feste* Größe, die nicht veränderbar ist. In Abbildung 3.1 sehen Sie ein Bücherregal, das bereits einige Elemente (also Bücher) enthält, aber auch noch leere Plätze hat. An diesem Beispiel sehen Sie auch, dass die Elemente nicht zwingend sortiert sind, es aber aufgrund der festen Positionen geordnete Daten sind. Ebenfalls erkennen Sie, dass bei Arrays das erste Element an der Position 0 gespeichert wird, da bei Arrays, den anderen Datenstrukturen und fast überall sonst in der Informatik bei 0 mit dem Zählen begonnen wird.

Bei Arrays können Sie ganz einfach auf ein bestimmtes Buch zugreifen, genauso wie Sie einfach zu Ihrem Bücherregal gehen und ein Buch aus diesem Regal nehmen können. Außerdem ist es ohne weiteren Aufwand möglich, ein neues Buch an eine bestimmte Stelle ins Bücherregal zu stellen. Für beide Operationen benötigen Sie lediglich den Index im Array, den wir wie in Abbildung 3.1 in eckigen Klammern notieren. Um ein neues Array mit n Elementen anzulegen, schreiben wir im Pseudocode übrigens `variable := Array[n]` und arbeiten dann mit der Variable weiter, die ab dann das angelegte Array repräsentiert. Zusammengefasst hat ein Array also als Merkmale, dass die Größe fix ist, man einfach auf Elemente zugreifen und Bücher leicht an bestimmte Plätze im Array stellen kann.

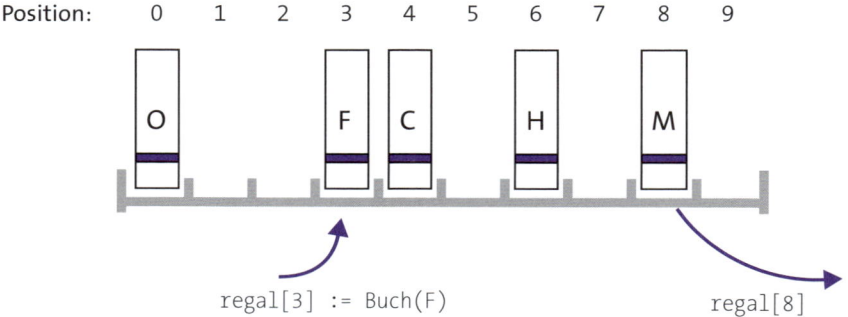

Abbildung 3.1 Ein Array hat genauso wie ein Bücherregal eine feste Größe.

Eine feste Größe ist für viele Anwendungsfälle sehr unpraktisch, denn häufig kennt man die Anzahl der zu speichernden Elemente beim Anlegen einer Datenstruktur noch nicht. *Verkettete Listen* bieten die Möglichkeit, beliebig viele Elemente geordnet in einer Datenstruktur abzulegen. Sie können sie sich wie eine Kette vorstellen, an die beliebig weitere Kettenglieder angehängt werden können. Dafür muss die Größe vorher nicht feststehen, die Kette kann beliebig lang werden.

Der verketteten Liste ist nur das erste Element bekannt, das mit `first` abgefragt wird. Jedes Element wiederum kennt seinen eigenen Nachfolger, der über `next` abgefragt wird. Elemente von verketteten Listen bieten außerdem die Operation `insertAfter` an, der man ein neues Objekt übergibt, das hinter dem Element in der Liste angefügt wird. Dafür wird der alte Nachfolger des Elements als Nachfolger des neuen Objekts gesetzt, und das neue Objekt wird der Nachfolger des Elements, auf dem die Operation aufgerufen wird. Vergleichbar dazu können Sie ein Kettenglied mitten in einer echten Kette öffnen und ein neues Element einfügen, ohne dass weitere Elemente vor oder nach der Einfügeposition angefasst werden müssten. So können Sie an beliebiger Stelle neue Elemente der verketteten Liste hinzufügen. Bei verketteten Listen können Sie jedoch ähnlich wie bei einer Kette nicht direkt auf ein bestimmtes Element in der Liste anhand der Position zugreifen. Ein Beispiel für eine verkettete Liste ist in Abbildung 3.2 dargestellt.

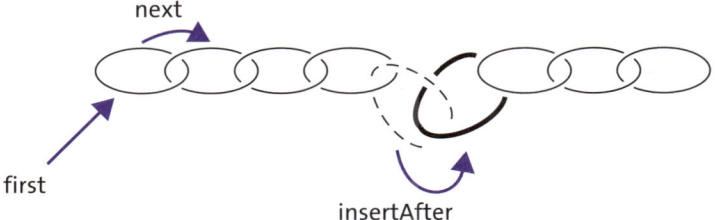

Abbildung 3.2 Die Kettenglieder einer verketteten Liste. Das erste Kettenglied der Liste kann mit »first« angefragt werden. Außerdem hat jedes Kettenglied einen Verweis (»next«) auf seinen Nachfolger. Um das fett gedruckte Kettenglied mit »insertAfter« einzufügen, muss lediglich das gestrichelte geöffnet werden.

Neben Arrays und verketteten Listen gibt es *Stacks* und *Queues*, die sich nur in einem kleinen Detail voneinander unterscheiden, das jedoch die Funktion beider Datenstrukturen grundlegend ändert. Betrachten Sie die Operationen auf einem Papierstapel. Bei diesem können Sie nur das oberste Blatt sehen, alle anderen Blätter sind verdeckt. Um das zweite Blatt zu sehen, müssen Sie das erste Blatt Papier vom Stapel nehmen. Stacks (zu Deutsch: *Stapel*) sind sehr gut mit diesem Papierstapel vergleichbar. Sie unterstützen grundlegend drei Operationen: Zum Hinzufügen eines neuen Elements auf dem Stapel wird die Operation push verwendet. Das neue Element liegt dann oben auf dem Stapel. Mit der Operation pop kann das oberste Element des Stapels wieder entfernt werden (wobei das Element auch zurückgegeben wird). Führen Sie push und pop direkt hintereinander aus, fügen Sie ein neues Element dem Stack hinzu und entfernen es direkt wieder. Dieses in Abbildung 3.3 veranschaulichte Prinzip wird *LIFO* (vom Englischen *last in – first out*) genannt, da das zuletzt hinzugefügte Element das erste Element ist, das wieder entfernt wird. Neben diesen beiden Operationen unterstützt der Stack isEmpty als Operation, die entweder wahr oder falsch zurückgibt, je nachdem, ob sich Elemente in dem Stack befinden.

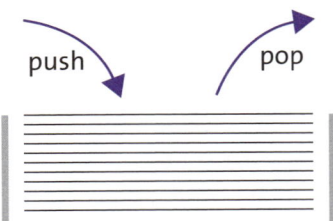

Abbildung 3.3 Ein Papierstapel als Stack. Mit »push« kann man eine neue Seite auf den Stapel legen und mit »pop« die oberste Seite entfernen.

Ein Stack arbeitet nach dem Prinzip *LIFO*, eine Queue basiert dagegen auf dem *FIFO*-Prinzip (vom Englischen *first in – first out*). Vergleichbar mit einer Queue verhält sich auch eine Warteschlange, beispielsweise in einer Eisdiele: Die neuen Kunden stellen sich am Ende der Schlange an, die Verkäufer arbeiten die Schlange aber vorn ab. Die Kunden, die sich zuerst angestellt haben, werden auch zuerst bedient, also *first in – first out*. Eine Queue unterstützt ebenfalls drei Operationen: Zum Anfügen neuer Elemente an das Ende der Liste wird die Operation enqueue verwendet. Auf der anderen Seite wird mit der Operation dequeue das oberste Element entfernt und zurückgegeben. Neben diesen beiden Operationen unterstützt auch die Queue die isEmpty-Operation. Ein Beispiel für eine Queue sehen Sie in Abbildung 3.4.

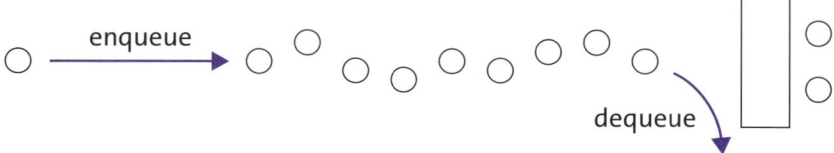

Abbildung 3.4 Die Queue in der Eisdiele. Neue Kunden werden mit »enqueue« an das Ende der Schlange angefügt; die am längsten wartenden Kunden werden vorn bedient und mit »dequeue« aus der Warteschlange entfernt.

Im Pseudocode schreiben Sie variable := Stack() beziehungsweise variable := Queue(), wenn Sie eine neue Datenstruktur vom jeweiligen Typ anlegen wollen. Um Operationen auf diesen Strukturen auszuführen, notieren Sie den jeweiligen Befehl mit einem Punkt getrennt hinter der Variable, zum Beispiel also stack.pop(). In die Klammern hinter dem Befehl schreiben Sie eventuell benötigte Argumente, wie im Fall von queue.enqueue(e), wenn Sie das neue Element e der Warteschlange queue hinzufügen möchten.

Repräsentation im Speicher

Bisher haben wir nur über die Operationen gesprochen und sind noch nicht darauf eingegangen, wie die Datenstrukturen tatsächlich im Speicher abgelegt werden. Zum Verständnis ist das aber durchaus wichtig, auch um zum Beispiel zu verstehen, warum Arrays eine feste Größe haben und verkettete Listen beliebig erweitert werden können.

Arrays haben die einfachste Speicherrepräsentation. Es wird für jedes Array ein bestimmter Bereich im Speicher reserviert. Die Größe dieses Speichers entspricht genau dem Produkt aus der Anzahl der Elemente und dem Speicherbedarf für ein einzelnes Element. Wenn man über einen Index direkt ein Element des Arrays anfragt, wird aus dem Startpunkt des Speicherbereichs, dem Index und dem Speicherbedarf für ein einzelnes Element berechnet, wo dieses Element steht, und der dortige Speicherinhalt zurückgegeben. Der Speicherbereich wird direkt bei der *Initialisierung* (also beim Anlegen) des Arrays reserviert. Da es sich dabei um einen zusammenhängenden Bereich handelt, kann dieser nicht einfach vergrößert werden, denn der Speicher direkt dahinter könnte bereits für andere Daten in Verwendung sein.

Arrays haben also eine feste Speichergröße, die auch nicht zunimmt, wenn Elemente in ein Array eingefügt werden. An jeder Stelle des Arrays befindet sich entweder ein Element oder ein Standardwert. Bei Ganzzahlen ist das zum Beispiel eine 0, bei komplexeren Daten häufig ein sogenannter *Null-Wert*, den Sie später im Buch noch kennenlernen werden. In einem Array von primitiven Werten wie Zahlen ist also auch nicht unbedingt unterscheidbar, ob der Wert an einer Stelle ein Standardwert ist oder selbst geschrieben wurde. Speichert man dagegen komplexere Daten, kann festgestellt werden, ob der Wert in einer Zelle des Arrays gültig oder ein Null-Wert ist, wie in Listing 3.1 gezeigt wird. Man kann bei Arrays also nicht anhand der Speichergröße feststellen, wie viele Elemente sich tatsächlich in einem Array befinden, sondern muss sich jede Stelle des Arrays anschauen, wie Listing 3.1 zeigt.

```
Eingabe: Bücherregal buecher als Array mit n Stellplätzen für Bücher
Ausgabe: Die tatsächliche Anzahl der Bücher im Regal
01   anzahl := 0
02   Wiederhole für alle i in 0, …, n-1
03      Falls buecher[i] ein Buch und nicht leer ist dann
04         anzahl := anzahl + 1
05   Return anzahl
```

Listing 3.1 Zählen der Bücher in einem Regal

Wie bereits beschrieben, wird bei Arrays mit 0 angefangen zu zählen. Daher müssen Sie die Felder 0 bis *n*–1 durchlaufen, um alle *n* Elemente zu betrachten. Übrigens: Es ist einer der häufigsten Fehler beim Programmieren, über die Grenze eines Arrays hinauszuschießen, wie Sie in Kapitel 19, »Fehler«, noch sehen werden.

> **Dynamische Arrays**
>
> Der große Vorteil von Arrays ist, dass man schnell über den Index auf bestimmte Elemente zugreifen kann, der große Nachteil besteht in der festen Größe. Etwas trickreicher kann man auch Arrays bauen, die in der Größe wachsen können – sogenannte *dynamische Arrays*. Ein dynamisches Array speichert seine Elemente auch in einem normalen Array. Sollten jedoch alle Speicherplätze in diesem Array belegt sein, wird ein neues, größeres Array angelegt, und es werden alle Elemente aus dem alten Array in das neue Array kopiert. Genauso kann ein dynamisches Array verkleinert werden, wenn zu viele Speicherplätze nicht mehr in Verwendung sind. Vergrößert oder verkleinert wird dabei nicht um einzelne Elemente, sondern immer um ein Vielfaches der aktuel-

len Größe. Damit erreicht man, dass im Durchschnitt das Einfügen, Löschen und der Zugriff auf Elemente schnell vonstattengeht.

Bei einem dynamischen Array fügen Sie neue Elemente mit der Operation add hinten an, holen bestehende Elemente mit der Operation get und der Angabe eines Index aus dem Array und entfernen Elemente am Ende des Arrays mit remove. Da die Anzahl der Elemente im dynamischen Array nicht zwingend mit der Größe des zugrunde liegenden Speichers übereinstimmt, lässt sich mit dem Befehl size die Anzahl dieser Elemente ermitteln.

Im Gegensatz zu Arrays können verkettete Listen in der Größe wachsen. Das liegt an der Struktur, wie verkettete Listen ihre Daten im Speicher hinterlegen. Jedes Kettenglied speichert seinen Nachfolger, indem ein Verweis auf den Speicherbereich des Nachfolgers hinterlegt wird. Diese müssen im Speicher nicht direkt hintereinanderliegen, wodurch die Liste, solange irgendwo noch Speicher vorhanden ist, weiter wachsen kann.

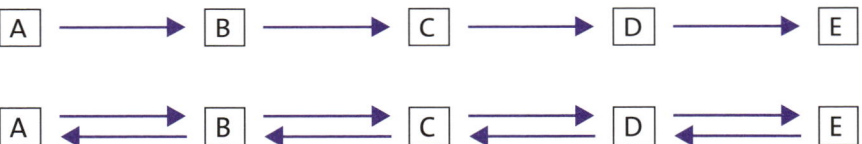

Abbildung 3.5 Bei einer einfach verketteten Liste (oben) verweist jedes Element auf seinen Nachfolger. Bei einer doppelt verketteten Liste (unten) kennt außerdem jedes Element seinen Vorgänger.

An dieser Liste gibt es nur ein Problem: Möchten Sie am Ende der Liste eine Operation vornehmen, zum Beispiel neue Elemente hinzufügen, müssen Sie alle anderen Elemente durchlaufen, damit Sie an das letzte Element herankommen. Um dies zu optimieren, verwendet man in der Praxis *doppelt verkettete Listen*, bei denen jedes Kettenglied nicht nur seinen Nachfolger, sondern auch seinen Vorgänger kennt. Dadurch kann man nun nicht nur insertAfter auf einem Element aufrufen, sondern auch die Operation insertBefore, die analog in die andere Richtung funktioniert. Außerdem speichert man nun zwei *Eingänge der Liste*: das erste Element und das letzte Element. Nun kann man ganz einfach an das letzte Element ein neues Element anhängen (wodurch dieses zum letzten Element wird) oder das letzte Element entfernen (wodurch dessen Vorgänger zum letzten Element wird). Möchte man nur an den Anfang der Liste Elemente anhängen oder von dort Elemente entfernen, genügt eine einfach verkettete Liste. Den Unterschied sehen Sie in Abbildung 3.5.

Dank der doppelten verketteten Liste kann man also beliebig am Anfang und am Ende Elemente hinzufügen oder entfernen. Daher verwendet man auch oft diese Implementierung als Basis für einen Stack oder eine Queue. Bei einem Stack fügt man neue Elemente der verketteten Liste vorn an (push) und entfernt sie auch wieder vorn (pop). Bei einer Queue fügt man die Elemente vorn an (enqueue) und entfernt sie hinten (dequeue). Daher ist die verkettete Liste sehr eng mit diesen beiden Datenstrukturen verwandt. In Kapitel 7, »Suchen«, werden Sie sehen, dass auch andere Datenstrukturen auf dem Konzept der verketteten Liste aufbauen.

Andere Operationen auf den Datenstrukturen

Die genannten Datenstrukturen bieten in der Regel noch weitere Operationen an. Listing 3.2 zeigt beispielsweise, wie Sie in einer verketteten Liste auf ein bestimmtes Element anhand des Index zugreifen können. Das ist natürlich möglich, jedoch ist es viel aufwendiger als bei einem Array. Die vorgestellten Datenstrukturen sind also nicht wirklich auf die beschriebenen Operationen beschränkt. Daher müssen wir den Einleitungssatz etwas relativieren: Datenstrukturen charakterisieren sich über die Operationen, die auf ihnen *effizient* ausgeführt werden können. In Aufgabe 1 haben Sie die Möglichkeit, auch selbst einige Operationen für verschiedene Datenstrukturen zu schreiben.

```
Eingabe: Verkettete Liste liste, Index i des gewünschten Elements
Ausgabe: Das Element an Index i
01   aktuellesElement := liste.first()
02   j := 0
03   Wiederhole solange j < i
04      aktuellesElement := aktuellesElement.next()
05      j := j + 1
06   Return aktuellesElement
```

Listing 3.2 Indexzugriff auf ein Element einer verketteten Liste

3.3 Ungeordnete Daten

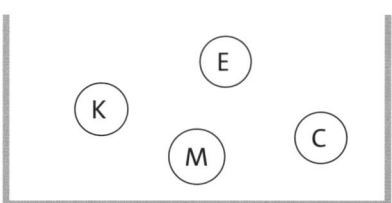

Abbildung 3.6 Ein Sack mit Murmeln ist ein Beispiel für ein Set, dessen Daten keine Ordnung haben.

Haben Sie auf Ihrer Suche vielleicht auch einen Sack mit Murmeln oder ähnlichen Objekten gefunden? Vielleicht eine Schublade mit vielen Stiften? Dabei handelt es sich um ungeordnete Datenstrukturen, da die Elemente keine feste Reihenfolge haben und ihnen somit kein

Index zugeordnet werden kann. Anders als beim Papierstapel gibt es in einem Sack voller Murmeln keine Kugel, die vor und hinter einer anderen Kugel liegt, wie Sie auch in Abbildung 3.6 sehen.

In der Informatik nennt man diese Datenstrukturen *Sets* (englisch für *Mengen*). Sets unterstützen grundlegend drei Operationen, die man effizient ausführen kann. Dazu gehört das Hinzufügen neuer Elemente mit der Operation add. Verglichen mit dem Sack mit den Murmeln können Sie sich das Hinzufügen so vorstellen, dass Sie den Sack aufmachen und einfach die neue Murmel hineinwerfen. Da Sie sich nicht überlegen müssen, an welche Stelle diese neue Murmel gehört, ist diese Operation sehr schnell ausgeführt. Ebenso können Sie schnell Murmeln in dem Sack *finden*, entsprechend können Elemente mit der Operation remove entfernt werden. Außerdem können Sie schnell mit der Operation contains prüfen, ob ein bestimmtes Element in dem Set enthalten ist.

Da die Elemente in einem Set keine genaue Ordnung haben, können Sie bei Sets nicht mit einem Index auf ein bestimmtes Element zugreifen. Außerdem speichert ein Set jedes Element nur einmalig. Selbst wenn Sie ein Element häufiger hinzufügen, wird es nur einmalig gespeichert. Auch darin unterscheiden sich Sets von geordneten Datenstrukturen, zu denen Sie Elemente mehrfach hinzufügen können. Die Gesamtzahl der Elemente in einem Set ermitteln Sie mit der Operation size. Um Sets in Pseudocode zu benutzen, verwenden Sie dieselbe Notation wie bei Stacks und Queues.

Sets in der Informatik basieren auf den *Mengen* der Mathematik und teilen sich mit diesen viele Eigenschaften und Operationen. Bei mathematischen Mengen gibt es zum Beispiel auch eine Operation zum Überprüfen, ob ein Element Teil einer Menge ist. In der Mathematik schreibt man dafür

$a \in M$,

wenn das Element a in der Menge M ist. Ist es nicht Teil der Menge, schreiben wir dementsprechend

$a \notin M$.

Diese beiden Operationen sind die mathematische Variante der contains-Operation auf Sets. Die Menge selbst stellen wir als Aufzählung der darin enthaltenen Elemente in geschweiften Klammern dar. Wir schreiben zum Beispiel

$M = \{1, 3, 2, 4\}$,

um die Menge darzustellen, die die Elemente 1, 3, 2 und 4 enthält. Es kommt dabei nicht auf die Reihenfolge der Aufzählung an, denn eine Menge ist schließlich ungeordnet. Auch für die Größe einer Menge, also die Anzahl der darin befindlichen Elemente, gibt es eine mathematische Notation. Um diese zu beschreiben, umrahmen wir eine Menge mit Betragsstrichen:

$|M| = |\{1,3,2,4\}| = 4$

Außerdem ist es möglich, Mengen zu *schneiden* (∩), also die gemeinsamen Elemente zu finden, und zu *vereinigen* (∪), also alle Elemente aus beiden Mengen zusammenzuführen. Wir können auch die Differenz (\) zweier Mengen bilden, indem wir nur die Elemente behalten, die in der ersten, aber nicht in der zweiten Menge enthalten sind. Ein Beispiel für alle drei Operationen sehen Sie hier:

$A = \{1,2,3\}; B = \{2,3,4\}$

$A \cap B = \{2,3\}$
$A \cup B = \{1,2,3,4\}$
$A \setminus B = \{1\}$

Zwei Mengen können wir auch in Beziehung zueinander setzen. Enthält eine Menge B alle Elemente einer Menge A, so sagt man, dass Menge A eine *Teilmenge* von Menge B ist. Man schreibt dafür

$A \subseteq B$.

In diesem Fall kann Menge A auch genau dieselben Elemente wie B haben (zwei Mengen können also *gleich* sein). Hat Menge B noch mindestens ein weiteres Element, das nicht in Menge A vorkommt, spricht man davon, dass Menge A eine *echte* Teilmenge von Menge B ist. Man notiert dann

$A \subset B$.

Wenn gleichzeitig Menge A eine Teilmenge von Menge B ist und Menge B eine Teilmenge von Menge A ist, sind beide Mengen gleich:

$A \subseteq B \wedge B \subseteq A \Leftrightarrow A = B$

Gibt es dagegen in beiden Mengen mindestens ein Element, das nicht in der anderen Menge enthalten ist, gibt es keine Teilmengenbeziehung:

$A \nsubseteq B \wedge B \nsubseteq A$

All diese *Relationen* sind vergleichbar mit den Kleiner-(/gleich-)Beziehungen zwischen Zahlen. Nicht ohne Grund ähneln sich auch die Symbole $\leq$ und $\subseteq$ beziehungsweise $<$ und $\subset$ sehr. In Aufgabe 2 können Sie sich selbst an den Operationen von Mengen versuchen.

3.4 Datenzuordnungen

Basierend auf Sets gibt es eine weitere Datenstruktur, die sogenannte *Map*. In ihr ist in einem Eintrag nicht nur ein Wert gespeichert, sondern ein *Schlüssel* und ein zugeordneter

Wert. Abbildung 3.7 zeigt ein Beispiel für eine Map. Auf der linken Seite sind die Schlüssel, die alle auf genau einen Wert auf der rechten Seite zeigen. Sie sehen zum Beispiel, dass der Schlüssel *S* auf den Wert 11 zeigt. Es können auch mehrere Schlüssel auf denselben Wert zeigen, ein Schlüssel kann aber nicht auf mehrere Werte zeigen. Man verwendet diese Datenstruktur, wenn man zum Beispiel Personen ihren Adressen zuweisen möchte. Der Name der Person kann dann der Schlüssel sein, während die Adresse der Wert zum Schlüssel ist.

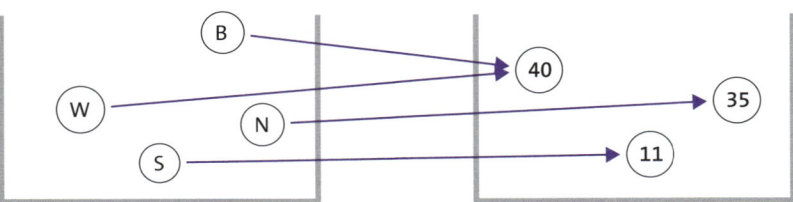

Abbildung 3.7 Ein Beispiel für eine Map. Jeder Schlüssel (links) zeigt auf genau einen Wert (rechts).

Eine Map unterstützt grundlegend vier Operationen, die effizient ausgeführt werden können. Zum Hinzufügen eines neuen Wertes nutzen Sie die Operation `put`, die einen Schlüssel und den zugehörigen Wert benötigt und diese Werte in der Map speichert. Ist unter dem angegebenen Schlüssel schon ein Wert gespeichert, so wird dieser ersetzt. Mit der Operation `get` fragen Sie den Wert ab, der beim angegebenen Schlüssel hinterlegt ist. Zum Löschen eines Schlüssel-Wert-Paares dient die Operation `remove`, die ebenfalls den Schlüssel als Argument benötigt. Zu guter Letzt können Sie mit der Operation `hasKey` prüfen, ob ein gegebener Schlüssel in der Map vorhanden ist.

3.5 Zusammenfassung und Einordnung

In diesem Kapitel haben wir Ihnen insgesamt sechs verschiedene Datenstrukturen vorgestellt, die die Grundlage für viele Algorithmen bilden und deren Verständnis wichtig für die nächsten Kapitel ist. Datenstrukturen charakterisieren sich anhand der darauf ausführbaren Operationen und dessen wie effizient diese Ausführung jeweils ist. Oft ist es bei algorithmischen Problemen einer der wichtigsten Schritte, eine geeignete Datenstruktur zum Speichern der Daten auszuwählen. Daher haben wir in Aufgabe 3 einige Beispiele genannt, für die Sie gut geeignete Datenstrukturen finden sollen.

Vorgestellt haben wir das Array als einfachste Datenstruktur, bei der Sie direkt über einen Index auf beliebige Stellen zugreifen und diese verändern können. Arrays haben dafür aber eine feste Größe. Bei (doppelt) verketteten Listen können Sie einfach neue Elemente hinzufügen oder entfernen und damit auch die Größe der Datenstruktur ändern. Dafür ist der

Zugriff auf eine bestimmte Position sehr aufwendig. Dynamische Arrays bilden zwischen diesen beiden Datenstrukturen einen guten Mittelweg.

Außerdem haben wir Stacks und Queues gezeigt, die beide sehr der verketteten Liste ähneln, jedoch unterschiedliche Anwendungszwecke haben. Dabei haben wir das Prinzip *last in – first out* mit dem Prinzip *first in – first out* verglichen.

Zuletzt haben wir Sets als ungeordnete Datenstruktur vorgestellt, bei der es einfach möglich ist, das Vorhandensein eines Elements zu überprüfen, und die keine Elemente doppelt speichert. Zu den Sets gehören auch die Maps, die eine Zuordnung von Schlüsseln zu Werten ermöglichen.

In den folgenden Kapiteln werden Sie verschiedene Algorithmen wie zum Beispiel Sortier- und Suchalgorithmen kennenlernen, die Arrays als Datenbasis verwenden. Weitere Datenstrukturen werden wir in Kapitel 7, »Suchen«, und in Kapitel 9, »Graphen«, einführen.

Aufgaben

Aufgabe 1: Geordnete Datenstrukturen

a) Das *Zwischenschieben* von Elementen in ein Array ist eine komplexe Sache. In Ihrem heimischen Bücherregal mag es noch einfach sein, ein Buch zwischen zwei nebeneinanderstehende Bücher zu schieben, aber wie gelingt Ihnen dies auf einem Array? Entwickeln Sie einen Algorithmus, der ein Array und dessen Größe, einen Index und ein Buch als Eingabe nimmt und dieses Buch an die gegebene Position stellt. Sollte dort bereits ein Buch stehen, muss das neue Buch zwischen das bereits vorhandene Buch an der Position und das vorherige Buch geschoben werden.

b) Lösen Sie dasselbe Problem, nur dass Sie jetzt eine verkettete Liste statt eines Arrays als Datenstruktur nehmen.

c) Schreiben Sie einen Algorithmus, der ein bestimmtes Element aus einem Stack löscht. Dieser Algorithmus bekommt einen Stack und eine Position übergeben und gibt den veränderten Stack ohne das Element an der Position zurück. Verwenden Sie dabei nur die Operationen `pop`, `push` und `isEmpty`.

Aufgabe 2: Mengen

Schauen Sie sich die folgenden drei Mengen an:

$A = \{1, 2, 3\}, B = \{1, 2, 3, 4\}, C = \{4, 2, 1\}$

Bestimmen Sie die folgenden Mengen:

a) $M_1 = A \cap B$

b) $M_2 = (B \setminus A) \cap C$

c) $M_3 = C \cup B$

d) $M_4 = ((B \cup C) \cap A) \setminus C$

Geben Sie für die folgenden Aussagen an, ob sie wahr oder falsch sind:

e) $(A \cup C) \subset B$

f) $B \subset C$

g) $C \subset B$

h) $(A \cup \{4\}) \subseteq B$

i) $(A \cap B) \setminus (B \setminus C) \subset C$

Aufgabe 3: Geeignete Datenstrukturen

Das Finden der geeigneten Datenstruktur ist sehr wichtig beim Lösen von algorithmischen Problemen. Im Folgenden haben wir einige Beispielszenarien aufgeführt. Können Sie für den Anwendungsfall die richtige Datenstruktur auswählen?

a) Sie wollen die Mitglieder eines Sportvereins verwalten. Jedes Mitglied hat eine eindeutige Nummer, die fortlaufend vergeben wird. Immer, wenn Sie die Daten für ein Mitglied haben wollen, benutzen Sie die Nummer, um an die Daten zu kommen.

b) Sie und eine Freundin schreiben eine Einkaufsliste für eine Party. Während Sie den Einkauf erledigen, fallen Ihnen immer mehr Ideen ein, was Sie zusätzlich kaufen könnten.

c) In einem Badezimmer steht ein Papierspender, der von oben nachgefüllt wird, bei dem das Papier jedoch von unten entnommen wird.

Lösungen

Aufgabe 1: Geordnete Datenstrukturen

a) Das *Zwischenschieben* ist gar nicht so leicht. Da ein Array einen fest definierten Speicherbereich hat, können Sie keinen Speicher dazwischen einfügen. Die einzige Option ist, alle Elemente rechts von der Zielposition eine Position weiter nach rechts zu schieben. Im Algorithmus werden wir dies folgendermaßen umsetzen: Wir stellen das neue Buch an die gewünschte Position, wofür wir gegebenenfalls ein dort stehendes altes Buch aus dem Regal nehmen müssen, um Platz zu schaffen. Dieses herausgenommene Buch müssen wir nun wiederum eine Position weiter rechts einfügen, wo sich der Prozess wiederholt. Zur Vereinfachung nehmen wir an, dass im Regal ganz rechts noch mindestens ein Platz frei ist – das müssten Sie natürlich prüfen.

Das Ergebnis sehen Sie in Listing 3.3. In der Variable *buch* halten wir jeweils das Buch, das an der nächsten betrachteten Stelle (im Pseudocode *j* genannt) eingefügt werden soll. Ist diese Stelle frei, fügen wir das Buch ein und sind fertig. Sollte die Stelle aber bereits durch ein anderes Buch belegt sein, müssen wir uns dieses zuerst in einer weiteren Variable (hier *zwischenspeicher* genannt) merken, bevor wir das einzufügende Buch ins Regal stellen. Würden wir das nicht tun, hätten wir das alte Buch durch das neue überschrieben und das alte damit verloren. Zuletzt merken wir uns dann noch in *buch*, dass wir das herausgenommene Buch an die nächste Stelle einfügen wollen.

```
Eingabe: Array regal der Länge n, Index der gewünschten
Position i, neues Element buch
01   Wiederhole für alle j in i,…,n-1
02      Falls regal[j] frei ist dann
03         regal[j] := buch
04         Breche Schleife ab
05      Sonst
06         zwischenspeicher := regal[j]
07         regal[j] := buch
08         buch := zwischenspeicher
```

Listing 3.3 Zwischenschieben eines Elements bei einem Array

b) Bei der verketteten Liste ist das etwas einfacher. Dort lösen Sie die Verkettung an der Stelle auf und fügen das neue Element ein. Dafür müssen Sie nur den Nachfolger ändern. Das Ergebnis zeigen wir in Listing 3.4.

```
Eingabe: Verkettete Liste liste, gewünschte Position i, neues
Element e
01   aktuellesElement := liste.first()
02   Wiederhole i Mal
03      aktuellesElement := aktuellesElement.next()
04   aktuellesElement.insertAfter(e)
```

Listing 3.4 Zwischenschieben eines Elements in einer verketteten Liste

c) Für diese Aufgabe benötigen Sie einen zweiten, zusätzlichen Stack. Alle Elemente bis zu der gegebenen Position werden aus dem ursprünglichen Stack mittels pop entfernt und dem neuen Stack hinzugefügt. Dann wird das zu löschende Element entfernt und das Umschichten der anderen Elemente rückgängig gemacht. Deren Reihenfolge ändert sich dadurch nicht. Der fertige Algorithmus ist in Listing 3.5 aufgeführt.

```
Eingabe: Stack s, Position des zu löschenden Elements i
Ausgabe: Veränderter Stack
01   t := Stack()
02   Wiederhole i Mal
03      e := s.pop()
04      t.push(e)
05   s.pop() // Das zu löschende Element wird entfernt
06   Wiederhole solange !t.isEmpty()
07      e := t.pop()
08      s.push(e)
```

Listing 3.5 Löschen eines bestimmten Elements aus einem Stack

Aufgabe 2: Mengen

a) $M_1 = \{1, 2, 3\}$

b) $M_2 = \{4\}$

c) $M_3 = \{1, 2, 3, 4\}$

d) $M_4 = \{3\}$

e) falsch

f) falsch

g) wahr

h) wahr

i) wahr

Aufgabe 3: Geeignete Datenstrukturen

a) Bei dieser Aufgabe könnten Sie die Mitglieder entweder in einem dynamischen Array oder einer Map speichern. Eine verkettete Liste eignet sich nicht so gut, weil Sie über die Nummer (die dem Index im Array entsprechen könnte) auf die Daten der Mitglieder zugreifen. Sollten jedoch auch regelmäßig Personen aus dem Verein ausscheiden, wäre es gut, wenn Sie sie löschen könnten. Daher eignet sich eine Map besser.

b) Da Ihnen im Nachhinein immer wieder etwas einfällt und die Größe der Liste somit nicht feststeht, wäre es gut, eine Datenstruktur basierend auf der verketteten Liste zu wählen. Je nachdem, in welcher Reihenfolge Sie die Liste abarbeiten, eignet sich ein Stack oder eine Queue.

c) Der Papierspender ist mit der Beschreibung ein klares Beispiel für eine Queue. Aber Achtung: Wenn man das Papier von oben statt von unten nimmt, ist es ein Stack.

Kapitel 4
Einfache Sortieralgorithmen

Eine der grundlegenden Operationen auf Datenstrukturen ist das Sortieren von Objekten. Sie lernen im Folgenden drei einfache Algorithmen kennen, die dem intuitiven Sortieren durch Menschen recht ähnlich sind.

4.1 Bücher sortieren

Knobelei zum Einstieg

Sicher haben Sie schon einmal in einem Webshop eingekauft und nach einem Artikel gesucht. Vermutlich haben Sie dabei die Möglichkeit genutzt, die Angebote nach Name oder Preis zu sortieren. Tatsächlich ist Sortieren eine der häufigsten Aufgaben in der Verarbeitung von Datenstrukturen. Um nachzuvollziehen, wie ein Computer solche Daten in eine gewünschte Ordnung bringen kann, probieren Sie es mit Büchern einmal aus. In diesem Kapitel geht es darum, einen Sortieralgorithmus selbst zu finden und aufzuschreiben, klassische Sortieralgorithmen kennenzulernen und ihre Komplexität zu bewerten.

Probieren Sie einmal aus, wie Ihr persönlicher, menschlicher Sortieralgorithmus funktioniert! Nehmen Sie dazu etwa zehn Bücher zur Hand. Falls diese bereits sortiert vor Ihnen liegen, bringen Sie sie bitte erst einmal durcheinander. Ziel ist es nun, die Bücher alphabetisch nach Titel sortiert ins Bücherregal einzuräumen.

Beobachten Sie genau, nach welchem Verfahren Sie die Bücher einräumen, und beantworten Sie diese Fragen dazu:

▶ Wie oft mussten Sie zwei Buchtitel vergleichen, um alle Bücher in die richtige Reihenfolge zu bringen?
▶ Wie oft mussten Sie ein Buch im Regal verschieben, um Platz für ein anderes zu machen?
▶ Wie viel Platz haben Sie insgesamt benötigt, um Ihren Sortieralgorithmus »auszuführen«? Dazu zählt auch zusätzlicher Platz, etwa zum kurzzeitigen Zwischenlagern von Büchern. (So viel Platz, wie die Bücher im Regal benötigen? Doppelt so viel? Noch mehr?)
▶ Wie sieht Ihr Sortierverfahren als Algorithmus notiert aus? Zeichnen Sie einen Programmablaufplan, mit dessen Hilfe jeder nach Ihrem Verfahren sortieren kann.
▶ Sehen Sie Optimierungspotential, um die Bücher schneller einzuräumen?

Ein guter Sortieralgorithmus lässt sich natürlich nicht nur auf Bücher anwenden, sondern auf beliebige Objekte, die sich in eine Reihenfolge bringen lassen. Damit das funktioniert, muss auf den Objekten eine sogenannte *Ordnung* definiert sein. Wir werden später noch genau betrachten, was das bedeutet. Für den Moment genügt es zu wissen, dass wir damit für beliebige Dinge – egal ob Bücher, Zahlen oder Artikel eines Onlinehandels – Begriffe wie *kleiner* und *größer* verwenden können, wenn wir beschreiben wollen, dass ein Objekt weiter vorn oder weiter hinten in der Sortierung kommen soll. Wenn wir daher im Folgenden davon sprechen, dass ein Titel kleiner als ein anderer ist, so meinen wir damit, dass er in der alphabetischen Sortierung früher kommt.

4.2 Selection Sort

Um die Bücher zu sortieren, haben Sie gerade einen Algorithmus verwendet, der wahrscheinlich dem in Abbildung 4.1 ähnelt. Dieser Algorithmus sucht sich immer das Buch der verbleibenden unsortierten Bücher, das in der fertig sortierten Liste als Nächstes kommt. Er sorgt damit dafür, dass alle Bücher, die ins Regal gestellt werden, direkt an ihrem endgültigen Platz stehen und nicht mehr verschoben werden müssen.

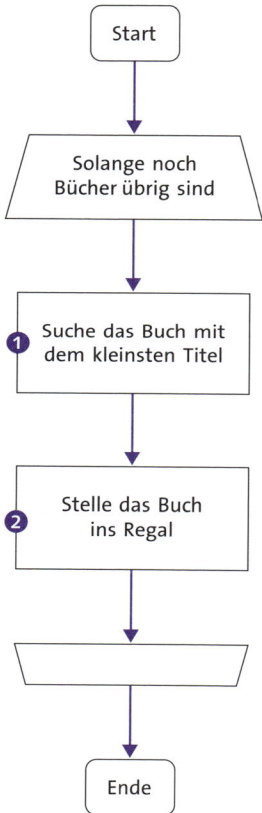

Abbildung 4.1 Sortieren durch Auswählen

Betrachten wir einmal ein kleineres Beispiel mit vier Büchern, bei dem die Schleife viermal durchlaufen wird. Die Pfeile markieren jeweils die Aktionen des Algorithmus und sind mit den gleichen Ziffern beschriftet wie die dazugehörigen Befehle im Programmablaufplan:

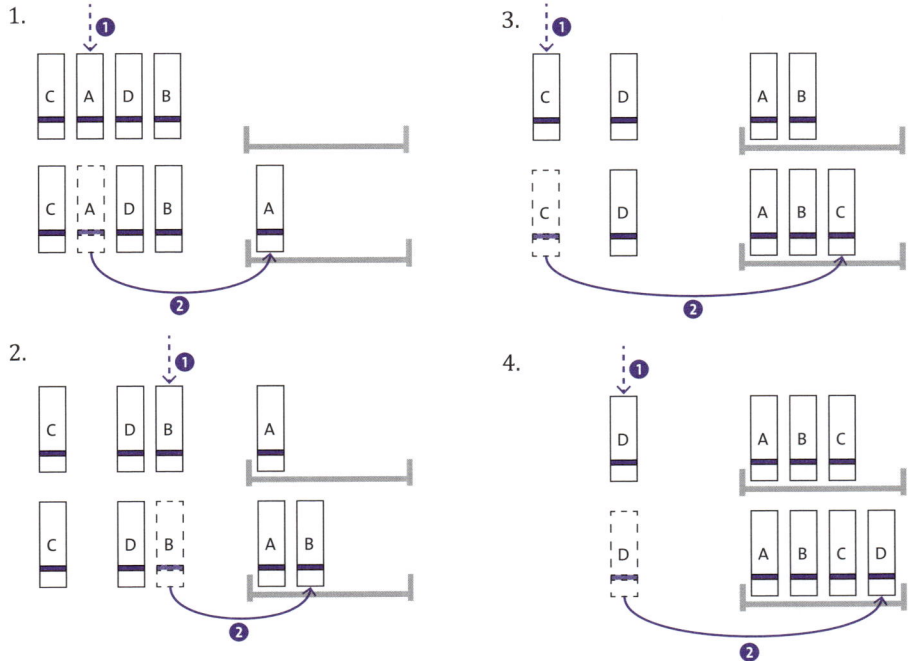

Noch haben wir ein wichtiges Detail des Algorithmus ausgelassen: Wie findet das Sortierverfahren das nächste Buch, das ins Regal geräumt werden muss? Gesucht ist jeweils das Buch, dessen Titel im Alphabet vor allen anderen verbleibenden Büchern kommt. Um das kleinste Objekt in einer beliebigen unsortierten Liste zu finden, können wir einfach wie in Abbildung 4.2 die Liste durchgehen und uns jeweils das bisher kleinste gesehene Objekt merken.

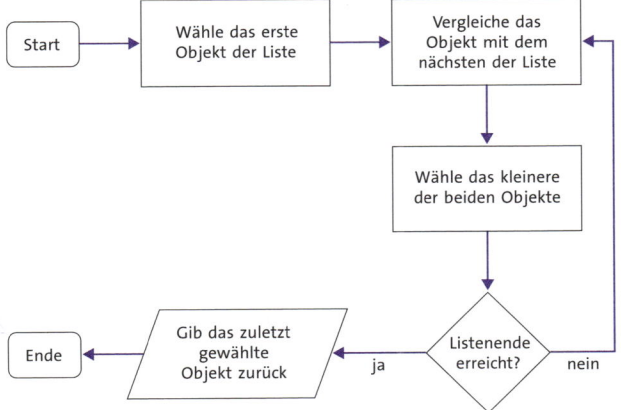

Abbildung 4.2 Finden des Minimums in einer Liste

Kapitel 4: Einfache Sortieralgorithmen **87**

Führen wir diesen Algorithmus auf einer Liste von Objekten aus, so muss ein Vergleich weniger oft als die Anzahl der Objekte durchgeführt werden. Da wir uns ohne Zusatzinformation über die Liste jedes Buch mindestens einmal anschauen und es mit einem anderen vergleichen müssen, kann es auch keinen schnelleren Algorithmus geben.

Beim Sortieren der Bücher waren Sie bestimmt dennoch schneller: Vermutlich haben Sie sich bereits in einem früheren Suchdurchlauf gemerkt, welche Bücher als Nächstes einzuräumen sind. Unser Algorithmus tut dies jedoch nicht und muss daher jedes Mal aufs Neue alle noch unsortierten Bücher durchsuchen.

Sortieren Sie einmal Ihre Bücher mit diesem Algorithmus! Zählen Sie mit, wie oft Sie Buchtitel vergleichen, und achten Sie dabei darauf, dass Sie wirklich exakt das tun, was der Algorithmus vorschreibt, und sich nicht wie beschrieben bereits Zwischenschritte für später merken.

Um zehn Bücher nach dem beschriebenen Verfahren einzusortieren, mussten Sie im ersten Durchlauf 9 Vergleiche durchführen, im zweiten Durchlauf 8 (da Sie ja bereits ein Buch aus der Liste entfernt haben), im dritten 7 und so weiter. Insgesamt haben Sie daher $9 + 8 + 7 + 6 + 5 + 4 + 3 + 2 + 1 + 0 = 45$ Vergleiche durchgeführt. Im zehnten und damit letzten Durchlauf lag nur noch ein Buch vor Ihnen, Sie mussten dessen Titel mit keinem anderen mehr vergleichen. Völlig egal, wie die Bücher am Anfang liegen, benötigt dieser Algorithmus demnach 45 Vergleiche, um zehn Bücher einzusortieren.

> **Summenformeln**
>
> Informatiker und Mathematiker sind von Natur aus schreibfaul und ersetzen daher oft lange Formeln und Notationen durch eigens dafür eingeführte Symbole. Zunächst einmal lässt man in einer langen Kette von Summanden gerne einen großen Teil weg und ersetzt ihn durch Punkte als Auslassungszeichen, wenn man davon ausgehen kann, dass beim Lesen der Formel klar wird, was anstelle des Platzhalters stehen müsste:
>
> $0 + 1 + \ldots + 8 + 9 = 0 + 1 + 2 + 3 + 4 + 5 + 6 + 7 + 8 + 9$
>
> Diese Notation müssen Sie verwenden, wenn Sie gar keine fixen Zahlen als Grenze der Summe haben, sondern zum Beispiel alle Zahlen von 0 bis n addieren möchten. Hierfür schreiben Sie einfach $0 + 1 + \ldots + (n-1) + n$. Auch wenn es so aussieht, als müsste n jetzt mindestens 4 sein, stört es uns nicht, zum Beispiel auch $n = -1$ zu erlauben, also dass die letzte Zahl kleiner ist als die erste. Diesen Fall bezeichnet man als *leere Summe*, deren Ergebnis als 0 definiert ist.
>
> Da eine Summe von aufeinanderfolgenden Zahlen sehr oft benötigt wird, verwendet man außerdem den großen griechischen Buchstaben *Sigma*, um die Formel abzukürzen und leichter lesbar zu machen.

Wir schreiben für die Summe aller Zahlen von 0 bis *n* auch kurz:

$$\sum_{i=0}^{n} i = 0 + 1 + \cdots + (n-1) + n$$

Sie können sich diese Notation wie eine Schleife vorstellen: Im ersten Durchlauf hat die Variable *i* den Wert 0, dann den Wert 1 und so weiter bis *n*. Alle diese Werte werden addiert. Statt einfach die Werte von *i* zu addieren, kann man auch beliebige andere Werte addieren, die von *i* abhängen dürfen. Allgemein hat das Summenzeichen die Form:

$$\sum_{i=s}^{e} f(i)$$

mit Endwert *e*, Summand *f(i)*, Startwert *s*, Schleifenvariable *i*.

Damit ist also

$$\sum_{i=s}^{e} f(i) = f(s) + f(s+1) + \cdots + f(e-1) + f(e).$$

Auch für Produkte gibt es eine solche Schreibweise, die das große griechische *Pi* verwendet:

$$\prod_{i=s}^{e} f(i) = f(s) \cdot f(s+1) \cdot \ldots \cdot f(e-1) \cdot f(e)$$

Das leere Produkt im Fall *s > e* ist als 1 definiert.

Statt aufeinanderfolgende Zahlen zu verrechnen, notiert man manchmal auch kompliziertere Ausdrücke unter das Summen- bzw. Produktzeichen, um zu beschreiben, welche Zahlen in der Schleife durchlaufen werden sollen. In Aufgabe 4 können Sie ein paar Beispiele solcher Summenformeln bearbeiten.

Der besprochene Algorithmus nennt sich *Selection Sort* oder auch *Sortieren durch Auswählen* und ist einer von vielen möglichen Algorithmen für das Sortieren von Objekten. Ein paar weitere werden Sie gleich kennenlernen.

Doch welchen dieser Algorithmen sollten Sie für Ihr Bücherregal verwenden? Um diese Frage beantworten zu können, müssen wir uns überlegen, wie wir die Qualität der Algorithmen beurteilen und vergleichen können. Wenn wir darüber reden möchten, ob ein Algorithmus besser oder schlechter als ein anderer ist, müssen wir zunächst festlegen, was in unserem Fall gut oder schlecht bedeutet. Natürlich sollten beide korrekte Ergebnisse liefern, sonst ist offensichtlich, welcher Algorithmus besser ist. Welches Kriterium zum Vergleich würden Sie anwenden, wenn die zu vergleichenden Algorithmen beide korrekt sind? Im Fall der Bücher ist dies einfach: Wir wollen möglichst schnell alle Bücher ins Regal einsortieren und dafür die Laufzeit des Algorithmus minimieren. Da es aufwendiger ist, zwei Buchtitel zu vergleichen und über ihre Reihenfolge zu entscheiden, als ein Buch ins Regal zu stellen, betrachten wir nur die Anzahl der nötigen Vergleiche.

Die Beurteilung der Laufzeit soll natürlich nicht nur angeben, wie lange der Algorithmus für zehn Bücher benötigt, sondern soll uns auch mitteilen können, welche Zeit das Sortieren von 100 oder 1000 Büchern in Anspruch nimmt. Wir wollen dafür eine Funktion bestimmen, die in Abhängigkeit von der Anzahl der zu sortierenden Objekte (der sogenannten *Eingabegröße*) angibt, wie viele Vergleiche notwendig werden. Wie schnell diese Funktion wächst, nennen wir die *Komplexität* des Algorithmus.

Am Beispiel des Selection-Sort-Algorithmus sehen wir, dass der Algorithmus für n zu sortierende Elemente die Schleife n-mal durchlaufen muss und in jedem Durchlauf ein Element weniger nach dem nächsten Buch durchsucht. In der ersten Schleifeniteration fallen daher $n-1$ Vergleiche an, in jeder Iteration danach jeweils einer weniger, und in der letzten Iteration muss kein Vergleich mehr erfolgen. Für eine solche Summe von $n-1$ bis 0 gibt uns die Gauß'sche Summenformel eine genaue Lösung für die gesuchte Funktion:

$$f(n) = \sum_{i=0}^{n-1} i = \frac{n \cdot (n-1)}{2}$$

Dass wir wie bei Selection Sort die genaue Anzahl an Vergleichen berechnen können, ist jedoch nur bei wenigen Algorithmen der Fall, üblicherweise sind Algorithmen zu kompliziert, um exakte Werte zu bestimmen. Daher suchen wir meist nur eine Funktion, die näherungsweise beschreibt, wie viele Operationen schlimmstenfalls zu erwarten sind, die sogenannte *Worst-Case-Komplexität*. Da wir uns nur für eine grobe Abschätzung der Laufzeit interessieren, vereinfachen wir die eben aufgestellte Formel und sagen, dass Selection Sort eine Komplexität von $\mathcal{O}(n^2)$ hat. (Was genau diese Notation mit dem großen $\mathcal{O}$ bedeutet, erklären wir in Kapitel 5, »Komplexität«. Für den Moment genügt es für Sie zu wissen, dass damit eine *ungefähre* und keine *genaue* Laufzeit gekennzeichnet wird.) Grob gesagt muss jedes Buch mit jedem anderen verglichen werden. Das bedeutet zum Beispiel, dass wir zum Sortieren von doppelt so vielen Büchern etwa viermal so viel Zeit benötigen, weil die Komplexität quadratisch im Verhältnis zur Eingabegröße wächst. Auf diese Weise können Sie gut abschätzen, wie lange ein Algorithmus für die Bearbeitung von großen Datenmengen braucht.

4.3 Insertion Sort

Auch wenn das intuitive Sortierverfahren der meisten Menschen recht ähnlich zu Selection Sort ist, haben Sie vermutlich beim Büchersortieren zu Beginn an manchen Stellen anders gearbeitet. Wenn Sie bemerkt haben, dass Sie ein Buch übersehen hatten, werden Sie dieses sicherlich direkt an seinen Platz eingefügt haben. Sortiert man Bücher ausschließlich durch Einfügen an die korrekte Stelle, nennt man das Verfahren *Insertion Sort* oder auch *Sortieren durch Einfügen*.

Bei diesem Algorithmus wird einfach nach und nach ein beliebiges Buch gewählt und im Regal relativ zu den dort bereits stehenden Büchern an die korrekte Position gestellt. Suchen Sie diese Position, an der das nächste Buch eingefügt werden muss, von rechts nach links, so müssen Sie den Titel des neuen Buches nicht zwangsweise mit allen Büchern im Regal vergleichen, sondern von rechts gesehen nur bis zum ersten Buch, das links vom neuen Buch stehen muss. Alle Bücher, die noch weiter links stehen, sind ja bereits sortiert, müssen also auch im Vergleich zum neuen Buch links stehen. Die Bücher, die dagegen rechts vom neuen Buch stehen müssen, können Sie gleich beim Durchgehen so nach rechts verschieben, dass das neue Buch an der gefundenen Position auch Platz hat. Der Programmablaufplan von Insertion Sort ist in Abbildung 4.3 dargestellt.

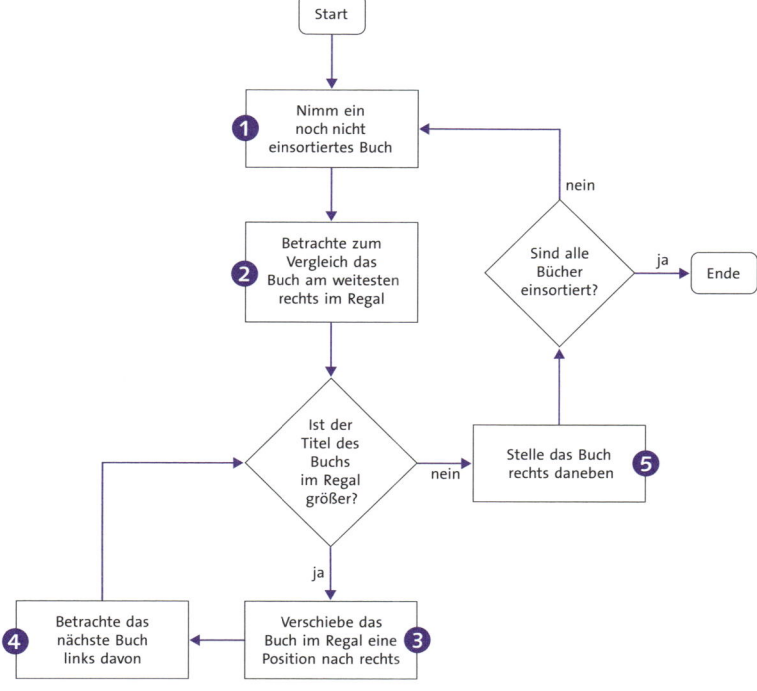

Abbildung 4.3 Sortieren durch Einfügen

Zum Verständnis betrachten wir ein Beispiel mit vier Büchern. Anhand der Pfeilbeschriftungen können Sie nachvollziehen, welcher Befehl des Ablaufplans im jeweiligen Schritt ausgeführt wird:

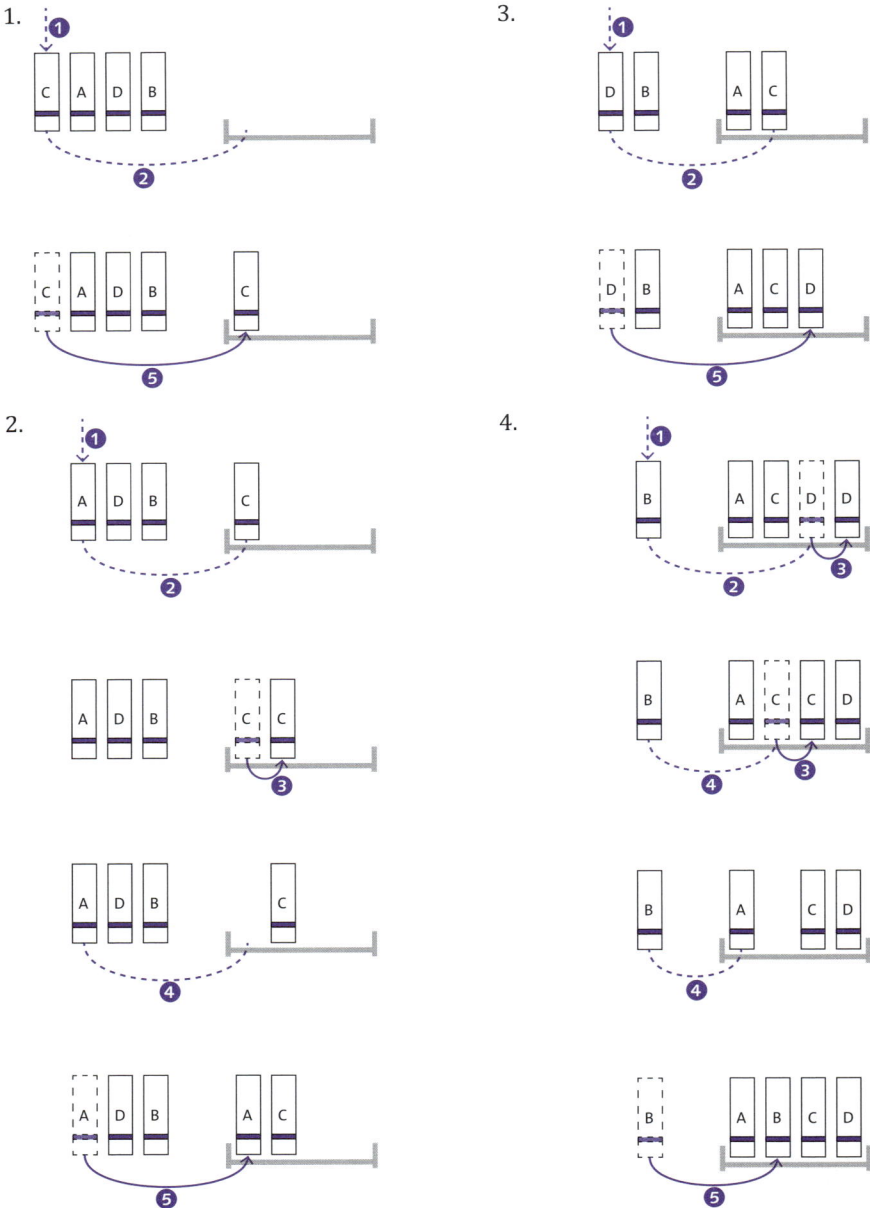

92   Kapitel 4: Einfache Sortieralgorithmen

Probieren Sie Insertion Sort selbst einmal mit Ihren Büchern aus! Zählen Sie erneut die Anzahl der Vergleiche, und achten Sie wieder auf eine exakte Befolgung des Algorithmus.

Sie haben sicher bemerkt, dass sich die Anzahl der Vergleiche nicht mehr so schön wie bei Selection Sort bestimmen lässt, da diese Anzahl abhängig von der Reihenfolge ist, in der die Bücher in die Hand genommen werden. Im Worst Case verhält sich dieser Algorithmus genauso wie Selection Sort: Wenn Sie die Bücher jedoch in umgekehrt sortierter Reihenfolge in die Hand nehmen, müssen Sie jeweils alle Bücher, die bereits im Regal stehen, mit dem neuen vergleichen und verschieben. Daher hat Insertion Sort ebenfalls eine Komplexität von $\mathcal{O}(n^2)$. Im Idealfall (oder auch *Best Case* genannt) nehmen Sie die Bücher bereits korrekt sortiert in die Hand und müssen sie daher nur noch rechts im Regal an die bereits vorhandenen Bücher anhängen. In diesem Fall vergleichen Sie $n-1$ Mal jedes neue Buch jeweils mit dem Buch ganz rechts, die Komplexität beträgt im Best Case daher $\mathcal{O}(n)$.

Bei diesem Algorithmus ist es daher sinnvoll, zwischen dem Best Case und dem Worst Case zu unterscheiden, denn wenn Sie Glück haben bei der Wahl des nächsten Buchs, sind Sie deutlich schneller mit dem Sortieren fertig als bei Selection Sort. Für gewöhnlich betrachten wir im Vergleich von Algorithmen jedoch nur die Worst-Case-Komplexität, bei der sich die beiden bisher vorgestellten Sortieralgorithmen nicht unterscheiden.

4.4 Bubble Sort

Stellen Sie für den nächsten Algorithmus Ihre Bücher unsortiert ins Regal. Beim Sortieren mit *Bubble Sort* gehen Sie von links nach rechts durch die Bücher im Regal und vertauschen dabei nebeneinanderstehende Bände, die in der falschen Reihenfolge stehen. In Abbildung 4.4 ist der Algorithmus als Programmablaufplan dargestellt.

Bubble Sort durchläuft das Regal mehrfach und tauscht in jedem Durchlauf mindestens ein Buch so, dass es dann an seiner Endposition steht. In unserem Fall ist dies jeweils das Buch, das unter den noch unsortierten Büchern den größten Titel hat. Dieses wird im Durchlauf wiederholt mit dem jeweiligen Buch rechts davon vertauscht, bis es an seiner endgültigen Position steht. Sollte ein Durchlauf über das Regal keine Vertauschung nach sich ziehen, sind alle Bücher korrekt sortiert. Der Name des Algorithmus ergibt sich daraus, dass die Bücher wie Luftblasen im Wasser langsam an ihre Endposition »aufsteigen«.

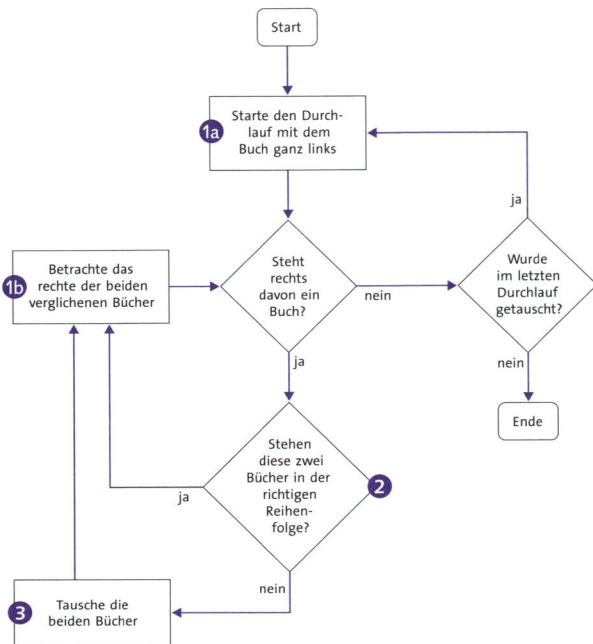

Abbildung 4.4 Sortieren durch Vertauschen

Betrachten wir das Verfahren an einem Beispiel, das in diesem Fall drei Durchläufe benötigt:

1.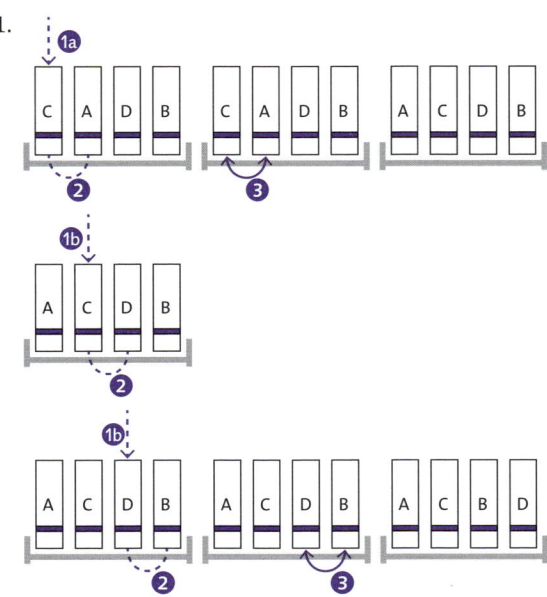

94 Kapitel 4: Einfache Sortieralgorithmen

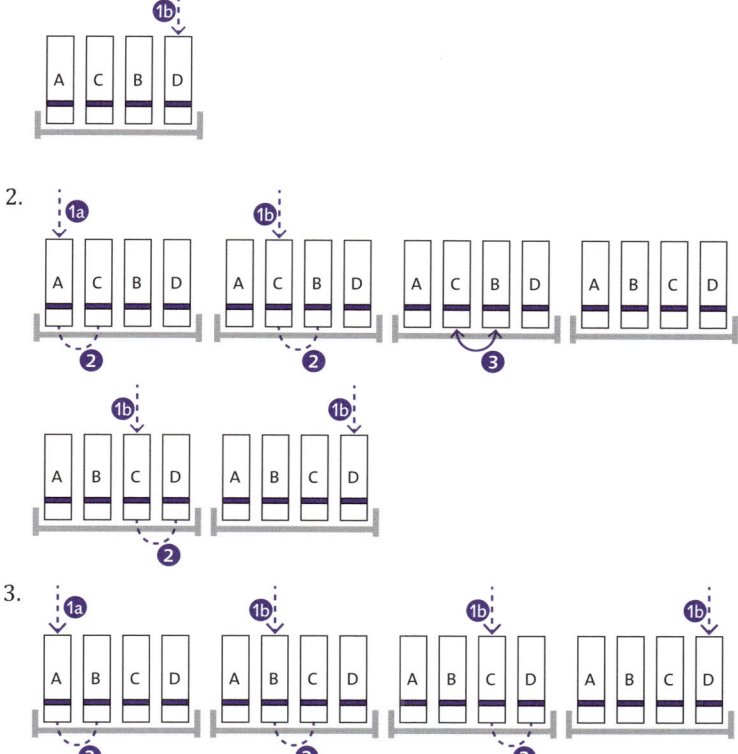

Wenn wir die Komplexität betrachten, tritt der schlimmste Fall erneut dann ein, wenn die Bücher zu Beginn genau falsch herum sortiert sind. Dann muss das erste Buch nach ganz rechts, das zweite Buch bis auf eine Stelle davor und so weiter durchgetauscht werden. Die Anzahl der Vergleiche und Vertauschungen entspricht wie bei beiden vorherigen Algorithmen der Summe der Zahlen von $n–1$ bis 0, und Bubble Sort hat daher eine Worst-Case-Komplexität von $\mathcal{O}(n^2)$.

Im besten Fall sind alle Bücher bereits sortiert, und schon im ersten Durchlauf wird kein Paar mehr vertauscht. Trotzdem muss einmal die Reihenfolge der Bücher im gesamten Regal überprüft werden. Dafür sind $n–1$ Vergleiche notwendig. Die Komplexität im Best Case ist wie schon bei Insertion Sort $\mathcal{O}(n)$.

Best und Worst Case stimmen bei Bubble Sort und Insertion Sort also überein. Unsere Varianten der Algorithmen unterscheiden sich jedoch in einem kleinen Detail: Bei Insertion Sort haben wir die Bücher nach und nach ins Regal eingeräumt, zu Beginn haben wir daher zusätzlichen Platz außerhalb des Regals genutzt, um die Bücher abzulegen. Bubble Sort hingegen benötigte nur den Platz im Regal, also etwa halb so viel!

Sortieralgorithmen, die wie Bubble Sort keinen zusätzlichen Platz benötigen, bezeichnet man als *in place*, denn sie können die Daten an Ort und Stelle sortieren und benötigen nur wenig, von der Größe der Eingabe unabhängigen zusätzlichen Speicherplatz. Analog spricht man von *out of place*, wenn wie bei Selection Sort und Insertion Sort zusätzliche Ablagefläche für alle Bücher benötigt wird.

Sowohl Selection Sort als auch Insertion Sort können so angepasst werden, dass sie *in place* arbeiten. In Aufgabe 3 sollen Sie versuchen, die Algorithmen dahingehend umzuschreiben.

4.5 Ordnungen

Wir hatten bereits zu Beginn des Kapitels versprochen, dass die vorgestellten Algorithmen auf beliebigen Dingen funktionieren, die in eine Reihenfolge gebracht werden können. Dies ist für viele Sortierkriterien einfach zu sehen: Ob wir die Bücher nach Autor, nach Titel, nach ISBN, Seitenanzahl oder einem ganz anderen Kriterium sortieren, ist ebenso wenig von Belang wie die Frage, ob die zu sortierenden Objekte Bücher, Zahlen oder Produkte eines Onlinehandels sind.

Schwieriger wird es, wenn wir beispielsweise Farben sortieren wollen. Im Gegensatz zu Zeichenketten (Titel, Autor, Produktname) oder Zahlen (ISBN, Seitenanzahl, Produktpreis) kennen wir für Farben keine eindeutige intuitive Reihenfolge. Denkbar wäre eine Anordnung nach dem Vorbild des Regenbogens, eine Sortierung nach der wahrgenommenen Helligkeit oder auch eine Anordnung nach den persönlichen Lieblingsfarben. Natürlich müssen wir für einen Algorithmus diese Reihenfolge genau definieren. Wir sagen dann, dass auf der Menge der zu sortierenden Dinge eine *Ordnung* definiert ist.

Zunächst einmal muss es mit deren Hilfe möglich sein, zwei beliebige Objekte miteinander zu vergleichen und festzustellen, welches davon in der Sortierung weiter vorn stehen soll. In einer Ordnung auf einer Menge von Objekten müssen daher alle Elemente dieser Menge paarweise mittels »kleiner gleich« ($\leq$) vergleichbar sein. Da zwischen zwei beliebigen Objekten damit eine Beziehung hergestellt werden kann, nennt man $\leq$ auch *Ordnungsrelation*.

Um auf einer Menge von Objekten eine Ordnung zu definieren, genügt es, eine gültige Kleiner-gleich-Ordnungsrelation anzugeben. Auf Zahlen ist uns diese bekannt, dort verwenden wir das Zeichen $\leq$ ganz natürlich. Um Wörter ordnen zu können, vergleichen wir im Regelfall zunächst die Position der jeweils ersten Buchstaben der beiden Wörter im Alphabet, bei Gleichheit die beiden jeweils nächsten Buchstaben und so weiter.

Ein Objekt ist immer kleiner gleich sich selbst, zum Beispiel ist $5 \leq 5$ oder $k \leq k$. Man nennt diese Eigenschaft *Reflexivität*. Sie ermöglicht uns zum Beispiel, den Bücherstapel auch dann zu sortieren, wenn ein Buch doppelt vorkommt. In diesem Fall sind diese zwei Bücher in

Bezug auf die Sortierung gleich, und es ist egal, welches der beiden weiter vorn steht. Wir können diese Eigenschaft auch umgekehrt betrachten: Wenn die Reihenfolge von zwei Objekten egal ist, so sind sie in Bezug auf die Sortierung gleich. Formal beschrieben müssen zwei Objekte x und y gleich sein, sofern sowohl $x \leq y$ als auch $y \leq x$ gilt. Diese Eigenschaft nennt sich *Antisymmetrie*. Zuletzt gilt auch immer die Eigenschaft der *Transitivität*. Diese besagt, dass bei drei Objekten x, y, z, für die $x \leq y$ und $y \leq z$ gilt, auch $x \leq z$ gelten muss. Ein Gegenbeispiel zeigt einfach, wieso dies der Fall ist: Würden wir definieren, dass Rot vor Blau kommen muss, Blau vor Grün und Grün vor Rot, so könnten wir die drei Farben nicht in eine korrekte Reihenfolge bringen.

Wir kennen nun alle Bestandteile einer Ordnung auf Objekten: Eine Ordnung auf einer Menge von Objekten wird durch eine Ordnungsrelation ≤ beschrieben, die paarweise auf allen Objekten definiert ist. Diese Ordnungsrelation muss reflexiv, antisymmetrisch und transitiv sein.

4.6 Zusammenfassung und Einordnung

Sie haben nun drei verschiedene Algorithmen kennengelernt, mit denen Sie Datensammlungen sortieren können: Selection Sort, Insertion Sort und Bubble Sort. Zudem haben wir uns mit ersten Begriffen der Laufzeitanalyse beschäftigt. Alle drei vorgestellten Verfahren haben im Worst Case eine quadratische Laufzeitkomplexität, benötigen also für doppelt so große Eingaben viermal so viel Zeit.

Tatsächlich wäre eine quadratische Laufzeit für viele Anwendungszwecke zu langsam. Zwar sind die beschriebenen Sortieralgorithmen noch gut geeignet, ein paar Dutzend Objekte zu sortieren. In der Praxis kommt es jedoch oft vor, dass Computer zum Beispiel mehrere Milliarden Messdaten von Sensoren sortieren müssen, und das in extrem kurzer Zeit. Und auch schon das Sortieren von Artikeln in einem großen Onlinehandel muss mit Millionen von Produkten möglich sein. Tatsächlich lernen Sie in Kapitel 6, »Effizientere Sortieralgorithmen«, Verfahren kennen, die deutlich schneller arbeiten, dafür aber auch komplizierter sind.

Haben Sie eine Sammlung von Objekten übrigens erst einmal sortiert, so funktionieren viele andere Algorithmen wesentlich schneller. In Kapitel 7, »Suchen«, werden wir zum Beispiel erforschen, wie Sie beim Suchen ausnutzen können, dass Objekte bereits sortiert vorliegen.

Aufgaben

Aufgabe 1: Anwendung der Sortierverfahren

Sortieren Sie die folgenden Listen mithilfe der drei vorgestellten Verfahren.

Wie viele Vergleiche werden jeweils benötigt?

a) 12, 34, 45, 47, 99, 182

b) 4, 6, 2, 9, 43, 22

c) 43, 34, 33, 25, 20, 0

Aufgabe 2: Algorithmenanalyse

a) Vergleichen Sie in einer Tabelle die drei Algorithmen im Hinblick auf ihre Worst- und Best-Case-Komplexität und ihren zusätzlichen Platzverbrauch. Halten Sie dabei in der Tabelle genügend Platz für zwei weitere Algorithmen frei, die Sie im Kapitel über schnellere Sortierverfahren kennenlernen werden.

b) Wenn ein Computer zum Sortieren von 10000 Zahlen mittels Selection Sort etwa 5 Sekunden benötigt, wie lange werden Sie etwa auf die Sortierung einer Liste von 40000 Zahlen warten müssen?

Aufgabe 3: Algorithmenentwurf und -notation

a) Übersetzen Sie den Programmablaufplan von Insertion Sort und Bubble Sort in Pseudocode. Verwenden Sie dabei ein unsortiertes Array von Buchtiteln als Eingabe und ein sortiertes Array als Ausgabe. Gehen Sie davon aus, dass in der Variable n die Länge des Arrays gespeichert ist.

b) In der in Abschnitt 1.4, »Schleifen«, notierten Variante durchläuft Bubble Sort auch die Bücher nochmals, von denen bereits bekannt ist, dass sie an ihrer endgültigen Position stehen. Verbessern Sie Ihren Pseudocode von Bubble Sort, sodass der Algorithmus weniger unnötige Vergleiche durchführt!

c) Überlegen Sie sich, wie ein Sortieralgorithmus mit der Idee von Selection Sort beziehungsweise Insertion Sort aussehen könnte, der aber im Gegensatz zu den zuvor vorgestellten Varianten *in place* arbeitet. Notieren Sie Ihre abgewandelten Algorithmen als Pseudocode.

Aufgabe 4: Summen- und Produktformeln

Was ist das Ergebnis der folgenden Ausdrücke?

a) $\sum_{i=1}^{4} i$

b) $\prod_{i=1}^{4} i$

c) $\sum_{i=4}^{8} i^2$

d) $\sum_{i \in \{1,3,4\}} 2i$

e) $\sum_{i=1}^{10} 5$

f) $\prod_{i=0}^{354} i^3$

g) $\sum_{i=10}^{100} i$

Lösungen

Aufgabe 1: Anwendung der Sortierverfahren

a) Selection Sort benötigt 15 Vergleiche. Insertion Sort und Bubble Sort kommen mit 5 Vergleichen aus, weil sie davon profitieren, dass die Liste bereits sortiert ist.

b) Selection Sort und Bubble Sort benötigen 15 Vergleiche, Insertion Sort kommt mit 7 Vergleichen aus.

c) Bubble Sort benötigt 5 Durchläufe mit insgesamt 25 Vergleichen und bringt in jedem Durchlauf die erste Zahl der Liste an ihre Zielposition, Selection Sort und Insertion Sort schaffen die Sortierung mit 15 Vergleichen.

Aufgabe 2: Algorithmenanalyse

a)

	Selection Sort	Insertion Sort	Bubble Sort
Worst Case	$\mathcal{O}(n^2)$	$\mathcal{O}(n^2)$	$\mathcal{O}(n^2)$
Best Case	$\mathcal{O}(n^2)$	$\mathcal{O}(n)$	$\mathcal{O}(n)$
Platzverbrauch	out of/in place	out of/in place	in place

b) Grob geschätzt dürfte es 16-mal so lange, also etwa 80 Sekunden, dauern, die viermal so lange Liste zu sortieren.

Aufgabe 3: Algorithmenentwurf und -notation

a) Insertion Sort muss sich in erster Linie darum kümmern, welche Bücher nach rechts verschoben werden. Dies geschieht in der inneren Schleife. Die äußere Schleife wählt lediglich ein Buch nach dem anderen, um es einzusortieren (Listing 4.1).

```
Eingabe: Unsortiertes Array buecher von n Buchtiteln
Ausgabe: Sortiertes Array der Buchtitel
01   sortiert := Array[n]
02   Wiederhole für alle i in 0,…,n-1
03      j := i
04      Wiederhole solange j > 0 ∧ sortiert[j - 1] > buecher[i]
05         sortiert[j] := sortiert[j - 1]
06         j := j - 1
07      sortiert[j] := buecher[i]
08   Return sortiert
```

Listing 4.1 Insertion Sort als Pseudocode

Bei Bubble Sort muss sich der Algorithmus merken, ob eine Vertauschung durchgeführt wurde. Die innere Schleife läuft dann für jeden Durchgang einmal über alle Bücher und vertauscht bei Bedarf benachbarte Bände (Listing 4.2).

```
Eingabe: Unsortiertes Array buecher von n Buchtiteln
Ausgabe: Sortiertes Array der Buchtitel
01   vertauscht := true
02   Wiederhole solange vertauscht
03      vertauscht := false
04      Wiederhole für alle i in 0,…,n-2
05         aktuellesBuch := buecher[i]
06         Falls aktuellesBuch > buecher[i + 1] dann
07            buecher[i] := buecher[i + 1]
08            buecher[i + 1] := aktuellesBuch
09            vertauscht := true
10   Return buecher
```

Listing 4.2 Bubble Sort als Pseudocode

b) Anstatt jedes Mal bis zum Ende des Bucharrays zu laufen, kann pro Durchgang ein Buch mehr am Ende ignoriert werden, weil dieses ja bekanntermaßen nun an seinem endgültigen Platz steht. Statt immer bis n zu laufen, führen wir daher eine neue Variable ein, die die neue Anzahl an Schleifeniterationen steuert (Listing 4.3).

```
Eingabe: Unsortiertes Array buecher von n Buchtiteln
Ausgabe: Sortiertes Array der Buchtitel
01   vertauscht := true
02   anzahl := n
03   Wiederhole solange vertauscht
04      vertauscht := false
```

```
05    Wiederhole für alle i in 0,…,anzahl-2
06        aktuellesBuch := buecher[i]
07        Falls aktuellesBuch > buecher[i + 1] dann
08            buecher[i] := buecher[i + 1]
09            buecher[i + 1] := aktuellesBuch
10            vertauscht := true
11    anzahl := anzahl - 1
12  Return buecher
```

Listing 4.3 Verbessertes Bubble Sort als Pseudocode

c) Bei Insertion Sort wird einfach für Ein- und Ausgabe dasselbe Array verwendet und stattdessen nur das aktuelle Buch in einer zusätzlichen Variable gemerkt. Die Laufvariable i markiert damit die Grenze zwischen dem sortierten und dem unsortierten Bereich des Arrays. Das erste Buch im Array muss nicht extra betrachtet werden, es würde in seiner Schleifeniteration seine Position ohnehin nicht ändern (Listing 4.4).

```
Eingabe: Unsortiertes Array buecher von n Buchtiteln
Ausgabe: Sortiertes Array der Buchtitel
01  Wiederhole für alle i in 1,…,n-1
02      aktuellesBuch := buecher[i]
03      j := i
04      Wiederhole solange j > 0 ∧ buecher[j - 1] > aktuellesBuch
05          buecher[j] := buecher[j - 1]
06          j := j - 1
07      buecher[j] := aktuellesBuch
08  Return buecher
```

Listing 4.4 In-Place-Insertion-Sort als Pseudocode

Auch Selection Sort trennt das Array in einen sortierten und einen unsortierten Bereich. Da Elemente mitten aus dem unsortierten Bereich gewählt werden, um sie an den sortierten anzuhängen, werden sie einfach an die erste Position des unsortierten Bereichs getauscht (Listing 4.5).

```
Eingabe: Unsortiertes Array buecher von n Buchtiteln
Ausgabe: Sortiertes Array der Buchtitel
01  Wiederhole für alle i in 0,…,n-1
02      kleinstes := i
03      Wiederhole für alle j in i+1,…,n-1
04          Falls buecher[j] < buecher[kleinstes] dann
05              kleinstes := j
06      kleinstesBuch := buecher[kleinstes]
```

```
07        buecher[kleinstes] := buecher[i]
08        buecher[i] := kleinstesBuch
09   Return buecher
```

Listing 4.5 In-Place-Selection-Sort als Pseudocode

Aufgabe 4: Summen- und Produktformeln

a) $\sum_{i=1}^{4} i = 10$

b) $\prod_{i=1}^{4} i = 24$

c) $\sum_{i=4}^{8} i^2 = 190$

d) $\sum_{i \in \{1,3,4\}} 2i = 16$

e) $\sum_{i=1}^{10} 5 = 50$

f) $\prod_{i=0}^{354} i^3 = 0$

g) $\sum_{i=10}^{100} i = \frac{100 \cdot 101}{2} - \frac{9 \cdot 10}{2} = 5005$

Kapitel 5
Komplexität

Messungen von Zeit- und Ressourcenverbrauch eines Algorithmus hängen stark vom verwendeten Computer ab. Um bewerten zu können, ob ein Problem gut oder schlecht gelöst wurde, führen wir in diesem Kapitel Schranken für den Ressourcenverbrauch von Algorithmen ein.

5.1 Schokolade aufteilen

Knobelei zum Einstieg

Wie viele Möglichkeiten gibt es eigentlich, die Quadrate der Schokoladentafel vor Ihnen so aufzuteilen, dass sowohl Sie als auch Ihr Freund etwas abbekommen? Es soll nicht darauf ankommen, welche Stücke Ihr Freund bekommt, sondern nur, wie viele. Schließlich sind die Stücke ja alle gleich lecker. Da Sie ja beide Spaß daran haben, Problemstellungen mit Werkzeugen der Informatik zu lösen, haben Sie die beiden in Listing 5.1 und Listing 5.2 abgedruckten Algorithmen geschrieben, die die Antwort auf die Frage liefern. Nun wollen Sie herausfinden: Welcher der beiden Algorithmen ist besser geeignet, das Problem zu lösen? Wie viele Berechnungsschritte benötigen die beiden Algorithmen, wenn Sie zehn Schokoquadrate aufteilen möchten? Führen Sie die Algorithmen von Hand aus, und zählen Sie mit! Finden Sie weitere Möglichkeiten, den gesuchten Wert zu berechnen?

```
Eingabe: Positive natürliche Zahl n
Ausgabe: Anzahl an Möglichkeiten, n als Summe zweier positiver
natürlicher Zahlen darzustellen.
01  anzahl := 0
02  Wiederhole für alle a in 1, …, n
03      Wiederhole für alle b in 1, …, n
04          Falls a + b = n dann
05              anzahl++      // a + b ist eine Lösung
06  Return anzahl
```

Listing 5.1 Erste Möglichkeit, die Anzahl der möglichen Schokoladenaufteilungen zu bestimmen

```
Eingabe: Positive natürliche Zahl n
Ausgabe: Anzahl an Möglichkeiten, n als Summe zweier positiver
natürlicher Zahlen darzustellen.
01  anzahl := 0
02  Wiederhole für alle a in 1, …, n
03      Falls n - a > 0 dann
04          anzahl++      // a + (n - a) ist eine Lösung
05  Return anzahl
```

Listing 5.2 Zweite Möglichkeit, die Anzahl der möglichen Schokoladenaufteilungen zu bestimmen

5.2 Verschiedene Wege führen zum Ziel

Vielleicht haben Sie auch festgestellt, dass es immer eine Möglichkeit weniger gibt, die Quadrate zu verteilen, als es Schokostücke gibt. Ein Algorithmus könnte also bei der Eingabe n immer direkt $n-1$ als Ausgabe zurückgeben. Wir haben damit schon drei verschiedene Varianten gesehen, ein und dasselbe Problem zu lösen. Tatsächlich gibt es zu jedem lösbaren Problem sogar unendlich verschiedene Algorithmen, die diese Lösung bestimmen.

Ganz einfach erkennen Sie dies anhand eines kleinen Gedankenspiels: Nehmen Sie an, jemand gibt Ihnen einen Algorithmus, und Sie wollen einen Algorithmus schreiben, der das gleiche Problem löst, also auf allen Eingaben dieselbe Ausgabe berechnet. Ihr Algorithmus soll sich jedoch vom ursprünglichen unterscheiden, er muss also zumindest eine Zeile haben, die anders lautet als die Vorlage. Eine mögliche Lösung: Vor die Rückgabe (hier Return anzahl) schreiben Sie einfach einen Befehl, der eigentlich nichts tut (hier zum Beispiel anzahl := anzahl). Offensichtlich hat sich dadurch die Ausgabe nicht geändert, obwohl der Pseudocode anders lautet. Da Sie diese Veränderung immer durchführen können (auch mehrfach hintereinander), können Sie unendlich viele unterschiedliche Algorithmen für das gleiche Problem schreiben.

Freilich sind oft nur eine Handvoll dieser Algorithmen *sinnvoll*, aber es ist in der Regel schwerer zu unterscheiden, ob etwas sinnvoll ist oder nicht, als bei der Verwendung überflüssiger Zusatzbefehle. Normalerweise ist uns bei der Verwendung eines Algorithmus auch egal, wie genau er funktioniert. Wir wollen lediglich sichergehen, dass er die richtigen Ausgaben produziert und nicht zu viele Ressourcen benötigt. Neben der *Korrektheit* eines Algorithmus ist also für uns in erster Linie wichtig, wie lange die Berechnung des Ergebnisses dauert und wie viel Speicherplatz dafür benötigt wird. Wenn Sie an Ihre bisherigen Computererfahrungen denken, werden Sie sich vermutlich öfter über Wartezeit als über hohen Speicherverbrauch eines Programms geärgert haben. Da Speicherplatz heutzutage günstig ist, ist es tatsächlich meist relevanter, die Geschwindigkeit eines Algorithmus zu optimieren. Produzieren zwei Algorithmen das gleiche Ergebnis, ist aber einer schneller, wollen wir ihn im Folgenden daher als *besser* ansehen. Wir vergleichen also die *Laufzeit* von Algorithmen.

Vergleichen Sie einmal die drei beschriebenen Verfahren, die Anzahl möglicher Schokoladenverteilungen zu bestimmen. Können Sie einen Unterschied in der Laufzeit feststellen? Wir werden diesen in Kürze genauer analysieren. Dafür müssen wir jedoch zunächst präziser definieren, was *Laufzeit* eigentlich ist und wie sie angegeben wird.

5.3 Eingabegröße

Nehmen Sie sich fünf kleine Zettel, schreiben Sie die Zahlen von eins bis fünf darauf, und mischen Sie die Zettel. Sortieren Sie die Zettel nun wieder, indem Sie jeweils die unsortierten Zettel nach dem nächstkleineren Wert durchsuchen, diesen herausnehmen und an die Ausgabe anhängen. (Diesen Algorithmus haben wir in Kapitel 4, »Einfache Sortieralgorithmen«, unter dem Namen *Selection Sort* genauer betrachtet.) Wiederholen Sie den Versuch mit zehn Zetteln, und stoppen Sie in beiden Fällen die Zeit.

Vermutlich haben Sie beim Sortieren von zehn Zetteln deutlich länger gebraucht als beim Sortieren von fünf Zetteln. Genauso verhält es sich mit den meisten Algorithmen: Je größer die Eingabe ist, desto länger läuft der Algorithmus, um die Ausgabe zu berechnen. Was jedoch ist die *Eingabegröße*?

Ganz formal betrachten wir die Menge an Speicherplatz, die die Eingabe benötigt, als Eingabegröße. Normalerweise machen wir uns das Leben jedoch ein bisschen einfacher und rechnen nicht erst den Speicherverbrauch einer Eingabe aus. Stattdessen vergleichen wir gerne die Anzahl an Eingabewerten, so wie wir im Beispiel die Anzahl an Zetteln verglichen haben: Je nach Datenformat könnte die Zahl 10 mehr Speicher benötigen als die Zahl 1. Dennoch haben wir beide Werte einfach als *ein* Stück der Eingabe gezählt.

In der Knobelei hatten wir jedoch immer nur eine Eingabe, die Zahl n. Trotzdem steigt die Laufzeit des Algorithmus an, wenn n größer wird. Eine dritte Möglichkeit für die Definition der Eingabegröße ist also der Wert einer Zahl.

Ob Speicherplatz, Anzahl der Werte, Größe der Werte – was genau wir als Eingabegröße ansehen, hängt also vom bearbeiteten Problem ab. Im Kontext von Zeichenketten nutzen wir oft die Länge der Zeichenkette, bei Graphen (siehe Kapitel 9) zählen wir gleich zwei Werte, nämlich die Anzahl an Knoten und die Anzahl an Kanten, bei Bildern könnten wir die Breite und die Höhe des Bildes als Größe betrachten.

Abhängig von der Eingabegröße geht es Maschinen genauso wie uns Menschen: Fast immer gilt, dass es für eine größere Eingabe länger dauert, ein Ergebnis zu berechnen, als für eine kleine. Wenn wir also bestimmen wollen, wie schnell ein Algorithmus läuft, so müssen wir den Wert abhängig von der Eingabegröße bestimmen.

Nicht immer dauert die Berechnung bei zwei gleich großen Eingaben jedoch auch gleich lange. Ein Sortieralgorithmus kann zum Beispiel so gebaut werden, dass eine Eingabe, die bereits sortiert ist, sehr schnell verarbeitet wird, während eine Eingabe, die sortiert werden muss, eine längere Laufzeit benötigt. Am interessantesten ist für uns eine Laufzeitangabe, die den schlimmsten Fall (*Worst Case*) beschreibt, also pro Eingabegröße angibt, wie lange der Algorithmus maximal läuft, bis er eine Ausgabe produziert. Alternativ können Sie sich ebenso die durchschnittliche Laufzeit (*Average Case*) oder die bestmögliche Laufzeit (*Best Case*) ansehen.

5.4 Messen der Laufzeit

Die einfachste Variante, die Laufzeit eines Algorithmus zu bestimmen, ist, diese für mehrere Eingaben zu messen. Versuchen Sie das einmal selbst, und wiederholen Sie die Sortieraufgabe aus dem vorherigen Abschnitt mit einem Freund! Messen Sie dabei erneut, wie lange das Sortieren dauert und wer schneller sortieren kann.

Haben Sie genau gleich lange gebraucht? Vermutlich nicht. Genauso verhält es sich bei Computern. Abhängig davon, wie schnell der Computer ist, welches Betriebssystem läuft, welche anderen Programme ausgeführt werden, und beeinflusst durch eine Vielzahl weiterer Faktoren ist das Ergebnis einer Messung verfälscht. Zwar bekommt man einen grundlegenden Eindruck davon, wie schnell die Rechnung abläuft, aber man weiß nicht, ob dieselbe Rechnung auf einem anderen (ungetesteten) Computer ähnlich schnell, deutlich langsamer oder viel schneller wäre.

Dennoch ist natürlich das Messen der Berechnungsdauer nicht völlig umsonst. Möchten Sie konkret wissen, wie schnell ein Algorithmus auf einem bestimmten System oder sehr ähnlichen Systemen läuft, so lohnt es sich natürlich, diesen Wert praktisch zu ermitteln. In der Analyse eines Algorithmus möchten wir jedoch Aussagen treffen können, die unabhängig vom ausführenden System sind.

5.5 Berechnen der Laufzeit

Wir hatten bereits geklärt, dass wir uns für die Laufzeit des Algorithmus abhängig von der Eingabegröße interessieren. Deshalb können wir die Laufzeit am einfachsten als Funktion angeben, die die Eingabegröße als Eingabe und die längste Laufzeit für eine Eingabe dieser Größe als Ausgabe besitzt.

Betrachten wir erneut die beiden Algorithmen aus Listing 5.1 und Listing 5.2 aus der Knobelei. In Listing 5.1 benötigen wir einen Schritt, um in der ersten Zeile die Variable *anzahl* auf null zu setzen. Anschließend durchlaufen wir zwei ineinander verschachtelte Schleifen, die jeweils n Iterationen haben. Da die innere Schleife für jede Iteration der äußeren Schleife läuft, bedeutet dies, dass insgesamt n Mal die Bedingung der äußeren Schleife geprüft wird, $n \cdot n = n^2$ die Bedingung der inneren Schleife, und ebenfalls n^2 Mal der Inhalt der inneren Schleife ausgeführt wird. Im schlimmsten Fall muss in diesem Inhalt sowohl die Fallunterscheidung geprüft als auch die Variable erhöht werden, es werden also bis zu zwei Befehle n^2 Mal ausgeführt. Am Ende wird in einem weiteren Befehl das Ergebnis zurückgegeben, und wir erhalten als Schrittanzahl daher:

$$1 + n + n^2 + 2 \cdot n^2 + 1 = 3n^2 + n + 2$$

Der Code aus Listing 5.2 benötigt dagegen maximal $3n + 2$ Schritte, wie Sie in Aufgabe 1 a) nachprüfen können. Wenn wir die beiden Funktionen wie in Abbildung 5.1 vergleichen, sehen wir leicht, dass Listing 5.2 schneller ist.

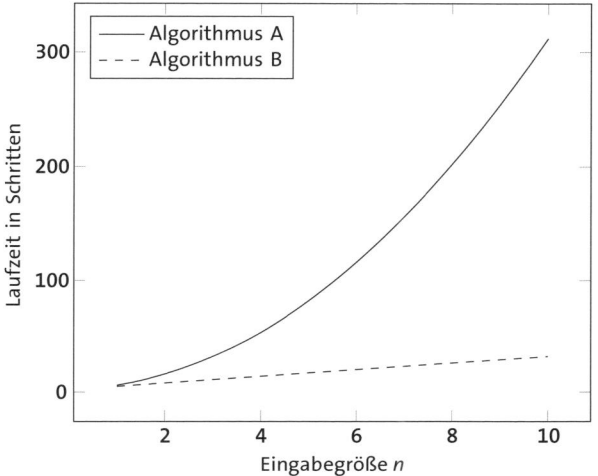

Abbildung 5.1 Die Laufzeiten von Listing 5.1 und Listing 5.2 für steigende Eingabegröße n im Vergleich

Ein solches Schaubild allein kann jedoch sehr trügerisch sein. Betrachten Sie einmal die beiden Laufzeitkurven in Abbildung 5.2. Welches Laufzeitverhalten scheint besser zu sein?

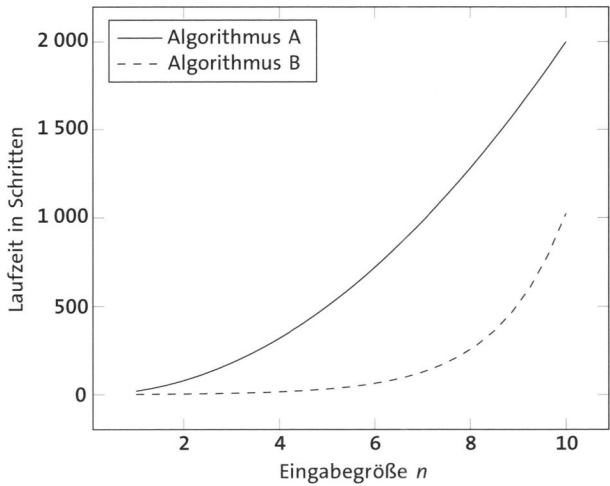

Abbildung 5.2 Die Laufzeiten zweier fiktiver Algorithmen für steigende Eingabegröße n im Vergleich

Die beiden gezeichneten Laufzeitfunktionen sind $20n^2$ unter dem Namen »Algorithmus A« und 2^n als Laufzeit des »Algorithmus B«. Wenn wir nun lediglich Eingabegrößen von eins bis zehn ausprobieren und die Laufzeit messen oder selbige rechnerisch ermitteln, ist das Ergebnis eindeutig: Algorithmus B ist schneller! Lassen wir dann später jedoch den Algorithmus auf größeren Eingaben laufen, so erleben wir unser blaues Wunder: Bereits für die Eingabegröße 13 benötigt Algorithmus B etwa doppelt so lange wie Algorithmus A (siehe Abbildung 5.3), und während letzterer auch noch für deutlich größere Eingaben funktioniert, scheint Algorithmus B für diese nie fertig zu werden.

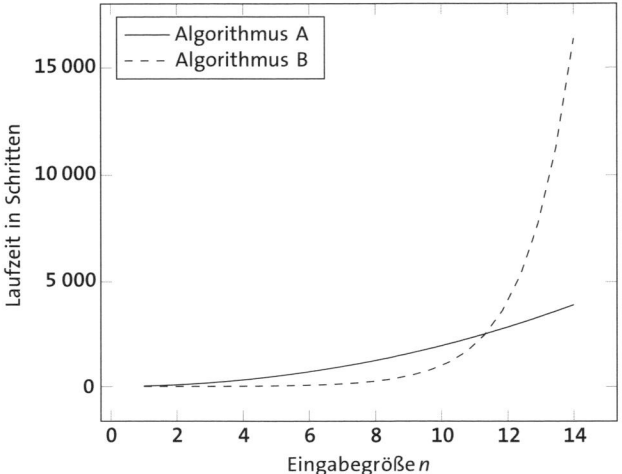

Abbildung 5.3 Die Laufzeiten zweier fiktiver Algorithmen für größere Eingaben. Abgebildet sind die gleichen Funktionen wie in Abbildung 5.2.

Wollen wir in einer praktischen Anwendung klar festgelegte Eingabegrößen bearbeiten, so hilft uns das Berechnen der entsprechenden Schrittzahlen im Vergleich weiter. Das Aufstellen einer Laufzeitfunktion und das Ausrechnen einiger Werte genügen jedoch noch nicht, um einen aussagekräftigen Vergleich zwischen zwei Algorithmen insgesamt ziehen zu können. Stattdessen sind wir normalerweise daran interessiert, ob und wann sich die beiden Laufzeitkurven schneiden und welche Funktion langfristig kleinere Schrittzahlen ergibt. Im mathematischen Sinne bedeutet »langfristig« für uns, dass wir das Verhalten der Funktion im Unendlichen untersuchen, also für beliebig große Eingaben.

Betrachten wir ganz konkret den Vergleich der Algorithmen aus der Knobelei mit den beiden Funktionen $f(n) = 3n^2 + n + 2$ und $g(n) = 3n + 2$, insbesondere wollen wir deren Quotienten $f(n) \div g(n)$ untersuchen und herausfinden, wie sich der Wert für größer werdendes n entwickelt. Dafür bestimmen wir den Limes für $n \to \infty$, also einen Grenzwert, an den sich das Ergebnis der Division bei größer werdendem n immer weiter annähert, ohne ihn zu überschreiten.

$$\lim_{n\to\infty} \frac{f(n)}{g(n)} = \lim_{n\to\infty} \frac{3n^2 + n + 2}{3n + 2} = \infty$$

Zum Vergleich betrachten wir ebenso den Quotienten der Laufzeitfunktionen der Algorithmen A und B, namentlich $h(n) = 20n^2$ und $i(n) = 2^n$:

$$\lim_{n\to\infty} \frac{h(n)}{i(n)} = \lim_{n\to\infty} \frac{20n^2}{2^n} = \frac{1}{\infty} = 0$$

Was sagen uns diese Ergebnisse nun? Umgangssprachlich formuliert ist für immer größere Eingabewerte $f(n)$ unendlich Mal größer als $g(n)$. Umgekehrt verhält es sich bei den Funktionen h und i, dort ist für immer größere Werte von n dann $h(n)$ unendlich Mal kleiner als $i(n)$.

Ein drittes mögliches Ergebnis bekommen wir, wenn wir zum Beispiel die Funktionen f und h vergleichen:

$$\lim_{n\to\infty} \frac{f(n)}{h(n)} = \lim_{n\to\infty} \frac{3n^2 + n + 2}{20n^2} = \frac{3}{20} = 0.15$$

In diesem dritten Vergleich unterscheiden sich die beiden Funktionen in ihrem Wachstum lediglich um einen konstanten Faktor, hier um den Faktor 0,15, sie wachsen also ungefähr gleich schnell. Lassen wir die beiden Algorithmen auf gleich schnellen Computern laufen, wird der Algorithmus von f schneller fertig sein. Ist jedoch der Computer, der den Algorithmus von h ausführt, etwa siebenmal schneller, so ist er auch früher mit der Arbeit fertig. Bezüglich der ersten beiden Vergleiche gilt im Gegensatz dazu: Egal, wie viel schneller unsere Computer noch werden, den unendlich großen Unterschied in den Laufzeiten werden sie nie ausgleichen können. Eine noch größere Eingabe würde immer wieder zum selben Ergebnis führen, und die Algorithmen von g beziehungsweise h wären weiterhin besser, selbst auf einem viel langsameren Computer.

5.6 Die Landau-Notation

Über die Grenzwertberechnung für Quotienten von Funktionen können wir nun also zwei gegebene Funktionen vergleichen. Es wäre allerdings aufwendig, wenn wir ständig in Paaren Grenzwerte ermitteln müssten, um zu erfahren, wie schnell unser Algorithmus ist. Im dritten Vergleich haben wir außerdem schon gesehen, dass wir in manchen Fällen Algorithmen als »ungefähr gleich schnell« einstufen. Es wäre also praktischer, verschiedene Kategorien an Laufzeiten zu haben, in die wir Algorithmen einsortieren können.

Tatsächlich gibt es diese Kategorisierung: Mit der sogenannten *Landau-Notation*, auch *Groß-O-Notation* genannt, können wir Mengen von Funktionen angeben, die im Rahmen unserer Betrachtung ein etwa gleich schnelles Wachstum aufweisen. Wir sagen dann, dass sie zur selben *Laufzeitklasse* gehören. So schreiben wir zum Beispiel $\mathcal{O}(n)$, um die Menge aller Funktionen zu bezeichnen, die eine Laufzeit wie die von Listing 5.2 oder besser beschreiben. Die Menge $\mathcal{O}(n^2)$ enthält entsprechend alle Funktionen, deren Werte nicht schneller wachsen als die Werte der Laufzeitfunktion von Listing 5.1. Formal definieren wir für eine Funktion f die Menge $\mathcal{O}(f)$, indem wir beschreiben, welche Bedingungen jede Funktion g erfüllen muss, die in der Menge ist:

$$g \in \mathcal{O}(f) \Leftrightarrow \lim_{n \to \infty} \frac{f(n)}{g(n)} > 0$$

Falls die Funktion f mindestens so schnell wächst wie die Funktion g, ist der Quotient im Limes echt größer als 0. Da die Funktion f beliebig viel schneller wachsen kann, könnte der Quotient auch beliebig große Werte annehmen. Wollen Sie stattdessen ausdrücken, dass zwei Funktionen g und f gleich schnell wachsen, also wie oben ihr Wachstum maximal um einen konstanten Faktor auseinanderliegt, so verwenden Sie dazu das große griechische Θ (Theta). In der formalen Definition muss im Vergleich zur Menge $\mathcal{O}(f)$ lediglich ergänzt werden, dass der Quotient nicht beliebig groß werden darf:

$$g \in \Theta(f) \Leftrightarrow \infty > \lim_{n \to \infty} \frac{f(n)}{g(n)} > 0$$

Als dritte Möglichkeit können Sie außerdem mit dem großen griechischen Ω (Omega) die Menge der mindestens so schnell wachsenden Funktionen angeben. Formal notiert ergibt sich daher:

$$g \in \Omega(f) \Leftrightarrow \lim_{n \to \infty} \frac{f(n)}{g(n)} < \infty$$

Die Landau-Notation hat einige praktische Eigenschaften. So können wir uns zum Beispiel beim Vergleich zweier Laufzeiten, die beide durch ein Polynom beschrieben werden, auf die Betrachtung des größten Exponenten beschränken. Haben wir also zum Beispiel die beiden Polynome $f(n) = n^5 + 4n^2 + n + 3$ und $g(n) = 6n^4 + 100n^3$, so ergibt die Betrachtung der Exponenten sofort, dass das zweite Polynom langsamer wächst als das erste. In Landau-Notation können wir außerdem einsortieren, dass $f \in \mathcal{O}(n^5)$ und $g \in \mathcal{O}(n^4)$ gelten.

Bei genauerer Betrachtung fällt außerdem auf, dass auch $g \in \mathcal{O}(n^5)$ gilt. Die mit $\mathcal{O}$ bezeichneten Mengen enthalten schließlich alle Funktionen, die *maximal* so schnell wachsen wie die angegebene Funktion, also auch alle, die deutlich langsamer wachsen! Auch wenn die Aussage inhaltlich richtig ist, hilft es uns jedoch bei der Algorithmenanalyse nicht weiter, wenn wir zum Beispiel $f \in \mathcal{O}(n^{100})$ schreiben würden. Wir suchen normalerweise nicht nur nach *irgendeiner* oberen Schranke, sondern nach einer möglichst genauen. Deshalb sagen wir auch, dass wir eine *asymptotische Schranke* suchen, also eine Funktion, die im Unendlichen möglichst dicht an die tatsächliche Laufzeitfunktion herankommt.

Ganz so exakt wie in den Rechnungen zu Listing 5.1 und Listing 5.2 müssen Sie jedoch nicht arbeiten. Wie schon gesagt, interessiert uns bei Polynomen nur der höchste Exponent; konstante Faktoren oder Summanden sind ebenfalls irrelevant. Neben der Definition der eben eingeführten drei Landau-Symbole über den Limes gibt es jeweils eine zweite, äquivalente Definition über *Quantoren*, die einzeln auflistet, welche Bestandteile einer Funktion relevant für die Laufzeitbetrachtung sind.

> **Quantoren**
>
> In Kapitel 1, »Algorithmen«, haben Sie bereits logische Aussagen kennengelernt. Bislang haben Sie mit einer Aussage immer über einzelne Werte geredet, zum Beispiel ist dies eine Aussage über eine Funktion *f* und einen Wert *x*:
>
> $f(x) > 5$
>
> Die Aussage behauptet, dass der Funktionswert an der Stelle *x* größer ist als 5. Offenbar kann dies entweder wahr oder falsch sein und ist damit eine Aussage.
>
> Solcherlei Aussagen erweitern wir jetzt zu sogenannten *Prädikaten*, indem wir *Quantoren* hinzufügen. Quantoren beschreiben, für wie viele Werte eine Aussage gelten soll. Beispielsweise können Sie die folgende Aussage formulieren:
>
> Für alle *x* gilt, dass $f(x) > 5$.
>
> Damit drücken Sie aus, dass an allen Stellen *x* der Funktionswert der Funktion *f* größer ist als 5. Wie üblich in der Mathematik gibt es dafür Kurzschreibweisen. Statt »für alle« verwenden Sie das Zeichen $\forall$, und statt »gilt, dass« schreiben Sie einen Doppelpunkt, sodass dieselbe Aussage so aussieht:
>
> $\forall x: f(x) > 5$
>
> Der zweite Quantor, den wir verwenden wollen, steht für die Formulierung »es existiert ein« und wird durch das Zeichen $\exists$ notiert. Wollen Sie also nur sicherstellen, dass ein *x* existiert, für das die Bedingung gilt, so schreiben Sie:
>
> $\exists x: f(x) > 5$
>
> Oft wollen Sie genauer einschränken, aus welchem Zahlenbereich die Variable nach dem Quantor kommen darf. Dafür schreiben Sie $\exists x \in \mathbb{N}$, wenn Sie eine natürliche Zahl meinen, oder zum Beispiel $\forall y > 20$, wenn Sie eine Aussage über alle Zahlen größer 20 treffen wollen. Wollen Sie mehrere Variablen beschreiben, so können Sie einfach mehrere Quantoren hintereinanderschreiben. Dass die Reihenfolge dabei relevant ist, können Sie in Aufgabe 2 genauer untersuchen.

Die Definition der Menge $\mathcal{O}(f)$ sieht zunächst sehr sperrig aus, listet jedoch eigentlich nur die Bedingungen auf, die an die Funktionen g und f gestellt werden:

$$g \in \mathcal{O}(f) \Leftrightarrow \exists c > 0 \, \exists n_0 \geq 0 \, \forall n > n_0 : g(n) \leq c \cdot f(n)$$

Wir lesen diese Definition als:

> *Eine Funktion g ist genau dann in der Menge $\mathcal{O}(f)$, wenn eine Konstante c existiert, die größer als 0 ist, und eine Konstante n_0 existiert, die größer oder gleich 0 ist, sodass für alle Eingabewerte n, die größer sind als n_0, der Wert von g(n) maximal das c-Fache von f(n) ist.*

Wir wollen diese Definition in kleinere Stücke zerteilen. Zunächst gibt es dort eine Konstante n_0, die verwendet wird, um die gesamte Aussage auf Werte der Variable n zu beschränken, die größer sind als n_0. Erinnern Sie sich noch an Abbildung 5.3? Dort sind zwei Funktionen abgebildet, bei denen erst nach einem Schnittpunkt die Werte der schneller wachsenden Funktion auch größer sind als die Funktionswerte der langsamer wachsenden Funktion. Die Konstante n_0 beschreibt genau solch eine Stelle, ab der für alle noch größeren Eingaben die Betrachtung der Funktionswerte nicht mehr zu einer falschen Interpretation des Laufzeitverhaltens führt. Die eigentliche Aussage bezieht sich also nur auf alle Werte n, die im Graph der Funktion rechts von der Stelle n_0 liegen.

Was noch bleibt, ist eine weitere Konstante, nämlich das c, das als Faktor im Vergleich der Funktionswerte wieder auftaucht. Dieser Faktor beschreibt die Ausführung eines Algorithmus auf einem c-mal so schnellen Computer. Wie zuvor ausgeführt, wollen wir einen solchen Unterschied ignorieren; uns interessieren nur Laufzeitunterschiede, die sich nicht durch schnellere Computer ausgleichen lassen.

Analog zum großen $\mathcal{O}$ sind die anderen beiden Symbole folgendermaßen definiert:

$$g \in \Omega(f) \Leftrightarrow \exists c > 0 \, \exists n_0 \geq 0 \, \forall n > n_0 : g(n) \geq c \cdot f(n)$$
$$g \in \Theta(f) \Leftrightarrow g \in \mathcal{O}(f) \wedge g \in \Omega(f)$$

5.7 Typische Laufzeiten

Nach den mathematischen Grundlagen der Landau-Notation müssen wir nun noch klären, wie wir diese für die Analyse eines Algorithmus verwenden können. Die Laufzeiten der beiden Algorithmen der Knobelei haben wir bereits exakt bestimmt, und mit der neuen Schreibweise wissen wir auch, dass die Laufzeit von Listing 5.1 in $\mathcal{O}(n^2)$ und die Laufzeit von Listing 5.2 in $\mathcal{O}(n)$ liegt.

Wir müssen jedoch nicht immer erst jeden einzelnen Befehl zählen, um anschließend konstante Faktoren und Summanden wieder wegzuwerfen. In der Regel genügt es uns, bei der

Analyse eines Algorithmus darauf zu achten, wie viele verschachtelte Schleifen vorkommen, die über die Eingabegröße iterieren.

Existiert keine solche Schleife, sondern wird nur eine feste Anzahl an Befehlen ausgeführt, so läuft der Algorithmus in *konstanter Laufzeit*; wir schreiben dafür $\mathcal{O}(1)$. Beispiele für einen solchen Algorithmus sind die Rückgabe des Wertes in einem Array oder auch viele einfache Rechenoperationen wie die Addition zweier Zahlen.

Umfasst der Algorithmus zwar eine Schleife, die über die Eingabegröße n läuft, aber keine verschachtelten Schleifen, so läuft er in *linearer Laufzeit*, die als $\mathcal{O}(n)$ notiert wird. In dieser Zeit kann zum Beispiel ein unsortiertes Array nach einem Minimum durchsucht werden. Sind zwei Schleifen über n ineinander verschachtelt, so erhalten wir eine *quadratische Laufzeit* mit der Bezeichnung $\mathcal{O}(n^2)$. Alle einfachen Sortieralgorithmen aus Kapitel 4 haben diese Laufzeitkomplexität. In Kapitel 6 werden Sie effizientere Sortieralgorithmen mit der Laufzeit $\mathcal{O}(n \cdot \log(n))$ kennenlernen.

Liegt bereits ein sortiertes Array vor, so können wir darin Werte in *logarithmischer Laufzeit* suchen, wie Sie in Kapitel 7, »Suchen«, sehen werden. Sie wird als $\mathcal{O}(\log(n))$ aufgeschrieben. Da die Basis des Logarithmus vernachlässigbar ist, lassen wir sie in der Notation einfach weg. In Aufgabe 1 c) ist es an Ihnen zu beweisen, warum wir das dürfen.

Wann immer Sie alle Möglichkeiten für etwas durchprobieren müssen, entsteht leicht eine *exponentielle Laufzeit*. Suchen Sie zum Beispiel durch Ausprobieren aller Belegungen für die n Variablen einer logischen Formel eine Möglichkeit, die gesamte Aussage wahr werden zu lassen, so erhalten Sie eine Laufzeit von $\mathcal{O}(n^2)$. Noch länger dauert es nach aktuellem Forschungsstand, die kürzeste Rundreise durch n Städte zu finden. Der einfachere Ansatz, alle möglichen Rundreisen durchzuprobieren, führt zu einer Laufzeit von $\mathcal{O}(n!)$. Der beste bekannte Algorithmus ist etwas besser, aber mit einer Komplexität von $\mathcal{O}(n^2 2^n)$ immer noch enorm zeitaufwendig.

Um zu verdeutlichen, warum es sich lohnt, die Laufzeit eines Algorithmus zu betrachten, ist in Tabelle 5.1 dargestellt, wie lange ein Algorithmus einer bestimmten Laufzeit bei verschiedenen Eingabegrößen in etwa rechnen würde. Als Referenz verwenden wir dabei, dass ein $\mathcal{O}(n^2)$-Sortieralgorithmus auf einem aktuellen Computer etwa 5 Sekunden benötigt, um eine Liste von 10000 Zahlen zu sortieren. Je schneller Computer werden, desto kleiner wird dieser Wert – wie Sie jedoch in der Tabelle sehen, hat diese technische Weiterentwicklung im Gegensatz zur Laufzeitfunktion nur einen geringen Einfluss darauf, ob ein Algorithmus schnell genug mit seiner Berechnung fertig wird. Zum Vergleich: Der Algorithmus mit exponentieller Laufzeit würde bei der Eingabegröße $n = 83$ etwa so lange brauchen, wie unser Universum alt ist.

Laufzeit	n = 10	n = 20	n = 100	n = 10000
log(n)	0,1661 µs	0,2161 µs	0,3322 µs	0,6644 µs
n	0,5 µs	1 µs	5 µs	0,5 ms
n · log(n)	1,661 µs	4,322 µs	33,22 µs	6,644 ms
n^2	5 µs	0,02 ms	0,5 ms	5 s
2^n	51,2 µs	52,43 ms	$2 \cdot 10^{15}$ Jahre	$3 \cdot 10^{2995}$ Jahre
n!	181,4 ms	3855 Jahre	$1,5 \cdot 10^{143}$ Jahre	$4,5 \cdot 10^{35644}$ Jahre

Tabelle 5.1 Verschiedene Laufzeitfunktionen im Vergleich

5.8 Zusammenfassung und Einordnung

Die hier eingeführte Landau-Notation ist ein wichtiges Kommunikationsmittel bei der Analyse von Algorithmen. Wenn sich Informatiker über die Qualität eines Algorithmus unterhalten, wird insbesondere über seine asymptotische Laufzeit gesprochen, diese wird in Groß-O-Notation angegeben. Aufgrund von vernachlässigbaren Anteilen in der Laufzeit gestaltet sich die Analyse für viele Algorithmen relativ einfach, und Sie erhalten schnell einen gut vergleichbaren Wert. Vertiefen Sie im Studium Ihre Kenntnisse in der Algorithmik, so lernen Sie, auch genauere und kompliziertere Laufzeitanalysen durchzuführen.

Neben der Laufzeit können wir auch andere Ressourcen, die ein Algorithmus benötigt, in Landau-Notation angeben. So ist beispielsweise manchmal der Speicherbedarf eines Algorithmus interessant. Wie auch die Laufzeitkomplexität kann ein Algorithmus konstant, logarithmisch, linear, quadratisch ... viel Speicherplatz benötigen.

Bei der Entwicklung eines Algorithmus gilt dennoch zunächst das Prinzip »Make it work, make it right, make it fast«. Zunächst ist demnach wichtig, dass der Algorithmus funktioniert, also immer anhält und das korrekte Ergebnis ausgibt. In einem zweiten Schritt können Sie versuchen, Schleifen, Fallunterscheidungen und Rekursionen schöner und verständlicher zu gestalten.

Da dabei der Algorithmus auch übersichtlicher wird, fällt oft im selben Schritt Optimierungspotential auf. Sollten Sie dann in der Laufzeitanalyse feststellen, dass der Algorithmus langsamer als nötig ist, können Sie die Laufzeit optimieren.

Seit »Big Data« zum Schlagwort geworden ist und immer größere Datenbestände immer schneller ausgewertet werden sollen, ist die Entwicklung von schnellen Algorithmen noch wichtiger geworden als zuvor.

Eingaben in der Größenordnung von mehreren Millionen oder Milliarden Datensätzen sind keine Seltenheit mehr. Wie Tabelle 5.1 zeigt, sind schon für deutlich kleinere Eingaben viele Laufzeiten nicht mehr praktikabel.

Aufgaben

Aufgabe 1: Laufzeitanalyse

a) Analysieren Sie die Laufzeit von Listing 5.2 detailliert, und vergleichen Sie Ihr Ergebnis mit dem Wert aus dem Abschnitt 5.4, »Messen der Laufzeit«.

b) Hat jeder Algorithmus mit zwei verschachtelten Schleifen eine Laufzeit von $\mathcal{O}(n^2)$, wenn n die Eingabegröße ist? Begründen Sie Ihre Antwort!

c) Es gilt, dass $\mathcal{O}(\log_2(n)) = \mathcal{O}(\log_{10}(n))$. Beweisen Sie, warum dies so ist, und schlussfolgern Sie, dass alle Logarithmen mit konstanter Basis im Rahmen der Landau-Notation äquivalent sind.

d) Bestimmen Sie die Laufzeitklassen der folgenden Funktionen. Teilweise können Sie dafür die Funktion vereinfachen, aber nicht bei allen Funktionen erlaubt uns die Landau-Notation, Teile wegzulassen. Vergleichen Sie anschließend die Funktionen miteinander! Welche wächst am schnellsten, welche am langsamsten?

$a(n) = \frac{\log(n^2)}{3}$

$b(n) = \log(n) + n$

$c(n) = \sqrt{n}$

$d(n) = n^3 + 2n^2$

$e(n) = n^n$

$f(n) = 2^{n+1}$

e) Sie haben einen Algorithmus entwickelt, der eine Sekunde Rechenzeit zur Verfügung hat und in dieser Zeit gerade so eine Eingabe der Größe 100 lösen kann. Wenn Sie diesen Algorithmus auf einen zehnmal schnelleren Computer übertragen, wie viel größer darf die Eingabe dann abhängig vom Laufzeitverhalten des Algorithmus sein, um nicht länger als eine Sekunde auf das Ergebnis warten zu müssen? Bestimmen Sie die neue maximale Eingabegröße für die Laufzeitfunktionen n, $\log_{10}(n)$, n^2 und 10^n.

f) Welche Laufzeit hat der Rechte-Wand-Algorithmus aus Kapitel 1, »Algorithmen«, wenn das Eingabelabyrinth b Felder breit und h Felder hoch ist und von dem Algorithmus gelöst werden kann?

Aufgabe 2: Quantoren und Prädikatenlogik

In Tabelle 5.2 ist ein Ausschnitt einer Funktion mit zwei Variablen gegeben. Welche der folgenden Prädikate treffen zu?

a) $\forall x \exists y: f(x,y) < 10$

b) $\exists y \forall x: f(x,y) < 10$

c) $\forall y \exists x: f(x,y) > 10$

d) $\exists x \forall y: f(x,y) > 10$

e) $\forall x \forall y: f(x,y) \neq 42$

f) $\exists x \exists y: f(x,y) = 0$

	0	1	2	3	4	5	6	7	8	9
1		1	4	2	2	6	4	2	9	12	4
2		15	3	6	9	44	23	0	5	2	1
3		3	5	8	3	5	5	9	3	2	10

Tabelle 5.2 Die Werte der Funktion »f« als Tabelle. Der Wert von »f(x,y)« steht dabei in Spalte »x« und in Zeile »y«, z. B. »f(1, 3) = 5«.

Lösungen

Aufgabe 1: Laufzeitanalyse

a) Im Listing 5.2 benötigen wir einen Schritt, um in der ersten Zeile die Variable `anzahl` auf null zu setzen. Anschließend durchlaufen wir eine Schleife n Mal, in jedem Schritt muss dabei die Schleifenbedingung geprüft werden. Im schlimmsten Fall muss der Schleifenkörper jedes Mal komplett ausgeführt werden, also sowohl die Prüfung der Fallunterscheidung als auch das Erhöhen des Zählers. Zum Schluss wird mit einem weiteren Befehl das Ergebnis zurückgegeben. Daher erhalten wir als Gesamtlaufzeit $1 + n + 2n + 1 = 3n + 2$ Berechnungsschritte.

b) Nein, denn Schleifen müssen ja nicht zwangsweise n Iterationen haben. Wir können sowohl Algorithmen bauen, in denen eine Schleife häufiger als die Größe der Eingabe durchlaufen wird, als auch seltener. Abhängig davon kann die Laufzeit alles von konstant bis deutlich langsamer als $\mathcal{O}(n^2)$ sein.

c) Entsprechend der Logarithmusgesetze können wir die Basis des Logarithmus transformieren. Statt der ursprünglichen Basis a können wir zum Beispiel in eine neue Basis b umformen:

$$\log_a(n) = \frac{\log_b(n)}{\log_b(a)} = \frac{1}{\log_b(a)} \cdot \log_b(n)$$

Nun ist jedoch $\log_b(a)$ gar nicht mehr von der Eingabegröße n abhängig, und daher ist $\frac{1}{\log_b(a)}$ eine Konstante. Wie im Rahmen der Landau-Notation erklärt, können wir konstante Faktoren vernachlässigen und erhalten:

$$\mathcal{O}\left(\frac{1}{\log_b(a)} \cdot \log_b(n)\right) = \mathcal{O}(\log_b(n))$$

Solange die ursprüngliche Basis a also eine Konstante ist, können wir stattdessen auch eine beliebige andere Basis in der O-Notation verwenden.

d) Wegen $\log(n^2) = 2 \cdot \log(n)$ gilt $a \in \mathcal{O}(\log(n))$. Da $\log(n) + n \leq 2n$ ist, gilt $b \in \mathcal{O}(n)$. Die Wurzelfunktion ist eine eigene Laufzeitklasse; möchte man sie als Polynom schreiben, so gilt außerdem $c \in \mathcal{O}(n^{0.5})$. In d ist der höchste Exponent entscheidend, und wir erhalten $d \in \mathcal{O}(n^3)$. Die Funktion e ist wiederum eine eigene Laufzeitklasse, wir schreiben also $e \in \mathcal{O}(n^n)$. Da wir f umschreiben können zu $2^{n+1} = 2 \cdot 2^n$ und die einzelne 2 eine Konstante ist, erhalten wir $f \in \mathcal{O}(2^n)$.

Offenbar wächst n^n aus der angegebenen Liste von Funktionen am schnellsten, gefolgt von 2^n. Dann folgen in dieser Reihenfolge die drei polynomiellen Laufzeiten n^3, n und $n^{0.5}$. Zuletzt folgt das logarithmische Wachstum, das in dieser Liste das langsamste (also beste) ist.

e) Gesucht ist für jede Funktion f die Lösung n für die Gleichung $f(n) = 10 \cdot f(100)$. Beim linearen Laufzeitverhalten kann ein zehnmal schnellerer Computer in derselben Zeit auch etwa zehnmal so große Eingaben lösen, also eine Eingabe der Größe 1000. Der Algorithmus mit logarithmischer Laufzeit kann eine Eingabe der beachtlichen Größe 10^{20} verarbeiten. Deutlich niedriger fällt der Unterschied bei der quadratischen Laufzeit aus, dieser Algorithmus kann lediglich Eingaben der Größe $n = \sqrt{100000} \approx 316$ in einer Sekunde lösen. Hat der Algorithmus dagegen die exponentielle Laufzeit 10^n, so sind durch den viel schnelleren Computer gerade einmal Eingaben der Größe 101 möglich.

f) Im angesprochenen Algorithmus gibt es keine einfachen Schleifen zu analysieren, die die Laufzeit bestimmen würden – schließlich lautet die Hauptschleife »Solange Ausgang nicht erreicht«. Dennoch können wir die Laufzeit gut abgrenzen, da als Zusatzinformation gegeben war, dass der Algorithmus die Eingabe lösen kann: Im Verlauf des Algorithmus kann jedes Feld im Labyrinth höchstens viermal besucht werden. Würde er nämlich ein Feld ein fünftes Mal besuchen, so müsste er die gleiche Blickrichtung wie bei einem früheren Besuch haben. Dann würde er die gleichen Entscheidungen treffen wie beim vorherigen Besuch und daher zwangsweise auch ein sechstes, siebtes ... Mal wieder auf nämlichem Feld landen. Er würde deshalb auch nie den Ausgang finden. Grob geschätzt läuft die Schleife also maximal $b \cdot h$ Iterationen lang. Unabhängig davon, was in der Schleife genau passiert und ob das Feld tatsächlich viermal besucht wird, erhalten wir zusätzlich nur einen konstanten Faktor, und der Algorithmus hat daher eine Laufzeitkomplexität von $\mathcal{O}(b \cdot h)$.

Stellen wir uns außerdem ein Labyrinth vor, das aus einer Spirale vom Mittelpunkt bis zum Ausgang besteht, so würde der Algorithmus im schlimmsten Fall $b \cdot h$ Felder tatsächlich besuchen. Damit haben wir eine Eingabe gefunden, die auch wirklich $b \cdot h$ Schritte benötigt, und die Worst-Case-Laufzeit beträgt sogar exakt $\Theta(b \cdot h)$.

Aufgabe 2: Quantoren und Prädikatenlogik

a) richtig

b) falsch

c) falsch

d) falsch

e) richtig

f) richtig

Kapitel 6
Effizientere Sortieralgorithmen

Um effizientere Sortieralgorithmen zu konstruieren, nutzen wir aus, dass sich Funktionen selbst aufrufen können. Mit dieser als Rekursion bezeichneten Technik und dem Prinzip »Teile und herrsche« lernen Sie zwei grundlegende und mächtige Werkzeuge der Informatik kennen.

6.1 Sortieren im Team

Nehmen Sie sich noch einmal einen unsortierten Bücherstapel zur Hand. Dieses Mal darf er durchaus etwas größer sein, denn wir werden jetzt deutlich effizienter sortieren als zuvor. Zusätzlich benötigen Sie nun ein bis zwei Helfer, die gemeinsam mit Ihnen die Bücher in die richtige Reihenfolge bringen. Sollten Sie aktuell keine Freiwilligen finden, können Sie auch selbst deren Rollen übernehmen.

Überlegen Sie nun, wie Sie nutzen können, dass Sie nicht mehr allein, sondern in einer Gruppe sortieren! Beobachten Sie wieder genau, welche Aktionen von wem in welcher Reihenfolge ausgeführt werden, und beantworten Sie erneut ein paar Fragen zu diesem Algorithmus:

- Wie oft mussten Sie oder Ihre Helfer zwei Buchtitel vergleichen?
- Wenn Sie noch mehr helfende Hände zur Verfügung gehabt hätten, hätten Sie noch schneller sortieren können?
- Wie sieht Ihr Algorithmus als Programmablaufplan aus?
- Wenn beim selben Algorithmus immer nur eine Person gleichzeitig arbeiten darf – dies entspricht der Variante, dass Sie selbst die Rolle der Helfer übernehmen –, wie sieht dann das Ergebnis Ihrer Algorithmenanalyse aus?

6.2 Merge Sort

Haben Sie mehrere Helfer, so liegt es nahe, die Arbeit aufzuteilen und so die zusätzliche Arbeitskraft auszunutzen. Eine mögliche Variante dafür ist, den unsortierten Bücherstapel in zwei gleich große Stapel zu unterteilen, jeden der Stapel von einem Helfer sortieren zu lassen und anschließend die zwei vorsortierten Hälften wieder zu kombinieren. Intuitiv ist dieses Verfahren schneller als die bisher vorgestellten Sortierverfahren, weil zwei (oder mehr) Personen gleichzeitig arbeiten können. Interessanterweise ist das Verfahren aber selbst dann schneller, wenn eine einzelne Person das Schema aus Abbildung 6.1 ausführt.

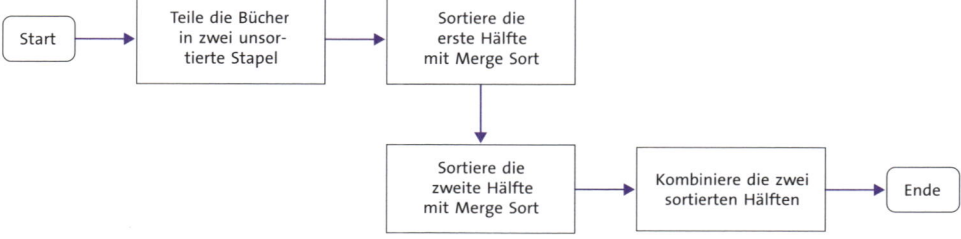

Abbildung 6.1 Die grobe Struktur von Merge Sort

Nach einem ähnlichen Schema arbeitet eine Vielzahl von Algorithmen: Im ersten Schritt wird das Problem in Teilprobleme zerlegt, dann werden diese Teilprobleme bearbeitet, und im letzten Schritt wird aus den Teillösungen die Gesamtlösung konstruiert. Diese Aufteilung findet gewöhnlich nicht nur einmal, sondern immer wieder statt, so lange, bis die Teilprobleme klein genug sind, um sie leicht zu lösen. Da man auf diese Weise ein großes Problem in kleine beherrschbare Probleme zerlegt, nennt man das Verfahren auch *teile und herrsche*, im Englischen *divide and conquer*.

In unserem Fall bedeutet »beherrschbar«, dass der zu sortierende Bücherstapel aus nur noch einem oder sogar gar keinem Buch mehr besteht. Ein solcher Stapel ist offensichtlich bereits in sich sortiert. Die eigentliche Arbeit geschieht bei Merge Sort beim Kombinieren der gelösten Teilprobleme.

In diesem Schritt muss der Algorithmus zwei in sich sortierte Bücherstapel so zusammenfügen, dass im Ergebnis alle Bücher der zwei Stapel insgesamt sortiert sind. Hierzu werden die Bücherstapel zunächst nebeneinandergestellt, und ein freier Platz wird vorbereitet, auf dem die sortierten Bücher der Lösung schließlich nebeneinander stehen können. Dann werden jeweils die beiden Bücher betrachtet, die ganz oben auf den Stapeln liegen. Das Buch, das beim Vergleich als »kleiner« bestimmt wurde, wird von seinem Stapel genommen und an die Lösung angefügt. Anschließend werden erneut die beiden obersten Bücher miteinander verglichen, bis beide Stapel abgearbeitet sind.

Listing 6.1 zeigt, wie Merge Sort das eingegebene Array direkt wieder zurückgibt, wenn es klein genug ist, und es ansonsten in zwei Teile zerlegt, diese einzeln – ebenfalls mit Merge Sort – sortiert und die Teillösungen wieder zusammenfügt. Dass der Merge-Sort-Algorithmus sich selbst als Hilfsfunktion nutzt, bezeichnen wir als *Rekursion* und sagen, dass der Algorithmus *rekursiv* sortiert.

Da nicht jede Arraygröße in zwei gleich große Hälften geteilt werden kann, legt der Algorithmus fest, dass der erste Teil im Zweifelsfall ein Element kleiner als der zweite Teil sein soll, indem das Ergebnis der Division durch zwei abgerundet wird, angezeigt durch die Notation:

```
Eingabe: Unsortiertes Array buecher mit Buchtiteln
Ausgabe: Sortiertes Array der Buchtitel
01  Funktion mergesort( buecher )
02      n := Anzahl Elemente in buecher
03      Falls n ≤ 1 dann
04          Return buecher
05      Sonst
06          n1 := ⌊ n/2 ⌋     // Anzahl Elemente der ersten Hälfte
```

```
07      n2 := n - n1        // Anzahl Elemente der zweiten Hälfte
08      teil1 := mergesort( buecher[ 0 … n1 - 1 ] )
09      teil2 := mergesort( buecher[ n1 … n - 1 ] )
10      Return merge( teil1, teil2 )

11  Funktion merge( teil1, teil2 )
12      n1 := Anzahl Elemente in teil1
13      n2 := Anzahl Elemente in teil2
14      ergebnis := Array[ n1 + n2 ]
15      pos := 0
16      Wiederhole solange n1 > 0  ∨  n2 > 0
17          Falls n2 = 0  ∨  ( n1 > 0  ∧  teil1[ 0 ] ≤ teil2[ 0 ] ) dann
18              ergebnis[ pos ] := teil1[ 0 ]
19              teil1 := teil1[ 1 … n1 - 1 ]
20              n1--
21          Sonst
22              ergebnis[ pos ] := teil2[ 0 ]
23              teil2 := teil2[ 1 … n2 - 1 ]
24              n2--
25          pos++
26      Return ergebnis
```

Listing 6.1 Merge Sort als Pseudocode

Abkürzungen in Pseudocode

Wie schon erwähnt, sind Informatiker schreibfaul, und das betrifft auch Pseudocode und echten Code. Daher haben sich diverse Kurzschreibweisen etabliert, die Sie in vielen Quelltexten wiederfinden werden.

Ein kleines i als Variablenname steht zum Beispiel im Regelfall für einen *Array-Index*, insbesondere in Schleifen. Sollte das i bereits belegt sein, werden typischerweise einfach darauf folgend j und k verwendet.

Anstatt alle Wörter, die einem Variablennamen zugrunde liegen, auszuschreiben, kürzt man zum Beispiel *Position* häufig mit pos ab, eine gewisse Anzahl an Elementen (englisch *number of elements*) mit n und so weiter.

Auch vor mathematischen Operationen machen die Abkürzungen keinen Halt. Da das Erhöhen oder Verringern einer Zahl um eins sehr oft benötigt wird, gibt es dafür nicht nur eigene Begriffe (*Inkrementieren* fürs Erhöhen, *Dekrementieren* fürs Verringern), sondern auch eine eigene Schreibweise. Statt x := x+1 schreiben wir einfach x++, und statt x := x-1 entsprechend x--.

Während es für einen Menschen ausreichend wäre zu wissen, dass er beim Zusammenführen der beiden Stapel immer das Buch nehmen soll, das in der Sortierung früher kommt, muss im Algorithmus jeder Sonderfall behandelt werden. In Zeile 17 in Listing 6.1 wird daher unterschieden, ob einer der beiden Stapel bereits leer ist (dann werden der Reihe nach alle Bücher des noch nicht leeren Stapels an das Ergebnis angefügt) oder ob noch auf beiden Stapeln ein Buch liegt und daher ein Vergleich durchgeführt werden muss. Aufgrund der Schleifenbedingung in Zeile 16 muss noch mindestens auf einem Stapel ein Buch liegen. Gilt nun n2 = 0, so liegen alle verbleibenden Bücher auf Stapel 1, und der Algorithmus muss keine Bücher mehr vergleichen. Gilt n2 > 0, so liegen entweder auf beiden Stapeln noch Bücher (n1 > 0), und der Vergleich entscheidet, von welchem Stapel das nächste Buch gewählt wird, oder alle Bücher liegen auf Stapel 2 und werden von dort nach und nach weggenommen.

> **Kurzschlussauswertung**
>
> Wenn in Zeile 17 n2 = 0 gilt, so wäre ein Zugriff auf teil2[0] eigentlich nicht erlaubt, weil das Array teil2 leer ist. Wir machen uns hier die sogenannte *Kurzschlussauswertung* (im Englischen: *short-circuit evaluation*) zunutze: Im vorliegenden Beispiel sind zwei Bedingungen mit ODER verknüpft. Ist bereits die erste der beiden Bedingungen wahr, so muss die zweite gar nicht mehr ausgewertet werden, um den Wahrheitswert der gesamten Bedingung zu prüfen. Anstatt also den Teil hinter dem ODER auszuwerten, springt man bei der Ausführung des Programmcodes direkt in den ersten Anweisungsblock der Fallunterscheidung.

Betrachten wir, wie Merge Sort ein Array sortiert, so sehen wir, wie sich die Ausführung zunächst in den Teilungsschritten immer weiter verzweigt und anschließend beim Kombinieren (*Merge*) die Daten wieder zusammenfließen. Abbildung 6.2 stellt eine solche Abarbeitung dar. Rechts neben den Schritten ist jeweils gekennzeichnet, in welcher *Rekursionstiefe* sich der Algorithmus zu diesem Zeitpunkt befindet, also wie oft sich Merge Sort bereits selbst mit einem kleineren Teil der Daten aufgerufen hat. Wann immer ein Funktionsaufruf in Zeile 10 ankommt und mittels **Return** Daten zurückgibt, werden die Daten auf der kleineren Rekursionstiefe an der Stelle weiterverwendet, von der aus die Funktion aufgerufen wurde.

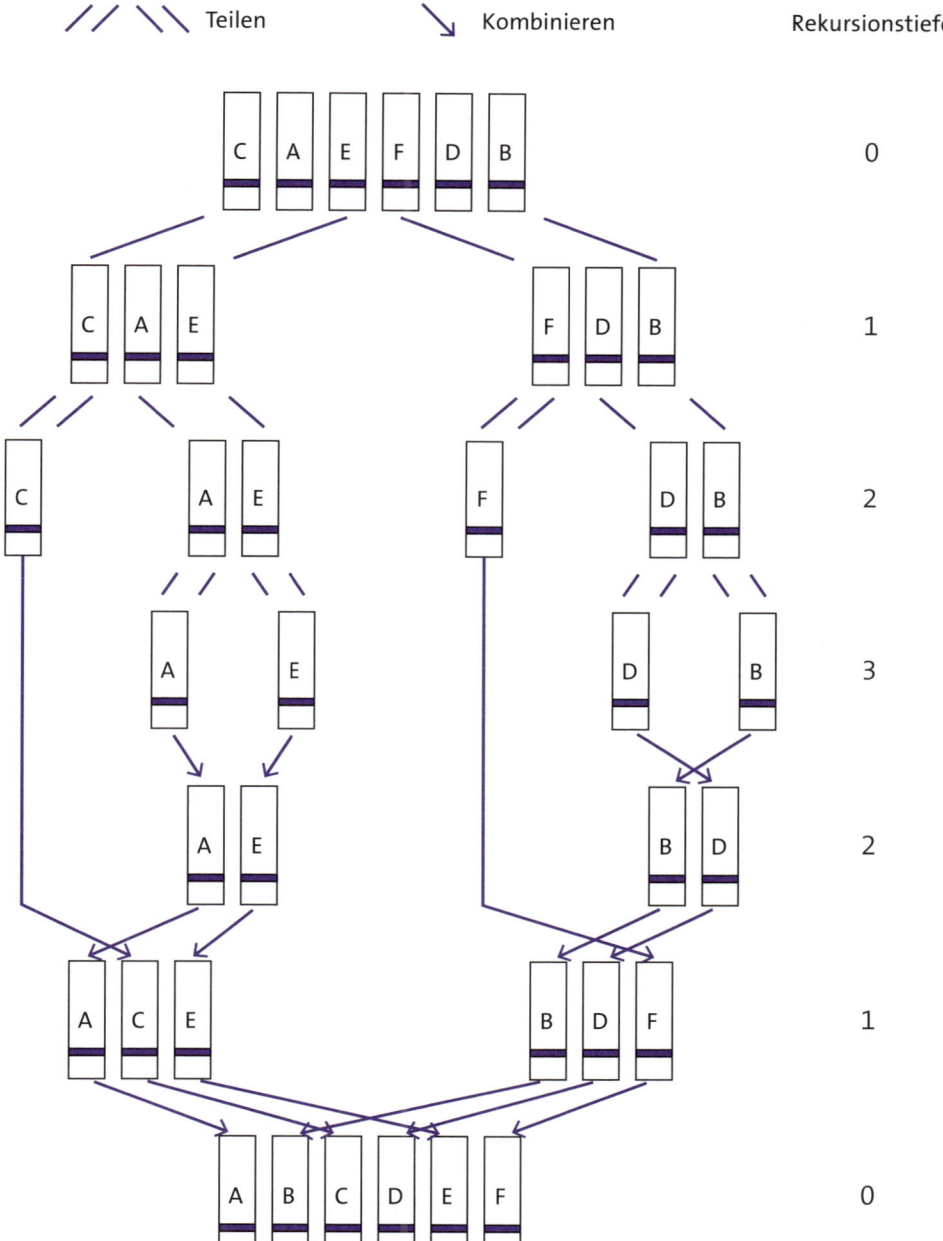

Abbildung 6.2 Merge Sort an einem Beispiel

Wollen wir nun die Laufzeit von Merge Sort berechnen, so können wir nicht mehr wie bislang einfach Schleifendurchläufe zählen, sondern müssen uns die Art und Weise, wie der Algorithmus verzweigt, genauer anschauen. Allgemein können wir sagen, dass das Sortieren von n Elementen mit Merge Sort so lange dauert wie zweimal die Zeit zum Sortieren der Hälfte der Elemente mit Merge Sort plus die Zeit, die wir zum Aufteilen und Kombinieren der Arrayteile benötigen. Als Formel erhalten wir dann für die Zeit $T(n)$, die der Algorithmus benötigt, $T(n) = 2 \cdot T\left(\frac{n}{2}\right) + cn$ (für eine Konstante c, die von der genauen Implementierung abhängt), da wir beim Zusammenführen der Teillösungen für jedes Element, das in das Lösungsarray geschrieben wird, einen Vergleich machen müssen. Für eine konkrete Arraygröße können wir damit berechnen, wie viele Vergleiche beim Sortieren anfallen.

Anstatt die Gleichung an dieser Stelle allgemein zu lösen, bestimmen wir die von n abhängige Laufzeitkomplexität mit einer einfacheren Überlegung: Während das Aufteilen in zwei Hälften praktisch keine Zeit in Anspruch nimmt (es muss nur die Trennstelle berechnet werden), muss im Worst Case beim Mergen von je zwei Teillösungen auf jeder Rekursionsebene pro Element ein Vergleich durchgeführt werden. Pro Rekursionsebene fallen also n Vergleiche an, die wir nun nur noch mit der Anzahl an Rekursionsebenen multiplizieren müssen. Wir wissen über die größte Rekursionstiefe bereits, dass sich dort in jedem Funktionsaufruf nur noch maximal ein Element befindet. Um die gesuchte Anzahl zu berechnen, müssen wir daher bestimmen, wie oft wir die ursprünglich n Elemente halbieren müssen, um am Ende (gerundet) nur noch ein Element zu haben. Wir suchen also die Lösung x der Gleichung $\frac{n}{2^x} = 1$ und erhalten durch Umstellen die Lösung $x = \log_2(n)$. Beim Sortieren von n Elementen erreicht der Algorithmus also eine Rekursionstiefe von $\log_2(n)$. Insgesamt fallen daher maximal $n \cdot \log_2(n)$ Vergleiche an. Wie Sie in Kapitel 5, »Komplexität«, gelernt haben, können wir die Basis des Logarithmus vernachlässigen, wenn uns nur die Größenordnung interessiert. Deshalb sagen wir, dass Merge Sort eine Komplexität von $\mathcal{O}(n \cdot \log(n))$ hat.

6.3 Quick Sort

Der zweite sehr bekannte Algorithmus, der sich Rekursion und Divide and Conquer zunutze macht, ist Quick Sort. Im Gegensatz zum Merge Sort findet jetzt jedoch der Großteil der Arbeit nicht beim Zusammenfügen der Teillösungen, sondern beim Aufteilen des Arrays statt. Dabei wird ein beliebiges Element als sogenanntes *Pivotelement* verwendet. Meist wählt man der Einfachheit halber das erste oder letzte Element des Arrays. Das Eingabearray wird dann in die Elemente aufgeteilt, die kleiner oder gleich dem Pivotelement sind, sowie die Elemente, die größer sind. Auf beiden Teilen wird rekursiv Quick Sort (mit neuer Wahl eines Pivotelements) aufgerufen. Die sortierten Teile können dann ohne weitere Arbeit direkt hintereinander ins Lösungsarray geschrieben werden, wobei das Pivotelement zwischen dem ersten und dem zweiten Teil eingefügt wird.

Listing 6.2 zeigt den Pseudocode des Algorithmus und Abbildung 6.3 einen Beispieldurchlauf von Quick Sort auf denselben sechs Buchtiteln wie eben bei Merge Sort.

```
Eingabe: Unsortiertes Array buecher mit Buchtiteln
Ausgabe: Sortiertes Array der Buchtitel
01  Funktion quicksort( buecher )
02      n := Anzahl Elemente in buecher
03      Falls n ≤ 1 dann
04          Return buecher
05      Sonst
06          pivot := buecher[ 0 ]   // Pivotelement ist erstes im Array
07          n1 := 0                 // Zähler für Elemente, die ≤ pivot sind
08          n2 := 0                 // Zähler für Elemente, die > pivot sind
09          Wiederhole für alle j in 1, …, n - 1
10              Falls buecher[ j ] ≤ pivot dann
11                  n1++
12              Sonst
13                  n2++
14          teil1 := Array[ n1 ]
15          teil2 := Array[ n2 ]
16          index1 := 0
17          index2 := 0
18          Wiederhole für alle i in 1, …, n - 1
19              Falls buecher[ i ] ≤ pivot dann
20                  teil1[ index1 ] := buecher[ i ]
21                  index1++
22              Sonst
23                  teil2[ index2 ] := buecher[ i ]
24                  index2++
25          teil1 := quicksort( teil1 )
26          teil2 := quicksort( teil2 )
27          Wiederhole für alle i in 0, …, n1 - 1
28              buecher[ i ] := teil1[ i ]
29          buecher[ n1 ] := pivot
```

```
30       Wiederhole für alle i in 0, …, n2 - 1
31           buecher[ n1 + 1 + i ] := teil2[ i ]
32       Return buecher
```
Listing 6.2 Quick Sort als Pseudocode

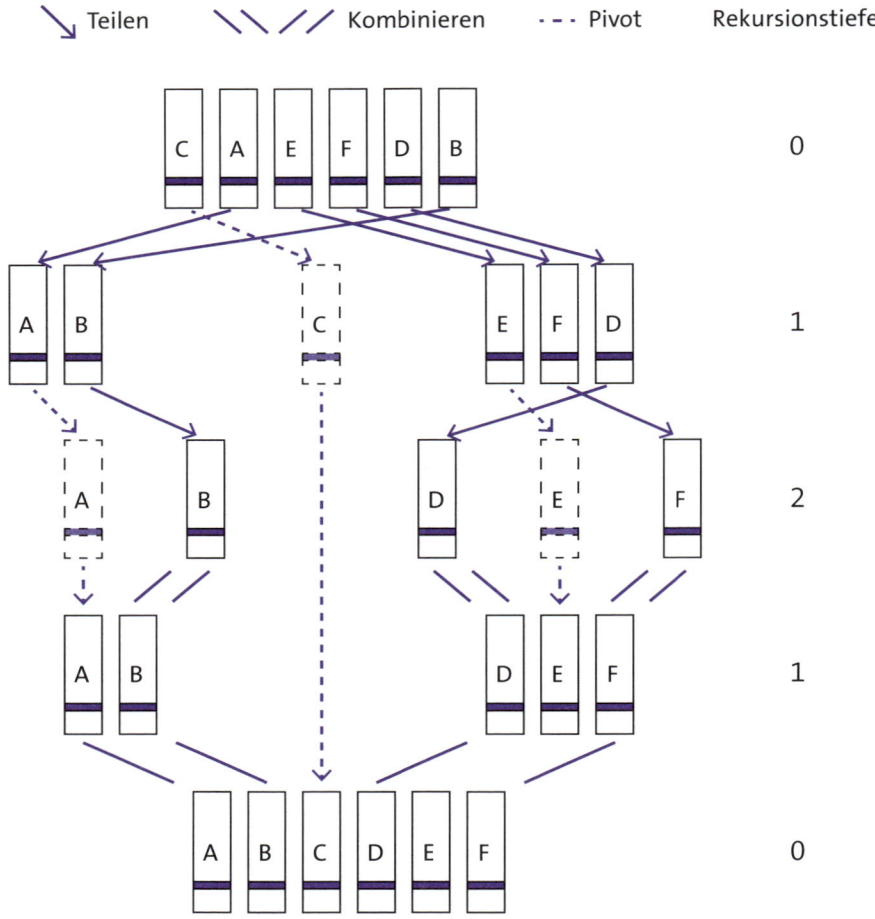

Abbildung 6.3 Quick Sort an einem Beispiel

Läuft alles so gut wie in Abbildung 6.3, so ist die Laufzeitanalyse identisch mit der von Merge Sort: In jedem Schritt wird das Array der zu sortierenden Elemente in zwei gleich große Stücke aufgeteilt und rekursiv sortiert. Für die Aufteilung muss jedes Element einmal mit dem Pivotelement verglichen werden, also entstehen pro Rekursionsebene erneut n Vergleiche beim Sortieren von n Elementen. Beim Zusammenfügen der zwei sortierten

Teile betrachtet unsere Out-of-place-Implementierung ebenfalls jedes Element genau einmal. Dass dies sogar noch besser geht, indem man Quick Sort *in place* implementiert, ist Thema in Aufgabe 3 c).

Damit die Aufteilung so gut klappt, muss jedoch in jedem Schritt der *Median* der Elemente gewählt werden, also ein Element, das in der vollständig sortierten Eingabe an mittlerer Stelle stünde. Natürlich ist dies nicht immer der Fall, und die Aufteilung kann daher auch deutlich ungünstiger ablaufen. Im Extremfall entstehen bis zu n anstatt der optimalen $\log_2(n)$ Rekursionsebenen! In Aufgabe 2 b) sollen Sie herausfinden, wie dieser ungünstige Fall aussieht.

Hier lohnt sich also wieder eine Unterscheidung der Laufzeit des Algorithmus nach Best und Worst Case. Im Best Case besitzt der Algorithmus eine Zeitkomplexität von $\mathcal{O}(n \cdot \log(n))$, im Worst Case fallen dagegen $\mathcal{O}(n^2)$ Vergleiche an. Kompliziertere Analysen zeigen zusätzlich, dass im Schnitt die Laufzeit eher bei $\mathcal{O}(n \cdot \log(n))$ liegt. Für die meisten Eingaben verhält sich Quick Sort also eher wie im Best Case und nur für wenige Eingaben tatsächlich wie im Worst Case. Aus diesem Grund wird in der Literatur Quick Sort oft mit Merge Sort auf ein Level gestellt, obwohl der Worst Case schlechter ist.

6.4 Rekursion und Divide and Conquer

Nachdem wir an zwei konkreten Beispielen bereits gezeigt haben, wie Rekursion funktioniert, wollen wir die Technik noch einmal im Detail betrachten. Dem Verfahren liegen zwei Eigenschaften des gegebenen Problems zugrunde: Zum einen lässt sich das Problem für kleine Eingabedaten leicht lösen, zum anderen kann aus der Lösung für viele Teile der Eingabe leicht die Lösung für einen größeren Teil berechnet werden. Dagegen ist das direkte Lösen des Problems auf großen Eingabedaten oft deutlich schwieriger.

Bleiben wir einmal beim Beispiel des Sortierens: Wenn unsere Aufgabe darin besteht, ein zusätzliches Buch in eine Reihe von bereits sortierten Büchern einzureihen, ist das algorithmisch nicht sonderlich kompliziert – nach diesem Verfahren sortiert Insertion Sort die Bücher ins Regal ein. Starten wir also umgekehrt bei n Büchern, die noch alle zu sortieren sind, und haben wir ein Verfahren parat, das uns $n-1$ Bücher sortieren kann, so nehmen wir einfach ein beliebiges Buch aus dem Stapel, nutzen das andere Verfahren zum Sortieren der verbleibenden $n-1$ Bücher und stellen anschließend das weggenommene Buch an den richtigen Platz. Das dabei genutzte bestehende Verfahren hat genau die gleiche Definition der Ein- und Ausgabedaten wie der Algorithmus, den wir versuchen zu entwickeln: Es nimmt ein Array an Büchern entgegen und gibt es sortiert zurück. Somit können wir, wenn der Algorithmus fertig ist, auch einfach den neu entwickelten Algorithmus anstatt des bestehenden Verfahrens verwenden, um den um eins kleiner gewordenen Bücherstapel zu sortieren. Zusätzlich müssen wir dann natürlich festlegen, was passieren soll, wenn der Algorithmus ein leeres Array als Eingabe erhält. In diesem Fall kann er kein einzelnes Buch mehr wegnehmen. Allerdings ist ein leeres Array bereits vollständig sortiert, weshalb der Algorithmus es direkt als Ergebnis zurückgeben kann. Das Schema der rekursiven Implementierung von Insertion Sort ist in Abbildung 6.4 abgebildet.

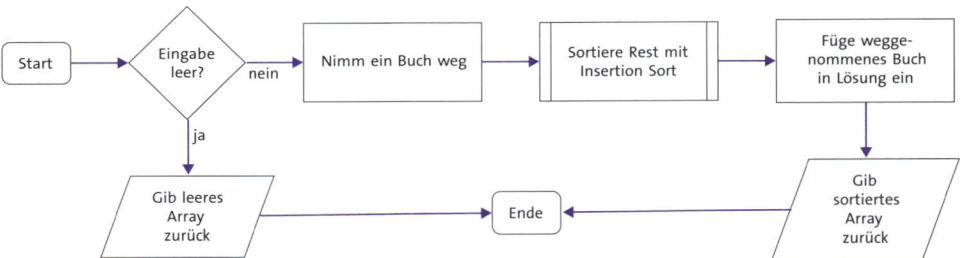

Abbildung 6.4 Das Schema des rekursiven Insertion Sorts

Ganz allgemein besteht ein rekursiver Algorithmus also immer aus drei Schritten: Zunächst wird die Abbruchbedingung verfasst, die beschreibt, wann der Algorithmus damit aufhören soll, sich selbst wiederholt aufzurufen. Wird diese wahr, so muss eine gültige Lösung für die eingegebenen Daten direkt zurückgegeben werden. Im zweiten Schritt nimmt man an, eine sogenannte *Black Box*, also eine magische schwarze Kiste, wäre in der Lage, das gestellte Problem für kleinere Daten zu lösen. Diese macht man sich zunutze und reduziert zunächst die Daten für die Verwendung der Black Box, löst mittels dieser das Problem auf den reduzierten Eingabedaten und erweitert anschließend die Lösung so, dass sie als Lösung für die ursprünglichen Eingabedaten gültig ist. Im dritten Schritt wird die Black Box durch den Algorithmus selbst, also einen rekursiven Aufruf, ersetzt. Wichtig ist, dass vor dem rekursiven Aufruf die Eingabe garantiert kleiner gemacht wird, ansonsten würde der Algorithmus sich bis ins Unendliche immer wieder auf denselben Eingabedaten aufrufen und nie zu einem Ergebnis kommen.

Es kostet etwas Gewöhnung, für die Entwicklung eines Algorithmus anzunehmen, der Algorithmus würde bereits für kleinere Eingaben funktionieren, um ihn erst anschließend tatsächlich funktionstüchtig zu machen. Haben Sie jedoch erst einmal das Denkmuster verinnerlicht, ist Rekursion ein mächtiges Werkzeug, um Problemstellungen algorithmisch zu lösen. In den Aufgaben zu diesem Kapitel können Sie sich an mehreren solchen Problemen versuchen.

Am einfachsten lässt sich Rekursion oft für mathematische Zahlenfolgen und Funktionen nutzen. Dort erkennt man oft schon an der Definition den rekursiven Gedanken, beispielsweise kann man die Fakultätsfunktion wie folgt definieren:

$0! = 1$
$n! = n \cdot (n-1)!$ für $n \geq 1$

Die Fakultät von Null ist dabei die Abbruchbedingung, für größere Eingabewerte ist das Ergebnis rekursiv definiert. In der Umsetzung als Pseudocode kann dies direkt übertragen werden, wie Listing 6.3 zeigt:

```
Eingabe: Natürliche Zahl n
Ausgabe: Die Fakultät n!
01   Funktion fakultät(n)
02       Falls n = 0 dann
03           Return 1
04       Sonst
05           Return n * fakultät(n - 1)
```

Listing 6.3 Rekursive Implementierung der Fakultätsfunktion

Auf dem Prinzip der Rekursion baut die Idee von Divide and Conquer auf. Beim Teile-und-herrsche-Prinzip werden die Eingabedaten in der Regel in der Größe halbiert, und auf jeder Hälfte wird die Funktion rekursiv ausgeführt. *Größe* kann im jeweiligen Kontext verschiedene Bedeutungen haben. Oftmals ist wie bei Merge und Quick Sort die Anzahl der zu bearbeitenden Elemente gemeint, es kann sich dabei jedoch auch wie in Aufgabe 4 a) um den Wert einer Zahl handeln. Auch eine Aufteilung in mehr als zwei rekursive Aufrufe ist natürlich möglich.

Um einen Divide-and-Conquer-Algorithmus zu entwickeln, müssen Sie sich daher erneut Gedanken um die Abbruchbedingung machen und eine funktionierende Black Box für die Teilprobleme als gegeben annehmen. Im Gegensatz zur einfachen Rekursion müssen Sie danach jedoch nicht einfach ein Ergebnis erweitern, sondern zwei oder mehr Teillösungen kombinieren. Die Hauptarbeit beim Algorithmenentwurf liegt also darin, sich gut zu überlegen, wie Sie die Daten aufteilen und die Lösungen zusammenführen.

6.5 Noch schneller sortieren

Wie erklärt, hat Quick Sort typischerweise und Merge Sort sogar im Worst Case eine Laufzeitkomplexität von $\mathcal{O}(n \cdot \log(n))$. Geht es noch schneller? Jedes Element muss beim Sortieren mindestens einmal betrachtet werden, das heißt, schneller als $\mathcal{O}(n)$ ist nicht möglich. Darüber hinaus kann man beweisen, dass es kein allgemeines vergleichsbasiertes Sortierverfahren geben kann, das im Worst Case wesentlich schneller ist als Merge Sort. Muss ein Verfahren also Elemente miteinander vergleichen, um zu entscheiden, welches weiter vorn in der Sortierung kommen soll, sind mindestens etwa $n \cdot \log(n)$ Vergleiche notwendig. Unter dem Aspekt ist Merge Sort demnach bereits optimal!

Dennoch gibt es für viele Bereiche noch Verbesserungspotential. Sind die Eingabedaten beispielsweise bereits ganz oder teilweise vorsortiert, so benötigt Merge Sort trotzdem $\mathcal{O}(n \cdot \log(n))$ Vergleiche zum Sortieren, während, wie in Kapitel 5, »Komplexität«, gezeigt, Insertion Sort im Best Case mit nur $\mathcal{O}(n)$ Vergleichen auskommt. Mithilfe cleverer Methoden kann ein Algorithmus sich das zunutze machen und herausfinden, ob die Eingabedaten oder zumindest Teile davon mit Insertion Sort schneller geordnet werden können. Der bekannteste Algorithmus, der solche Optimierungen vornimmt, heißt *Timsort*, benannt nach seinem Erfinder Tim Peters, und ist in mehreren Programmiersprachen der Standardalgorithmus zum Sortieren. Er ist im Regelfall auf Eingabedaten der »echten« Welt deutlich schneller als das klassische Merge Sort, im Worst Case aber natürlich auch nicht besser und nicht schlechter. Die Grundidee ist die Kombination von Merge Sort und Insertion Sort, wobei ausgenutzt wird, dass meist Teilabschnitte der Elemente schon sortiert sind.

Wenn wir weiter einschränken, was für Daten sortiert werden sollen, so können wir bessere Laufzeiten erreichen. Nehmen Sie sich einmal möglichst viele Münzen zur Hand, durchmischen Sie sie, und sortieren Sie anschließend die Münzen aufsteigend nach ihrem Wert.

Wie sind Sie vorgegangen? Vermutlich haben Sie keines der beschriebenen Verfahren angewandt, sondern für jeden Münztyp einen oder mehrere Stapel errichtet. Wenn Sie eine noch nicht einsortierte Münze zur Hand genommen haben, wussten Sie somit sofort, auf welchen Stapel sie gelegt werden muss, ohne sie mit anderen Münzen vergleichen zu müssen. Sollte nun die Anforderung sein – wie das bei unseren Sortieralgorithmen für gewöhnlich der Fall ist –, dass die Ausgabe nicht in Stapeln, sondern wieder als Array erfolgt, könnten Sie einfach alle 1-Cent-Münzen nebeneinanderlegen, daneben alle 2-Cent-Münzen und so weiter.

Dieses Verfahren nennt sich *Counting Sort* und kann immer dann zum Einsatz kommen, wenn es viele Objekte gibt, die aus einem sehr kleinen Wertebereich stammen. In unserem Beispiel gibt es nur acht verschiedene Münzenarten, für jede davon kann problemlos ein eigener Stapel angelegt werden. Anschließend muss nur noch jede Münze auf den richtigen Stapel gelegt werden, wir erhalten also eine Laufzeit von $\mathcal{O}(n)$, schneller kann es nicht gehen! (Genau genommen ist die Laufzeit in $\mathcal{O}(n + k)$, wenn k der größte Wert im Eingabearray ist. Für den Fall, dass wir einen kleinen Wertebereich haben, ist diese Komplexität identisch mit $\mathcal{O}(n)$.) In Listing 6.4 ist abgedruckt, wie genau Counting Sort für das Sortieren von Zahlen funktioniert.

```
Eingabe: Unsortiertes Array zahlen mit n natürlichen Zahlen
         von 0 bis k
Ausgabe: Sortiertes Array der Zahlen
01   vorkommen := Array[ k + 1 ]
02   Wiederhole für alle i in 0, …, k
03       vorkommen[ i ] := 0
04   Wiederhole für alle i in 0, …, n - 1
05       vorkommen[ zahlen[ i ] ]++
06   sortiert := Array[ n ]
07   vorkommen[ 0 ]--
08   Wiederhole für alle i in 1, …, k
09       vorkommen[ i ] := vorkommen[ i ] + vorkommen[ i - 1 ]
10   Wiederhole für alle i in n - 1, …, 0
11       sortiert[ vorkommen[ zahlen[ i ] ] ] := zahlen[ i ]
12       vorkommen[ zahlen[ i ] ]--
13   Return sortiert
```

Listing 6.4 Counting Sort für Zahlenarrays als Pseudocode

In den Zeilen 1 bis 3 werden sozusagen die Stapel für die verschiedenen Zahlenwerte vorbereitet. Zu Beginn sind alle Stapel leer. Anschließend werden in Zeile 4 und 5 alle Eingabezahlen durchgegangen, und auf dem jeweiligen Stapel wird mitgezählt, wie viele Zahlen des jeweiligen Werts in der Eingabe waren. Als Nächstes berechnet der Algorithmus in den Zeilen 7 bis 9, an welcher Stelle des in Zeile 6 angelegten Ausgabearrays welcher Zahlenwert endet. Kommen beispielsweise in der Eingabe drei Nullen vor, so stehen diese in der Ausgabe an den Indizes 0 bis 2. Enthält die Eingabe zusätzlich zwei Einsen, folgen diese an den Positionen 3 bis 4. Im letzten Schritt legt der Algorithmus die Zahlen im Ausgabearray ab. Auf geschickte Weise wird dabei die Position einer Zahl im Ausgabearray aus der Anzahl der noch abzulegenden Münzen desselben oder eines niedrigeren Wertes berechnet.

In Abbildung 6.5 ist der Zustand der Arrays zu mehreren Zeitpunkten abgebildet. Führen Sie Counting Sort auf dem abgebildeten Eingabearray aus, und überprüfen Sie anhand der abgedruckten Zwischenstände, ob Sie alle Befehle richtig umgesetzt haben!

Eingabearray *zahlen* mit 10 Zahlen zwischen 0 und 4:

| 0 | 3 | 4 | 1 | 1 | 0 | 0 | 4 | 2 | 3 |

vorkommen-Array nach Zeile 5:

| 3 | 2 | 1 | 2 | 2 |

Es gibt also drei 0en, zwei 1en, eine 2 und je zwei 3en und 4en.

vorkommen-Array nach Zeile 9:

| 2 | 4 | 5 | 7 | 9 |

Die 0en stehen demnach in der Ausgabe später an den Indizes 0 bis 2, die 1en danach bis Index 4, die 2 darauffolgend an Index 5, die 3en anschließend bis Index 7 und zuletzt die 4en bis Index 9.

Ausgabe des sortierten Arrays:

| 0 | 0 | 0 | 1 | 1 | 2 | 3 | 3 | 4 | 4 |

Abbildung 6.5 Ein Counting-Sort-Beispiel

6.6 Zusammenfassung und Einordnung

Mit Merge und Quick Sort haben wir die Liste der wichtigsten Sortierverfahren erweitert. Die dabei zum Einsatz kommende Technik der Rekursion sowie das »Teile und herrsche«-Prinzip sind zwei der wichtigsten Werkzeuge der Algorithmik und werden uns auch bei weiteren Algorithmen in diesem Buch nützlich sein.

Wir haben besprochen, dass für vergleichsbasierte Sortierverfahren eine untere Schranke von $\Omega(n \cdot \log(n))$ an die Laufzeit gilt. Zwar können Algorithmen auf manchen Eingaben schneller laufen, aber es kann keinen Algorithmus geben, der auf allen Eingaben eine bessere Komplexität hat. Falls wir jedoch zusätzliche Informationen über die Art der Eingabedaten wie zum Beispiel die Anzahl verschiedener möglicher Werte besitzen, ist schnelleres Sortieren möglich.

Die Relevanz von schnellen Sortieralgorithmen zeigt sich in der Informatik regelmäßig. Häufig muss als Zwischenschritt eines anderen Algorithmus sortiert werden, in einigen Fällen sogar in häufiger Wiederholung. Es lohnt sich dann umso mehr, zum Ordnen von Objekten effiziente Algorithmen zu verwenden.

Aber auch schon beim einmaligen Sortieren von großen Datenmengen zeigt sich der Vorteil eines schnellen Algorithmus: So kann *Timsort* gut und gern eine Million Zahlen in etwa einer Sekunde sortieren. Ein Algorithmus mit quadratischer Laufzeit würde dafür über vierzig Stunden benötigen! Sind nur wenig verschiedene Werte in der Eingabe, so könnte Counting Sort dieselbe Arbeit in unter einer Zehntelsekunde erledigen.

Zwar erreichen die vorgestellten Algorithmen bereits die bestmöglichen Worst-Case-Laufzeiten, jedoch werden Sortieralgorithmen nach wie vor weiterentwickelt. In der Praxis lohnt es sich nämlich, nicht nur die Anzahl an Vergleichen oder generell die Anzahl an Operationen mitzuzählen, sondern auch zu betrachten, wie schnell ein Computer die jeweilige Operation ausführen kann.

Aufgaben

Aufgabe 1: Anwendung der Sortierverfahren

Sortieren Sie die folgenden Listen mittels Quick und Merge Sort. Wie viele Vergleiche werden jeweils benötigt?

a) 43, 95, 110, 12, 8, 41, 5, 53

b) 4, 12, 55, 14, 89, 13, 46, 82

Aufgabe 2: Analyse der Sortierverfahren

a) Ergänzen Sie die Tabelle der Sortieralgorithmen aus Kapitel 4, »Einfache Sortieralgorithmen«.

b) Wie sieht eine Eingabe aus, auf der Quick Sort $\mathcal{O}(n^2)$ Vergleiche benötigt?

c) Merge Sort hat eine Komplexität von $\mathcal{O}(n \cdot \log(n))$, die von Bubble Sort ist $\mathcal{O}(n^2)$. Heißt das, dass Merge Sort immer schneller sortiert als Bubble Sort?

Aufgabe 3: Weiterentwicklung der Sortierverfahren

a) Skizzieren Sie, wie Merge Sort mit mehr als zwei Stapeln funktionieren könnte.

b) Skizzieren Sie, wie Quick Sort mit mehr als zwei Stapeln funktionieren könnte.

c) Schreiben Sie Pseudocode für eine Quick-Sort-Variante, die *in place* sortiert.

Aufgabe 4: Rekursion und Divide and Conquer

a) Schreiben Sie einen Algorithmus, der mittels Rekursion bei Eingabe einer Zahl n die n-te Fibonacci-Zahl berechnet. Die Fibonacci-Folge ist definiert als: $\text{fib}(0) = 0, \text{fib}(1) = 1, \text{fib}(n) = \text{fib}(n-1) + \text{fib}(n-2)$ für $n \geq 2$.

b) Eine Balkenwaage hat zwei Schalen und ermöglicht es, das Gewicht der Objekte in der einen Schale mit dem Gewicht der Objekte in der anderen Schale zu vergleichen. Wie finden Sie mit solch einer Waage unter 16 absolut gleich aussehenden Gewichten das eine, das schwerer ist als die anderen Gewichte, die alle exakt gleich viel wiegen? Beschreiben Sie ein Verfahren, mit dem Sie maximal 15 Mal wiegen müssen. Finden Sie ein Verfahren, das sogar mit weniger als 5 Mal wiegen auskommt? Schaffen Sie es auch mit nur 3 Mal wiegen?

c) Für Ihre Tannenbaumdekoration besitzen Sie n rote Kugeln, die leider nicht alle genau die gleiche Farbe haben. Da Sie nur $\lfloor \frac{n}{2} \rfloor + 1$ Kugeln aufhängen möchten, stellt sich nun die Frage, ob zumindest mehr als die Hälfte der Kugeln in genau dem gleichen Rotton gefärbt sind. Die einzige Möglichkeit festzustellen, ob zwei Kugeln die gleiche Farbe haben, ist, diese miteinander zu vergleichen. Entwickeln Sie einen einfachen Algorithmus, der maximal $\mathcal{O}(n^2)$ Vergleiche benötigt, um den Rotton zu finden, den mehr als die Hälfte der Kugeln haben, oder festzustellen, dass keine Farbe so oft vorkommt. Nutzen Sie Divide and Conquer für einen zweiten, schnelleren Algorithmus, um mit maximal $\mathcal{O}(n \cdot \log(n))$ Vergleichen auszukommen.

Lösungen

Aufgabe 1: Anwendung der Sortierverfahren
Quick Sort benötigt für die erste Eingabe 13 Vergleiche und 21 für das zweite Array. Merge Sort arbeitet in den beiden Fällen mit 16 beziehungsweise 15 Vergleichen.

Aufgabe 2: Analyse der Sortierverfahren
a) Tabelle 6.1 zeigt die vervollständigte Tabelle der Sortierverfahren.

	Merge Sort	Quick Sort	Counting Sort
Worst Case	$\mathcal{O}(n \cdot \log(n))$	$\mathcal{O}(n^2)$	$\mathcal{O}(n + k)$
Best Case	$\mathcal{O}(n \cdot \log(n))$	$\mathcal{O}(n \cdot \log(n))$	$\mathcal{O}(n)$
Platzverbrauch	out of place	out of/in place	out of place

Tabelle 6.1 Die ergänzte Tabelle der Sortierverfahren

b) Auf einer bereits vollständig sortierten Liste hat Quick Sort eine Laufzeit von $\mathcal{O}(n^2)$.

c) Nein, denn im Best Case hat Bubble Sort eine Komplexität von $\mathcal{O}(n)$, Merge Sort ist jedoch in keinem Fall besser als $\mathcal{O}(n \cdot \log(n))$.

Aufgabe 3: Weiterentwicklung der Sortierverfahren
a) Die Eingabe nicht in zwei, sondern mehr Teile zu zerteilen, ist ohne Probleme möglich. Spannender wird es beim Zusammenfügen der sortierten Teile nach Rückkehr der Rekursionsaufrufe. Eine Möglichkeit besteht darin, beim Einsortieren die obersten Elemente aller Stapel zu betrachten. Bei drei Stapeln werden also jeweils die ersten drei Elemente betrachtet, und das kleinste dieser Elemente wird als erstes Element der Er-

gebnisliste gewählt. Anschließend wird in der Liste des gewählten Elements das nächste Element betrachtet.

Eine andere Variante besteht darin, stattdessen je zwei Stapel zusammenzuführen und auf diese Weise Stück für Stück die Ausgabe zu produzieren. Bei drei Stapeln werden also erst die ersten beiden Stapel zusammengeführt, und das Ergebnis wird schließlich mit dem dritten Stapel zusammengeführt.

b) Bei Quick Sort ist das Zusammenfügen von mehreren Stapeln unproblematisch, da diese ja ohnehin schon in der richtigen Reihenfolge sind und schlichtweg aneinandergehängt werden müssen. Für die Aufteilung in mehrere Stapel bietet es sich an, entsprechend viele Pivotelemente zu wählen, an denen die Eingabe aufgeteilt wird. Bei einer Aufteilung in drei Stapeln könnten beispielsweise die ersten beiden Elemente a und b als Pivotelemente dienen. Die drei Listen sind dann alle Elemente kleiner als a, alle Elemente zwischen a und b sowie alle Elemente größer als b. Möglicherweise müssen zuerst a und b vertauscht werden, damit a kleiner als b ist.

c) Wenn Quick Sort rekursiv direkt auf dem Eingabearray arbeiten soll, so muss dem Algorithmus in jedem Fall als zusätzliche Eingabe mitgeteilt werden, welcher Bereich vom jeweiligen rekursiven Aufruf bearbeitet wird. Dies erreichen wir, indem wir den Index des ersten (`links`) und des letzten (`rechts`) zu bearbeitenden Elements mit übergeben, wie in Listing 6.5 gezeigt. Für die ursprüngliche Eingabe mit n Elementen sind dies die Werte 0 und $n-1$. Der Rekursionsabbruch findet wie zuvor bei weniger als zwei zu bearbeitenden Elementen statt. Anschließend wird der Eingabebereich partitioniert, also anhand des Pivotelements in einen Teil mit Elementen, die kleiner/gleich dem Pivotelement sind, und den Teil mit größeren Elementen aufgeteilt. Dabei wird durch Vertauschen von Arrayeinträgen dafür gesorgt, dass im aktuellen Bereich zuerst der Kleiner/gleich-Teil, dann das Pivotelement, und dann der Größer-Teil steht. Die beiden rekursiven Aufrufe finden dann auf den jeweiligen Bereichen links und rechts vom Pivotelement statt.

```
Eingabe: Unsortiertes Array buecher mit Buchtiteln, Indizes links
         und rechts, die den Bearbeitungsbereich angeben.
Ausgabe: Das Array buecher der Eingabe, das im Bereich links bis
         rechts sortiert ist.
01   Funktion quicksort( buecher, links, rechts )
02      Falls rechts > links dann
03         pivotpos := links
04         pivot := buecher[ pivotpos ]
05         i := links + 1
06         j := rechts
07         Wiederhole solange i < j
```

```
08            Wiederhole solange i < j ∧ buecher[ j ] > pivot
09                j-- // Suche von rechts Element ≤ pivot
10            Wiederhole solange i < j ∧ buecher[ i ] ≤ pivot
11                i-- // Suche von links Element > pivot
12            Falls i < j dann
13                tausche buecher[ i ] und buecher[ j ]
14        Falls buecher[ i ] ≤ pivot dann
15            tausche buecher[ i ] und buecher[ pivotpos ]
16            pivotpos := i
17        quicksort( buecher, links, pivotpos - 1 )
18        quicksort( buecher, pivotpos + 1, rechts )
19    Return buecher
```

Listing 6.5 In-place-Implementierung von Quick Sort

Aufgabe 4: Rekursion und Divide and Conquer

a) Die Lösung in Listing 6.6 entspricht fast der mathematischen Definition. Wichtig ist zunächst, die Abbruchbedingungen zu ermitteln. Diese sind (wie in der Definition angegeben) die beiden Grundwerte fib(0) = 0 und fib(1) = 1. Ist die Eingabe *n* also entweder 0 oder 1, so kann direkt der jeweilige Wert zurückgegeben werden. Für größere Eingaben gibt der Algorithmus einfach die Summe der Funktionsaufrufe mit entsprechend erniedrigtem *n* zurück.

```
Eingabe: Natürliche Zahl n
Ausgabe: Die n-te Fibonacci-Zahl
01  Funktion fib( n )
02      Falls n = 0 ∨ n = 1 dann
03          Return n
04      Sonst
05          Return fib( n - 1 ) + fib( n - 2 )
```

Listing 6.6 Rekursive Implementierung der Fibonacci-Zahlen

b) Im ersten Lösungsansatz wählen wir uns ein beliebiges Gewicht und vergleichen jedes der 15 anderen Gewichte mithilfe der Balkenwaage mit diesem zuerst gewählten. Neigt sich gleich beim ersten Wiegen die Balkenwaage zum gewählten Gewicht, so haben wir zufällig direkt das schwerere gefunden. Ansonsten hat das zuerst gewählte das »Normalgewicht«, und im Vergleich mit den anderen muss die Waage irgendwann in Richtung des anderen Gewichts ausschlagen. Etwas schneller kommen wir mit der Beobachtung zum Ziel, dass wir die 16 Gewichte in zwei Gruppen zu je acht Gewichten aufteilen und je eine Gruppe auf eine Seite der Waage stellen können. Das schwerere Gewicht muss in einer der beiden Gruppen sein, und diese Gruppe wird dadurch auch insgesamt schwerer sein als die andere mit genau gleich vielen Gewichten. Damit haben wir die Menge der Gewichte, die wir durchsuchen müssen, direkt auf diese schwerere Hälfte verkleinert. Diese acht Gewichte können wir wiederum in zwei Vierergruppen, die schwerere davon in zwei Zweiergruppen aufteilen. Zuletzt vergleichen wir zwei Gewichte miteinander, das schwerere ist das gesuchte Gewicht, das wir mit nur viermaligem Wiegen gefunden haben. Tatsächlich liefert uns die Waage jedoch nicht nur die Information, welche Gruppe schwerer ist, sondern auch, ob zwei Gruppen gleich schwer sind! Wir können daher im ersten Schritt die Gewichte aufteilen in je fünf Gewichte in jeder Waagschale und eine Restgruppe von sechs Gewichten, die wir nicht mitwiegen. Neigt sich die Waage, so ist das gesuchte Gewicht in der entsprechenden Schale. Zeigt die Waage an, dass die beiden Fünfergruppen gleich schwer sind, ist das Gewicht in den sechs verbliebenen Gewichten. Im Fall der fünf Gewichte können wir diese aufteilen in 2 – 2 – 1 Gewichte und müssen schlimmstenfalls nochmals zwei einzelne Gewichte miteinander vergleichen. Ist die Sechsergruppe die relevante, teilen wir sie in 2 – 2 – 2 Gewichte und bestimmen dann beim letzten Wiegen das einzelne Gewicht aus der schwersten der drei Zweiergruppen. Damit mussten wir nur drei Mal wiegen!

c) Für den ersten Algorithmus, der $O(n^2)$ Vergleiche benötigt, können wir einfach jedes Paar von Kugeln miteinander vergleichen. Wir wählen einfach von den verbliebenen Kugeln (zu Beginn also aus allen Kugeln) eine aus, vergleichen diese mit allen anderen und legen die Kugeln der gleichen Farbe auf einen Haufen. Dies wiederholen wir so oft, bis wir entweder bei einem Durchgang über die verbliebenen Kugeln eine Farbe finden, von der es $\frac{n}{2} + 1$ Kugeln gibt (dann haben wir eine Dekorationsmöglichkeit gefunden), oder bis nach einem Durchgang weniger als die Hälfte der Kugeln übrig ist und daher keine der verbliebenen Farben die Bedingung erfüllen kann. Als Laufzeit im Worst Case ergibt sich nach dem gleichen Schema wie bei Insertion oder Selection Sort $O(n^2)$. Um einen schnelleren Algorithmus zu finden, wollen wir uns der Ideen von Divide and Conquer bedienen. Auf irgendeine Weise wollen wir also die Menge an Kugeln in zwei Hälften teilen – das ist noch einfach. Dann bearbeiten wir die beiden Hälften mit derselben Fragestellung: Gibt es eine Farbe, von der mindestens $\frac{n}{2} + 1$ Kugeln existieren, und wenn ja: Welche Farbe ist das? Freilich beziehen wir uns dabei nur noch auf die jeweilige Hälfte, das n ist also in der Größe auch nur noch halb so groß. Nach $\log(n)$ vielen Aufteilungen kommen wir an den Punkt, an dem wir nur noch zwei oder drei Kugeln in einer Menge haben, je nachdem, wie oft wir exakt durch zwei teilen können. In diesem Fall berechnen wir einfach die Antwort: Für zwei Kugeln ist die Bedingung erfüllt, wenn beide die gleiche Farbe haben. Das finden wir mit nur einem Vergleich heraus. Im Fall der drei Kugeln genügen uns drei Vergleiche, um herauszufinden, ob zumindest zwei der drei Kugeln die gleiche Farbe haben. In beiden Fällen können wir im Erfolgsfall eine Kugel der »Mehrheitsfarbe« zurückgeben. Doch was passiert jetzt im Merge-Schritt? Zunächst stellen wir fest, dass es in einer Menge von Kugeln nur maximal eine Farbe geben kann, die auf diese Weise mehrheitsfähig ist. Im Merge-Fall haben wir nun insgesamt n Kugeln in zwei Hälften zu je $\frac{n}{2}$ Kugeln und drei mögliche Situationen:

- In keiner Hälfte gab es eine Farbmehrheit, die Farbe mit den meisten Kugeln kann es also auf jeweils maximal $\frac{n}{4}$ Kugeln bringen. Selbst wenn die beiden größten Farbgruppen aus den zwei Hälften also die gleiche Farbe hätten, wären dies trotzdem maximal $\frac{n}{2}$ Kugeln, also eine zu wenig. Es gibt also auch unter allen zusammengeführten Kugeln keine Farbe mit mindestens $\frac{n}{2} + 1$ Kugeln.
- In genau einer Hälfte gab es eine Farbmehrheit. Dieser Fall existiert auf zwei Weisen, weil beide Hälften diese eine sein könnten. Da die beiden Varianten jedoch genau gleich funktionieren, genügt es, eine davon zu betrachten. Sei also ohne Beschränkung der Allgemeinheit die linke Hälfte diejenige, in der eine Mehrheit existiert, und die rechte Hälfte diejenige, in der keine existiert. Dann kann nur dann unter allen n Kugeln eine Farbmehrheit zu finden sein, wenn die Mehrheitsfarbe links insgesamt eine Mehrheit hat. Dazu müssen wir lediglich die zurückgegebene Kugel mit allen n Kugeln vergleichen und mitzählen, ob wir genügend gleichfarbige Kugeln finden. Entsprechend dem Ergebnis geben wir diese Kugel zurück oder haben festgestellt, dass keine Mehrheit existiert.
- Im dritten und letzten Fall haben beide Hälften eine Mehrheitsfarbe. In diesem Fall prüfen wir genauso wie im zweiten Fall, ob die Farbe auch insgesamt eine Mehrheit hat, und benötigen dafür etwa $2 \cdot n$ Vergleiche. Wie bereits festgestellt, kann maximal eine der beiden Farben eine Mehrheit haben. Mit dem Ergebnis verfahren wir auf dieselbe Weise.

Damit haben wir alle Teilkomponenten des Algorithmus beschrieben, und es fehlt lediglich noch die Laufzeitanalyse. Der Aufteil-Schritt kommt ohne jeden Vergleich aus, im Merge-Schritt haben wir für jede Kugel der ursprünglichen Eingabe bis zu zwei Vergleiche. Da wir aufgrund der wiederholten Halbierung wieder nur $\log(n)$ Rekursionsebenen haben, führt das zu etwa $2 \cdot n \cdot \log(n)$ Vergleichen, also einer Komplexität von $\mathcal{O}(n \cdot \log(n))$.

Kapitel 7

Suchen

Das Suchen von Objekten ist eine der häufigsten Aufgaben, die wir Menschen oder auch Computer durchführen, beide verwenden recht ähnliche Verfahren. In diesem Kapitel werden wir solche Verfahren vorstellen und vergleichen.

7.1 Finden und Sortieren

Knobelei zum Einstieg

Bevor wir uns den Suchverfahren von Computern widmen, wollen wir erst einmal herausfinden, wie der menschliche Suchalgorithmus funktioniert. Dafür betrachten wir wieder einige Bücher aus Ihrer Büchersammlung. Nehmen Sie sich zehn Bücher aus dem Regal, und merken Sie sich dabei eines der Bücher, zum Beispiel Ihr Lieblingsbuch.

Versuch 1:

Stellen Sie die Bücher unsortiert vor sich in einer Reihe auf. Suchen Sie nun nach dem Buch, das Sie sich gemerkt haben. Wie gehen Sie dabei vor?

Versuch 2:

Sortieren Sie nun die Bücher alphabetisch nach dem Titel, und suchen Sie anschließend erneut nach Ihrem Buch. Hat sich Ihr Vorgehen geändert?

Haben Sie gerade keine Bücher zur Hand? Dann können Sie Abbildung 7.1 für Versuch 1 und Abbildung 7.2 für Versuch 2 nutzen und darin jeweils das Buch *K* suchen.

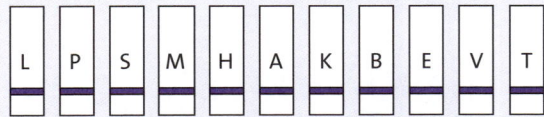

Abbildung 7.1 Eine Reihe unsortierter Bücher

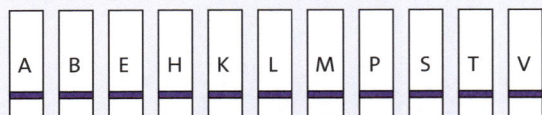

Abbildung 7.2 Eine Reihe sortierter Bücher

7.2 Lineare Suche

Im ersten Versuch in der Knobelei haben Sie vermutlich die ganze Reihe betrachtet und haben entweder links oder rechts begonnen, nach dem Buch zu suchen. Dafür haben Sie jeweils ein Buch betrachtet und im Kopf blitzschnell entschieden, ob es das gesuchte Buch ist oder nicht. Anschließend sind Sie zum nächsten Buch vorgegangen. Da dieser einfache Algorithmus in einer Linie alle Elemente einer Reihe überprüft, wird er *lineare Suche* genannt. Als Ablaufdiagramm dargestellt zeigt Abbildung 7.3, wie die lineare Suche funktioniert.

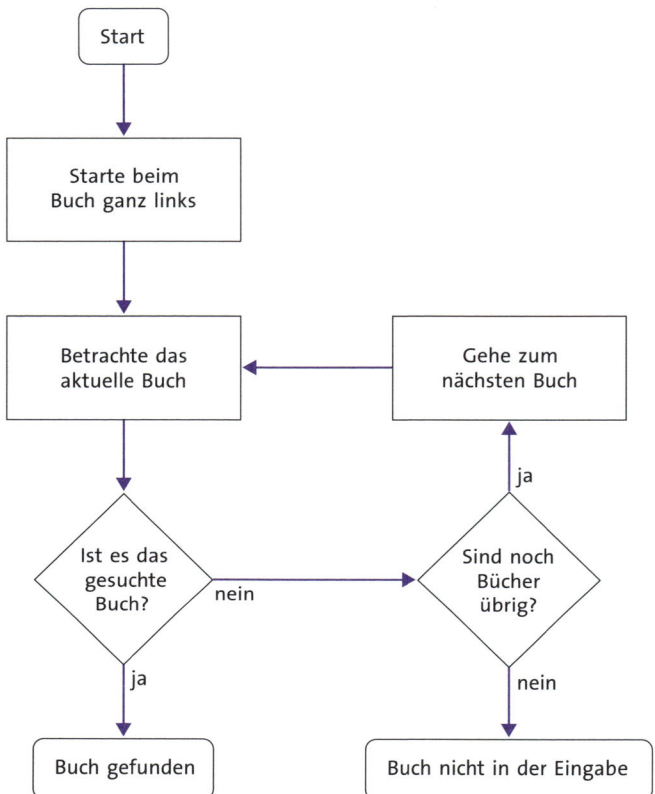

Abbildung 7.3 Das Ablaufdiagramm der linearen Suche

Beispiel

Zum Verständnis betrachten wir die Suche nach Buch *D* in Abbildung 7.4.

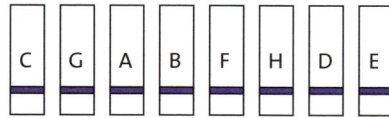

Abbildung 7.4 Eine unsortierte Reihe von Büchern

Wir beginnen dabei, wie in Abbildung 7.5 dargestellt, auf der linken Seite und überprüfen so lange die Bücher, bis wir Buch *D* gefunden haben. Dabei zählen wir die Anzahl der Schritte, die wir brauchen. Im siebten Schritt wird Buch *D* gefunden, und die Suche endet erfolgreich.

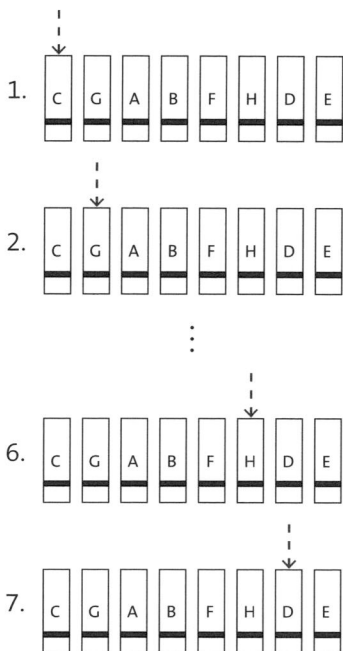

Abbildung 7.5 Lineare Suche auf acht unsortierten Büchern

Komplexität

Wie zuvor bei den Sortieralgorithmen wollen wir auch Suchalgorithmen analysieren und anhand ihrer Komplexität vergleichen. Wir drücken diese erneut allgemein aus und untersuchen, wie viele Schritte die Algorithmen beim Suchen eines Buches in einer Reihe von n Büchern benötigen.

Die Komplexität der linearen Suche ist recht leicht zu bestimmen. Wie viele Schritte der Algorithmus benötigt, bis er *terminiert*, die Abarbeitung der Befehle also endet, hängt dabei vom Erfolg der Suche ab. Sobald das gesuchte Buch gefunden wurde, terminiert der Algorithmus sofort. Ist das gesuchte Buch jedoch nicht in der Reihe, die durchsucht wird, so terminiert der Algorithmus erst, nachdem alle Bücher betrachtet wurden.

Im besten Fall befindet sich das gesuchte Buch also direkt am Anfang der Reihe. Der Algorithmus findet es dann sofort und terminiert direkt, nach nur einem Schritt. Daher ist die Komplexität im Best Case $\mathcal{O}(1)$.

Interessanter ist jedoch die Komplexität des Algorithmus im schlimmsten Fall. Um festzustellen, dass sich das gesuchte Buch an der letzten Position befindet oder nicht in der Reihe ist, muss der Algorithmus alle n Bücher betrachten. Er hat daher eine Worst-Case-Komplexität von $\mathcal{O}(n)$. Übrigens: Auf beliebigen Eingabedaten können wir nicht schneller suchen.

7.3 Binäre Suche

In Versuch 2 sollten Sie erneut nach dem gemerkten Buch suchen, diesmal jedoch in einer Reihe sortierter Bücher. Hat es für Sie einen Unterschied gemacht?

Tatsächlich kann man wesentlich schneller auf Daten suchen, wenn diese sortiert sind. Ein Suchverfahren, das Ihrem Verfahren vermutlich sehr nahe kommt und bei sortierten Daten eingesetzt werden kann, ist die *binäre Suche*. Sie arbeitet wie in Abbildung 7.6 dargestellt.

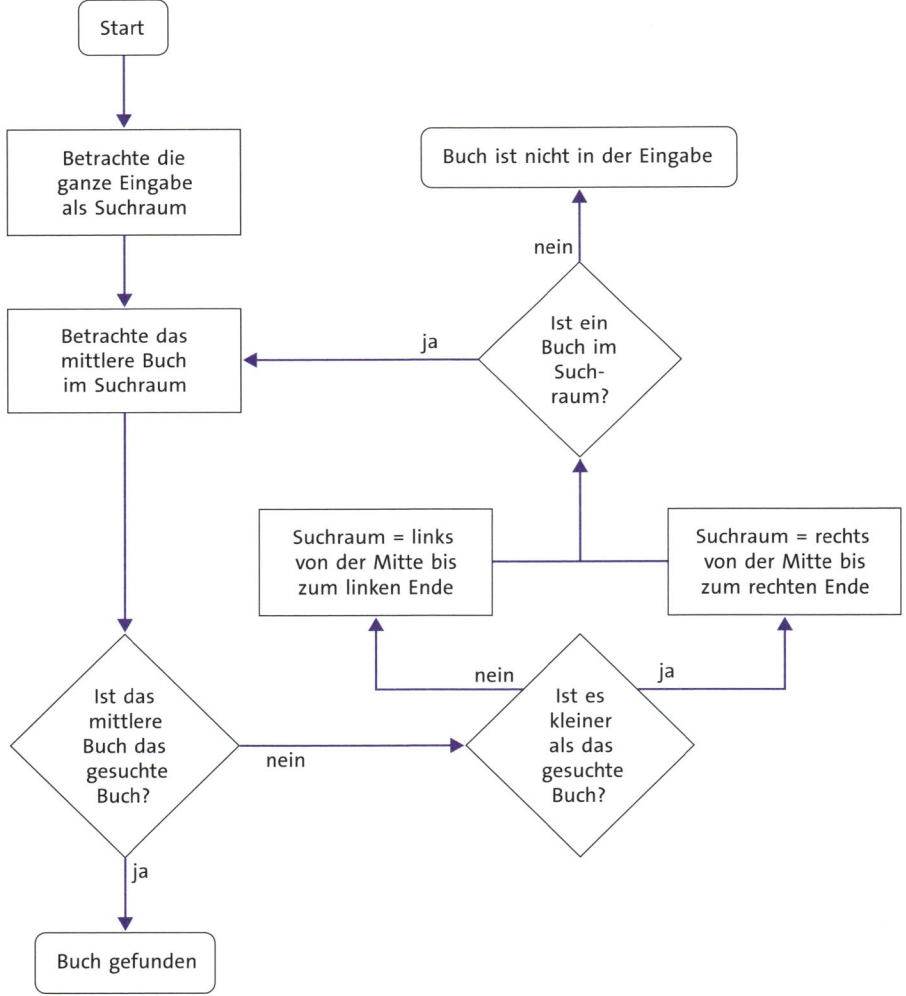

Abbildung 7.6 Das Ablaufdiagramm der binären Suche

Um den Ablauf zu verstehen, müssen wir erst einmal definieren, wann ein Buch *kleiner* oder *größer* als ein anderes Buch ist. Wir verwenden hierbei dieselbe Ordnung wie bei den Sortieralgorithmen. Ein Buch *a* ist also *kleiner* als Buch *b*, wenn alphabetisch sortiert *a* vor *b* steht, und analog dazu ist Buch *a größer* als Buch *b*, wenn alphabetisch sortiert *a* nach *b* steht.

Um schnell das Gesuchte zu finden (oder festzustellen, dass es nicht vorhanden ist), verkleinert die binäre Suche den Bereich, der durchsucht werden muss, mit jedem Schritt deutlich stärker als die lineare Suche. Wir nennen diesen Bereich auch *Suchraum*. Die binäre Suche beginnt damit, das mittlere Element des Suchraums zu betrachten. Wenn dieses Buch größer als das gesuchte Buch ist, muss sich das gesuchte Buch links vom mittleren Buch befinden. Auf der rechten Seite kann es sich nicht befinden, da die Bücher sortiert sind und somit nach rechts noch größer werden. Wenn das mittlere Buch kleiner ist als das gesuchte Buch, gilt umgekehrt, dass sich das gesuchte Buch rechts befinden muss.

Auf diese Weise wird also in einem Schritt der Suchraum in *zwei* etwa gleich große Teile geteilt, darum heißt das Suchverfahren auch *binäre* Suche. Da jeweils nur eine Hälfte weiter betrachtet wird, schrumpft der Suchraum sehr schnell, und das gesuchte Buch kann in wenigen Schritten gefunden werden.

Beispiel

Zum besseren Verständnis der binären Suche suchen wir im Beispiel in Abbildung 7.7 nach Buch *E* in einer sortierten Bücherreihe. Der aktuelle Suchbereich ist fett dargestellt.

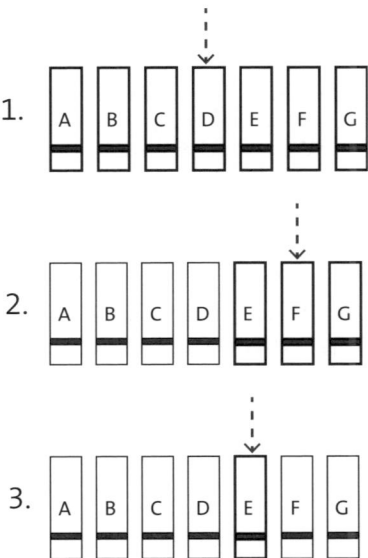

Abbildung 7.7 Binäre Suche auf sieben Büchern

Der Algorithmus vergleicht das gesuchte Buch zuerst mit Buch *D*. Da Buch *D* nicht das gesuchte Buch und kleiner als dieses ist, wird in der rechten Hälfte fortgefahren. In dieser Hälfte ist *F* das mittlere Element. Dieses ist größer als das gesuchte Buch, und somit wird der Suchbereich von *E* bis *G* erneut halbiert und der linke Teil davon betrachtet. Dort wird nun Buch *E* nach nur 3 Schritten gefunden. Eine lineare Suche hätte dagegen 5 Schritte benötigt. Die binäre Suche ist aber nicht immer schneller als die lineare Suche. Hätten wir im selben Beispiel nach Buch *A* gesucht, hätte die binäre Suche ebenfalls 3 Schritte benötigt, die lineare Suche hätte Buch *A* dagegen gleich im ersten Schritt gefunden.

Komplexität

Auch für diesen Algorithmus möchten wir die Komplexität bestimmen. Wie bereits bei der linearen Suche gilt: Wenn das erste betrachtete Buch (hier das mittlere) dem gesuchten Buch entspricht, terminiert der Algorithmus direkt. Erneut ist also die Komplexität im Best Case $\mathcal{O}(1)$.

Dagegen ist es etwas komplizierter, die Worst-Case-Komplexität zu bestimmen. Auffällig ist, dass der Algorithmus nicht die ganze Eingabe betrachten muss, sondern auch im schlimmsten Fall weniger als *n* Schritte benötigt. Im schlimmsten Fall halbiert das Verfahren den Suchraum immer wieder, bis nur noch ein Element übrig ist.

Die Anzahl an Halbierungen x ist also die Lösung der Gleichung $1 = \left(\frac{1}{2}\right)^x \cdot n$. Stellen wir die Gleichung um, erhalten wir $2^x = n$ und damit $x = \log_2(n)$. Die Laufzeit der binären Suche ist also im Worst Case in $\mathcal{O}(\log(n))$ und ist damit wesentlich schneller als die lineare Suche.

Der Unterschied zwischen der linearen und der binären Suche war im Beispiel sehr gering. Während die binäre Suche drei Schritte benötigte, waren es bei der linearen Suche nur zwei Schritte mehr. Zwei Schritte sind natürlich für einen Computer kein großer Aufwand – ist die binäre Suche also überhaupt viel schneller?

Zwar ist in diesem Beispiel der Unterschied nur gering, je größer jedoch die Eingabe wird, desto größer wird auch dieser Unterschied. Als kurze Erinnerung: Die lineare Suche hat eine Worst-Case-Komplexität von $\mathcal{O}(n)$, die binäre Suche dagegen eine Worst-Case-Komplexität von $\mathcal{O}(\log(n))$. Wenn wir also zum Beispiel eine ganze Bibliothek mit einer Million Büchern nach einem bestimmten Buch durchsuchen wollen, benötigt die lineare Suche dafür im schlimmsten Fall eine Million Schritte. Die binäre Suche hingegen benötigt für dieselbe Aufgabe nur $\log(1000000) \approx 20$ Schritte. In diesem Fall ist der Unterschied also schon riesig.

7.4 Suchbäume

Die binäre Suche ist schon sehr schnell. Trotzdem hat sie eine Schwäche: Möchten wir ein neues Buch hinzufügen, dauert das sehr lange, da die Bücher sortiert bleiben müssen. Möchten wir im schlimmsten Fall ein Buch ganz vorn in das Regal einfügen, müssen wir alle Bücher rechts davon einen Platz weiterschieben. Das Einfügen neuer Bücher in das Regal hat also eine Komplexität von $\mathcal{O}(n)$.

Es gibt andere Datenstrukturen, die genau in diesem Fall besser sind und bei denen die Suche trotzdem noch genauso schnell ist. Wir reden jetzt nicht mehr über ein Bücherregal, sondern werden uns mit *Bäumen* und im speziellen mit *Suchbäumen* beschäftigen. In Kapitel 3, »Datenstrukturen«, haben wir bereits eine vom Aufbau her ähnliche Datenstruktur vorgestellt: die verkettete Liste. Bei der verketteten Liste zeigt ein Element der Liste auf sein Nachfolgerelement. Während die Listen linear aufgebaut sind, kommen bei Bäumen Verzweigungen hinzu. Ein Element zeigt also nicht nur auf ein Nachfolgerelement, sondern kann der Ursprung für mehrere Zweige sein.

In Bäumen werden die Elemente *Knoten* genannt, die Verzweigungen heißen *Kanten*. In unserem Beispiel ist jedes Buch ein Knoten im Baum. Jeder Baum hat einen ausgezeichneten Knoten, die *Wurzel*. Die Wurzel ist der erste Knoten im Baum und hat daher keinen Vorgänger, der auf die Wurzel zeigt. Sie selbst zeigt auf mehrere Knoten, die *Kindknoten* genannt werden. Entsprechend kann jeder Knoten im Baum ebenfalls auf Kinder zeigen. Die Knoten, die keine Kinder haben, werden *Blätter* genannt. Ein Knoten und alle seine Nachfolger (also seine Kinder, Kindeskinder usw.) bilden zusammen einen Teilbaum. Analog zu Stammbäumen heißt ein Knoten mit Kindknoten auch Elternknoten dieses Kindes.

Zwischen zwei Knoten gibt es immer einen eindeutigen *Pfad*, also eine Folge von Kanten, die von einem zu einem anderen Knoten führt. Die Anzahl der Kanten auf diesem Pfad ist die Länge des Pfades. Die Länge des Pfades von der Wurzel zum am weitesten entfernten Blatt nennt man *Höhe* des Baumes.

In den Bäumen, die wir im Folgenden betrachten werden, hat jeder Knoten maximal zwei Kinder, nämlich ein linkes und ein rechtes Kind. Diese Bäume werden auch *Binärbäume* genannt.

In Suchbäumen kommt eine weitere Eigenschaft hinzu: Jeder Knoten im Teilbaum des linken Kindes der Wurzel ist nach unserer Ordnung *kleiner* als die Wurzel selbst, jeder Knoten im Teilbaum des rechten Kindes *größer*. Diese Aussage gilt aber nicht nur für die Wurzel, sondern für alle Knoten im Graphen! Wie wir gleich feststellen werden, erleichtert uns diese Eigenschaft das Durchsuchen von Suchbäumen.

Abbildung 7.8 zeigt als Beispiel einen kleinen Baum mit 7 Knoten. In dem Fall ist *D* der Wurzelknoten und der Vaterknoten von *B* und *F*. *B* ist das linke Kind von *D*, da es lexikographisch kleiner als *D* ist. Nicht nur *B* ist kleiner als *D*, sondern auch alle Knoten im Teilbaum von *B*, also *A* und *C*.

Da *A* auch kleiner ist als *B*, ist es das linke Kind von *B*. *C* jedoch ist größer als *B* und trotzdem kleiner als *D*, steht daher im linken Teilbaum von *D*, aber im rechten Teilbaum von *B*. Analog dazu sind alle Knoten im Teilbaum von Knoten *F* lexikographisch größer als die Wurzel *D*.

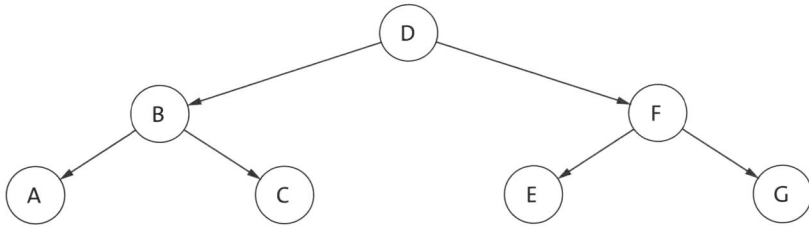

Abbildung 7.8 Ein Beispiel für einen kleinen Baum

Suchen in Suchbäumen

Das Suchen in Suchbäumen erinnert sehr an die binäre Suche. Wird nach einem bestimmten Buch gesucht, kann anhand jedes Knotens entschieden werden, ob sich das Buch im linken oder im rechten Teilbaum befinden muss. Dadurch werden nicht alle Knoten betrachtet, sondern es wird nur ein Weg von der Wurzel zu einem Blatt untersucht.

Der Algorithmus beginnt also mit der Wurzel. Ist die Wurzel nicht das gesuchte Buch, wird im linken Teilbaum weitergesucht, wenn das gesuchte Buch kleiner als die Wurzel ist. Ansonsten wird im rechten Teilbaum fortgefahren. Erreicht die Suche ein Blatt, also einen Knoten, der keine Kinder mehr hat, ist die Suche entweder erfolgreich, weil das Blatt dem gesuchten Buch entspricht, oder nicht erfolgreich, weil das gesuchte Buch nicht im Baum vorhanden ist. Natürlich kann das gesuchte Buch auch schon auf dem Weg zum Blatt gefunden werden. Der genaue Ablauf des Suchens in Suchbäumen ist in Abbildung 7.9 dargestellt.

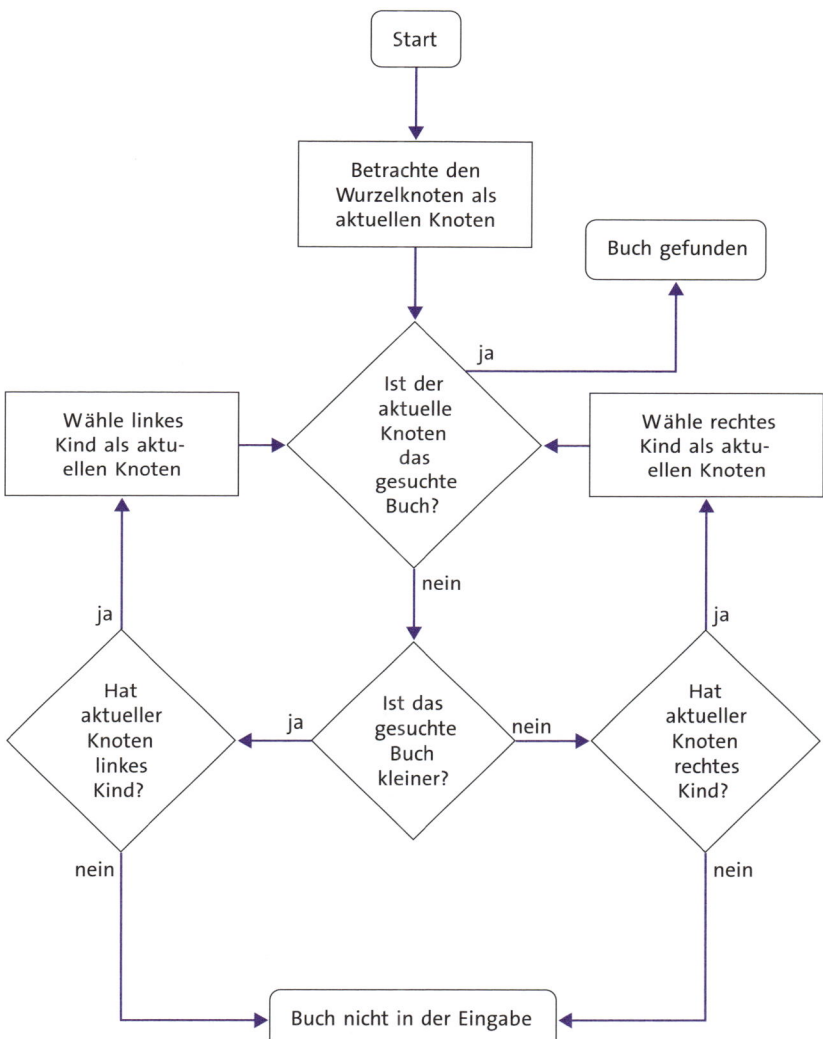

Abbildung 7.9 Der Suchalgorithmus zum Durchsuchen von Suchbäumen

Beispiel:

Um die Vorgehensweise zu verdeutlichen, suchen wir in dem Suchbaum aus dem vorherigen Abschnitt nach Buch *E*. Als Erstes wird der Wurzelknoten mit Buch *D* überprüft. Es ist nicht das gesuchte Buch *E*, aber Buch *E* ist größer. Daher wird mit dem rechten Kind fortgefahren, wie auch Abbildung 7.10 zeigt.

Kapitel 7: Suchen

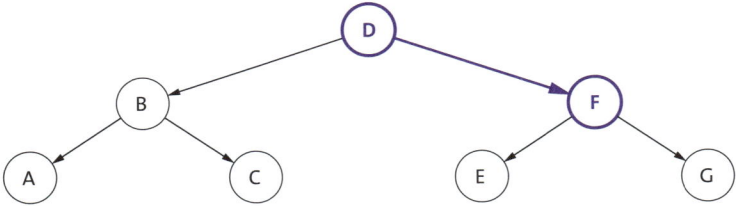

Abbildung 7.10 Da »D« nicht das gesuchte Buch ist und das gesuchte Buch größer als »D« ist, wird mit dem rechten Kind von »D« fortgefahren.

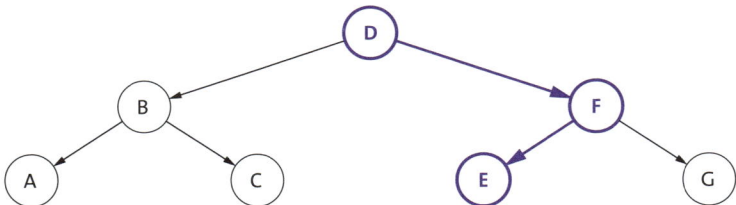

Abbildung 7.11 Auch »F« ist nicht das gesuchte Buch. Da das gesuchte Buch kleiner als »F« ist, wird mit dem linken Kind fortgefahren.

Das rechte Kind ist Knoten F. Auch F ist nicht das gesuchte Buch, jedoch ist das gesuchte Buch E kleiner als F. Daher wird nun das linke Kind von F betrachtet, wie Abbildung 7.11 zeigt. Das linke Kind von F ist das gesuchte Buch E! Es wurde also genauso schnell gefunden wie mit der binären Suche. Ist dies nur ein Zufall?

Tatsächlich nicht. Auch der Suchvorgang in diesem Suchbaum halbiert die Anzahl der noch übrigen Elemente bei jedem Schritt um die Hälfte. Daher entspricht die Komplexität der Suche in *diesem* Beispiel-Suchbaum, der sehr gleichmäßig aufgebaut ist, ebenfalls $\mathcal{O}(\log(n))$. Die Begründung ist dieselbe wie bei der binären Suche.

In diesem Suchbaum können wir also genauso schnell suchen wie mit der binären Suche. Hier haben wir uns folglich nicht verschlechtert. Allgemein tritt der schlimmste Fall bei der Suche immer dann auf, wenn das gesuchte Element in einem Blatt liegt, das am weitesten von der Wurzel entfernt ist. Daher entspricht im Allgemeinen die Komplexität der Suche der Höhe des Baumes.

Hinzufügen eines Elements

In der Einleitung von Suchbäumen haben wir festgestellt, dass das Einfügen neuer Elemente in eine sortierte Liste aufwendig ist. Welche Verbesserung bieten Suchbäume in diesem Punkt?

Fügen Sie einmal in den Baum aus dem vorherigen Abschnitt Buch *H* ein. Können Sie sich vorstellen, wie das funktionieren könnte? Wie wäre es, wenn wir im Suchbaum nach Buch *H* suchen? Die Suche wird in dem Baum feststellen, dass *H* nicht enthalten ist, weil Buch *G* kein rechtes Kind hat, denn dort müsste sich Buch *H* befinden. Damit haben wir aber nicht nur erfahren, dass *H* nicht im Suchbaum enthalten ist, sondern wir wissen auch noch direkt, wo wir den neuen Knoten anhängen müssen: als rechtes Kind von *G*. Um einen Knoten einzufügen, durchsuchen wir also einfach den Baum nach diesem Knoten und merken uns, welcher bestehende Knoten zuletzt betrachtet wurde. An diesen Knoten muss, entweder links oder rechts, der neue Knoten angehängt werden. Das Ergebnis ist in Abbildung 7.12 zu sehen.

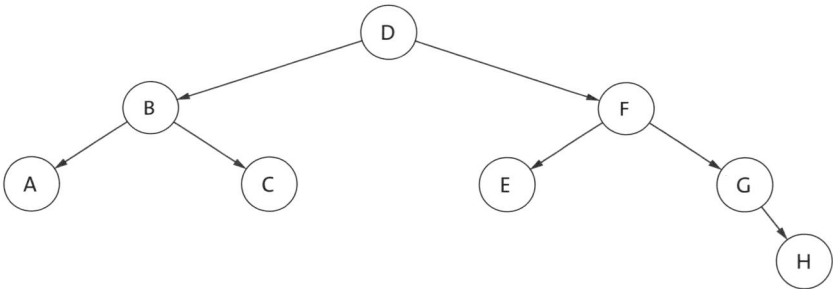

Abbildung 7.12 Der Baum ergänzt um Knoten »H«

Da dabei derselbe Algorithmus wie beim Durchsuchen angewendet wird, ist auch die Komplexität dieselbe. Das Einfügen eines Knotens in diesen sehr gleichmäßig aufgebauten Baum hat also ebenfalls eine Komplexität von $\mathcal{O}(\log(n))$ und ist somit deutlich schneller als bei der binären Suche. Hier ist der Suchbaum also besser.

Erstellen von Suchbäumen

Nun haben wir erfolgreich einen neuen Knoten in einen bereits bestehenden Baum eingefügt. Basierend darauf werden wir nun einen Baum von Anfang an erstellen. Das Verfahren zeigen wir an der Bücherreihe aus Abbildung 7.13.

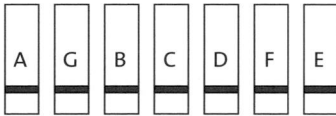

Abbildung 7.13 Die Bücherreihe, zu der der Suchbaum erstellt werden soll

Starten wir mit einem leeren Suchbaum, das bedeutet, er hat noch keine Knoten. Im ersten Schritt nehmen wir das erste Buch (*A*) und fügen es als die Wurzel ein. Als zweiter Schritt folgt Buch *G*. Dieses ist größer als Buch *A* und wird somit zum rechten Kind von *A*. Im dritten Schritt wird Buch *B* hinzugefügt. Dieses ist ebenfalls größer als *A*, und somit wird als Nächstes mit *G* verglichen. Da es kleiner als *G* ist, wird es zum linken Kind von *G*. Die einzelnen Schritte sehen Sie auch in Abbildung 7.14.

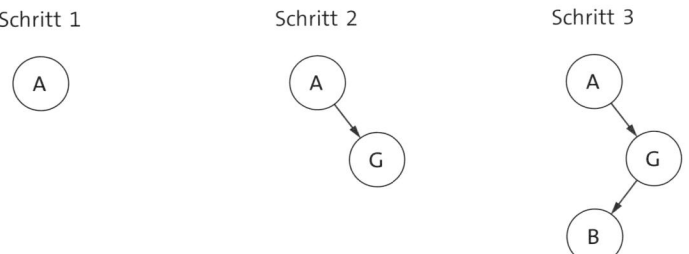

Abbildung 7.14 Die ersten Schritte, um den Suchbaum zu erstellen

Nun fügen wir alle weiteren Bücher nach demselben Verfahren ein. Es entsteht dabei der in Abbildung 7.15 dargestellte Baum. Aufgrund einer ungünstigen Reihenfolge der Bücher ist dieser Baum leider sehr ungleichmäßig aufgebaut und entspricht eher einer langen Linie. Haben Sie beim Einfügen mitgezählt, wie viele Knoten Sie untersuchen mussten, bevor Sie die richtige Stelle für Buch *E* fanden?

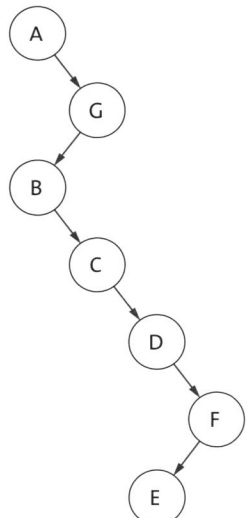

Abbildung 7.15 Der Baum, nachdem alle Bücher eingefügt wurden

Balancierte Bäume

Für Buch *E* werden nämlich in diesem Baum *n*–1 viele Schritte benötigt, um es einzufügen. Eben haben wir festgestellt, dass die Worst-Case-Komplexität für das Einfügen (und somit auch für das Durchsuchen) eines Baumes $\mathcal{O}$(Höhe) beträgt. Diese Komplexität ist nur dann $\mathcal{O}(\log(n))$, wenn der Baum *balanciert* ist.

Balanciert bedeutet, dass der weiteste Weg von der Wurzel zu jedem der Blätter so gering wie möglich ist, die Höhe also möglichst klein ist. Anders gesagt ist ein Baum sehr gut balanciert, wenn er möglichst wenige Ebenen hat. Der Baum ist dann sehr breit, wie Sie beispielsweise auf der linken Seite von Abbildung 7.16 sehen. Mit denselben Büchern können wir auch einen nicht balancierten Baum erstellen. Ein Beispiel dafür zeigt der rechte Teil von Abbildung 7.16. Dieser Fall tritt ein, wenn die Bücher bereits sortiert waren.

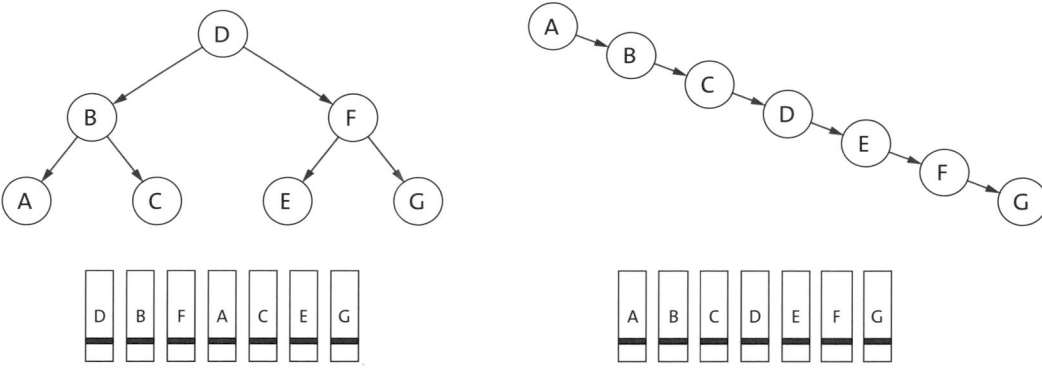

Abbildung 7.16 Der Vergleich zweier Bäume mit denselben Büchern als Ausgangslage, die jedoch unterschiedlich sortiert sind. Bei der einen Sortierung ist der Baum sehr gut balanciert, bei der anderen Sortierung ist er nicht balanciert.

Ist der Baum nicht balanciert, dauert der Suchvorgang länger. Da dann beim Durchsuchen und Einfügen eines Buches alle anderen Bücher überprüft werden müssen, ist die eigentliche Worst-Case-Komplexität beider Operationen $\Theta(n)$. Somit sind Suchbäume, wenn sie nicht balanciert sind, sogar langsamer als die binäre Suche. Der Suchbaum, den wir gerade vorgestellt haben, ist jedoch nur die einfachste Variante der Suchbäume. *AVL-Bäume*, eine Weiterentwicklung der einfachen Suchbäume, garantieren beispielsweise, dass der Baum immer balanciert ist. Die Grundidee von AVL-Bäumen besteht darin, dass beim Einfügen eines neuen Knotens in einen balancierten Baum nur wenige Schritte notwendig werden, um erneut einen balancierten Baum zu erhalten. Dafür werden bei AVL-Bäumen Rotationsverfahren eingesetzt. Fügen wir beispielsweise dem Suchbaum aus Abbildung 7.12 noch einen Knoten *I* hinzu, so wird dieser als rechtes Kind von *H* angefügt, wie Abbildung 7.17 im linken Teil zeigt. Nun wird eine einfache Rotation ausgeführt, indem die Knoten nach links *gedreht* werden, wie die rechte Seite der Abbildung zeigt. Möchten Sie das Konzept weiter vertiefen, finden Sie auf der Website zu diesem Buch mehr Informationen darüber, zu welchem Zeitpunkt welche Art der Rotation durchgeführt wird.

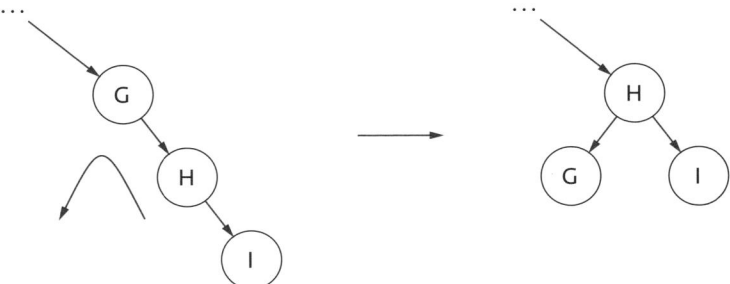

Abbildung 7.17 Eine einfache Rotation zur Verbesserung der Balance des Baums

7.5 Zusammenfassung und Einordnung

Das Suchen nach Objekten in einem Suchraum stellt eine grundlegende Aufgabe der Informatik dar. Tatsächlich sucht man viel häufiger nach bestimmten Objekten, als einem bewusst ist. Ob es nun die Bücher im Bücherregal sind oder eine Anfrage bei Google, ein Suchalgorithmus wird sehr oft verwendet.

In diesem Kapitel haben wir die lineare Suche und die binäre Suche als grundlegende Suchverfahren vorgestellt. Dabei haben wir gezeigt, dass die binäre Suche im Worst Case wesentlich schneller arbeitet als die lineare Suche. Jedoch benötigt die binäre Suche eine sortierte Eingabemenge.

Neben den beiden Suchverfahren haben wir Suchbäume als neue Datenstruktur vorgestellt. In balancierten Suchbäumen lässt sich genauso schnell suchen wie mit der schnellen binären Suche. Sie haben außerdem den Vorteil, dass man schnell nachträglich Knoten hinzufügen kann. Balancieren sich die Bäume zudem selbst, bleiben sie auch bei jeder Eingabe sehr schnell. Dadurch eignen sich Suchbäume sehr gut für Anwendungsfälle, bei denen nachträglich weitere Elemente hinzugefügt werden müssen.

Aufgaben

Aufgabe 1: Lineare Suche

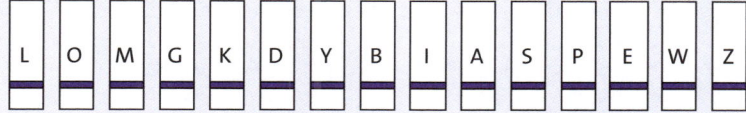

Abbildung 7.18 Wie schnell wird in dieser Bücherreihe Buch »P« gefunden?

Betrachten Sie die Bücherreihe in Abbildung 7.18. Wie viele Schritte sind notwendig, um Buch P mit der linearen Suche zu finden?

Aufgabe 2: Binäre Suche

Abbildung 7.19 Die Bücherreihe wurde sortiert. Lässt sich Buch »P« nun schneller finden?

a) Die Bücherreihe aus Aufgabe 1 wurde sortiert, wie Abbildung 7.19 zeigt. Wie viele Schritte sind nun notwendig, um Buch P mit der binären Suche zu finden?

b) Stellen Sie sich vor, die Bücher sind in einem Array gespeichert. Wandeln Sie die binäre Suche vom Diagramm in Pseudocode um.

Aufgabe 3: Sortieren der Eingabe

In diesem Kapitel haben wir gezeigt, dass die binäre Suche im Worst Case schneller das gewünschte Element findet als die lineare Suche. Jedoch benötigt sie eine bereits sortierte Eingabe.

Unter welcher Bedingung lohnt es sich, die Eingabe zuerst zu sortieren und dann zu suchen?

Aufgabe 4: Suchen in Bäumen

a) Betrachten Sie erneut die Bücherreihe aus Aufgabe 1 in Abbildung 7.18. Wie sieht der dazugehörige Suchbaum aus, wenn wir ihn wie bisher von links nach rechts aufbauen? Wie viele Schritte werden benötigt, um Buch P in diesem Baum zu finden?

b) In der Beschreibung der Suchbäume haben wir definiert, dass im linken Teilbaum eines Knotens alle Knoten kleiner sind als der Knoten selbst. Analog dazu haben wir definiert, dass im rechten Teilbaum eines Knotens alle Knoten größer sind als der Knoten. Was passiert jedoch in dem Fall, dass ein Knoten *gleich* einem anderen Knoten ist? Überlegen Sie sich zwei Strategien, wie Sie damit umgehen können, dass ein Buch mehrfach eingefügt wird.

Lösungen

Aufgabe 1: Lineare Suche

Die lineare Suche findet Buch *P* nach 12 Schritten, da sich Buch *P* an der 12. Stelle in der Bücherreihe befindet.

Aufgabe 2: Binäre Suche

a) Die binäre Suche benötigt nur 4 Schritte, um Buch *P* zu finden. Die Vorgehensweise ist in Abbildung 7.20 dargestellt.

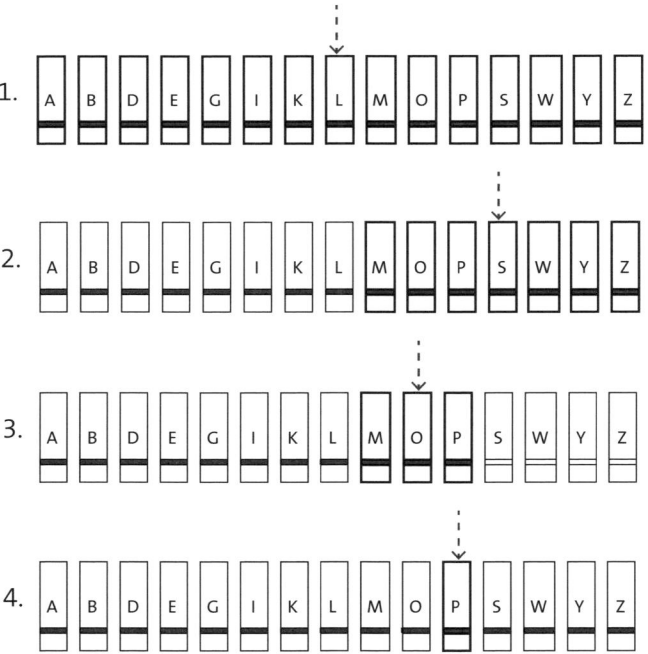

Abbildung 7.20 Buch »P« wird mit der binären Suche in nur 4 Schritten gefunden.

b) Eine mögliche Implementierung der binären Suche ist in Listing 7.1 aufgeführt. Die Variablen l und r grenzen den Suchraum ein, m steht für die Position des mittleren Elements. In Zeile 6 wird überprüft, ob das mittlere Element das gesuchte Element ist. Ist dies nicht der Fall, wird in den Zeilen 8 bis 11 überprüft, auf welcher Seite der Mitte sich das Element befindet. Letztendlich wird dies so lange gemacht, bis der Suchraum keine Elemente mehr enthält, l also größer als r ist. In dem Fall ist das Element nicht in der Eingabe enthalten.

```
Eingabe:    Sortiertes Array buecher von n Buchtiteln,
            Gesuchtes Element e
Ausgabe:    Position des Elements, wenn vorhanden, sonst -1

01  l := 0       // Die linke Markierung des Suchraums
02  r := n - 1   // Die rechte Markierung des Suchraums
03  Wiederhole solange r - l ≥ 0
04    m := l + ⌊(r - l) / 2⌋
05    // Die Position des mittleren Elements im Suchraum
06    Falls buecher[ m ] = e dann
07      Return m           // Element an Position m gefunden
08    Falls e < buecher[ m ] dann
09      r := m - 1
10    Sonst
11      l := m + 1
```

Listing 7.1 Die binäre Suche als Pseudocode

Aufgabe 3: Sortieren der Eingabe

Zuerst die Eingabe zu sortieren und dann mit der binären Suche nach dem Element zu suchen, lohnt sich nicht immer. Wie in den Kapiteln über Sortieralgorithmen erwähnt, kann man nicht schneller als mit einer Komplexität von $\mathcal{O}(n \cdot \log(n))$ sortieren, wenn man keine Zusatzinformationen über die Eingabe hat.

Das Sortieren kostet also in diesem Fall immer mindestens $\mathcal{O}(n \cdot \log(n))$ und braucht somit bereits länger als die lineare Suche ($\mathcal{O}(n)$). Das bedeutet, im einfachen Fall benötigt die Kombination aus Sortieren und einer binären Suche länger als die lineare Suche.

Möchten Sie jedoch häufiger in der Bücherreihe nach einem Buch suchen, lohnt sich das Sortieren, da nach dem Sortieren für jeden Suchvorgang nur noch $\mathcal{O}(\log(n))$ viele Schritte benötigt werden. Angenommen, Sie möchten n Mal suchen, dann erreichen Sie mit der Kombination aus Sortieren und binärer Suche eine Komplexität von $\mathcal{O}(n \cdot \log(n) + n \cdot \log(n)) = \mathcal{O}(n \cdot \log(n))$ und mit der linearen Suche eine Komplexität von $\mathcal{O}(n \cdot n) = \mathcal{O}(n^2)$. In diesem Fall lohnt es sich, erst die Bücher zu sortieren und dann die Suche durchzuführen. (Genau genommen lohnt es sich bereits ab $\frac{n}{\log(n)}$ Suchanfragen.)

Aufgabe 4: Suchen in Bäumen

a) Bauen Sie Schritt für Schritt den Suchbaum aus der Eingabe, entsteht der Baum aus Abbildung 7.21. Die 5 Schritte, die zum Finden des Buches P notwendig sind, sind fett markiert.

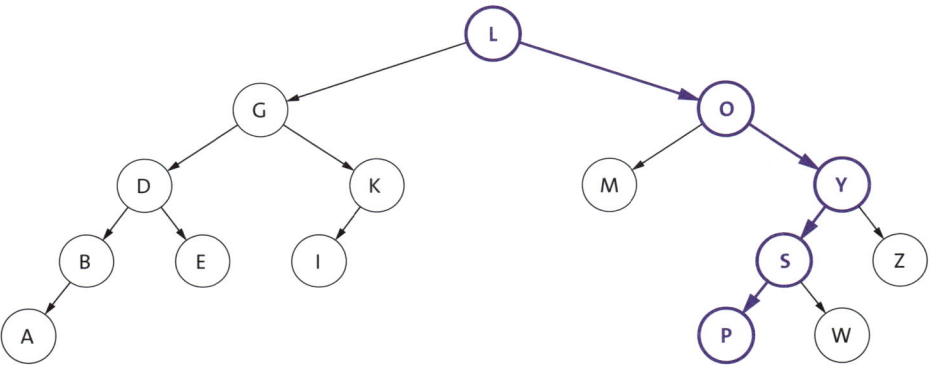

Abbildung 7.21 Der Suchbaum, der entsteht, wenn man alle Bücher einfügt. Außerdem ist der Pfad markiert, der abgelaufen wird, um Buch »P« zu finden.

b) Zur Lösung dieses Problems gibt es zwei gängige Strategien: In **Variante 1** wird der Fall der Gleichheit entweder dem linken oder dem rechten Kind zugewiesen. Das bedeutet, dass sich im Teilbaum des linken Kindes eines Knotens alle Elemente kleiner oder gleich dem Knoten befinden. Im Teilbaum des rechten Kindes des Knotens ändert sich nichts, alle Elemente sind weiterhin größer als der Knoten selbst. Alternativ kann die Gleichheit natürlich auch dem rechten Kind zugewiesen werden. In **Variante 2** steht ein Knoten nicht nur für ein Buch, sondern für eine Art *Kiste* voller Bücher. Werden zwei gleiche Bücher dem Suchbaum hinzugefügt, werden sie einfach im selben Knoten in einer Liste gespeichert.

Kapitel 8

Backtracking und Dynamische Programmierung

Wir zeigen Ihnen, wie Sie mit Backtracking systematisch alle Lösungsmöglichkeiten für ein Problem durchgehen und mit Dynamischer Programmierung wiederkehrende Berechnungen optimieren.

8.1 Das Kistenproblem

> Knobelei zum Einstieg

Nachdem Sie vor kurzem Ihr Smartphone durch ein neueres Modell ersetzt haben, ist es Ihnen nun gelungen, online einen Käufer für das Vorgängergerät zu finden. Jetzt fehlt nur noch die passende Kiste, um das Handy auf den Weg zu seinem nächsten Besitzer zu schicken. Diese Kiste sollte natürlich weder zu klein für das Handy sein noch zu viel Leerraum lassen, den Sie auspolstern müssten. Praktischerweise liegen bei Ihnen im Keller bereits viele Kisten für solch einen Versand bereit. Aus Platzgründen sind die Kisten ineinandergeschachtelt: Es gibt große Kisten, darin befinden sich kleinere Kisten, darin wieder kleinere und so weiter (siehe Abbildung 8.1).

Wie finden Sie nun eine Kiste, die maximal doppelt so groß ist wie der geplante Inhalt und in die das Handy passt? Überlegen Sie sich für das Problem einen Algorithmus, und notieren Sie ihn in einer Form Ihrer Wahl.

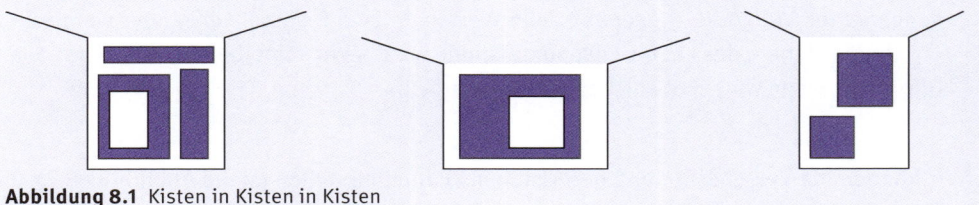

Abbildung 8.1 Kisten in Kisten in Kisten

8.2 Die perfekte Kiste

Die Struktur der Kistenstapel – jede Kiste enthält weitere Kisten, die eventuell weitere Kisten enthalten – erinnert bereits an das Konzept der Rekursion, das Sie beim Sortieren mit Merge Sort und Quick Sort kennengelernt haben. Tatsächlich ist es mittels Rekursion leicht möglich, alle Kisten zu durchsuchen und daraufhin zu überprüfen, ob sie passen, wie Listing 8.1 zeigt. Wir gehen für den Algorithmus davon aus, dass wir die Kisten als Liste erhalten und für jede Kiste wieder eine (möglicherweise leere) Liste der darin enthaltenen Kisten vorliegt.

```
Eingabe: Liste kisten der möglichen Verpackungen
Ausgabe: Eine passende Kiste oder null, falls keine Kiste passt.
01   Funktion sucheKiste(kisten)
02      Wiederhole für jede kiste in kisten
03         Falls handy in kiste passt ∧ kiste nicht zu groß ist dann
04            Return kiste
05         Sonst
```

```
06        ergebnis := sucheKiste(Inhalt von kiste)
07        Falls ergebnis ≠ null dann
08            Return ergebnis
09    Return null
```
Listing 8.1 Eine rekursive Kistensuche

> **Null-Werte**
>
> Für viele Algorithmen ist garantiert, dass sie immer ein gültiges Ergebnis erzeugen. Beispielsweise kann ein Sortieralgorithmus die eingegebene Liste von Werten immer sortieren und ein korrektes Array zurückgeben.
>
> Nicht alle Algorithmen funktionieren jedoch auf diese Weise. Was soll beispielsweise die Rückgabe des Kistensuch-Algorithmus sein, wenn keine der verfügbaren Kisten für das Handy passt? Für solche Werte existiert in fast jeder Programmiersprache ein sogenannter *Null-Wert*. Dieser spezielle Wert kann zum Beispiel verwendet werden, um klarzumachen, dass keine Lösung gefunden wurde. Wir schreiben in unserer Notation null, wenn wir einen solchen Wert benötigen.

Wir können die Verschachtelung der Kisten als Baum darstellen (siehe Abbildung 8.2), in dem ausgehend vom Kellerraum jede Kiste Verweise auf die darin enthaltenen Kisten als Verzweigungen enthält. Im Gegensatz zu den Suchbäumen im vorherigen Kapitel durchsuchen wir nun jedoch potentiell den gesamten Baum und nicht nur einen Weg von der Wurzel zu einem Element. Die Kisten sind im Baum in der Reihenfolge nummeriert, in der der Algorithmus sie abarbeitet. Sollte beim Durchsuchen der Kisten eine Kiste gefunden werden, die für den Versand geeignet ist, so bricht der Algorithmus ab und gibt diese Kiste als Lösung zurück, ohne die folgenden Kisten zu betrachten. Hat der Algorithmus dagegen Kiste 11 untersucht und wie alle anderen Kisten zuvor als ungeeignet klassifiziert, so wird null zurückgegeben, und die Suche war erfolglos.

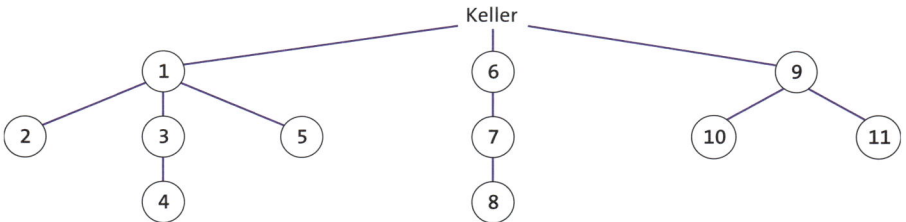

Abbildung 8.2 Kisten in Kisten in Kisten als Baum dargestellt

Die beschriebene Suchtechnik nennt sich in der Informatik *Backtracking* und beschäftigt sich immer damit, einen Suchraum mithilfe solch eines Baumes systematisch zu erkunden. Ein solcher Suchraum kann vieles umfassen: Angefangen bei möglichen Spielzügen in einem Brettspiel bis hin zum Ausrichten zweier DNA-Stränge aneinander kann Backtracking zur Lösung der meisten Problemstellungen dienen. Der Name der Technik ergibt sich aus dem Verhalten des Algorithmus bei Misserfolg, also wenn beispielsweise Kiste 4 für unpassend befunden wurde. In so einem Fall verfolgt der Algorithmus seinen Weg durch den Suchbaum so lange zurück, bis er an eine Stelle mit einer noch nicht untersuchten Abzweigung kommt. Von da an – hier im Beispiel wäre dies Kiste 1 mit der Abzweigung zu Kiste 5 – wird der Baum wieder weiter nach unten durchsucht.

Meist fällt bei diesem Backtracking-Schritt mehr Arbeit an, als unsere Notation in Listing 8.1 vermuten lässt. Dort sieht es so aus, als sei mit der Rückkehr aus dem rekursiven Funktionsaufruf alles getan. Stellen wir uns das Beispiel jedoch in der Praxis vor, so erkennen wir, dass zum Durchsuchen einer Kiste diese jeweils aus der umgebenden Kiste herausgenommen, geöffnet und geleert werden musste. Genau diese Schritte müssen beim Zurückgehen im Suchbaum ebenfalls rückgängig gemacht werden. Generell muss jede verwendete Datenstruktur, die bei der Suche eventuell verändert wurde, in genau den Zustand zurückgebracht werden, in dem sie vor dem Rekursionsaufruf war.

8.3 Branch and Bound

In der aktuellen Version verursacht der Suchalgorithmus möglicherweise einiges an unnötiger Arbeit. Sollte sich beispielsweise bereits Kiste 1 als zu klein für das Handy herausstellen, so ist es nicht sinnvoll, die darin enthaltenen Kisten überhaupt noch als Verpackung in Erwägung zu ziehen. Wir können also den Algorithmus verbessern, indem wir in manchen Fällen gar nicht mehr rekursiv weitersuchen, sondern direkt `null` zurückgeben. In Aufgabe 1 sollen Sie versuchen, Listing 8.1 entsprechend anzupassen.

Anstatt also alle Äste (*Branches*) des Suchbaums weiterzuverfolgen, werden manche davon *abgeschnitten*, also der Suchraum beschränkt (*Bound*). Diese einfache Technik ermöglicht es, auch extrem große Suchräume zu durchforsten, ohne dass der Algorithmus zu lange laufen muss.

Mithilfe cleverer Methoden lässt sich bei manchen Problemen der Suchbaum noch stärker beschränken. Nehmen wir einmal an, Sie wollen nicht nur eine passende, sondern sogar die am besten passende Kiste finden. Bei Ihrem bisherigen Suchvorgang haben Sie Kiste 4 gefunden, die schon ziemlich gut passt, aber Sie suchen weiter und öffnen gerade Kiste 6. Von einem früheren Suchvorgang für ein anderes Handy liegt dort schon ein Zettel, auf dem Sie notiert haben, welche Größe die kleinste Kiste hat, die sich in Kiste 6 befindet. Sie sehen nun sofort, dass selbst diese kleinste Kiste noch größer ist als Ihr bisheriger Favorit, Kiste 4. Obwohl also der Suchbaum unterhalb von Kiste 6 noch mögliche Kandidaten für die Verpackung enthalten könnte, wissen Sie bereits, dass diese schlechter passen würden als die bisher beste gefundene Kiste.

Wenn ein Algorithmus nach der besten (kleinsten) Lösung in einem großen Suchraum sucht und bereits einen Kandidaten gefunden hat, so kann diese vorläufig beste Lösung als *obere Schranke* verwendet werden. Wir fordern also, dass alle künftigen Lösungen besser als diese Schranke sind. Sofern es möglich ist, für einen Knoten im Suchbaum eine *untere Schranke* für die darin enthaltenen Lösungen zu bestimmen, und sie größer ist als die gefundene obere Schranke, lohnt es sich nicht, diesen Teil des Suchraums weiter zu untersuchen. Dadurch können erneut Zweige des Baums vorzeitig abgeschnitten werden, und die Suche wird schneller fertig.

8.4 Dynamische Programmierung

Wechseln wir nun zu einem anderen Beispiel für einen rekursiven Algorithmus, der mit Backtracking eine Lösung sucht: Im Spiel Tic-Tac-Toe setzen zwei Spieler abwechselnd in einem Raster von 3 × 3 Feldern ein Kreuz beziehungsweise einen Kreis. Der Spieler, der als erster drei seiner Symbole in einer Zeile, Spalte oder diagonal setzen kann, gewinnt die Partie. Im Folgenden gehen wir davon aus, dass ein Spiel immer von dem Spieler eröffnet wird, der Kreuze setzt.

Beginnend bei einem vorgegebenen Spielstand kann ein Algorithmus mithilfe von Backtracking untersuchen, welche Spielausgänge noch möglich sind. Dazu simuliert er rekursiv alle möglichen Spielzüge beider Spieler, so lange, bis das Feld voll ist oder ein Spieler gewinnt. Diese Idee ist in Listing 8.2 dargestellt. Der Algorithmus durchläuft auf einer Rekursionsebene alle möglichen Züge für den Spieler, der an der Reihe ist, und berechnet für den neuen Spielstand rekursiv erneut, welche Spielausgänge noch möglich sind. Kehrt die Abarbeitung aus dem rekursiven Aufruf zurück, muss zunächst der simulierte Zug rückgängig gemacht werden, bevor der nächste mögliche Zug untersucht wird.

```
Eingabe: Aktueller Spielstand
Ausgabe: Set möglicher Spielausgänge
01   Funktion tictactoe(spielstand)
02       Falls drei Kreuze in einer Reihe stehen dann
```

```
03          Return {Kreuz}
04      Sonst falls drei Kreise in einer Reihe stehen dann
05          Return {Kreis}
06      Sonst falls kein Feld mehr frei ist dann
07          Return {Unentschieden}
08  ausgaenge = {}
09  Wiederhole für alle freien Felder f
10      Falls Kreuz an der Reihe ist dann
11          schreibe "x" in Feld f im spielstand
12          ausgaenge := ausgaenge ∪ tictactoe(spielstand)
13      Sonst
14          schreibe "o" in Feld f im spielstand
15          ausgaenge := ausgaenge ∪ tictactoe(spielstand)
16      loesche Eintrag in Feld f im spielstand
17  Return ausgaenge
```

Listing 8.2 Mit Backtracking werden alle möglichen Spielausgänge eines Tic-Tac-Toe-Spiels ermittelt.

Nehmen Sie sich einen Zettel und einen Stift, und probieren Sie den Algorithmus selbst aus! Sofern Sie nicht bei einem fast vollen Spielfeld angefangen haben, werden Sie sicherlich relativ bald die händische Ausführung des Algorithmus abgebrochen haben, weil es viel zu viele mögliche Spielabläufe gibt. Insgesamt sind es tatsächlich 255168 unterschiedliche Abläufe, angefangen beim leeren Spielfeld. Ein Computer kann diese problemlos alle durchrechnen, von Hand wäre die Aufgabe jedoch nicht in vernünftiger Zeit zu bewältigen.

Wie in Abbildung 8.3 an zwei möglichen Abläufen gezeigt, können mehrere mögliche Spielabläufe zum exakt gleichen Zustand des Spielfeldes führen. Um zu berechnen, welche Spielausgänge von diesem Spielzustand aus möglich sind, ist es jedoch völlig egal, in welcher Reihenfolge zuvor Kreuze und Kreise gesetzt wurden – wichtig ist lediglich deren Position. Es können bei Tic-Tac-Toe nur 5478 verschiedene relevante Spielzustände entstehen, weit weniger als die Anzahl aller Spielabläufe. Würde sich unser Algorithmus merken, für welche Spielzustände er bereits ein Ergebnis berechnet hat, käme er daher mit deutlich weniger Berechnungsschritten aus.

Wie bei Tic-Tac-Toe gibt es in vielen Suchräumen sich wiederholende Zustände. Häufig können dazugehörige Lösungsalgorithmen um Größenordnungen beschleunigt werden, wenn eine wiederholte Betrachtung dieser Zustände vermieden wird. In der Algorithmik nennt sich dieses Konzept *Dynamische Programmierung*. Zwar benötigt die Technik zusätzlichen Speicherplatz für das Merken der Zwischenergebnisse, dieser ist jedoch üblicherweise nicht problematisch.

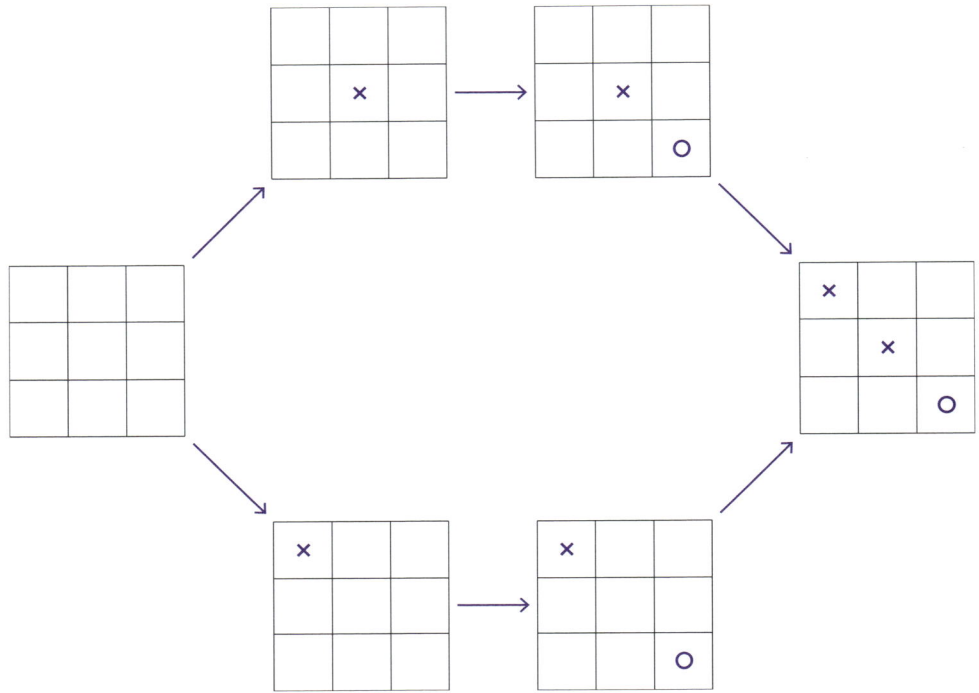

Abbildung 8.3 Zwei mögliche Spielabläufe bei Tic-Tac-Toe mit demselben Zielzustand

8.5 Zusammenfassung und Einordnung

Backtracking ist ein Standardwerkzeug der Informatik, das einen Suchraum überschaubarer Größe systematisch nach einer Lösung durchsucht. Für komplexe und große Probleme müssen Sie jedoch darauf achten, dass das rekursive Suchen nicht zu aufwendig wird. Mögliche Optimierungen bestehen im Abschneiden von Ästen des Suchbaums (Branch and Bound) sowie im Merken von Zwischenergebnissen, um eine wiederholte Berechnung derselben Werte zu vermeiden (Dynamische Programmierung).

Für manche Probleme genügt jedoch auch solcherlei Optimierung nicht. Beim Schachspiel ist beispielsweise die Anzahl möglicher Züge so hoch, dass bereits die Berechnung aller Möglichkeiten für wenige Züge herausfordernd wird. Es sind deshalb kompliziertere Techniken nötig, um Programme zu schreiben, die gute Schachspieler schlagen können.

Aufgaben

Aufgabe 1: Kistensuche

a) Verbessern Sie Listing 8.1, und sorgen Sie dafür, dass nur noch Kisten durchsucht werden, in denen eine Lösung gefunden werden kann.

b) Üblicherweise kann ein Computer einen Ordner auf der Festplatte nur dann löschen, wenn dieser keine Dateien oder Ordner mehr enthält. Skizzieren Sie, wie ein Algorithmus rekursiv einen Ordner löschen kann, auch wenn dieser nicht leer ist.

Aufgabe 2: Tic-Tac-Toe

a) Wie können Sie bereits beim ersten Zug von Tic-Tac-Toe die Anzahl der zu untersuchenden Spielzustände auf ein Drittel reduzieren?

b) Finden Sie generell für Tic-Tac-Toe Kriterien, dank denen das dynamische Programm noch weniger Zustände untersuchen muss!

c) Der bisherige Algorithmus bestimmt alle möglichen Spielausgänge, startend bei einem vorgegebenen Zustand. Welche Strategie müsste ein Algorithmus verfolgen, der dem aktuellen Spieler eine Empfehlung gibt, welches Feld er für sein nächstes Symbol wählen soll?

Aufgabe 3: Nim-Spiel

Eine Variante des *Nim*-Spiels für zwei Spieler lautet wie folgt: Zu Beginn des Spiels liegen 21 Steine vor Ihnen und einer Mitspielerin. Abwechselnd dürfen Sie nun ein, zwei oder drei Steine wegnehmen. Es gewinnt diejenige Person, die den letzten Stein nehmen kann.

a) Wenn Sie in diesem Spiel den ersten Zug machen dürfen, können Sie dafür sorgen, dass Sie immer gewinnen. Wie sieht die Gewinnstrategie dafür aus?

b) Schreiben Sie ein dynamisches Programm, das für eine beliebige Anzahl an Steinen, die zu Spielbeginn vor Ihnen liegen, berechnet, ob Sie oder Ihre Gegnerin eine Strategie verfolgen können, mit der der Sieg sicher ist. Sorgen Sie dafür, dass das Programm auch noch funktioniert, wenn man statt ein, zwei oder drei Steinen wie im Originalspiel nur ein oder vier Steine nehmen darf, und berechnen Sie für diese Regeländerung das Ergebnis des Algorithmus für alle Steinanzahlen von 1 bis 21. Tipp: Führen Sie die Berechnung »von unten« durch, indem Sie bei einem Stein beginnen und sich zur eingegebenen Anzahl Steine hocharbeiten.

Lösungen

Aufgabe 1: Kistensuche

a) Die einzige notwendige Änderung ist das Herausziehen der Bedingung in Listing 8.1, die verhindert, dass die enthaltenen kleineren Kisten durchsucht werden, wenn bereits die umgebende große Kiste zu klein ist. Das Ergebnis sehen Sie in Listing 8.3.

```
Eingabe: Liste kisten der möglichen Verpackungen
Ausgabe: Eine passende Kiste oder null, falls keine Kiste passt.
01   Funktion sucheKiste(kisten)
02       Wiederhole für  jede kiste in kisten
03           Falls handy in kiste passt dann
04               Falls kiste ist nicht zu groß dann
05                   Return kiste
06               Sonst
07                   ergebnis := sucheKiste(Inhalt von kiste)
08                   Falls ergebnis ≠ null dann
09                       Return ergebnis
10       Return null
```

Listing 8.3 Eine verbesserte rekursive Kistensuche

b) Der Algorithmus entspricht fast exakt der Kistensuche. Der einzige Unterschied besteht darin, dass es keinen vorzeitigen Erfolg geben kann, sondern alle Unterordner durchlaufen und ihre Inhalte rekursiv gelöscht werden müssen. Mit den entsprechenden Anpassungen erhalten Sie Listing 8.4.

```
Eingabe: Zu löschender ordner
Nachbedingung: Der ordner und sein Inhalt sind gelöscht.
01   Funktion löscheRekursiv(ordner)
02       Wiederhole für jeden eintrag in ordner
03           Falls eintrag ein Ordner ist dann
04               löscheRekursiv(ordner)
05           Sonst falls eintrag eine Datei ist dann
06               lösche Datei
07       lösche ordner
```

Listing 8.4 Rekursives Löschen eines Ordners mitsamt Inhalt

Aufgabe 2: Tic-Tac-Toe

a) Aufgrund von Symmetrie und Rotation muss nicht zwischen allen 9 möglichen Feldern, sondern nur zwischen »Mitte«, »Kante« und »Ecke« unterschieden werden.

b) Generell kann ein Spielfeld als bereits abgearbeitet betrachtet werden, wenn es entweder genau so schon einmal bearbeitet wurde oder eine Rotation oder Spiegelung davon schon bearbeitet wurde. Zudem kann das Programm aufhören, wenn für alle drei möglichen Spielausgänge *Kreuz, Unentschieden* und *Kreis* ein Spielablauf gefunden wurde, der diesen Ausgang erzeugt. Anschließend braucht man nicht mehr weiterzusuchen, denn es können keine neuen Spielausgänge mehr entstehen.

c) Zumindest sollte dem Spieler ein Zug empfohlen werden, der noch zu einem Sieg führen kann, d. h., dass nach Durchführung des Zugs `tictactoe(neuerSpielstand)` das Symbol des Spielers enthält. Insgesamt kann der ursprüngliche Algorithmus sieben verschiedene Lösungsmengen zurückgeben. Diese sieben Varianten können wir unterschiedlich bewerten, je nachdem, wie gut die möglichen Spielausgänge für den aktuellen Spieler sind. Wenn wir davon ausgehen, dass der Spieler das Symbol Kreuz hat, ergibt sich zum Beispiel folgende Rangliste der Spielausgänge: {Kreuz}, {Kreuz, Unentschieden}, {Kreuz, Unentschieden, Kreis}, {Kreuz, Kreis}, {Unentschieden}, {Unentschieden, Kreis}, {Kreis}. Unter den noch möglichen Spielausgängen kann anhand der Rangliste der bestbewertete ausgewählt und der dazugehörige Zug empfohlen werden.

Diese Variante berücksichtigt jedoch noch nicht, ob bei einem perfekt spielenden Gegner überhaupt eine realistische Chance auf einen guten Ausgang besteht. Noch besser wäre es daher, wenn der Spieler sogar einen Zug durchführen kann, sodass er für jeden beliebigen Zug seines Gegners immer einen Zug durchführen kann, sodass für jeden Zug des Gegners ein Zug für ihn existiert, ..., mit dem er gewinnen kann. In diesem Fall ist es egal, wie der Gegner spielt – der aktuelle Spieler gewinnt immer.

Aufgabe 3: Nim-Spiel

a) Im ersten Zug müssen Sie einen Stein nehmen, in den darauf folgenden Zügen immer so viele, dass eine durch vier teilbare Anzahl an Steinen übrig bleibt. Dies ist immer möglich, da nach Ihrem ersten Zug noch 20 Steine auf dem Tisch liegen und unabhängig von der Anzahl, die Ihre Gegnerin zieht, Sie diese immer auf vier ergänzen können. Dadurch ist Ihre Gegnerin irgendwann dazu gezwungen, mindestens einen bis maximal drei der letzten vier Steine zu ziehen, und Sie können den Rest aufnehmen und gewinnen.

b) Tatsächlich liefert uns die zuvor beschriebene Strategie sogar eine einfache Formel für das ursprüngliche Spiel: Wenn Sie anfangen und eine durch vier teilbare Anzahl an Steinen auf dem Tisch liegt, kann Ihre Gegnerin immer gewinnen, ansonsten gewinnen Sie. Das zum Spiel gehörende dynamische Programm kann dagegen auch für ähnliche Spiele mit anderen Spielregeln verwendet werden:

Wir unterscheiden zunächst einmal zwischen Steinanzahlen, die *sicher* sind, für die also eine Gewinnstrategie für Sie existiert, und Anzahlen, die *unsicher* sind, die Ihnen also keinen Sieg garantieren. Entsprechend den Spielregeln können wir direkt 1, 2, 3 als *sicher* vermerken. Diese Markierungen speichern wir in einem Array `M`, das heißt, wir starten mit `M[1]:=M[2]:=M[3]:=sicher`. Entsprechend ist 4 eine unsichere Zahl, da, egal wie viele Steine gezogen werden, Ihre Gegenspielerin anschließend mit einer sicheren Anzahl spielen könnte. Für die verbleibenden Zahlen $x > 3$ können wir daher folgende Regel aufstellen:

$$M[x] := \begin{cases} \text{unsicher,} & \text{falls } M[x-1] = M[x-2] = M[x-3] = \text{sicher} \\ \text{sicher} & \text{sonst} \end{cases}$$

Die Regel spiegelt wider, dass eine Anzahl immer dann sicher ist, wenn Sie dafür sorgen können, dass Ihre Gegnerin nach Ihrem Zug eine unsichere Anzahl Steine vor sich liegen hat. Umgekehrt ist eine Anzahl dann unsicher, wenn, egal wie Sie spielen, Ihre Gegnerin anschließend eine sichere Anzahl Steine zur Auswahl hat und daher eine Gewinnstrategie spielen kann. Auf diese Weise können wir das Programm auch verwenden, um eine andere Regel für das Ziehen von Steinen abzudecken. Angepasst an die variierte Zugregel (nur ein oder vier Steine dürfen weggenommen werden) lautet die Formel dann:

$$M[x] := \begin{cases} \text{unsicher,} & \text{falls } M[x-1] = M[x-4] = \text{sicher} \\ \text{sicher} & \text{sonst} \end{cases}$$

Es muss also lediglich berücksichtigt werden, welche Folgezustände nach dem aktuellen Zug möglich sind.

Da jedes `M[x]` immer nur Felder im Array benötigt, die einen kleineren Index haben, kann das Array beginnend beim Index 1 bis hin zur gewünschten Zahl an Steinen berechnet werden. Tabelle 8.1 und Tabelle 8.2 zeigen das Ergebnis des Algorithmus für alle Steinanzahlen zwischen 1 und 21.

1	2	3	4	5	6	7	8	9	10	11	12
s	u	s	s	u	s	u	s	s	u	s	u

Tabelle 8.1 Sichere (»s«) und unsichere (»u«) Anzahlen von 1 bis 12, wenn nur ein oder vier Steine gezogen werden dürfen

13	14	15	16	17	18	19	20	21
s	s	u	s	u	u	s	u	s

Tabelle 8.2 Sichere (»s«) und unsichere (»u«) Anzahlen von 13 bis 21, wenn nur ein oder vier Steine gezogen werden dürfen

Kapitel 9

Graphen

Graphen eignen sich sehr gut dafür, zusammengehörige oder abhängige Daten zu speichern. Wir werden in diesem Kapitel erklären, was Graphen sind und wie man mit ihnen Daten in Beziehung setzt. Außerdem werden wir einfache Algorithmen auf Graphen ausprobieren.

9.1 Morgendliches Anziehen

Knobelei zum Einstieg

Jeden Morgen dasselbe! Nach dem Duschen nimmt man die Kleidungsstücke, die man am Tag tragen möchte, aus dem Schrank und zieht sie dann an. Aber wie oft passiert es, dass man schlaftrunken das T-Shirt anzieht und danach das Unterhemd noch in der Hand hält? Natürlich ist es ärgerlich, kostet aber bei wenigen Kleidungsstücken noch nicht so viel Zeit. Aber wie ist es, wenn man im Winter feststellt, dass man das T-Shirt vergessen hat, wenn man schon den Schneeanzug trägt?

Damit wir mit solchen Situationen in der Zukunft keine Zeit mehr verschwenden, wollen wir uns überlegen, wie wir diesen Vorgang besser organisieren können. Stellen Sie sich vor, Sie möchten heute die folgenden Kleidungsstücke tragen:

- Handschuhe
- lange Unterhose
- Mütze
- Pullover
- Schneeanzug
- Schuhe
- Socken
- T-Shirt
- Unterwäsche

Überlegen Sie sich doch einmal, welche Abhängigkeiten beim Anziehen Ihrer Kleidungsstücke existieren, und schreiben Sie sie auf. Dass die Unterwäsche vor dem T-Shirt angezogen werden muss, könnte man beispielsweise so notieren:

Unterwäsche → T-Shirt

Da es egal ist, in welcher Reihenfolge Sie zum Beispiel die Unterwäsche und die Socken anziehen, kommt diese Kombination in der Liste der Abhängigkeiten nicht vor.

Fassen Sie im nächsten Schritt die Abhängigkeiten zusammen, sodass jedes Kleidungsstück nur noch einmal vorkommt. Welches Bild kommt dabei zustande? Wie könnten Sie nun mit diesem Bild eine Reihenfolge finden, in der Sie die Kleidungsstücke ohne Probleme anziehen können?

In Abbildung 9.1 haben wir die Abhängigkeiten der Kleidungsstücke graphisch dargestellt. Möglicherweise haben Sie in Ihrem Bild einige Pfeile mehr. Diese haben wir in unserer Darstellung entfernt, weil sie indirekt in ihr enthalten sind. Beispielsweise muss natürlich das

T-Shirt vor dem Schneeanzug angezogen werden, jedoch ist dies dadurch gegeben, dass das T-Shirt vor dem Pullover und dieser vor dem Schneeanzug angezogen werden muss.

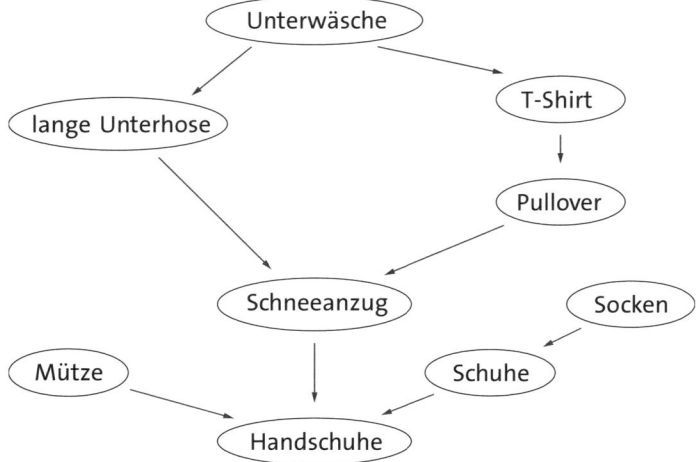

Abbildung 9.1 Abhängigkeiten der Kleidungsstücke

Aus dieser Abbildung können Sie nun schon einiges ablesen. Beispielsweise müssen die Schuhe, der Schneeanzug und die Mütze angezogen sein, bevor Sie die Handschuhe anziehen können. Außerdem sind die Handschuhe das letzte Kleidungsstück, das angezogen wird. Beginnen können Sie mit der Unterwäsche, den Socken oder der Mütze, da diese keine vorherigen Abhängigkeiten, also keine eingehenden Pfeile, haben. Genau so können Sie auch eine Reihenfolge für die Kleidungsstücke finden, die insgesamt funktioniert. Sie können ein Kleidungsstück anziehen, wenn es keine vorherigen Abhängigkeiten hat. Ziehen Sie ein Kleidungsstück an, kann es aus dem Diagramm entfernt werden. Anschließend haben Sie neue Kleidungsstücke, die Sie anziehen können. Diesen Algorithmus nennt man auch *topologisches Sortieren*. Eine mögliche Reihenfolge zum Anziehen der Kleidungsstücke:

Unterwäsche → lange Unterhose → T-Shirt → Pullover → Schneeanzug
→ Socken → Schuhe → Mütze → Handschuhe

9.2 Verknüpfte Daten

Verknüpfte Daten sind überall in der Welt vorhanden. Etwas später in diesem Kapitel werden wir uns zum Beispiel mit Straßenverbindungen zwischen Städten und einem Freundschaftsnetzwerk beschäftigen. Solche Verknüpfungen in den Datenstrukturen darzustellen, die Sie bisher kennengelernt haben, ist nur schwer möglich.

Graphen bieten sich genau dafür an. Sie bestehen grundsätzlich aus einer Menge von *Knoten* und *Kanten*. Ein Knoten im Graphen steht stellvertretend für ein Objekt. Das kann beispielsweise wie in der Knobelei ein Kleidungsstück oder eine Stadt auf einer Landkarte sein. Eine Kante verbindet zwei Knoten, wie zum Beispiel eine Straße zwei Städte verbindet. Wenn zwei Knoten mit einer Kante verbunden sind, nennt man sie *benachbart*. In vielen Algorithmen auf Graphen spricht man von der *Nachbarschaft* eines Knotens. Damit sind dann alle Knoten gemeint, die mit diesem Knoten benachbart sind.

Knoten notiert man im Regelfall mit einem Kreis. Eine Kante ist eine Linie zwischen zwei Knoten. In Abbildung 9.2 sehen Sie einen einfachen Graphen, in dem zwei Knoten *A* und *B* durch eine Kante verbunden sind. Beim Zeichnen von Graphen ist es nicht wichtig, wo die Knoten platziert werden. *A* und *B* könnten also beliebig verschoben werden; die Aussage, dass die beiden Knoten verknüpft sind, bleibt bestehen. Da es bei Graphen nur um das Darstellen dieser Verknüpfung geht, ist die genaue Positionierung unwichtig.

Abbildung 9.2 Ein einfacher Graph mit zwei Knoten und einer Kante zwischen diesen Knoten

9.3 Varianten von Graphen

Graphen modellieren immer einen Sachverhalt. Manchmal reicht die Information, dass zwei Knoten verbunden sind, jedoch nicht aus, sondern es müssen abhängig vom Kontext weitere Informationen gespeichert werden. Zusätzlich zur Beziehung zwischen zwei Knoten kann man in einem Graphen auch gut speichern, wie genau diese Beziehung ausgestaltet ist. Gilt sie in beide Richtungen? Ist sie mit einer Art Kosten verbunden? Für diese zwei typischen Anforderungen gibt es Varianten von Graphen, die diese zusätzlichen Informationen modellieren können.

Gerichtete Kanten

Gerichtete Kanten ermöglichen es, einseitige Verbindungen in einem Graphen darzustellen. Die Richtung der Kante wird durch einen Pfeil im Graphen markiert, wie Abbildung 9.3 zeigt. In diesem Beispiel ist Knoten *A* mit Knoten *B* verbunden, und außerdem gilt: Knoten *A* zeigt auf Knoten *B*.

Abbildung 9.3 Ein einfacher gerichteter Graph. Die Kante zeigt von Knoten »A« zu Knoten »B«.

Solche Graphen haben Sie schon in der Knobelei kennengelernt. Die Abhängigkeiten zwischen den Kleidungsstücken waren einseitig. Ein Straßennetz ist ein anderes Beispiel, bei dem gerichtete Kanten oft zum Einsatz kommen. So können wir Einbahnstraßen als gerichtete Kanten modellieren, um beispielsweise beim Berechnen von Routen darzustellen, dass die Straße nur in eine Richtung befahren werden kann.

Wenn keine Kante des Graphen eine Richtung hat, wird der Graph *ungerichtet* genannt.

Gewichtete Kanten

Möchten wir zum Beispiel die Distanzen zwischen zwei verbundenen Städten ausdrücken, können wir dies einfach mit *Kantengewichten* tun. Kantengewichte werden als Zahl an der Kante notiert, wie in Abbildung 9.4 dargestellt, und manchmal auch als *Kantenkosten* bezeichnet.

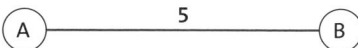

Abbildung 9.4 Ein einfacher gewichteter Graph. Die Kante zwischen den Knoten »A« und »B« hat das Gewicht 5.

Die Bedeutung eines Kantengewichts kann sehr vielfältig sein. Es kann die Distanz zwischen zwei Städten beschreiben, die Übertragungsgeschwindigkeit einer Datenleitung oder auch den Grad einer Freundschaft zwischen zwei Personen. Die Bedeutung hängt ganz von dem Kontext ab, für den der Graph modelliert wird, und spielt dann in den Algorithmen eine Rolle, die auf dem Graphen ausgeführt werden. Angenommen, das Kantengewicht eines Graphen steht für die Distanz zwischen zwei Städten. Wenn dann die kürzesten Wege in der als Graph modellieren Landkarte gesucht werden sollen, entscheidet dieses Gewicht darüber, ob ein Weg über eine Straße (beziehungsweise Kante) führt. Je nachdem, wie hoch das Gewicht ist, kann eventuell auch ein kürzerer Weg gefunden werden, der vielleicht sogar mehr, aber dennoch in Summe günstigere Kanten verwendet.

Hat ein Graph keine Kantengewichte, wird er *ungewichtet* genannt.

Beispiele für Graphen

Eines der natürlichsten Beispiele für Graphen sind Landkarten. In Abbildung 9.5 haben wir einige deutsche Großstädte und deren Distanzen dargestellt. Die Knoten sind dabei die Städte selbst; die Kanten sind einige Autobahnen, die diese Städte verbinden. Das Gewicht der Kanten sind die Distanzen in Kilometern zwischen den benachbarten Städten. Eine typische Fragestellung zu so einem Graphen ist, ob zwei bestimmte Städte (möglicherweise über andere Städte) miteinander verbunden sind und wie groß die daraus resultierende

Distanz zwischen den beiden Städten ist. So können wir mit dem Graphen aus Abbildung 9.5 ermitteln, dass die Entfernung von Hamburg nach München 885 Kilometer beträgt. Der Weg führt von Hamburg über Berlin und Nürnberg nach München.

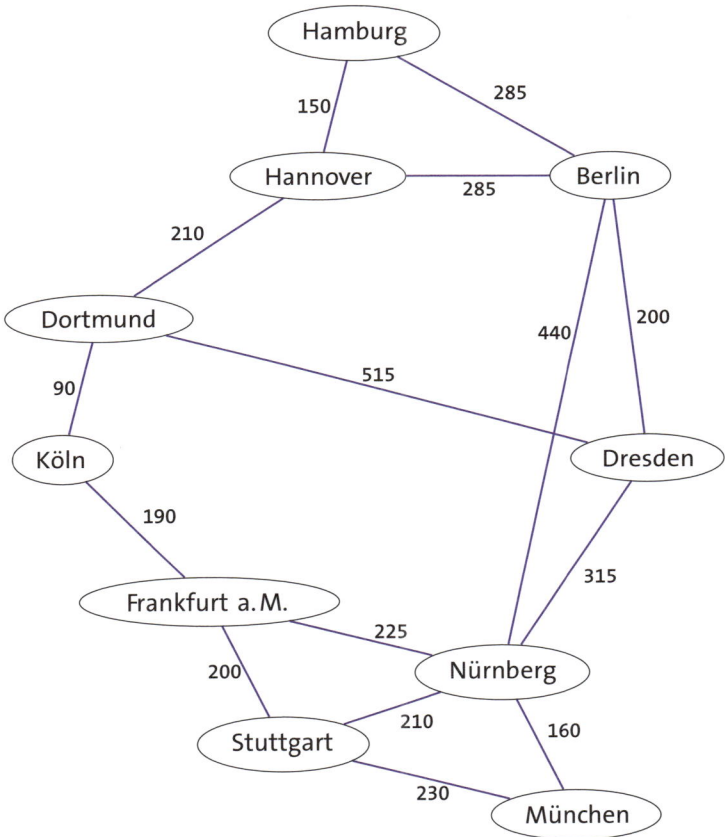

Abbildung 9.5 Einige deutsche Großstädte und ihre Verbindungen über Autobahnen. Die Kantengewichte stehen für die Distanz zwischen den Städten.

Das Straßennetzwerk von Deutschland ist schon beim Betrachten einer Straßenkarte als Graph erkennbar. Ein etwas versteckteres Beispiel für Graphen sind soziale Netzwerke. In Abbildung 9.6 haben wir das soziale Netzwerk einer Schulklasse dargestellt. Die Knoten sind die Schüler; eine Kante zeigt an, dass zwei Schüler befreundet sind.

Für dieses soziale Netzwerk könnten wir nun bestimmen, welche Person die beliebteste ist, also die meisten Freunde hat. Die Anzahl der Freunde einer Person entspricht der Anzahl an Kanten am entsprechenden Knoten. Dieser Wert wird auch der *Grad* eines Knotens genannt. Entdecken Sie den beliebtesten Schüler dieser Klasse?

Außerdem könnten wir Cliquen finden. Eine Clique ist eine Menge von Personen, die alle miteinander befreundet sind. Auch in der Graphentheorie nennt man dies eine *Clique* und definiert, dass jedes Paar von Knoten in der Clique durch eine Kante verbunden sein muss. Finden Sie die größte Clique in dieser Klasse?

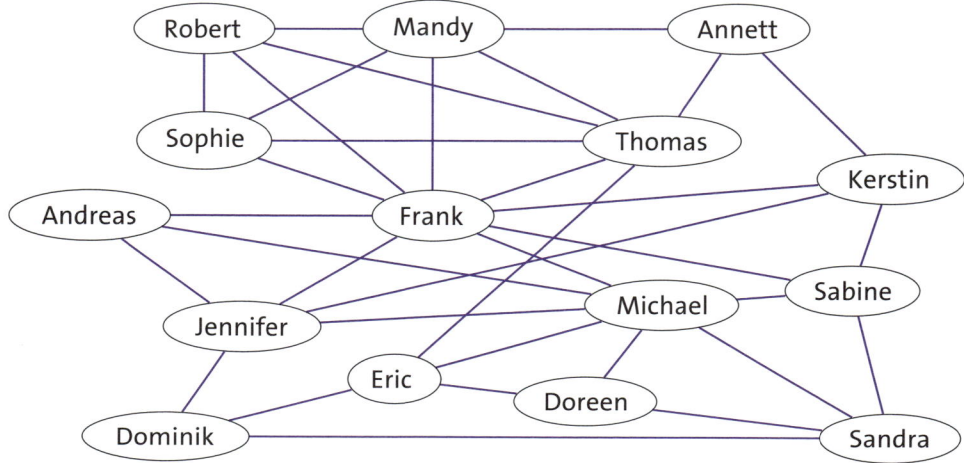

Abbildung 9.6 Das soziale Netzwerk einer Schulklasse

In der Klasse in Abbildung 9.6 ist Frank der beliebteste Schüler, da er 9 Freunde hat. Die größte Clique besteht aus Robert, Mandy, Thomas, Frank und Sophie.

9.4 Suchen und Bewegen in Graphen

Eine der Grundoperationen auf Graphen ist das Suchen nach einem Knoten oder einer Verbindung. Beispielsweise ist es oft relevant zu wissen, ob ein Knoten von einem anderen Knoten erreichbar ist, sei es, um eine Nachricht in einem Kommunikationsnetzwerk übermitteln zu können oder eine Baustelle im Straßennetz zu umfahren. Dafür werden Suchverfahren verwendet, die systematisch jeden Knoten im Graphen besuchen und dabei nach einem Verbindungsweg zwischen den beiden Knoten Ausschau halten. Jede Suche beginnt bei einem bestimmten Startknoten und endet, sobald entweder das Suchziel (zum Beispiel ein anderer Knoten) erreicht wurde oder alle Knoten betrachtet wurden.

Die zwei Standardverfahren dafür nennen sich *Tiefensuche* und *Breitensuche*. Beide basieren auf der Idee, nach und nach alle Nachbarn eines Knoten zu besuchen, ebenso die Nachbarn der Nachbarn und so weiter. Da der ursprüngliche Knoten selbst auch ein Nachbar seines Nachbarn ist, müssen die Algorithmen dafür speichern, welche Knoten sie schon besucht haben, um nicht im Kreis Nachbarschaftsbeziehungen zu verfolgen. Wann immer ein Knoten *besucht* wird, werden einmal alle seine Nachbarn betrachtet und als *gesehen*, aber noch nicht als *abgearbeitet* gespeichert, falls sie nicht schon zuvor besucht oder gesehen wurden. Die beiden Algorithmen verfahren dann fast gleich und unterscheiden sich lediglich darin, in welcher Reihenfolge *gesehene* Knoten besucht werden. Die Breitensuche betrachtet zunächst die nähere Umgebung des Startknotens, bevor sie sich weiter entfernt. Wie eine Welle besucht der Algorithmus also zunächst alle Knoten, die direkt mit dem Startknoten benachbart sind, dann die Knoten mit zwei Kanten Entfernung vom Start, die mit drei und so weiter. Die Tiefensuche dagegen verfolgt zunächst einen Weg durch den Graphen, bis sie erfolgreich war oder in einer Sackgasse gelandet ist, und betrachtet erst dann die Umgebung des Weges. Auf den Graphen in Abbildung 9.7 können Sie diesen Unterschied nachvollziehen.

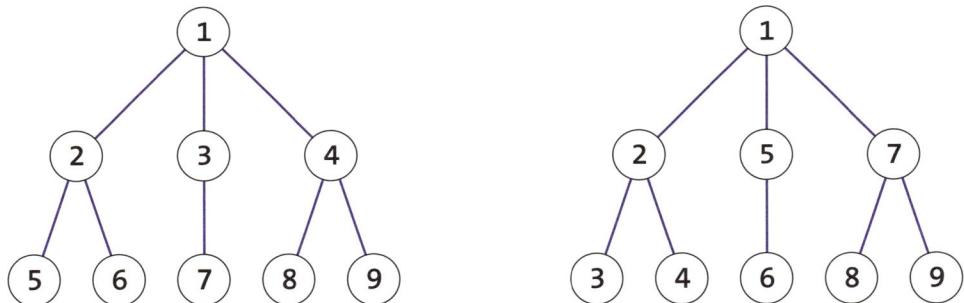

Abbildung 9.7 Breitensuche (links) und Tiefensuche (rechts) besuchen Knoten in unterschiedlicher Reihenfolge.

Implementierung

Die beiden Suchverfahren können wie in Listing 9.1 implementiert werden. In den ersten beiden Zeilen werden die angesprochenen Listen der besuchten und der gesehenen Knoten angelegt. Zum Anfang kennt der Algorithmus bereits den Startknoten und kann ihn daher der Liste gesehener Knoten hinzufügen. Anschließend werden die folgenden Befehle so lange wiederholt, bis die Liste der gesehenen Knoten leer ist (Zeile 4). In jeder Iteration nimmt sich der Algorithmus den nächsten gesehenen Knoten (Zeilen 5 und 6). Dieser Knoten wird im aktuellen Schleifendurchlauf *besucht*, falls er dies nicht schon zuvor wurde (Zeile 7). Falls das der Fall ist, wird der folgende Code nicht ausgeführt, sondern es wird mit der nächsten Iteration fortgesetzt. Sollte er noch nicht besucht worden sein, fügt der Algorithmus ihn der Liste der besuchten Knoten hinzu (Zeile 8). So wird verhindert, dass der Algorithmus endlos läuft, weil er immer wieder dieselben Knoten besucht.

Mit *aktuellerKnoten*.Nachbarn wird auf die Liste der Nachbarn des aktuellen Knotens zugegriffen. Diese werden in diesem Schritt gesehen und deshalb der entsprechenden Liste hinzugefügt. Jeder Knoten kann sich mehrfach in der Liste der gesehenen Knoten befinden. Da er aber aufgrund der Überprüfung in Zeile 7 nur einmal vom Algorithmus bearbeitet wird, ist das in Ordnung.

```
Eingabe: Startknoten s
01  besuchteKnoten := VerketteteListe()
02  geseheneKnoten := VerketteteListe()
03  geseheneKnoten.first := s
04  Wiederhole solange geseheneKnoten nicht leer
05      aktuellerKnoten := geseheneKnoten[0]
06      Entferne erstes Element von geseheneKnoten
07      Falls aktuellerKnoten nicht in besuchteKnoten dann
08          Füge aktuellerKnoten zu besuchteKnoten hinzu
09          Wiederhole für alle n in aktuellerKnoten.Nachbarn
10              Falls n nicht in besuchteKnoten dann
11                  Füge n zu geseheneKnoten hinzu
```

Listing 9.1 Eine Suche über alle Knoten eines Graphen. Es ist nicht spezifiziert, wonach gesucht wird oder was die Ausgabe ist.

Die Implementierung ist für die Tiefen- und die Breitensuche nahezu gleich. Lediglich die Wahl der verwendeten Datenstruktur für die Liste gesehener Knoten führt zu den unterschiedlichen Suchabläufen. Darum unterscheiden sich die Algorithmen nur im Verhalten in Zeile 11. Die Tiefensuche fügt die Knoten zur Liste der gesehenen Knoten vorn hinzu, während die Breitensuche sie hinten anfügt.

Beispiel

Im folgenden Beispiel führen wir auf demselben Graphen die Tiefen- und die Breitensuche parallel aus, um die Algorithmen zu veranschaulichen. Die Tiefensuche ist jeweils links dargestellt, die Breitensuche rechts. Besuchte Knoten sind fett markiert, gesehene werden durch eine dünne und noch nicht gesehene Knoten durch eine gestrichelte Linie wiedergegeben. Wir beginnen bei Knoten *A*, wie Abbildung 9.8 zeigt. Beide Algorithmen sehen die Knoten *B*, *C* und *D*. Wir gehen davon aus, dass die Knoten alphabetisch gespeichert sind und deshalb auch in dieser Reihenfolge der Liste hinzugefügt werden.

Tiefensuche: **Breitensuche:**

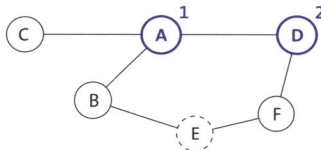

Besuchte Knoten: A
Gesehene Knoten: D, C, B

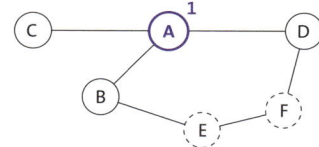

Besuchte Knoten: A
Gesehene Knoten: B, C, D

Abbildung 9.8 Der vorderste Knoten, Knoten »A«, wird besucht. Dadurch werden die Knoten »B«, »C« und »D« gesehen.

Nun wird jeweils der vorderste Knoten aus der Liste mit den gesehenen Knoten besucht. Während die Tiefensuche D als Nächstes besucht, besucht die Breitensuche zuerst B (Abbildung 9.9). Die Tiefensuche fügt den neu gesehenen Knoten F vorn der Liste hinzu, die Breitensuche fügt Knoten E hinten an.

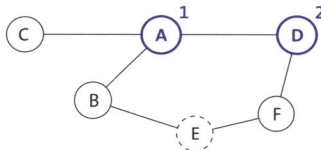

Besuchte Knoten: A, D
Gesehene Knoten: F, C, B

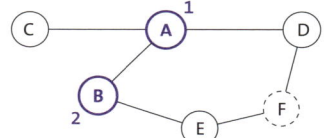

Besuchte Knoten: A, B
Gesehene Knoten: C, D, E

Abbildung 9.9 Im zweiten Schritt besucht die Tiefensuche Knoten »D«, die Breitensuche Knoten »B«.

Bei der Tiefensuche steht nun Knoten F vorn und wird als Nächstes besucht, wie der linke Teil von Abbildung 9.10 zeigt. Dabei wird Knoten E entdeckt. Die Breitensuche besucht als Nächstes Knoten C und sieht daher keine neuen Knoten.

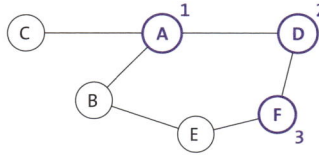

Besuchte Knoten: A, D, F
Gesehene Knoten: E, C, B

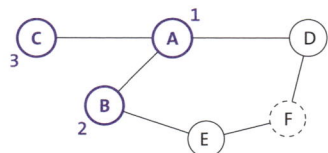

Besuchte Knoten: A, B, C
Gesehene Knoten: D, E

Abbildung 9.10 Da die Tiefensuche Knoten »F« besucht, entdeckt sie Knoten »E«. Die Breitensuche entdeckt keinen neuen Knoten, da »C« keine Nachbarn mehr hat.

Die Tiefensuche verfolgt weiter ihren Weg in die Tiefe und besucht E als Nächstes. Dadurch wird B erneut gesehen und vorn der Liste hinzugefügt. Die Breitensuche arbeitet nach wie vor die direkten Nachbarn von A ab und besucht daher D. Nun entdeckt auch sie Knoten F. Abbildung 9.11 zeigt den aktuellen Stand.

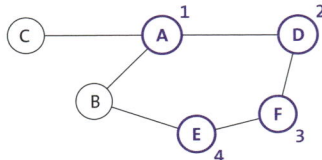 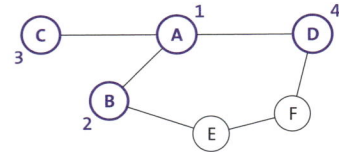

Besuchte Knoten: A, D, F, E
Gesehene Knoten: B, C, B

Besuchte Knoten: A, B, C, D
Gesehene Knoten: E, F

Abbildung 9.11 Die Tiefensuche besucht »E« als Nächstes und findet »B« erneut. Er wird daher der Liste doppelt hinzugefügt. Die Breitensuche findet Knoten »F«, da sie Knoten »D« besucht.

Die Tiefensuche besucht nun B. Damit beendet sie ihren Rundlauf, da Knoten A schon besucht wurde und deshalb nicht noch einmal der Liste hinzugefügt wird, wie auch Abbildung 9.12 zeigt. Die Breitensuche besucht als Nächstes Knoten E und sieht F ein zweites Mal. Knoten F wird daher erneut der Liste hinzugefügt.

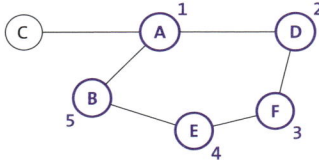 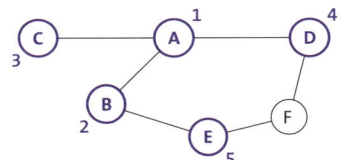

Besuchte Knoten: A, D, F, E, B
Gesehene Knoten: C, B

Besuchte Knoten: A, B, C, D, E
Gesehene Knoten: F, F

Abbildung 9.12 Die Tiefensuche beendet ihren Rundlauf, bei der Breitensuche fehlt nur noch Knoten »F«.

Die Tiefensuche besucht als Nächstes Knoten C. Bei der Breitensuche wird Knoten F besucht. Es wurden nun alle Knoten besucht, wie Sie in Abbildung 9.13 erkennen können.

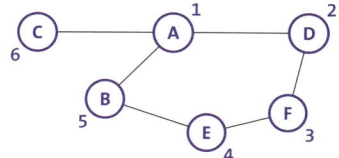
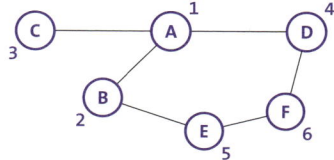

Besuchte Knoten: A, D, F, E, B, C
Gesehene Knoten: B

Besuchte Knoten: A, B, C, D, E, F
Gesehene Knoten: F

Abbildung 9.13 Beide Suchverfahren haben nun alle Knoten besucht. Die verbleibenden gesehenen Knoten sind alle schon besucht und werden daher verworfen.

Beide Suchverfahren arbeiten noch die restlichen Elemente in ihren Listen ab. Da diese Knoten aber alle schon besucht wurden, terminiert die Suche anschließend.

9.5 Eigenschaften von Graphen

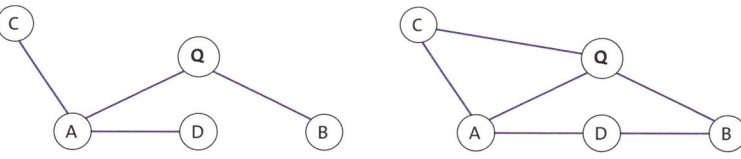

Abbildung 9.14 Zwei Graphen, die die Wasserversorgung von vier Städten zeigen. Die Quelle (»Q«) ist genauso wie die Städte durch einen Knoten repräsentiert. Die Kanten zwischen den Knoten sind Wasserleitungen zur Versorgung der Städte.

Wasser in unseren Städten sehen wir als etwas Selbstverständliches an. Damit aber tatsächlich Wasser in jedem Haushalt aus den Leitungen kommt, muss das Wasser von einer Quelle zu den Städten transportiert werden. Abbildung 9.14 zeigt zwei Varianten, wie vier Städte mit der Quelle verbunden sind und somit mit Wasser versorgt werden. Vergleichen Sie die beiden Versorgungsnetzwerke. In welchem der beiden Netzwerke gibt es Probleme, die das andere Netzwerk behoben hat?

Bäume und Zyklenfreiheit

Die linke Variante ist sehr anfällig für Versorgungsausfälle. Muss eine der Wasserleitungen gewartet werden oder fällt aus anderen Gründen aus, so sind einige der Städte von der Wasserversorgung abgeschnitten. Rechts gibt es selbst beim Ausfall einer Leitung immer noch mindestens einen anderen Weg, auf dem das Wasser von der Quelle zu den Städten transportiert werden kann.

Der linke Graph ist ein Baum. Bäume haben Sie bereits in Kapitel 7, »Suchen«, als Suchbäume kennengelernt. Markant für Bäume ist, dass sie keine Kreise, auch *Zyklen* genannt, enthalten, also *zyklenfrei* sind.

> **Pfade und Kreise**
>
> In der Knobelei hatten wir bereits angesprochen, dass Knoten nicht nur direkt durch eine Kante verbunden sein können, sondern auch indirekt über mehrere Kanten. Eine solche Folge von Kanten, die zwei Knoten miteinander verbindet, nennt man *Pfad*. Beispielsweise gibt es zwischen der Quelle und der Stadt *D* im rechten Teil von Abbildung 9.14 mehrere Pfade. Einer der Pfade verläuft über Knoten *B* und ist zwei Kanten lang. Ein anderer Pfad verläuft über die Knoten *C* und *A* und ist somit drei Kanten lang. Endet ein Pfad im selben Knoten, in dem er begonnen hat, so nennt man diesen Pfad auch *Kreis*. Ist der Graph *gerichtet*, können die Kanten auch nur in die eine Richtung verwendet werden.

Für ein Versorgungsnetzwerk ist es ungünstig, wenn das Netzwerk wie ein Baum aufgebaut ist. Viele Algorithmen funktionieren dagegen auf Bäumen besonders gut. Beispielsweise ist es sehr einfach, den längsten Pfad in einem Baum zu finden, während diese Aufgabe auf allgemeinen Graphen sehr schwer zu lösen ist.

Zusammenhang

Wenn zwei Leitungen gleichzeitig ausfallen, garantiert jedoch keine der beiden Varianten aus Abbildung 9.14, dass alle Städte mit Wasser versorgt werden können, wie Abbildung 9.15 zeigt. In diesem Fall spricht man davon, dass der Graph nicht mehr *zusammenhängend* ist, da nicht mehr jeder Knoten von jedem anderen Knoten aus erreichbar ist. Stattdessen besteht er nun aus zwei Teilgraphen, die auch *Zusammenhangskomponenten* genannt werden. Diese Eigenschaft werden Sie später zur Lösung von Aufgabe 3 im Rahmen eines weiteren Beispiels aus der Praxis benötigen.

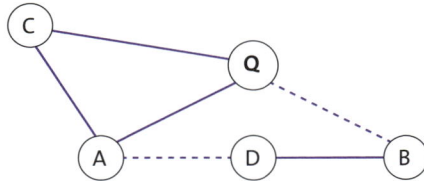

Abbildung 9.15 Zwei der Wasserleitungen sind ausgefallen. Die Städte »B« und »D« sind daher von der Versorgung abgeschnitten. Der Graph ist nun nicht mehr zusammenhängend.

Eulersche Graphen

Damit die Wasserleitungen nicht ausfallen, müssen sie regelmäßig von einem Roboter gewartet werden. Ein solcher Roboter wird in die Wasserleitungen hineingelassen und fährt sie daraufhin alle ab. Damit die Wartung so kurz wie möglich dauert, soll der Roboter keine Leitung doppelt befahren müssen. Gibt es in dem Netzwerk einen Pfad, der jede Kante genau einmal enthält?

Glücklicherweise lässt sich diese Eigenschaft sehr leicht überprüfen. Ein solcher Pfad wird auch *Eulerweg* genannt und existiert genau dann, wenn der Graph zusammenhängend ist und alle bis auf zwei Knoten einen geraden Knotengrad haben, also mit einer geraden Anzahl an Nachbarn verbunden sind. Die beiden anderen Knoten können entweder beide eine ungerade Anzahl an verbundenen Kanten haben oder beide eine gerade Anzahl.

Das Wasserversorgungsnetzwerk rechts in Abbildung 9.14 erfüllt diese Bedingung. Alle Knoten haben eine gerade Anzahl an verbundenen Kanten, bis auf die Knoten A und Q. Die Knoten A und Q sind daher die Start- und Endknoten des Pfades. Ein gültiger Eulerweg, bei dem jede Kante genau einmal befahren wird, wäre zum Beispiel:

$A \to C \to Q \to A \to D \to B \to Q$

Der Roboter kann also sehr schnell das ganze Netzwerk warten, weil er dabei keine Leitung doppelt befahren muss.

Übrigens: Wenn ein Eulerweg auf demselben Knoten endet, auf dem er gestartet ist, spricht man von einem *Eulerkreis*. Einen Eulerkreis kann es aber nur geben, wenn wirklich alle Knoten einen geraden Knotengrad haben. Zum Finden eines Eulerkreises benutzt man zum Beispiel eine erweiterte Tiefensuche. Ein Graph, in dem ein Eulerkreis existiert, wird auch als *eulerscher Graph* bezeichnet.

Planarität

Das Netzwerk soll nun erweitert werden, um noch ausfallsicherer zu werden. Daher planen wir, die Stadt D auch direkt mit der Quelle Q zu verbinden und außerdem mit Direktleitungen A und B, B und C sowie C und D zu verbinden. Das daraus resultierende Netzwerk ist in Abbildung 9.16 dargestellt.

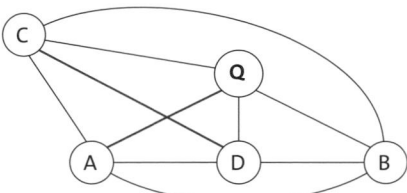

Abbildung 9.16 Im erweiterten Netzwerk überschneiden sich zwei Leitungen.

Nun gibt es in diesem neuen Plan ein Problem: Zwei Wasserleitungen überschneiden sich, und solche Überschneidungen bedeuten Zusatzaufwand. Versuchen Sie einmal, den Planern zu helfen und eine Anordnung derselben Kanten zu finden, die ohne Überschneidungen auskommt! Sie werden feststellen, dass dies nicht möglich ist. Der Graph in Abbildung 9.16 ist daher nicht *planar*, da nicht alle Kanten überschneidungsfrei gezeichnet werden können.

Für dieses Beispiel der Wasserversorgung bedeutet ein nicht planarer Graph, dass es nicht möglich ist, alle Leitungen zu verlegen, ohne dass sich zwei überschneiden. Aber auch in anderen Bereichen wie der Kartographie ist diese Eigenschaft wichtig. Ist ein Graph planar, lassen sich dessen Knoten mit vier verschiedenen Farben einfärben, ohne dass zwei benachbarte Knoten die gleiche Farbe haben. Das ist zum Beispiel nützlich bei der Gestaltung von Landkarten. Wählt man dort die Staaten als Knoten und verbindet benachbarte Staaten mittels Kanten, erhält man einen planaren Graphen und kann deshalb jede Landkarte mit nur vier Farben komplett einfärben.

9.6 Zusammenfassung und Einordnung

In diesem Kapitel haben Sie Graphen kennengelernt, eine Datenstruktur, die sich sehr gut eignet, um Beziehungen zwischen Objekten darzustellen. Graphen können auf verschiedene Arten erweitert werden; wir haben im Speziellen gewichtete und gerichtete Graphen betrachtet. Außerdem haben Sie anhand eines Wassernetzwerks einige der wichtigsten Eigenschaften von Graphen näher untersucht. Mit der Tiefen- und der Breitensuche kennen Sie nun zwei Standardalgorithmen, mit denen Graphen durchsucht werden können. Diese beiden Algorithmen besuchen die Knoten eines Graphen in unterschiedlicher Reihenfolge, da sie verschiedene Datenstrukturen für die Verwaltung der noch abzuarbeitenden Knoten verwenden.

Die Anwendungsfälle für Graphen sind breit gefächert. Beispielsweise speichern Navigationsgeräte alle Städte und Straßen als Graphen ab. Dank fortgeschrittener Algorithmen, wie zum Beispiel des Algorithmus von Dijkstra zum Finden kürzester Wege, ist es dann möglich, Ihnen beim Autofahren die kürzeste Route vorzuschlagen. Der Algorithmus von Dijkstra basiert genauso wie viele andere Algorithmen im Bereich der Graphen auf den vorgestellten Suchverfahren. Auch in der Softwareentwicklung müssen regelmäßig Graphenprobleme gelöst werden. So lassen sich die Abhängigkeiten eines Softwareprojektes genauso wie die Abhängigkeiten der Kleidungsstücke in der Knobelei darstellen – das trifft im Übrigen auf jeden Prozess zu. Um herauszufinden, in welcher Reihenfolge Aufgaben erledigt werden müssen, können Sie genau wie in der Knobelei die topologische Sortierung verwenden.

Aufgaben

Aufgabe 1: Eigenschaften von Graphen

1.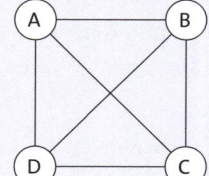

3.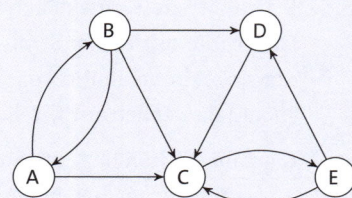

2.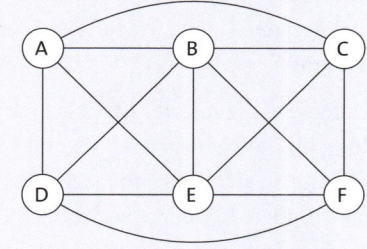

4.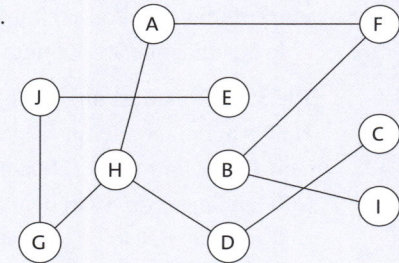

Abbildung 9.17 Welche Eigenschaften haben diese vier Graphen?

Schauen Sie sich die vier Graphen in Abbildung 9.17 an. Welche der folgenden Eigenschaften haben die Graphen?

- Ist der Graph planar?
- Ist der Graph zyklenfrei?

Sollte der Graph ungerichtet sein:

- Lässt sich ein Eulerweg oder ein Eulerkreis finden?
- Ist er zusammenhängend?

Aufgabe 2: Suchen in Graphen

Betrachten Sie erneut den Graphen zu den Freundschaften der Schulklasse aus Abbildung 9.6. Können Sie die folgenden Fragen zu diesem Graphen beantworten?

a) Wie viele Schritte sind mit der Tiefensuche mindestens notwendig, um von Mandy zu Dominik zu finden? Wie viele Schritte dauert es mit der Breitensuche mindestens?

b) Lässt sich mit diesen Aussagen eine generelle Aussage darüber treffen, welche der beiden Suchen schneller den gewünschten Knoten findet?

Aufgabe 3: Graphmodellierung

Brynay ist ein kleines Land weit entfernt von Deutschland. In Brynay gibt es zehn Städte, die mit einem Straßennetz verbunden sind. Die Straßen in Brynay sind in der Regel in beide Richtungen befahrbar, außer einige Straßen in den Bergen und sobald Baustellen auftreten.

Ganz im Westen liegt die Stadt Cerer. Sie ist über eine 90 km lange Straße mit der etwas nördlicher liegenden Stadt Omyr verbunden. Von Omyr führt eine 140 km lange Straße in die Berge nach Hatan. Da diese Straße so schmal ist, kann man sie nur von Omyr nach Hatan befahren. Von Hatan kommt man, ebenfalls nur über eine einseitig befahrbare, 60 km lange Straße, nach Taisul. Taisul ist außerdem über eine 75 km lange Straße mit Omyr verbunden.

Die Stadt Taisul ist über eine 300 km lange Straße mit der Stadt Nallar verbunden. Nallar hat eine 172 km lange Anbindung an die sehr zentral liegende Stadt Dium. Von Dium führt eine 180 km lange Straße in den Norden nach Omyr und eine 200 km lange Straße in den Westen nach Ustria. Auf der Strecke nach Omyr befindet sich eine Baustelle, weshalb man nur von Omyr nach Dium fahren kann. Normalerweise kommt man auch über eine 112 km lange Straße von Ustria nach Cerer, jedoch gibt es dort aktuell ebenfalls eine Baustelle, weshalb man zurzeit nur von Cerer nach Ustria fahren kann.

Von Ustria geht es in die südliche Küstenregion, und zwar zur 81 km entfernten Stadt Baw. 108 Kilometer weiter im Osten liegt Ritson, das über eine Straße von Baw zu erreichen ist. Aus Ritson heraus führt wiederum eine Straße nach Nallar, die 175 Kilometer lang ist, die jedoch gerade aufgrund einer Baustelle nur von Nallar nach Ritson befahrbar ist. Ritson ist außerdem die einzige Möglichkeit, zum etwas nördlicher liegenden Isot zu kommen; die Strecke ist 90 Kilometer lang.

Bitte entwerfen Sie eine Landkarte von Brynay. Zeichnen Sie in diese außerdem die Distanzen zwischen den benachbarten Städten. Versuchen Sie, mithilfe dieser Karte die folgenden Fragen zu beantworten:

a) Ist der Graph zusammenhängend und planar?
b) Wie weit ist die kürzeste Strecke von Hatan nach Isot? Ist es von Isot nach Hatan genauso weit?

c) Angenommen, zwei Autos fahren gleichzeitig mit der gleichen Geschwindigkeit in Ritson los. Das eine Auto möchte nach Omyr, das andere nach Taisul. Welches der Autos kommt eher an seinem Ziel an?

d) Welche Straßen dürfen nicht durch Bauarbeiten vollständig blockiert werden, weil der Graph dann nicht mehr zusammenhängend wäre und deshalb Städte nicht mehr erreicht werden könnten?

Lösungen

Aufgabe 1: Eigenschaften von Graphen

Tabelle 9.1 zeigt, welche Eigenschaften welcher Graph erfüllt. Je nachdem, ob der Graph gerichtet oder ungerichtet ist, wurden bestimmte Zusammenhangseigenschaften ausgelassen.

Eigenschaft	Graph 1	Graph 2	Graph 3	Graph 4
Planarität	✓	✗	✓	✓
Zyklenfreiheit	✗	✗	✗	✓
Zusammenhang	✓	✓	–	✓
Eulerweg	✗	✓	–	✗
Eulerkreis	✗	✗	–	✗

Tabelle 9.1 Die Eigenschaften der Graphen. Nicht relevante Eigenschaften sind ausgelassen.

Wir möchten gerne einige Erklärungen zum Ergebnis hinzufügen:

▶ Der erste Graph ist planar, weil man eine der Kanten auch außenrum zeichnen kann. Somit überschneiden sich keine Kanten mehr. Da alle Knoten eine ungerade Anzahl an Kanten haben, lässt sich kein Eulerweg und somit auch kein Eulerkreis finden.

▶ Aufgrund der beiden langen Kanten ist der zweite Graph nicht mehr planar. Da zwei Knoten eine ungerade Anzahl an Kanten haben, lässt sich zwar ein Eulerweg, aber kein Eulerkreis finden.

▶ Der dritte Graph ist gerichtet, und da wir in diesem Buch nicht gezeigt haben, wie die drei Eigenschaften Eulerweg, Eulerkreis und Zusammenhang auf gerichteten Graphen definiert sind, haben wir diese Zellen leer gelassen. Diese Eigenschaften lassen sich aber auch für gerichtete Graphen definieren, wie Sie auf der Website zum Buch nachlesen können.

- Der vierte Graph ist ein Baum, da er zusammenhängend und zyklenfrei ist. Er ist zwar in diesem Fall nicht planar gezeichnet, da es sich jedoch um einen Baum handelt, ist dies einfach möglich.

Aufgabe 2: Suchen in Graphen

a) Die Tiefensuche benötigt mindestens 3 Schritte. Dieser Fall tritt ein, wenn die Speicherung der Knoten so aussieht, dass die Tiefensuche im ersten Schritt Frank besucht, anschließend Jennifer und am Ende Dominik. Die Breitensuche hingegen braucht mindestens 12 Schritte. Auch dieser Fall ist abhängig von der Speicherung der Knoten. Im ersten Schritt muss die Breitensuche Frank besuchen. Damit werden dessen Nachbarn der gesehenen Liste hinzugefügt, wobei Jennifer die Erste sein muss, die dieser Liste hinzugefügt wird. Jennifer wird jedoch erst besucht, wenn alle weiteren direkten Nachbarn von Mandy besucht wurden. Wenn Jennifer besucht wird, muss ebenfalls Dominik als Erster der Liste der gesehenen Knoten hinzugefügt werden. Auch in diesem Fall müssen aber erst alle anderen Nachbarn von Frank abgearbeitet werden.

b) Auch wenn in diesem Beispiel die Tiefensuche wesentlich weniger Schritte benötigt hat als die Breitensuche, lässt sich daraus nicht generell schließen, dass die Tiefensuche einen Knoten schneller findet als die Breitensuche. Ein einfaches Gegenbeispiel zeigt dies: Angenommen, die Speicherung ist genauso wie vorhin, und die Tiefensuche besucht nach Frank die Knoten Jennifer und Dominik, gesucht wird aber ein anderer direkter Nachbar von Mandy, zum Beispiel Thomas. Dann ist die Tiefensuche bereits ganz tief im Graphen, während der gesuchte Knoten recht nah an Mandy liegt und von der Breitensuche schon im zweiten Schritt gefunden werden kann.

Generell trifft man im Vergleich der Tiefen- zur Breitensuche die Aussage, dass die Tiefensuche einen Knoten vermutlich schneller besucht, wenn dieser weit vom Startknoten entfernt liegt, während die Breitensuche eher naheliegende Knoten schneller findet. Letztendlich hängt aber die genaue Anzahl der Schritte von der Speicherung des Graphen ab und somit von der Reihenfolge, in der die Knoten gesehen und besucht werden.

Aufgabe 3: Graphmodellierung

In Abbildung 9.18 sehen Sie den Stadtplan von Brynay. Ebenfalls darin eingezeichnet sind die Distanzen zwischen den Städten. Die Baustellen und nur in eine Richtung befahrbaren Straßen werden mit gerichteten Kanten dargestellt. Dagegen stehen ungerichtete Kanten stellvertretend für beidseitig befahrbare Straßen und somit für zwei gerichtete Kanten. Wir können diese beiden Kantentypen mischen, um den Graphen übersichtlicher zu gestalten.

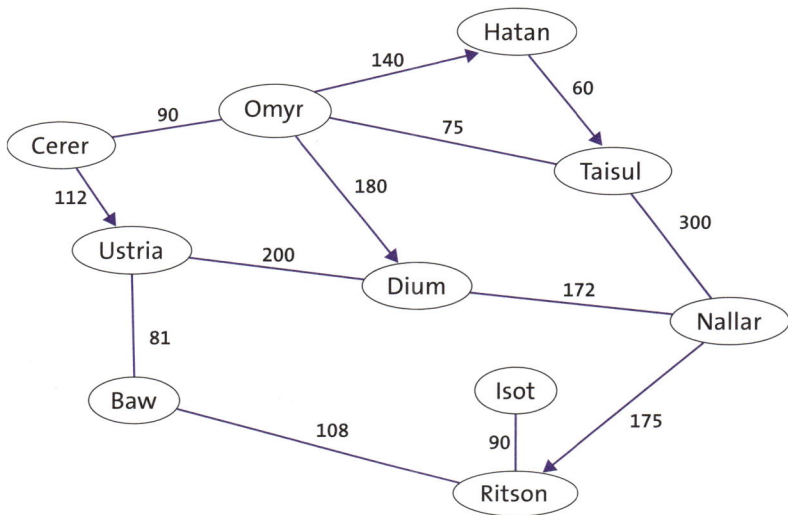

Abbildung 9.18 Die Landkarte von Brynay

a) Der Graph der Städte ist zusammenhängend, da von jeder Stadt aus jede andere Stadt erreicht werden kann. Selbst die entlegenen Städte wie Hatan oder Isot kann man sowohl erreichen als auch wieder verlassen. Da es viele beidseitig befahrbare Straßen gibt, ist es einfach, den Zusammenhang festzustellen. Außerdem ist dieser Graph bereits planar gezeichnet.

b) Die kürzeste Strecke von Hatan nach Isot ist 616 Kilometer lang. Sie führt über Taisul, Omyr, Cerer, Ustria, Baw und Ritson. Aufgrund einiger Baustellen ist die kürzeste Strecke in die andere Richtung leider 1166 Kilometer lang. Sie führt von Isot über Ritson, Baw, Ustria, Dium, Nallar, Taisul und Omyr nach Hatan.

c) Das Auto nach Taisul ist eher am Ziel als das Auto nach Omyr. Das Auto nach Omyr muss sogar über Taisul fahren. Wäre eine der Baustellen zwischen Cerer und Ustria beziehungsweise zwischen Omyr und Dium fertig, wäre das Auto nach Omyr schneller am Ziel. Für die Baustelle zwischen Nallar und Ritson gilt das Gegenteil. Das Auto nach Omyr würde nicht schneller am Ziel ankommen.

d) Die Straßen, die Hatan und Isot mit den anderen Städten verbinden, dürfen nicht bebaut werden, da diese Städte sonst nicht mehr erreichbar wären oder man von Hatan nicht mehr wegkönnte. Bei der aktuellen Baustellensituation gibt es aber noch mehr kritische Straßen: Käme beispielsweise eine Baustelle auf der Strecke von Taisul nach Omyr (in dieser Richtung) hinzu, könnte man aus den meisten Städten nicht mehr nach Omyr und Cerer fahren. Umgekehrt darf auch die Strecke von Baw nach Ustria nicht blockiert werden, weil man dann aus Baw, Ritson und Isot nicht mehr den Rest des Landes erreichen könnte.

Kapitel 10

Formale Sprachen

Immer wenn Sie z. B. einen deutschen Satz oder eine mathematische Formel aufschreiben, befolgen Sie dabei bestimmte Regeln. Formale Sprachen sind ein nützliches Werkzeug zum Beschreiben dieser Regeln. In diesem Kapitel lernen Sie grundlegende Modelle für formale Sprachen und deren Anwendung kennen.

10.1 Sätze erzeugen

Knobelei zum Einstieg

Wie schwer ist es wohl, einer Maschine beizubringen, einfache deutsche Sätze zu bilden? Machen Sie sich dafür zunächst einmal mit folgenden Ersetzungsregeln vertraut. Dabei steht in jeder Regel jeweils links vom Pfeil ein Platzhalter, der durch den Teil rechts vom Pfeil ersetzt werden kann.

- ⟨Satz⟩ → ⟨Subjekt⟩ ⟨Verb⟩ ⟨Objekt⟩
- ⟨Subjekt⟩ → Alice
- ⟨Subjekt⟩ → Bob
- ⟨Verb⟩ → fotografiert
- ⟨Verb⟩ → schreibt
- ⟨Objekt⟩ → eine Nachricht
- ⟨Objekt⟩ → die Blumen
- ⟨Objekt⟩ → Bob

Welche der folgenden Sätze können Sie mit diesen Regeln erzeugen, wenn Sie mit ⟨Satz⟩ beginnen?

1. Alice fotografiert die Blumen
2. Bob schreibt Alice eine Nachricht
3. Alice fotografiert eine Nachricht
4. Alice schreibt die Blumen
5. Bob fotografiert Alice
6. Alice schreibt Bob

Betrachten wir zunächst an einem funktionierenden Beispiel, wie die Ersetzung vonstattengeht. Dazu wollen wir den ersten Satz erzeugen und ersetzen einfach von links nach rechts:

⟨Satz⟩ → ⟨Subjekt⟩ ⟨Verb⟩ ⟨Objekt⟩ → Alice ⟨Verb⟩ ⟨Objekt⟩
→ Alice fotografiert ⟨Objekt⟩
→ Alice fotografiert die Blumen

Eigentlich war jedoch gar keine Ersetzungsreihenfolge vorgegeben. Um zum Beispiel Satz 3 zu generieren, könnten wir auch folgende Ersetzungen vornehmen:

⟨Satz⟩ → ⟨Subjekt⟩ ⟨Verb⟩ ⟨Objekt⟩ → ⟨Subjekt⟩ fotografiert ⟨Objekt⟩
→ ⟨Subjekt⟩ fotografiert eine Nachricht
→ Alice fotografiert eine Nachricht

Ähnlich können wir auch die Sätze 4 und 6 erzeugen. Satz 4 ergibt zwar nicht allzu viel Sinn, befolgt aber die Ersetzungsregeln. Im Rahmen dieser Regeln ist der Satz also korrekt. Satz 2 kann nicht gebildet werden, weil es keine Möglichkeit in unserem Regelset gibt, zwei Objekte in einem Satz zu bilden. Der fünfte Satz ist nicht gültig, weil Alice keine erlaubte Ersetzung für ⟨Objekt⟩ ist.

10.2 Grammatiken

In der Informatik arbeiten Sie häufig mit solchen Regeln, z. B. bei E-Mail-Adressen oder der Struktur von Programmcode. In der Knobelei haben Sie bereits das wichtigste Element von Grammatiken kennengelernt: Mithilfe von Ersetzungsregeln kann aus einem sogenannten *Startsymbol* (in der Knobelei war dies »⟨Satz⟩«) eine neue Zeichenkette generiert werden. Auch haben Sie bereits eine wichtige Anwendung der Grammatik selbst ausprobiert, indem Sie vorgegebene Sätze auf ihre Gültigkeit hin geprüft haben. Bevor wir jedoch weiter auf die Anwendung eingehen, führen wir zunächst eine formale Definition einer Grammatik ein. Mathematisch wird eine Grammatik G als Viertupel beschrieben:

$$G = (N, T, P, S)$$

Dabei ist N eine Menge von *Nichtterminalen*. Dies sind Symbole, die ersetzt werden können und müssen. Verwenden wir die Grammatik und erzeugen damit eine neue Zeichenkette, so dürfen zwar zwischenzeitlich Nichtterminale in der Zeichenkette vorkommen, am Ende muss jedoch die ganze Zeichenkette aus sogenannten *Terminalen* bestehen. Auch diese sind Symbole, die jedoch nicht ersetzt werden können. Die Menge der erlaubten Terminale ist die Menge T in der Definition der Grammatik. Um in unserem Beispiel Nichtterminale von Terminalen gut unterscheiden zu können, haben wir die Nichtterminale in spitze Klammern gesetzt. Auch wenn die Begrifflichkeit zu Beginn gewöhnungsbedürftig sein mag, so bezeichnen wir tatsächlich zum Beispiel »Subjekt« im Kontext von Grammatiken als *Symbol*, auch wenn das Symbol aus mehreren Zeichen besteht. Um Grammatiken gut notieren zu können, ist ein Symbol in der Regel eine Zeichenkette, wir könnten aber auch komplexere Symbole oder sogar Bilder verwenden. Zumeist verwenden wir jedoch wirklich einzelne Buchstaben als Symbole, typischerweise Großbuchstaben für Nichtterminale und Kleinbuchstaben für Terminale.

Welche Ersetzungen die Grammatik erlaubt, beschreibt die Menge der *Produktionsregeln*, P. Ein Beispiel für eine Menge an Produktionsregeln haben Sie bereits in der Knobelei gesehen. Um uns Schreibarbeit zu sparen, notieren wir normalerweise mehrere Möglichkeiten, ein Nichtterminal zu ersetzen, in einer Zeile und trennen die Möglichkeiten mit einem senkrechten Strich. Die drei Ersetzungsregeln für ein Objekt beispielsweise könnten wir kürzer schreiben als:

⟨Objekt⟩ → eine Nachricht | die Blumen | Bob

Das vierte Element im Grammatiktupel, S, ist das Nichtterminal aus der Menge N, mit dem die Ersetzung begonnen wird. Deshalb heißt S auch *Startsymbol*.

Eine vollständige Notation der Grammatik aus der Knobelei lautet also:

$G = (N, T, P, S)$ mit
$N = \{⟨Satz⟩, ⟨Subjekt⟩, ⟨Verb⟩, ⟨Objekt⟩\}$
$T = \{Alice, Bob, fotografiert, schreibt, eine Nachricht, die Blumen\}$
$P = $ wie in der Knobelei aufgelistet
$S = ⟨Satz⟩$

> **Tupel**
>
> In Kapitel 3, »Datenstrukturen«, haben Sie bereits Mengen als mathematisches Konstrukt kennengelernt. Tupel sind ähnlich wie Mengen eine Art Behälter für andere Objekte. Im Gegensatz zu einer Menge haben die Objekte in einem Tupel jedoch eine festgelegte Reihenfolge und können auch mehrfach vorkommen. Wir stellen Tupel mit runden Klammern dar und listen die darin enthaltenen Objekte durch Kommata getrennt auf.

Die Menge aller Zeichenketten, die nur aus Terminalen bestehen und die durch Anwendung von Ersetzungsregeln aus dem Startsymbol entstehen können, bezeichnen wir als *Sprache* der Grammatik, die gebildeten Zeichenketten selbst nennen wir *Wörter*. Die Länge eines Wortes ist die Anzahl der Symbole, aus denen es besteht. Sie wird mit Betragsstrichen um das Wort notiert. Arbeiten wir also mit den Symbolen a, b und c, so gilt $|acbbac| = 6$.

Manchmal möchten wir aber auch ein Wort beschreiben, das aus keinem Zeichen besteht, das sogenannte *leere Wort*. Dafür können wir aber nicht einfach nichts schreiben, denn dies wäre schlecht erkennbar. Stattdessen benennen wir diese Zeichenkette mit dem kleinen griechischen Buchstaben ε (Epsilon). Für das leere Wort gilt $|\varepsilon| = 0$, es hat also die Länge null.

Wichtig ist, dass der Begriff »Wort« nicht zwingend mit Wörtern unserer natürlichen Sprache übereinstimmt: In der Knobelei ist ein Wort der Sprache ein ganzer deutscher Satz, ein Symbol der Sprache ist ein Satzbaustein.

Um einfacher mit Grammatiken arbeiten und insbesondere auch Eigenschaften von Sprachen untersuchen zu können, schränken wir üblicherweise ein, wie Ersetzungsregeln aussehen dürfen, und kategorisieren Grammatiken anhand dieser Einschränkungen.

Reguläre Grammatiken

In *regulären Grammatiken* sind nur Produktionsregeln der Form $A \to xB$ oder $A \to x$ erlaubt, wobei A und B Nichtterminale sind und x ein Terminal oder das leere Wort ε ist. Aus dieser Einschränkung können wir direkt ablesen, dass beginnend bei einem Startsymbol S immer maximal ein Nichtterminal in der gebildeten Zeichenkette steht und dieses immer am Ende kommt. Wörter werden also Stück für Stück von links nach rechts aufgebaut, bis in einer letzten Ersetzung das aktuelle Nichtterminal durch ein Terminal ersetzt wird.

Mit einer regulären Grammatik können wir zum Beispiel die Sprache aller Wörter beschreiben, die aus den Buchstaben a, b und c bestehen, auf b enden und in denen mindestens ein c vorkommt:

$G = (\{S, C\}, \{a, b, c\}, P, S)$ mit
$P = \{S \to aS \mid bS \mid cC, C \to aC \mid bC \mid cC \mid b\}$

Zum Beispiel lässt sich mit der Grammatik das Wort *abbcb* bilden, indem wir die Abfolge von Ersetzungsregeln wie folgt wählen:

$S \to aS \to abS \to abbS \to abbcC \to abbcb$

In dieser Grammatik haben wir mehrere Techniken verwendet, um die gewünschte Sprache zu erzeugen. Gleich zu Beginn der Anwendung von Ersetzungsregeln haben wir eine Art Schleife eingesetzt: Dadurch, dass das Symbol S durch ein Terminal und sich selbst ersetzt wurde, können beliebig lange Wörter erzeugt werden. Das Symbol C ist unsere Markierung dafür, dass im erzeugten Wort mindestens ein c vorkommt und das Wort daher nun jederzeit beendet werden darf. Das Fertigstellen des Wortes erreichen wir durch die Ersetzungsregel $C \to b$. Da sie die einzige Regel ist, die kein neues Nichtterminal an die Zeichenkette anhängt, haben wir damit direkt dafür gesorgt, dass das generierte Wort wie verlangt auf b endet.

Sprachen, die sich mithilfe einer regulären Grammatik bilden lassen, nennen wir *reguläre Sprachen*. In Aufgabe 1 können Sie den Umgang mit regulären Grammatiken üben.

Kontextfreie Grammatiken

Leider lassen sich aufgrund der Einschränkung der Produktionsregeln bei weitem nicht alle Sprachen durch reguläre Grammatiken erzeugen. Beispielsweise können wir unmöglich die Sprache konstruieren, die alle korrekt geklammerten arithmetischen Ausdrücke enthält. Unter einem *arithmetischen Ausdruck* verstehen wir dabei eine Zeichenkette, die aus Zahlen, Rechenzeichen und Klammern besteht. Korrekt ist sie, wenn rechts und links eines jeden Rechenzeichens eine Zahl oder wieder ein Ausdruck steht, jede geöffnete Klammer auch geschlossen wird und keine zusätzlichen schließenden Klammern in der Zeichenkette stehen. Zum Beispiel ist $(5 + 10) \cdot 4$ ein korrekter arithmetischer Ausdruck. Dagegen stimmt in $)4/2 - (3 + 1()$ die Klammerung nicht, und in $15 + 3 + 6 +$ fehlt dem letzten Rechenzeichen der zweite Summand. Dieses Klammerkriterium ist »schuld« daran, dass die Sprache nicht regulär ist. Einfach formuliert ist eine reguläre Grammatik nicht in der Lage mitzuzählen, wie viele Klammern geöffnet wurden und daher noch geschlossen werden müssen.

Eine *kontextfreie Grammatik* kann diese Sprache jedoch generieren, weil sie weniger Einschränkungen an die Produktionsregeln einhalten muss. In kontextfreien Grammatiken dürfen Nichtterminale durch beliebige Kombinationen aus Terminalen und Nichtterminalen ersetzt werden; auch das leere Wort ε ist dabei wieder erlaubt. Auf der linken Seite jeder Produktionsregel darf jedoch nach wie vor nur ein einziges Nichtterminal stehen.

Um damit arithmetische Ausdrücke zu beschreiben, können wir folgende Ersetzungsregeln aufstellen (wir beschränken uns dabei der Einfachheit halber auf Grundrechenarten und die natürlichen Zahlen):

- $S \to S + S \mid S - S \mid S \cdot S \mid S/S \mid (S) \mid Z$
- $Z \to 0Z \mid 1Z \mid 2Z \mid 3Z \mid 4Z \mid 5Z \mid 6Z \mid 7Z \mid 8Z \mid 9Z \mid 0 \mid 1 \mid 2 \mid 3 \mid 4 \mid 5 \mid 6 \mid 7 \mid 8 \mid 9$

In Aufgabe 1 sollen Sie zur Übung die dazugehörige Grammatik vollständig notieren.

Genau wie bei den regulären Grammatiken nennen wir die Menge aller Sprachen, die sich mithilfe einer kontextfreien Grammatik bilden lassen, *kontextfreie Sprachen*.

Höhere Grammatiken

Auch die Möglichkeiten der kontextfreien Grammatiken sind beschränkt. So kann zum Beispiel die Sprache, die alle Wörter enthält, die aus gleich vielen a, b und c bestehen, nicht durch eine kontextfreie Grammatik beschrieben werden. Wie der Name schon andeutet, können bei *kontextsensitiven Grammatiken* Produktionsregeln abhängig vom *Kontext* des zu ersetzenden Nichtterminals angewandt werden. Die Regel $aaXB \to aacB$ bedeutet zum Beispiel, dass das Nichtterminal X durch ein c ersetzt werden kann, wenn links davon die Terminale aa stehen und rechts davon das Nichtterminal B.

Noch mächtiger sind *allgemeine Grammatiken*, die keinerlei Einschränkungen an die Produktionsregeln mehr haben. »Mächtiger« bedeutet dabei, dass sie alle Sprachen beschreiben können, zu denen auch eine Grammatik der zuvor vorgestellten Formen existiert, und zusätzlich weitere Sprachen, die von diesen Grammatiken nicht erzeugt werden können.

Auch wenn dies schwer vorstellbar ist: Mit allgemeinen Grammatiken können tatsächlich genau dieselben Problemstellungen beschrieben und gelöst werden wie mit einer »normalen« Programmiersprache.

10.3 Automaten

Grammatiken beschreiben sehr gut, wie Wörter einer Sprache *erzeugt* werden können. Einen etwas anderen Blick auf dasselbe Thema bieten *Automatenmodelle*. Diese beschreiben, wie ein Wort, das als Eingabe entgegengenommen wird, auf die Zugehörigkeit zu einer Sprache überprüft werden kann. Einen solchen Automaten können Sie sich also als Maschine vorstellen, die bei der Eingabe eines Wortes »ja« antwortet, wenn dieses in der Sprache des Automaten ist, und »nein«, wenn das Wort nicht zur Sprache gehört. In der Informatik sprechen wir davon, dass der Automat das Wort entweder *akzeptiert* oder *nicht akzeptiert*.

Endliche Automaten

Auch Automaten wollen wir zunächst formal einführen, im Speziellen betrachten wir dabei sogenannte *endliche Automaten*. Ein solcher Automat A ist definiert als ein Fünftupel:

$$A = (Q, \Sigma, \delta, q_0, F)$$

Da sich der Automat während der Abarbeitung eines Wortes immer in einem *Zustand* befindet, muss sowohl definiert sein, welche Zustände es geben kann, als auch, in welchem Zustand der Automat startet. Die Menge aller Zustände ist Q, der *Startzustand* wird üblicherweise als q_0 bezeichnet, und es gilt $q_0 \in Q$. Zustände und der Startzustand sind vergleichbar mit Nichtterminalen und dem Startsymbol bei regulären Grammatiken.

So wie bei Grammatiken die Menge der Terminale festlegt, welche Symbole in der Ausgabe stehen dürfen, so ist bei endlichen Automaten festgelegt, welche Symbole in der Eingabe vorkommen dürfen. Die Menge dieser Symbole wird *Eingabealphabet* genannt und durch den großen griechischen Buchstaben Σ (Sigma) repräsentiert.

Wenn der Automat die Eingabe liest, so tut er dies zeichenweise von links nach rechts, ein Symbol nach dem anderen. Beim Lesen eines Symbols kann der Automat dann den Zustand wechseln. Wann in welchen Zustand gewechselt werden soll, legt die *Zustandsübergangsfunktion* fest, im Tupel ist dies das kleine griechische δ (Delta). Diese Funktion erhält als Eingabe den aktuellen Zustand und das gelesene Zeichen aus dem Eingabealphabet und gibt den neuen Zustand zurück. Formal schreiben wir dafür:

$$\delta: Q \times \Sigma \to Q$$

Diese Definition wird gelesen als:

Die Funktion Delta ist definiert als eine Abbildung von einem Zustand aus der Menge Q und einem Symbol aus der Menge Σ auf einen Zustand der Menge Q.

Die bisher angesprochenen Bestandteile der Automatendefinition erklären, wie der Automat arbeitet, jedoch noch nicht, welche Ausgabe er produzieren soll, wie er also zwischen *akzeptieren* und *nicht akzeptieren* unterscheidet. Dafür enthält der Tupel die Zustandsmenge F, die eine Teilmenge von Q ist und als Menge der *Endzustände* oder auch *akzeptierenden Zustände* bezeichnet wird. Befindet sich der Automat nach dem vollständigen Verarbeiten des Eingabewortes in einem Endzustand, so akzeptiert er das Wort, ansonsten wird die Eingabe nicht akzeptiert.

Mit einem endlichen Automaten können wir nun zum Beispiel die Menge aller Wörter aus den Zeichen a und b mit ungerade vielen a beschreiben:

$A = (Q, \Sigma, \delta, q_0, F)$ mit
$Q = \{q_0, q_1\}$
$F = \{q_1\}$
$\Sigma = \{a, b\}$

$\delta: Q \times \Sigma \to Q$ mit
$\delta(q_0, a) = q_1$
$\delta(q_0, b) = q_0$
$\delta(q_1, a) = q_0$
$\delta(q_1, b) = q_1$

Notiert man die Zustandsübergangsfunktion auf diese Weise, so lässt sich jedoch nur schwer nachvollziehen, was genau der Automat tut. Etwas besser wird es mit der Darstellung als *Übergangstabelle*, wie in Tabelle 10.1 gezeigt. In dieser Tabelle steht jeweils in der ersten Spalte der aktuelle Zustand, in der zweiten Spalte steht der Folgezustand, falls ein a eingelesen wurde, und in der dritten Spalte entsprechend der nächste Zustand für den Fall, dass ein b gelesen wurde.

Q	a	b
q_0	q_1	q_0
q_1	q_0	q_1

Tabelle 10.1 Die Zustandsübergangsfunktion δ als Übergangstabelle

In der Tabelle erkennen Sie schon besser, dass der Automat mit jedem eingelesenen a zwischen den zwei Zuständen pendelt. Wird dagegen ein b gelesen, so ändert sich der Zustand nicht. Der Zustand q_0 symbolisiert also, dass aktuell eine gerade Anzahl an a eingelesen wurde (potentiell auch null), q_1 dagegen stellt dar, dass eine ungerade Anzahl *a* verarbeitet wurde. Noch besser lässt sich dies nachvollziehen, wenn wir den Automaten wie in Abbildung 10.1 als Diagramm zeichnen. Jeder Zustand wird dabei als Kreis dargestellt; der Startzustand ist mit einem Pfeil gekennzeichnet, alle Endzustände mit doppeltem Rand. Zustandsübergänge werden als Pfeil vom aktuellen Zustand zum neuen Zustand gezeichnet; am Pfeil ist annotiert, welche Symbole gelesen werden müssen, um diesen Übergang zu begehen.

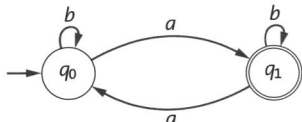

Abbildung 10.1 Automat »A« als Diagramm dargestellt

So wie wir bei Grammatiken nachverfolgen konnten, wie ein Wort Stück für Stück entsteht, können wir bei Automaten ebenfalls die Abarbeitung Symbol für Symbol nachvollziehen. Zu jedem Abarbeitungsschritt gehören dabei der noch nicht verarbeitete Teil des Eingabewortes und der aktuelle Zustand, in dem sich der Automat befindet. Wir starten mit dem gesamten Eingabewort und enden, sobald kein Zeichen mehr übrig ist, der nicht verarbeitete Teil also das leere Wort ε ist. Um zu symbolisieren, dass wir ein Symbol verarbeiten und in den nächsten Zustand wechseln, benutzen wir das Zeichen ⊢. Betrachten wir zum Beispiel die Abarbeitung der beiden Wörter *abaab* und *baa*:

- $(q_0, abaab) \vdash (q_1, baab) \vdash (q_1, aab) \vdash (q_0, ab) \vdash (q_1, b) \vdash (q_1, \varepsilon)$
- $(q_0, baa) \vdash (q_0, aa) \vdash (q_1, a) \vdash (q_0, \varepsilon)$

Die Abarbeitung des ersten Wortes endet im Zustand q_1, der laut Definition des Automaten ein Endzustand ist. Das Wort wird also korrekterweise akzeptiert, denn es enthält drei *a*. Das zweite Wort wird dagegen nicht akzeptiert, weil es nach der Abarbeitung der zwei *a* zurück im Zustand q_0 angekommen ist und dieser Zustand kein Endzustand ist.

Eine entsprechende reguläre Grammatik für dieselbe Sprache könnte übrigens mit diesen Produktionsregeln arbeiten:

- $S \rightarrow a \mid bS \mid aU$
- $U \rightarrow b \mid bU \mid aS$

Erkennen Sie die Ähnlichkeit zur Zustandsübergangsfunktion? Das Nichtterminal *S* entspricht hier dem Zustand q_0 und symbolisiert, dass aktuell eine gerade Anzahl an *a* generiert wurde. Entsprechend steht *U* für eine ungerade Anzahl *a*.

Tatsächlich sind endliche Automaten äquivalent zu den regulären Grammatiken. Das bedeutet, dass für jede reguläre Grammatik ein endlicher Automat existiert, der dieselbe

Sprache *entscheiden* kann, die von der Grammatik *erzeugt* wird. Umgekehrt existiert für jeden endlichen Automaten eine Grammatik, welche dieselbe Sprache *erzeugt*, die der Automat *entscheidet*. Auch endliche Automaten sind deshalb ein Werkzeug, reguläre Sprachen zu beschreiben.

Höhere Automaten

Zu jedem vorgestellten Grammatiktyp gibt es ein äquivalentes Automatenmodell, das dieselben Sprachen beschreiben kann.

Um kontextfreie Sprachen entscheiden zu können, nutzen wir *Kellerautomaten*, die zusätzlich zum Zustand und zum Eingabewort einen *Stack* als Datenspeicher verwalten. Diese Datenstruktur können Sie sich wie einen Papierstapel vorstellen: Neue Elemente werden oben auf den Stapel gelegt, und es kann immer nur das oberste Blatt gelesen werden. Möchten Sie ein Blatt weiter unten im Stapel lesen, so müssen alle darauf liegenden Elemente gelöscht werden.

Ein *linear beschränkter Automat* bekommt die Eingabe auf einem Band. Jedes Symbol der Eingabe steht auf diesem Band in einer Zelle, die der Automat lesen und beschreiben darf.

Sogenannte *Turingmaschinen* haben als Speicher ein unendlich langes Band von Speicherzellen, auf dem sich die Maschine nach links und rechts bewegen darf und Werte lesen oder auch ändern kann. Sie sind äquivalent zu den allgemeinen Grammatiken und damit gleich mächtig wie uns bekannte Computer.

> **Church-Turing-These**
>
> Die Wissenschaftler Alonzo Church und Alan Turing untersuchten Mitte des 20. Jahrhunderts, welche Problemstellungen algorithmisch gelöst werden können. Dazu stellten sie (und mehrere andere Wissenschaftler) verschiedene Berechnungsmodelle auf, die formal den Begriff »algorithmisch lösbar« beziehungsweise »algorithmisch berechenbar« erfassbar machen sollten. Ein Beispiel dafür ist die in diesem Kapitel angesprochene Turingmaschine. Die beiden konnten anschließend beweisen, dass all diese Modelle genau gleich mächtig waren, keines konnte also mehr berechnen als eines der anderen Modelle.
>
> Da es bis heute noch niemandem gelungen ist, ein Modell zu finden, das mächtiger ist als eine Turingmaschine, ist die These allgemein anerkannt, dass alle Probleme, die überhaupt algorithmisch lösbar sind, von diesen Berechnungsmodellen gelöst werden können. Beweisen lässt sich diese These jedoch nicht, weil der Begriff »algorithmisch lösbar« selbst nicht formal genug ist, um einen Vergleich anzustellen.

10.4 Sprachen und Mengenoperationen

Auf Dauer wird es mühsam, den Aufbau von Wörtern einer Sprache ausführlich textuell zu beschreiben, um diese Sprache zu definieren. Darum haben sich einige Kurzschreibweisen eingebürgert, die mithilfe mathematischer Notation für viele Sprachen sehr kurze Definitionen ermöglichen. Grundsätzlich ist eine Sprache eine Menge von Wörtern. Vom Begriff *Language*, englisch für *Sprache*, leitet sich ab, dass man Sprachen meistens mit einem L bezeichnet. Also können wir für eine (noch unvollständige) Sprachdefinition künftig schreiben:

$L = \{...\}$

Anstelle der Auslassungszeichen müssen wir nun die Wörter notieren, die in der Menge enthalten sein sollen. Sind nur wenige Wörter in der Sprache, so ist das kein Problem:

$L = \{aa, aba, aabaa\}$

Ist die Sprache unendlich groß, so können wir jedoch unmöglich alle Wörter notieren. Auch schon bei endlich großen Mengen, die sehr viele Elemente enthalten, wird das Auflisten dieser Elemente schwierig.

Die einfachste unendliche große Sprache ist die Menge aller Wörter, die sich aus einem vorgegebenen Alphabet von Zeichen bilden lassen. Wollen wir zum Beispiel die Sprache beschreiben, die alle Wörter enthält, die aus dem Buchstaben a gebildet werden können, so schreiben wir das so auf:

$L = \{a\}^* = \{\varepsilon, a, aa, aaa, ...\}$

Mit dem Stern im Exponenten drücken wir aus, dass jedes Wort der Sprache eine beliebig lange Aneinanderreihung von Buchstaben aus der Menge $\{a\}$ ist. »Beliebig lang« bedeutet dabei, dass die Länge jedes Wortes einer natürlichen Zahl entspricht. Es gibt also keine unendlich langen Wörter, sehr wohl aber das Wort mit der Länge 0, also das leere Wort. Statt im Exponenten einen Stern zu schreiben, können wir auch eine genaue Länge der Wörter vorgeben. Alle Wörter der Länge 5 aus den Buchstaben a und b drücken wir also aus, indem wir schreiben:

$L = \{a, b\}^5$

Hier gilt also zum Beispiel $aabab \in L$, das Wort $aabab$ ist also Element der Menge L und damit ein Wort der Sprache, aber $bba \notin L$, da das Wort bba zu kurz ist und daher nicht Element der Sprache sein kann.

Wollen wir statt über ein spezielles Wort eine Aussage über viele Wörter treffen, benutzen wir Variablen. Da auch Variablen einfach Buchstaben sind, müssen wir darauf achten, dass man nicht Zeichen des Alphabets und Variablen miteinander verwechseln kann! Das Beispiel von eben können wir also auch schreiben als:

$w_1 = aabab$
$w_2 = bba$
$w_1 \in L$
$w_2 \notin L$

Wenn wir genauer einschränken wollen, welche Wörter in der Sprache sein sollen, nutzen wir eine etwas andere Notation:

$L = \{\text{Wortform} \mid \text{Bedingungen}\}$

Anstelle des Platzhalters *Wortform* notieren wir eine Struktur, die alle Wörter der Sprache haben. Erklärungen zur Struktur und weitere Bedingungen über diese Wortform hinaus formulieren wir hinter dem senkrechten Strich, zum Beispiel:

$L = \{a^n b^n \mid n \in \mathbb{N}\}$

Wie schon bei den Exponenten bei Mengen zuvor beschreibt auch hier ein Exponent eine Wiederholung des darunterstehenden Zeichens. Man liest diese Mengendefinition deshalb als:

> *Die Sprache enthält alle Wörter, die aus n aufeinanderfolgenden a und anschließend n aufeinanderfolgenden b bestehen, wobei n eine natürliche Zahl ist.*

Häufig machen wir Aussagen über das Vorkommen bestimmter Symbole in einem Wort. Deshalb gibt es extra eine Notation dafür, wie oft ein Symbol x in einem Wort w vorkommt. Wir schreiben – in Anlehnung an die Betragsstriche für die Wortlänge – für diese Anzahl $|w|_x$. So kommen im Wort *cabccaa* zum Beispiel drei a vor, und wir schreiben deshalb $|cabccaa|_a = 3$.

Da Sprachen ganz normale Mengen sind, können wir auch übliche Mengenoperationen auf ihnen ausführen. Typisch ist zum Beispiel die Vereinigung zweier Sprachen, die dann alle Wörter aus beiden Sprachen enthält; im Beispiel vereinigen wir die zwei Sprachen L_1 und L_2 zur neuen Sprache L_3. Beachten Sie, dass nach wie vor eine Menge jedes Element nur einmal enthält:

$L_1 = \{a, b, c\}$
$L_2 = \{b, d, e\}$
$L_3 = L_1 \cup L_2 = \{a, b, c, d, e\}$

Die zweite typische Mengenoperation ist die *Verkettung* zweier Sprachen. Diese beschreibt die Menge aller Wörter, deren erster Teil ein Wort aus der ersten Sprache und deren zweiter Teil ein Wort aus der zweiten Sprache ist. Passend dazu, dass wir Wörter also einfach hintereinanderschreiben, stellen wir die Verkettung durch schlichtes Hintereinanderschreiben der beiden Mengen dar und definieren formal:

$L_1 L_2 = \{ w_1 w_2 \mid w_1 \in L_1 \land w_2 \in L_2 \}$

Auch die Verkettung mit dem leeren Wort ε ist möglich und ergibt unverändert das Wort, das mit ε verkettet werden sollte.

In einem Beispiel sieht die Sprachverkettung dann so aus:

$L_1 = \{a, b, c, \varepsilon\}$
$L_2 = \{d, e\}$
$L_3 = L_1 \cup L_2 = \{ad, ae, bd, be, cd, ce, d, e\}$

Eine spezielle Art der Verkettung haben Sie bereits kennengelernt, nämlich die Verkettung einer Sprache mit sich selbst. Diese hatten wir durch den Exponenten hinter den Mengenklammern dargestellt, eine Schreibweise, die wir nun genau definieren werden:

$L^0 = \{\varepsilon\}$
$L^1 = L$
$L^2 = LL$
$\vdots$
$L^n = \underbrace{L \dots L}_{n\text{-mal}}$

Da der Sternchen-Operator – auch *Kleene'scher Abschluss* genannt – eine Kombination aus Verkettung und Vereinigung ist, können wir auch ihn nun noch formal definieren:

$L^* = \{\varepsilon\} \cup L \cup LL \cup LLL \cup \dots$

Um die Vereinigung vieler Mengen aufzuschreiben, können wir übrigens ähnlich wie bei Summenformeln ein großes Vereinigungszeichen ($\cup$) verwenden:

$$L^* = \bigcup_{n=0}^{\infty} L^n$$

10.5 Reguläre Ausdrücke

Sie haben für reguläre Sprachen nun bereits zwei Modelle kennengelernt, um diese zu beschreiben: reguläre Grammatiken und endliche Automaten. Ein weiteres sehr verbreitetes Werkzeug sind sogenannte *reguläre Ausdrücke*, die den gerade eingeführten Mengennotationen ähneln. Reguläre Ausdrücke sind selbst nur Zeichenketten, die jedoch eine ganze Sprache repräsentieren können. Wenn wir einen regulären Ausdruck R haben, so bezeichnen wir dessen Sprache mit $L(R)$. Wie schon bei endlichen Automaten arbeiten wir bei regulären Ausdrücken mit Zeichen aus einem Alphabet Σ und definieren darauf, was ein regulärer Ausdruck ist:

1. $\emptyset$ ist ein regulärer Ausdruck und steht für die Sprache, die keine Wörter enthält, d. h. $L(\emptyset) = \{\}$.
2. ε ist ein regulärer Ausdruck und steht für die Sprache, die nur das leere Wort enthält, d. h. $L(\varepsilon) = \{\varepsilon\}$.
3. a ist ein regulärer Ausdruck, wenn a ein Symbol aus dem Alphabet Σ ist. Es gilt $L(a) = \{a\}$.
4. (R) ist ein regulärer Ausdruck, wenn R ein regulärer Ausdruck ist. Die Klammern dienen wie in der Mathematik nur zur Gruppierung, und daher ist $L((R)) = L(R)$.
5. $R + S$ ist ein regulärer Ausdruck, wenn R und S reguläre Ausdrücke sind. Das + beschribt eine Vereinigung der Sprachen von R und S, also gilt $L(R + S) = L(R) \cup L(S)$.
6. RS ist ein regulärer Ausdruck, wenn R und S reguläre Ausdrücke sind. Beschrieben wird dadurch die Verkettung zweier Ausdrücke, also das Hintereinanderschreiben von einem Wort aus der Sprache von R und einem Wort aus der Sprache von S. Die Sprache des Ausdrucks ist daher $L(RS) = L(R)L(S)$.
7. R^* ist ein regulärer Ausdruck, wenn R ein regulärer Ausdruck ist. Wie zuvor bei Mengen enthält die dadurch repräsentierte Sprache alle Wörter, die durch beliebig häufige Wiederholung von R entstehen können, daher ist $L(R^*) = L(R)^*$.

Die Definition ist rekursiv, verwendet also selbst wieder den Begriff des regulären Ausdrucks. Damit können wir nun beliebig große Ausdrücke konstruieren! Beispielsweise steht der Ausdruck $(0 + 1)(0 + 1)^*$ für die Sprache, die alle Binärzahlen enthält: Jede Binärzahl besteht aus mindestens einer Ziffer – durch die erste Klammer repräsentiert –, und anschließend folgen beliebig viele – eventuell auch null – weitere 0en und 1en.

Reguläre Ausdrücke werden verwendet, um Zeichenketten auf eine bestimmte vorgegebene Struktur oder Eigenschaft zu prüfen. Um zum Beispiel sicherzustellen, dass die fragliche Zeichenkette eine durch fünf teilbare Zahl ist, könnten wir diesen regulären Ausdruck verwenden:

$(0 + 1 + 2 + 3 + 4 + 5 + 6 + 7 + 8 + 9)^*(0 + 5)$

Der Ausdruck prüft, ob nur Ziffern von 0 bis 9 verwendet wurden und die Zeichenkette auf eine 0 oder 5 endet.

Wie Sie an diesem Beispiel auch sehen, werden reguläre Ausdrücke sehr schnell sehr lang. Unter anderem deswegen erlauben die meisten Programmiersprachen, die reguläre Ausdrücke unterstützen, zusätzlich zu den oben vorgestellten sieben Regeln weitere Konstrukte. Teilweise sind sogar Konstrukte erlaubt, die die regulären Ausdrücke mächtiger machen als die regulären Grammatiken. Auch zur hier eingeführten Schreibweise gibt es eine Vielzahl an Varianten – statt des + für die Vereinigung wird zum Beispiel auch gerne ein senkrechter Strich (|) als Trennzeichen für die Alternativen verwendet. Das Prinzip bleibt jedoch unverändert, daher wird es Ihnen nicht schwerfallen, sich bei Bedarf in diese Varianten einzuarbeiten.

10.6 Zusammenfassung und Einordnung

Dieses Kapitel war nur ein kurzer Ausflug in das große Themenfeld der formalen Sprachen und der dazugehörigen Modelle. Wir haben betrachtet, wie wir eine Menge von Wörtern durch Grammatiken, Automaten und reguläre Ausdrücke darstellen können, und angesprochen, dass sich diese Modelle in ihrer *Mächtigkeit* unterscheiden. Die zugrunde liegende Hierarchie der Sprachen – die nach ihrem Entdecker benannte *Chomsky-Hierarchie* – wird im Studium ausführlicher beleuchtet und auf verschiedene Eigenschaften untersucht. Ist es beispielsweise effizient möglich herauszufinden, ob zwei verschiedene kontextfreie Grammatiken dieselbe Sprache beschreiben? Ist ein gegebenes Wort in einer Sprache enthalten? Ist die Vereinigung zweier regulärer Sprachen wieder regulär?

Antworten auf solcherlei Fragen haben Auswirkungen auf die Praxis; so werden Grammatiken zum Beispiel genutzt, um Programmiersprachen zu definieren. Um zum Beispiel einen in einer Programmiersprache verfassten Quellcode zu verstehen, nutzen Computer sogenannte *Parser*, die ähnlich wie in der Knobelei die eingegebenen Befehle in ihnen verständliche Sprachteile zerlegen.

Auch die beiden anderen Konzepte haben praktische Anwendungen: Automaten werden unter anderem dafür eingesetzt, in langen Texten nach Begriffen zu suchen. Reguläre Ausdrücke sind zum Beispiel sehr praktisch dafür, Eingaben eines Benutzers in ein Formular zu überprüfen.

Die angesprochene Church-Turing-These kommt aus einem anderen Bereich der theoretischen Informatik, der Berechenbarkeitstheorie. Dort fragt man sich, ob gegebene Probleme algorithmisch lösbar sind, und wenn ja, wie schnell eine solche Lösung sein kann. Auch dieses Thema wird im Studium und in der Wissenschaft vertieft betrachtet, die daraus gewonnenen Erkenntnisse stellen die Grenzen der in der Praxis möglichen Problemlösungen dar.

Aufgaben

Aufgabe 1: Grammatiken

a) Die Grammatik aus der Knobelei ist nicht regulär. Warum?

b) Entwerfen Sie eine reguläre Grammatik, die dieselbe Sprache beschreibt wie die Grammatik aus der Knobelei. Generieren Sie damit alle möglichen der sechs Beispielsätze, und notieren Sie den Ablauf der Ersetzungen.

c) Vervollständigen Sie die Definition der kontextfreien Grammatik aus dem Abschnitt »Kontextfreie Grammatiken«.

d) Ergänzen Sie die fehlenden Definitionen zu folgenden Produktionsregeln:

$S \rightarrow aSa \mid bSb \mid cSc \mid a \mid b \mid c \mid \varepsilon$

Welche Sprache wird von dieser Grammatik erzeugt? Nehmen Sie dabei an, dass S das Startsymbol ist.

e) Konstruieren Sie eine Grammatik für die Sprache $\{a^n b^n \mid n \in \mathbb{N}\}$. Erweitern Sie die Grammatik, um die Sprache $\{a^n b^m \mid n, m \in \mathbb{N} \wedge m > n\}$ zu generieren. Welche Art von Grammatik ist erforderlich?

Aufgabe 2: Automaten

Konstruieren Sie einen endlichen Automaten, der alle Binärzahlen akzeptiert, die durch 3 teilbar sind. Überprüfen Sie die Arbeitsweise Ihres Automaten anhand der Wörter 101, 11, 1010 und 111!

Aufgabe 3: Reguläre Ausdrücke

Welche der folgenden Wörter werden von diesem Ausdruck akzeptiert?

$(a(a + b + c)^*) + ((a + c)^*(b(a + c)^*b)^*(a + c)^*)$

a) *abcacbcb*

b) *bca*

c) *acbb*

d) ε

e) *bcccabac*

f) *cbabbc*

Beschreiben Sie umgangssprachlich und mittels Mengennotation die Sprache dieses regulären Ausdrucks.

Lösungen

Aufgabe 1: Grammatiken

a) Bereits die erste Produktionsregel bildet auf drei Nichtterminale ab, was nicht der vorgeschriebenen Syntax der regulären Grammatiken entspricht.

b) Wir konstruieren die Grammatik

$G = (N, T, P, S)$ mit
$N = \{\langle Satz \rangle, \langle SVO \rangle, \langle VO \rangle, \langle O \rangle\}$
$T = \{$Alice, Bob, fotografiert, schreibt, eine Nachricht, die Blumen$\}$
$S = \langle Satz \rangle$

und P gegeben durch:

- $\langle Satz \rangle \to \langle SVO \rangle$
- $\langle SVO \rangle \to$ Alice $\langle VO \rangle$ | Bob $\langle VO \rangle$
- $\langle VO \rangle \to$ fotografiert $\langle O \rangle$ | schreibt $\langle O \rangle$
- $\langle O \rangle \to$ eine Nachricht | die Blumen | Bob

Anstatt jeweils ein Symbol für Subjekt, Verb und Objekt zu verwenden, stehen in der regulären Grammatik also die meisten Symbole für einen ganzen Satzteil. Eigentlich wäre es dadurch auch nicht mehr notwendig, zwischen $\langle Satz \rangle$ und $\langle SVO \rangle$ zu unterscheiden. Die möglichen Sätze werden wie folgt gebildet:

$\langle Satz \rangle \to \langle SVO \rangle \to$ Alice $\langle VO \rangle \to$ Alice fotografiert $\langle O \rangle$
$\qquad \to$ Alice fotografiert die Blumen

$\langle Satz \rangle \to \langle SVO \rangle \to$ Alice $\langle VO \rangle \to$ Alice fotografiert $\langle O \rangle$
$\qquad \to$ Alice fotografiert eine Nachricht

$\langle Satz \rangle \to \langle SVO \rangle \to$ Alice $\langle VO \rangle \to$ Alice schreibt $\langle O \rangle$
$\qquad \to$ Alice schreibt die Blumen

$\langle Satz \rangle \to \langle SVO \rangle \to$ Alice $\langle VO \rangle \to$ Alice schreibt $\langle O \rangle \to$ Alice schreibt Bob

c) Die fehlenden Definitionen zu den Produktionsregeln lauten:

$G = (N, T, P, S)$ mit
$N = \{S, Z\}$
$T = \{0, 1, 2, 3, 4, 5, 6, 7, 8, 9, +, -, *, /, (,)\}$

P = wie im Abschnitt »Kontextfreie Grammatiken« aufgelistet

d) Die fehlenden Definitionen für die Produktionsregeln in der Aufgabenstellung lauten:

$G = (N, T, P, S)$ mit
$N = \{S\}$
$T = \{a, b, c\}$
$P =$ wie in der Aufgabenstellung aufgelistet

Von dieser Grammatik wird die Sprache aller Palindrome aus den Buchstaben a, b und c beschrieben, also die Menge von Wörtern aus diesen Zeichen, die von vorn und von hinten gelesen gleich lauten.

e) Für beide Sprachen ist eine kontextfreie Grammatik nötig, beide Sprachen sind nicht regulär. Mit Ausnahme der Produktionsregeln sind die Definitionen der Grammatiken identisch:

$G = (N, T, P, S)$ mit
$N = \{S\}$
$T = \{a, b\}$

Für die erste Sprache lauten die Produktionsregeln:

$S \rightarrow aSb \mid \varepsilon$

Für die zweite Sprache müssen wir ergänzen, dass mehr b erzeugt werden können und mindestens ein b im Wort enthalten sein muss:

$S \rightarrow aSb \mid Sb \mid b$

Aufgabe 2: Automaten

Als Zustände für einen Automaten, der Teilbarkeit durch 3 testen soll, bietet es sich an, den Rest bei ganzzahliger Division durch 3 zu betrachten, also das Ergebnis einer Zahl modulo 3. Hier können nur drei verschiedene Reste auftreten: Rest 0 ergibt sich für alle Zahlen, die durch 3 teilbar sind; in diesem Fall muss eine Zahl akzeptiert werden. Die anderen beiden Fälle sind Rest 1 und Rest 2, in beiden Zuständen darf nicht akzeptiert werden. Als vierten Zustand benötigen wir einen Startzustand, der symbolisiert, dass noch kein Zeichen eingelesen wurde, also auch noch kein gültiger Rest bei Division durch 3 existiert.

Von diesem Startzustand aus ist es auch einfach, die Übergänge zu zeichnen: Wird eine 1 gelesen, so haben wir aktuell Rest 1, bei einer 0 entsprechend Rest 0. Wie jedoch sehen die verbleibenden Zustandsübergänge aus? Haben wir aktuell Rest 0 und hängen an die gelesene Binärzahl eine 0 an, so verdoppeln wir die Binärzahl und damit auch den Rest; der Automat muss also im Zustand für Rest 0 bleiben. Liest der Automat dagegen eine 1, so verdoppelt sich die Zahl und erhöht sich anschließend um 1, ebenso der Rest. Es muss also ein Übergang von Rest 0 zu Rest 1 passieren, wenn eine 1 gelesen wird. Entsprechend fügen wir für jeden Zustand je einen Pfeil für »0 gelesen« und einen Pfeil für »1 gelesen« ein und erhalten damit den Automaten aus Abbildung 10.2.

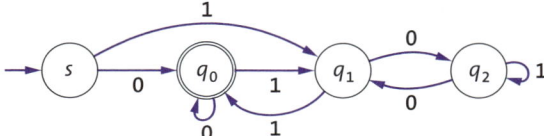

Abbildung 10.2 Ein Automat, der genau die durch 3 teilbaren Binärzahlen akzeptiert

Die Binärzahl 101 steht im Zehnersystem für die Zahl 5, hat also Rest 2 bei ganzzahliger Division durch 3. Entsprechend endet die Abarbeitung des Wortes auch im Zustand q_2. Das zweite Wort, 11, steht für die Zahl 3 im Dezimalsystem, wird also akzeptiert; 1010 steht für die Zahl 10 und endet im Zustand für Rest 1, genau wie das letzte Wort, 111, das im Dezimalsystem für die Zahl 7 steht.

- $(s, 101) \vdash (q_1, 01) \vdash (q_2, 1) \vdash (q_2, \varepsilon)$
- $(s, 11) \vdash (q_1, 1) \vdash (q_0, \varepsilon)$
- $(s, 1010) \vdash (q_1, 010) \vdash (q_2, 10) \vdash (q_2, 0) \vdash (q_1, \varepsilon)$
- $(s, 111) \vdash (q_1, 11) \vdash (q_0, 1) \vdash (q_1, \varepsilon)$

Aufgabe 3: Reguläre Ausdrücke

Der Ausdruck akzeptiert die Wörter a), c), d), e). Die Wörter b) und f) passen nicht in die vorgegebene Struktur.

In der Analyse des Ausdrucks können Sie zwischen dem Teil vor und dem Teil nach der zentralen Vereinigung unterscheiden, da zwei voneinander unabhängige Teilausdrücke mit + kombiniert wurden. Der erste der beiden Ausdrücke verlangt, dass das Wort mit einem a beginnt, und erlaubt anschließend beliebige Wörter. Im zweiten Ausdruck werden drei Komponenten beliebig oft wiederholt: zunächst eine frei wählbare Kombination aus beliebig vielen a und c, die auch am Ende noch einmal erlaubt wird, und dazwischen eine beliebige Wiederholung aus je zwei b, zwischen denen weitere a und c stehen dürfen. Zusammengefasst erhält man die Sprache, die alle Wörter akzeptiert, die mit a beginnen oder eine gerade Anzahl an b enthalten.

$$\underbrace{\left(\underbrace{a}_{a}\ \underbrace{(a+b+c)^*}_{\text{beliebiges Wort}}\right)}_{\text{Wort beginnt mit } a}$$

$$\underbrace{\left(\underbrace{(a+c)^*}_{\text{beliebig, kein } b}\ \underbrace{\left(\underbrace{b(a+c)^*b}_{\text{beliebig } a \text{ und } c \text{ zwischen zwei } b}\right)^*}_{\text{beliebig oft wiederholt}}\ \underbrace{(a+c)^*}_{\text{beliebig, kein } b}\right)}_{\text{Wort enthält gerade Anzahl an } b}$$

Notieren Sie die Sprache als Menge, so ist es ratsam, die zwei »Teilsprachen« getrennt voneinander zu beschreiben und die zwei resultierenden Mengen zu vereinigen:

$L = \{aw \mid w \in \{a,b,c\}^*\} \cup \{w \mid w \in \{a,b,c\}^* \wedge |w|_b \,\%\, 2 = 0\}$

Kapitel 11
Modellierung

Modelle helfen uns dabei, die Realität in präzise Worte zu fassen und Probleme, Abläufe, Strukturen, Objekte und Daten darzustellen und zu analysieren. Sie lernen in diesem Kapitel, weshalb Modellierung für die Informatik wichtig ist und wie sie komplexe Systemstrukturen entwickeln und beherrschbar machen können.

11.1 Das Vereinsfest

Knobelei zum Einstieg

Ihr Sportverein veranstaltet bald ein großes Sportfest, bei dem Ihre Mannschaft einen Kaffee- und Kuchenverkauf organisiert. Dieser wird von Spielern Ihrer Mannschaft vorbereitet und durchgeführt. Jeder Spieler hat einen Namen und im Rahmen des Verkaufs eine Rolle bekommen. Es gibt Spieler, die die Beratung beim Verkauf durchführen, andere Spieler schenken Kaffee aus, und wiederum andere berechnen den Preis und kassieren das Geld der Kunden.

Besucht ein Kunde Ihren Stand, lässt dieser sich zunächst von einem Verkaufsberater erklären, welche Kuchen zur Auswahl stehen. Der Kunde sucht sich anschließend einen Kuchen aus und bestellt dazu einen Kaffee, der aus einer großen Kanne ausgeschenkt wird. Ist kein Kaffee mehr vorhanden, wird dieser sofort nach einem geheimen Rezept nachgekocht. Abschließend geht der Kunde mit dem Kuchen und dem Kaffee zum Bezahlen zur Kasse.

Beim Kassieren muss der Preis von Kuchen und Kaffee von den Spielern mit dem gegebenen Geldbetrag verrechnet werden, damit der korrekte Wechselgeldbetrag aus Euro-Münzen zusammengesetzt und zurückgegeben wird. Nach der Ausgabe kontrolliert der Kunde das Wechselgeld und verabschiedet sich.

Am Ende des Tages bauen alle Spieler gemeinsam den Verkaufsstand ab und räumen auf.

Ihre Aufgabe ist es nun, einen besseren Überblick über alle Aspekte des Kaffee- und Kuchenverkaufs zu bekommen, um eventuelle Fehler in der Planung rechtzeitig zu entdecken:

1. Stellen Sie sich vor, dass das Wechselgeld an der Kasse von einem Algorithmus berechnet werden soll: Was erhält dieser als Eingabedaten, was produziert er als Ausgabe? Woran erkennen Sie, dass die Ausgabe korrekt ist?
2. Erfassen Sie alle Schritte im Prozess des Kaffee- und Kuchenverkaufs, und visualisieren Sie diese.
3. Die Spieler nehmen im Verkauf verschiedene Rollen ein. Stellen Sie die Struktur dieser Rollen dar, und achten Sie dabei insbesondere darauf, was die Spieler gemeinsam haben und was die Rollen voneinander unterscheidet.

11.2 Modellierung und Modelle

Wann immer ein Problem aus der echten Welt gelöst werden soll, erhält man – genau wie in der Knobelei – in der Regel eine unpräzise Beschreibung des Problemfelds. Diese Beschreibung muss, noch bevor man an die tatsächliche Lösung des Problems gehen kann, präzisiert und vereinfacht werden, bis unmissverständlich klar ist, welches Problem *genau* gelöst werden soll.

Modelle sind das Ergebnis dieser Präzisierung: vereinfachte Darstellungen der Wirklichkeit für eine konkrete Problemstellung oder einen konkreten Anwendungsfall. Ein Modell hat also immer »etwas« – ein System – aus der Wirklichkeit als Vorbild. Häufig werden Modelle als Zeichnung dargestellt, aber auch Texte, Formeln oder Programm- oder Pseudocode können Modelle sein. Mit diesen Modellen möchte man im ersten Schritt einen besseren Überblick über das System bekommen und dieses besser verstehen. Man kann Modelle aber auch nutzen, um anderen, insbesondere fachfremden Personen das System zu erklären und zu prüfen, ob man ein gemeinsames Verständnis des Problemfeldes hat.

Modelle sind also auch ein Werkzeug für Kommunikation. Hat man sich einmal auf ein Modell geeinigt und festgelegt, kann man nachfolgend mit diesem an Stelle der echten Welt arbeiten und beispielsweise untersuchen, wie gut Algorithmen später im echten Einsatz funktionieren werden. Eine Analyse des Modells kann auch Problemstellen aufdecken und dabei helfen herauszufinden, ob Strukturen oder Prozesse in der Wirklichkeit angepasst werden sollten.

Den Prozess, Modelle zu erstellen, nennt man *Modellierung*. Bei der Modellierung wird in der Regel das System in der Wirklichkeit beobachtet, analysiert und anschließend in ein Modell überführt. Dabei werden die für das Modell wichtigen Eigenschaften, auch Attribute genannt, herausgearbeitet, wie in Abbildung 11.1 dargestellt ist. Für das Modell nicht wichtige Attribute werden weggelassen. Diesen Schritt, das Weglassen der für das Modell unwichtigen Attribute, nennt man *Abstraktion*. Damit Modelle beherrschbar und übersichtlich bleiben, beinhaltet in der Regel jedes Modell Abstraktionen.

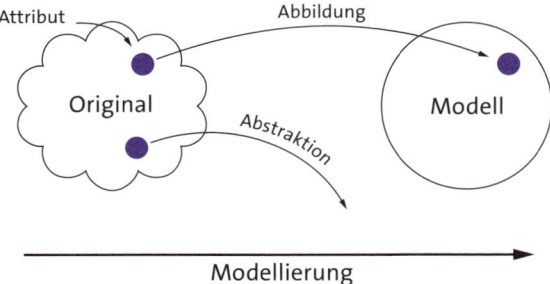

Abbildung 11.1 Modellierung bildet Eigenschaften, auch Attribute genannt, aus der Wirklichkeit auf Eigenschaften eines Modells ab und abstrahiert dabei von für die Anwendung uninteressanten Eigenschaften.

Im Schritt der Abstraktion muss man aufpassen, dass die Trennung zwischen wichtigen und unwichtigen Attributen für den Anwendungsfall des Modells passend ist. Bei der Überprüfung, ob dies gelungen ist, trennt man zwischen Verifikation und Validierung: Die *Verifikation* prüft, ob das Modell das System aus der echten Welt richtig darstellt. Es wird also die Korrektheit des Modells im Vergleich zur Wirklichkeit geprüft. Die *Validierung* prüft dagegen, ob das Modell in sich für den geplanten Anwendungszweck geeignet ist und den erhofften Nutzen bringt. Dazu zählt also insbesondere die Frage, ob die für den Anwendungsfall erforderlichen Attribute ausgewählt wurden.

In den nachfolgenden Abschnitten zeigen wir Ihnen verschiedene Modellierungstechniken für unterschiedliche Anwendungsfälle. Konkret konzentrieren wir uns auf die Modellierung von *Problemen*, *Prozessen* und *Strukturen*. In Kapitel 12, »Datenbanken«, lernen Sie die Modellierung von *Daten* genauer kennen.

11.3 Problemmodellierung

Als algorithmisches Problem hatten wir uns in der Knobelei die Ausgabe von Wechselgeld herausgepickt. Wann immer Sie einen Algorithmus entwickeln, sollen, müssen Sie sich vor allem drei Fragen stellen, damit der Algorithmus anschließend wie geplant zum Beispiel in einer Software eingesetzt werden kann:

1. Was erhält der Algorithmus beim Aufruf als Eingabedaten? Als welche Datentypen liegen die Daten vor?
2. Was soll die Ausgabe des Algorithmus sein? Und welcher Datentyp wird als Rückgabe erwartet?
3. Was sind die Bedingungen, die eine Ausgabe erfüllen muss, um korrekt zu sein?

Beachten Sie, dass keine der drei Fragen wissen möchte, *wie* man von der Eingabe zu einer korrekten Ausgabe gelangt. Stattdessen hat die *Problemformalisierung* zum Ziel, eine präzisere Version der Aufgabenstellung zu sein, die der Algorithmus lösen soll. Für das Wechselgeldproblem lautet eine mögliche Formalisierung wie folgt:

1. Der Algorithmus erhält als Eingabe zwei natürliche Zahlen p und b. Dabei ist p der Preis von Kaffee und Kuchen und $b \geq p$ der vom Kunden gegebene Geldbetrag, beide Angaben erfolgen in Cent.
2. Als Ausgabe produziert der Algorithmus eine Liste L von Münz- und Geldscheinwerten. Die Listeneinträge haben ebenfalls Cent als Einheit. Zulässige Werte sind dabei 1, 2, 5, 10, 20, 50, 100, 200, 1000, 2000 und 5000 Cent.
3. Korrekt ist die Ausgabe, wenn der Wechselgeldbetrag dem gegebenen Geldbetrag abzüglich des Einkaufspreises entspricht: $\sum_{l \in L} l = b - p$.

Diese drei Punkte modellieren nun präzise, welche Anforderungen das Geben von Rückgeld erfüllen muss. Wenn Sie nun einen Algorithmus für das Problem entwickeln würden, könnten Sie dessen Korrektheit direkt am Modell (der Formalisierung) prüfen und müssten dafür nicht erst einen Praxistest an einem Kuchenstand einplanen.

Formalisierungen – wie auch die anderen Modellierungskonzepte im Folgenden – sind selten eindeutig. Auch für diese Problemmodellierung kann man sich Variationen überlegen. Vielleicht möchte man beispielsweise verhindern, dass der Algorithmus unpraktikable Staffelungen des Rückgelds berechnet und dieses immer rein aus 1-Cent-Münzen zusammensetzt? Eine mögliche Ergänzung könnte demnach die Forderung sein, dass eine korrekte Ausgabe die kleinstmögliche Anzahl Münzen verwendet, aus denen sich der Wechselgeldbetrag zusammensetzen lässt.

11.4 Prozessmodellierung

In der Knobelei wurden Sie aufgefordert, den Prozess des Kaffee- und Kuchenverkaufens zu visualisieren. *Aktivitätsdiagramme* werden in der Modellierung dafür verwendet, Prozesse als Abfolge von einzelnen Aktionen zu modellieren. Wir zeigen Ihnen im Folgenden, wie Sie den gesamten Ablauf am Verkaufsstand darstellen können.

Aktivitäten und deren Reihenfolge

Aktivitäten, die einzelnen Schritte eines Prozesses, werden in Aktivitätsdiagrammen in Kästen mit abgerundeten Ecken notiert; Pfeile verbinden diese Kästen und zeigen so die Reihenfolge der Aktionen an: Jeder Pfeil geht von einer abgeschlossenen Aktivität aus und zeigt auf diejenige Aktivität, die als Nächstes ausgeführt werden soll. Abbildung 11.2 zeigt ein Beispiel für einen Ausschnitt aus dem Kaufprozess.

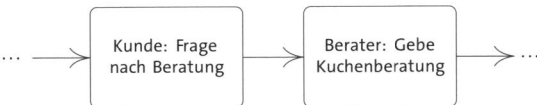

Abbildung 11.2 Ein Teil des Aktivitätsdiagramms für den Kaufprozess stellt dar, dass Kunden auf Anfrage bei ihrer Kuchenwahl beraten werden.

Die Benennung der Aktivitäten erfolgt im Stil einer Anweisung, denn Aktivitäten sind »ausführbar«, und beim Lesen des Modells soll einleuchtend sein, was an dieser Stelle zu tun ist. Jede Aktivität hat genau einen eingehenden und einen ausgehenden Pfeil.

Start- und Endknoten

Der Kaffee- und Kuchenverkaufsprozess hat eine erste Aktion, mit der der gesamte Prozess in Gang gesetzt wird. Diese Aktion – im Beispiel ist dies der Moment, in dem der Kunde an den Verkaufsstand tritt – wird durch einen Startknoten im Diagramm dargestellt. Ein Beispiel dafür sehen Sie in Abbildung 11.3 ganz links.

Hat der Kunde sein Wechselgeld gezählt und sich verabschiedet, endet der Prozess. Dies wird durch einen Endknoten dargestellt, der auf der rechten Seite in Abbildung 11.3 zu sehen ist.

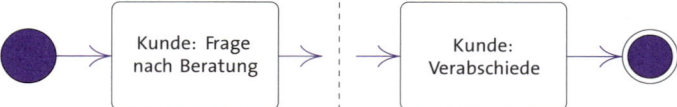

Abbildung 11.3 Ein Startknoten (ganz links) wird als ausgefüllter Kreis eingezeichnet, ein Endknoten (ganz rechts) als ausgefüllter Kreis mit doppeltem Rand.

Verzweigungen

Bisher laufen die Aktivitäten in einer fest vorgegebenen Reihenfolge hintereinander ab. In der Knobelei wird jedoch bei der Bestellung des Kaffees angesprochen, dass dieser nachgekocht werden muss, wenn nicht mehr ausreichend vorhanden ist. Für solche Situationen haben Sie in Kapitel 1, »Algorithmen«, Verzweigungen kennengelernt.

Auch in Aktivitätsdiagrammen gibt es Verzweigungen. Abbildung 11.4 zeigt beispielsweise, wie in einem Aktivitätsdiagramm das Nachkochen des Kaffees an die Bedingung geknüpft wird, dass kein Kaffee mehr vorhanden ist. Als Symbole für Verzweigungen werden Rauten verwendet.

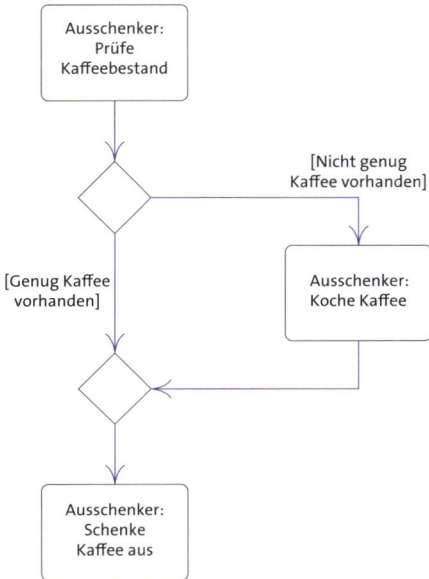

Abbildung 11.4 Über die Verzweigung wird im Aktivitätsdiagramm nur dann Kaffee nachgekocht, wenn für die aktuelle Bestellung nicht mehr ausreichend Kaffee vorhanden ist.

Verantwortungsbereiche

Bisher wurden die jeweiligen Personengruppen, die eine Aktivität ausführen sollen, direkt in die Beschreibung der Aktivität aufgenommen. Um dies übersichtlicher zu gestalten, kann man Verantwortungsbereiche, auch *Swimlanes* genannt, einführen. Dazu wird das Diagramm in Spalten (oder Zeilen bei einer horizontalen Darstellung) aufgeteilt, wobei jede Spalte für eine beteiligte Personengruppe steht. Die Aktivitäten der Personengruppe werden in der jeweiligen Spalte angeordnet. Abbildung 11.5 zeigt den vollständigen Prozess des Kaffee- und Kuchenverkaufs als Lösung der Knobelei.

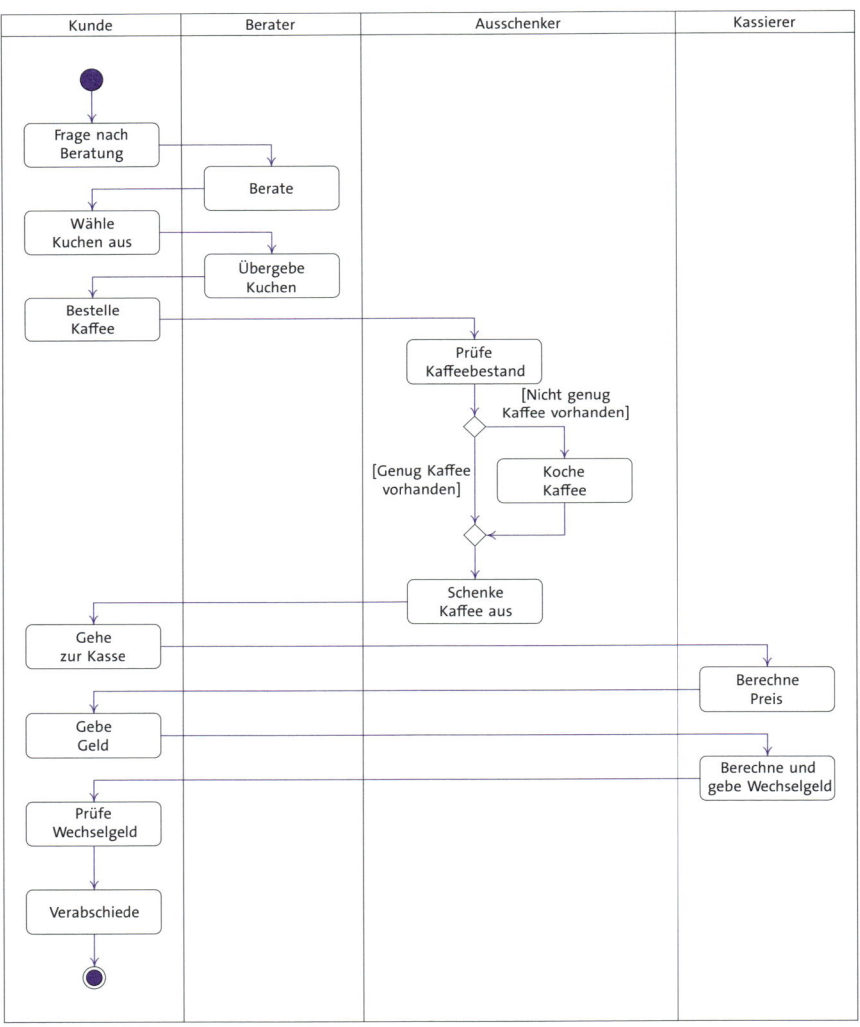

Abbildung 11.5 Der vollständige Prozess des Kaffee- und Kuchenverkaufs, inklusive Aufteilung der Verantwortlichkeiten in Swimlanes

11.5 Strukturmodellierung

Nach der Modellierung von Prozessabläufen widmen wir uns nun der Darstellung von Strukturen. Konkret zeigen wir Ihnen, wie Sie mit Modellierungstechniken darstellen können, wie Objekte der echten Welt in einer Software repräsentiert werden sollen. Diese Sichtweise auf Strukturen und deren Umsetzung in Programmcode nennt sich auch *Objektorientierung* und stellt die Grundlage für viele weit verbreitete Programmiersprachen wie C#, C++ oder Java dar. Auch die in Kapitel 20, »Hands-on: Programmieren mit Python«, vorgestellte Sprache Python unterstützt *Objektorientierte Programmierung* (OOP).

Objekte und Klassen

Zentral in der Objektorientierung sind die Konzepte der Objekte und Klassen. Ein *Objekt* ist ein Gegenstand oder ein Geschöpf aus der realen Welt mit seinen Eigenschaften und Fähigkeiten. So ist im Beispiel ein konkreter Spieler ein Objekt, das einen Namen hat und aufräumen kann. Jedes Objekt hat eine eindeutige *Identität*, sodass beispielsweise auch zwei Spieler mit demselben Namen immer noch zwei unterschiedliche Spieler sind. Zwei Objekte sind also auch dann unterschiedlich, wenn ihre Eigenschaften und Fähigkeiten identisch sind.

Eine *Klasse* fasst mehrere ähnliche Objekte zusammen und ist eine Art Bauplan für diese Objekte. In der Klasse wird definiert, welche Eigenschaften und Fähigkeiten ihre Objekte haben; in der Informatik nennt man diese Eigenschaften üblicherweise *Attribute* und die Fähigkeiten *Methoden* oder Verhalten. Von Klassen können neue Objekte erstellt werden. Ein von einer Klasse abgeleitetes Objekt wird als *Instanz* der Klasse bezeichnet, und das Anlegen eines Objekts heißt daher auch *instanziieren*.

In der Knobelei haben wir keine konkreten Objekte betrachtet, sondern nur Klassen (dort *Rollen* genannt) beschrieben. In der Knobelei wurden die drei Rollen »Berater«, »Ausschenker« und »Kassierer« angesprochen. Diese Rollen sind in Abbildung 11.6 als Klassen dargestellt, jeweils mit den Aufgaben, die die Rollen übernehmen. Ebenso aufgeführt sind die Eigenschaften, die Objekte der Klassen haben sollen; konkret hat jeder Spieler einen Namen, und die Ausschenker kennen zusätzlich das geheime Kaffeerezept. Dargestellt sind die Klassen in einem *Klassendiagramm*. In einem solchen Diagramm stellt man Klassen mit einem Kasten mit drei Bereichen dar. Der erste Bereich enthält den Klassennamen, der zweite Bereich die Attribute und der dritte Bereich die Methoden.

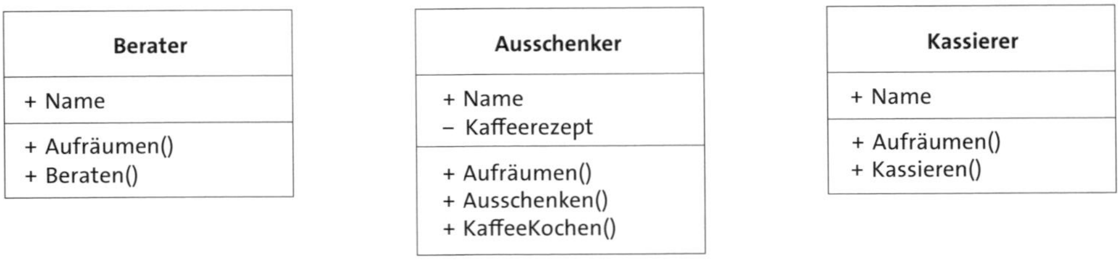

Berater		Ausschenker		Kassierer
+ Name		+ Name − Kaffeerezept		+ Name
+ Aufräumen() + Beraten()		+ Aufräumen() + Ausschenken() + KaffeeKochen()		+ Aufräumen() + Kassieren()

Abbildung 11.6 Die drei verschiedenen Rollen der Spieler werden als drei Klassen dargestellt.

Vererbung

Wie auch in der Knobelei erkennt man bei der Modellierung eines Systems häufig Gemeinsamkeiten verschiedener Klassen. In unserem Fall sind alle beschriebenen Personen, unabhängig von ihrer jeweiligen Rolle, *Spieler*, haben einen Namen und können aufräumen. Für solche Fälle bietet das Konzept der *Vererbung* die Möglichkeit, mehr Übersicht in die Struktur zu bekommen: Gemeinsamkeiten mehrerer Klassen werden in *Elternklassen* ausgelagert, davon abgeleitete *Kindklassen* erben alle Attribute und Methoden der Elternklasse. Spezielle Attribute und Methoden, die wie das geheime Kaffeerezept keine Gemeinsamkeiten der Klassen sind, verbleiben bei den jeweiligen Kindklassen.

Ohne Vererbung müsste man gemeinsame Attribute und Methoden in jeder Klasse wiederholen. Bereits der initiale Umsetzungsaufwand wäre durch diese Wiederholung wesentlich größer. Aber auch bei späteren Änderungen wie dem Hinzufügen des Attributes *Handynummer* müssten alle Klassen einzeln überarbeitet werden.

Vererbung kann sich über mehrere Ebenen erstrecken, und es entsteht so eine *Vererbungshierarchie*. In Abbildung 11.7 wurden die drei Rollen-Klassen um die Spieler-Klasse ergänzt. Diese enthält das gemeinsame Attribut und die gemeinsame Methode.

Neben einer übersichtlicheren Struktur des erstellten Modells bringt Vererbung noch einen ganz praktischen Vorteil mit sich: Keine Rolle kann sich vor dem Aufräumen drücken. Da alle Rollen von der Spieler-Klasse erben, ist sichergestellt, dass sie alle aufräumen können.

Etwas näher am Programmcode ausgedrückt: Sammelt man Objekte einer gemeinsamen Elternklasse in einer Datenstruktur, so kann eine Methode der Elternklasse auf all diesen Objekten aufgerufen werden. Dieses Konzept nennt man *Polymorphie* und ist insbesondere dann nützlich, wenn die genaue Umsetzung der Methoden je nach Kindklasse unterschiedlich ist.

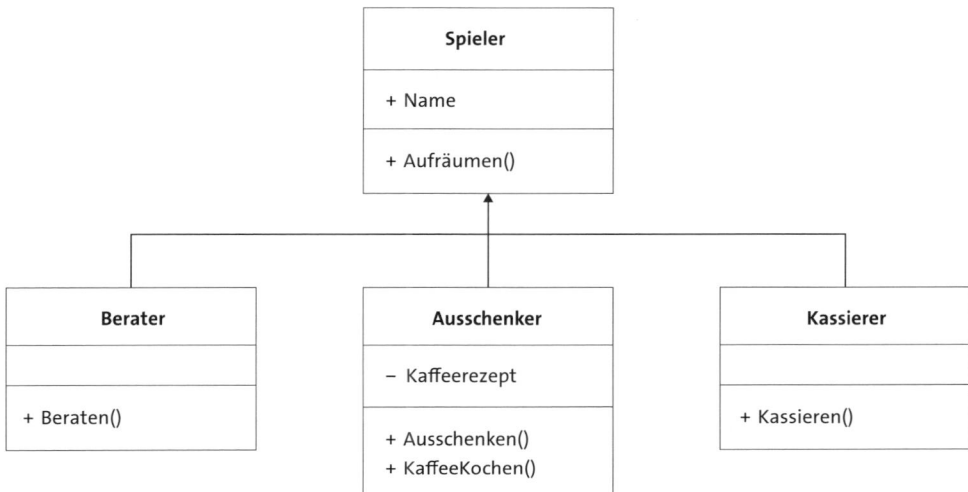

Abbildung 11.7 Durch die gemeinsame Elternklasse werden Wiederholungen in der Modellierung der drei Rollen vermieden.

In unserem Beispiel ist denkbar, dass die Tätigkeiten der Spieler beim Aufräumen ganz unterschiedlicher Natur sind: Kassierer zählen die Kasse, Berater räumen den Verkaufstisch weg, Ausschenker säubern die Kaffeemaschine. Eine solche Spezialisierung von Verhalten erfolgt in der Objektorientierung dadurch, dass Methoden der Elternklasse *überschrieben* werden. Unverändert ist sichergestellt, dass jedes Objekt in der gesamten Vererbungshierarchie aufräumen kann. Mit einer einheitlichen Anweisung an alle Spieler, unabhängig von der speziellen Rolle, kann man diese nun dennoch dazu auffordern, ihre spezialisierte Aufräumaktion durchzuführen.

Abstrakte Klassen

In dem Beispiel der Knobelei wäre es denkbar, dass es neben Spielern der drei speziellen Rollen auch solche gibt, die nur beim Aufräumen helfen. In der modellierten Struktur wären diese Spieler also direkte Objekte der Elternklasse. In manchen Modellen kann es dagegen nützlich sein, mit einer gemeinsamen Elternklasse lediglich eine Grundstruktur für Kindklassen zu spezifizieren und gleichzeitig festzulegen, dass Objekte nur von den (weiter spezialisierten) Kindklassen erstellt werden dürfen. Für so einen Fall kann man die Elternklasse als sogenannte *abstrakte Klasse* kennzeichnen.

Sichtbarkeiten

Ist Ihnen aufgefallen, dass in Abbildung 11.6 und Abbildung 11.7 die meisten Einträge mit einem + versehen sind, das Kaffeerezept jedoch mit einem -? In Klassendiagrammen kennzeichnet man auf diese Weise die sogenannte *Sichtbarkeit* von Attributen und Methoden. Während im Beispiel der Name von Personen jedermann bekannt ist, soll das Kaffeerezept geheim bleiben und ausschließlich den Ausschenkern vorliegen.

Das Einschränken der Sichtbarkeit einer Methode oder eines Attributs verhindert den Zugriff von außerhalb derselben Klasse. Indem Attribute in ihrer Sichtbarkeit eingeschränkt werden, können sie nicht von außerhalb der Klasse, quasi ohne Zustimmung des Objekts selbst, gelesen oder verändert werden. Entsprechend können versteckte Methoden nur intern aufgerufen werden. Dieses Prinzip, den Zugriff auf Attribute und Methoden von außen einzuschränken, nennt man *Kapselung*. Grundlegend unterscheidet man zwischen zwei Sichtbarkeitsstufen, die in Programmiersprachen häufig mit `public` und `private` bezeichnet werden und im Diagramm mit + beziehungsweise - notiert sind. Je nach Programmiersprache gibt es noch weitere Sichtbarkeitsstufen, die den Zugriff auf Attribute und Methoden noch feiner regeln.

11.6 Zusammenfassung und Einordnung

Modelle sind ein wichtiges Werkzeug, um Systeme aus der Wirklichkeit zu visualisieren, zu analysieren und zu planen. Abstrakt über komplexe Echtwelt-Systeme nachdenken zu können, ist eine der zentralen Fähigkeiten, die man für die Arbeit in der Informatik benötigt.

In diesem Kapitel haben wir Ihnen drei verschiedene Arten von Modellierung vorgestellt: die Problemformalisierung, die Prozessmodellierung und die Strukturmodellierung. In Kapitel 12, »Datenbanken«, beschäftigen wir uns darüber hinaus noch mit der Modellierung von Daten. Neben den hier vorgestellten Techniken gibt es noch viele weitere Modellierungstechniken, die andere Arten von Systemen oder andere Details abbilden können. Manche davon tauchen an anderer Stelle auch in diesem Buch auf: Ein *Programmablaufplan* ist auch eine Form der Prozessmodellierung, der besonders gut für Algorithmen und Computerprogramme geeignet ist. Diesen Diagrammtyp kennen Sie beispielsweise aus den beiden Kapiteln zu Sortieralgorithmen. Später lernen Sie in Kapitel 19, »Fehler«, noch *Sequenzdiagramme* kennen, mit denen wir den Nachrichtenaustausch zwischen Objekten beziehungsweise Klassen näher betrachten. Ähnlich zu Klassendiagrammen können mit *Objektdiagrammen* spezifische Objekte mit all ihren Eigenschaften und Beziehungen dargestellt werden. Und letztlich sind auch *Graphen*, wie sie Ihnen aus Kapitel 9 bekannt sind, Modelle für Strukturen aller Art.

Insbesondere das Konzept der *Objektorientierung* ist in der Informatik weit verbreitet und stellt neben der *prozeduralen Programmierung*, die Sie aus den Pseudocode-Beispielen der Algorithmenkapitel kennen, eins der wichtigsten Konzepte der Programmiertechnik dar. Aber auch andere Modellierungstechniken können direkt für die Softwareentwicklung genutzt werden. Bei der sogenannten *modellgetriebenen Softwareentwicklung* schreiben die Entwickler keinen oder nur noch wenig Quellcode von Hand, sondern stellen ihr gewünschtes System in Form von Modellen dar. Diese Modelle werden dann automatisch in ausführbare Programme übersetzt.

Wann immer die Ausführung einer Testversion eines Programms in der echten Welt unmöglich oder unpraktikabel ist (beispielsweise beim Test von Steuerungssoftware für Fahrzeuge oder Industrieanlagen), können Modelle zudem eine günstigere und sichere Testumgebung darstellen. Auf diese Weise fallen mögliche Fehler schon in der Simulation auf und nicht erst bei teuren oder gefährlichen Testläufen in der Wirklichkeit.

Aufgaben

Aufgabe 1: Das Sortierproblem

In den Kapiteln 4 und 6 über Sortieralgorithmen hatten wir als selbstverständlich angesehen, was »Sortieren« bedeutet. Doch welche präzisen Anforderungen muss ein Algorithmus zum Sortieren von Zahlen eigentlich erfüllen? Versuchen Sie sich an einer Formalisierung für diese algorithmische Aufgabe!

Aufgabe 2: Das Aufräumen nach dem Verkauf

Nach dem Ende des Sportfestes muss Ihre Mannschaft den Verkaufsstand auch wieder abbauen und aufräumen. Zum Glück wurde sämtlicher Kuchen verkauft. Anders ist es beim Kaffee. Dieser wird, solange es noch volle Becher Kaffee gibt, an Personen verschenkt. Am Ende wird die Kasse noch gezählt und weggeräumt, bevor auch die Tische weggeräumt werden.

Stellen Sie diesen Prozess in einem Prozessdiagramm dar. Überlegen Sie sich dabei insbesondere, wie Sie das einzelne Verschenken von Bechern mit Kaffee, solange es noch welche gibt, modellieren können. Alle Spieler sind am Aufräumen beteiligt, weshalb Sie nicht auf die verschiedenen Rollen eingehen müssen.

Aufgabe 3: Das Geschirrspülen

Nach dem Aufräumen muss das verwendete Geschirr gespült werden. Zum Glück ist Ihre Vereinsküche mit diversen Spülmaschinen sehr gut ausgestattet. Zum einen gibt es normale Haushaltsspülmaschinen. Sie haben, wie alle anderen Spülmaschinen auch, einen Wasser- und Stromverbrauch sowie einen Standardspülgang. Für Gläser gibt es eine spezielle Glasspülmaschine, die noch einen speziellen Klarspüler beinhaltet, der in einem optionalen Nachspülgang eingesetzt werden kann. Zusätzlich gibt es eine Sektglasspülmaschine, die zusätzlich noch einen Schonspülgang für die empfindlichen Gläser hat. Für die Teller gibt es eine große Industriespülmaschine, die einen Schnellspülgang hat.

Bei so vielen Arten von Spülmaschinen verliert man leicht den Überblick. Entwerfen Sie eine Strukturmodellierung mithilfe eines Klassendiagramms für einen besseren Überblick über die Spülmaschinen.

Lösungen

Aufgabe 1: Das Sortierproblem

Die Eingabe unseres Sortieralgorithmus ist ein Array A der Länge n von ganzen Zahlen. Die Ausgabe soll ein Array B sein, das ebenfalls n ganze Zahlen enthält.

Kniffliger wird die Formulierung der Korrektheitsbedingung. Klar ist zunächst, dass die Zahlen in der Ausgabe aufsteigend sortiert sein sollen. Für jeden Array-Index i zwischen 0 und $n-2$ also gelten: $B[i] \leq B[i+1]$. Zusätzlich muss allerdings sichergestellt sein, dass die Ausgabe eine sogenannte *Permutation* der Eingabe ist, dass also das Ausgabearray dieselben Zahlen enthält wie das Eingabearray, nur gegebenenfalls in einer anderen Reihenfolge.

Aufgabe 2: Das Aufräumen nach dem Verkauf

Der Prozess beginnt mit der Prüfung des Kaffeebestands, ob es noch einen vollen Becher Kaffee gibt. Wenn ja, wird dieser verschenkt, und es wird der Kaffeebestand erneut geprüft. Hier entsteht eine Schleife, die Sie in dem Aktivitätsdiagramm über eine Rückverbindung darstellen können. Ist kein Kaffee mehr vorhanden, folgen das Zählen und Wegräumen der Kasse sowie der Abbau der Tische.

Dieser Prozess ist in Abbildung 11.8 dargestellt. Aktuell verläuft der Aufräumprozess nacheinander ab. Nun gibt es in Ihrer Mannschaft ja mehrere Spieler, die auch gleichzeitig aufräumen könnten. Auf der Webseite zum Buch können Sie lernen, wie Sie diesen Prozess durch Parallelisierung optimieren können.

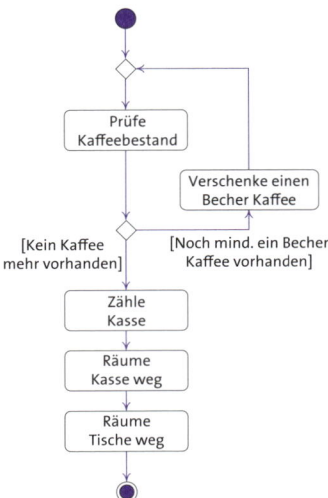

Abbildung 11.8 Der Aufräumprozess als Aktivitätsdiagramm. Über die Rückverbindung vom Verschenken eines Bechers Kaffee vor die Prüfung des Kaffeebestandes wurde die angesprochene Schleife umgesetzt.

Aufgabe 3: Das Geschirrspülen

In der Aufgabe befinden sich vier Arten von Spülmaschinen: Gewöhnliche Spülmaschinen, Glasspülmaschinen, Sektglasspülmaschinen und Industriespülmaschinen. Auch wenn das Vereinsheim von den letzten drei Arten jeweils nur eine Spülmaschine hat, bekommen sie dennoch jeweils eine eigene Klasse in der Modellierung.

Jede Spülmaschine hat einen Wasser- und einen Stromverbrauch. Das sind also Eigenschaften jeder Spülmaschine, diese können in einer Elternklasse angelegt werden. Selbiges gilt für den Standardspülgang als Verhalten dieser Klasse. Da gewöhnliche Spülmaschinen genau diese Eigenschaften und dieses Verhalten haben, benötigen sie keine eigene Klasse. Eine Kindklasse dieser Spülmaschinen sind die Glasspülmaschinen, die zusätzlich noch die Klarspülermenge als Eigenschaft und den Nachspülgang als Verhalten haben. Als weitere Spezialisierung (und damit als Kindklasse) gilt die Sektglasspülmaschine, die zusätzlich auch noch den Schonspülgang beherrscht. Da Sektglasspülmaschinen aber auch Glasspülmaschinen sind, haben sie auch den speziellen Klarspüler und den Nachspülgang, genauso wie einen Wasser- und Stromverbrauch sowie den Standardspülgang. So ist hier eine zweistufige Vererbungshierarchie entstanden. Als letzte Kindklasse der Spülmaschinen gibt es die Industriespülmaschinen, die noch einen Schnellspülgang als zusätzliches Verhalten haben. Abbildung 11.9 zeigt das entstehende Klassendiagramm.

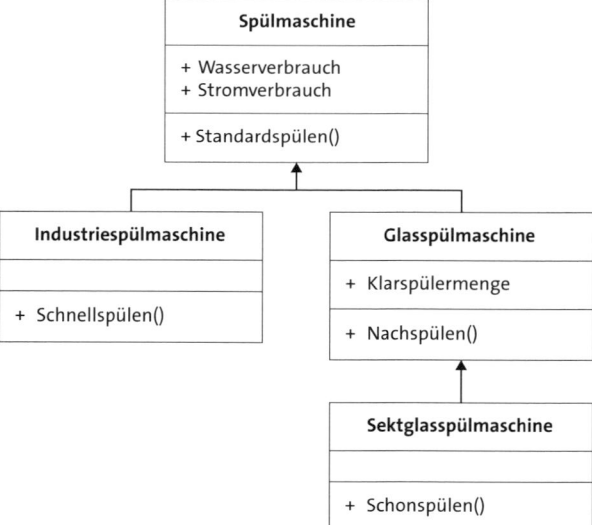

Abbildung 11.9 Die Übersicht über die Spülmaschinen im Vereinsheim als Klassendiagramm. Die grundlegenden Eigenschaften und das Verhalten der Spülmaschine haben alle Maschinen gemeinsam, aber Industriespülmaschinen und Glasspülmaschinen unterscheiden sich in Eigenschaften und Verhalten. Als Spezialisierung gibt es noch die Sektglasspülmaschine.

Kapitel 12

Datenbanken

Wenn Sie Ihre E-Mails abrufen, nach Busverbindungen suchen oder die Nachrichten im Internet verfolgen, lesen Sie Informationen, die in Datenbanken gespeichert sind. In diesem Kapitel werden wir erklären, was eine Datenbank ist und wie Daten darin gespeichert und verwendet werden können.

12.1 Max' Lieblingsfilme

> Knobelei zum Einstieg

Max ist Benutzer einer Online-Plattform, auf der man Filme bewerten kann. Er und einige andere Mitglieder sind auf der Plattform sehr aktiv. Sie haben schon viele Filme angeschaut und anschließend mit Sternen bewertet.

Die folgenden Tabellen zeigen einen Auszug aus den Daten dieser Plattform. Es sind drei Benutzer und fünf Filme enthalten, zu denen insgesamt zwölf Bewertungen abgegeben wurden.

BenutzerID	Name	EMailAdresse
1	Anna	anna@example.org
2	Peter	peter@example.org
3	Max	max@example.org

Tabelle 12.1 Die Benutzer der Film-Plattform

FilmID	Name	Regisseur
1	Die kanadische Wildnis	Frank Müller
2	Leben in New York City	Ben Smith
3	Wir laufen um die Welt	Jan Koch
4	The Job	Maria Huber
5	Am Ende des Ozeans	Wolfgang Horn

Tabelle 12.2 Die Filme der Film-Plattform

BenutzerID	FilmID	Sterne
1	4	2
3	3	3
2	4	4
1	1	2

Tabelle 12.3 Die Filmbewertungen der Benutzer

BenutzerID	FilmID	Sterne
1	2	1
3	1	1
3	4	2
2	2	3
1	3	4
3	5	5
1	5	3
3	2	1

Tabelle 12.3 Die Filmbewertungen der Benutzer (Forts.)

Können Sie mit diesen Daten ermitteln, welches die drei Lieblingsfilme von Max sind? Finden Sie außerdem heraus, welcher Film die höchste durchschnittliche Bewertung hat. Versuchen Sie dabei auch, Ihr Verfahren formal zu notieren. Wir stellen jeweils einen Lösungsweg vor, die beiden Fragen zu beantworten.

Um die Lieblingsfilme von Max zu finden, müssen wir Daten aus allen drei Tabellen kombinieren:

1. Wie alle Benutzer hat auch Max in der Datenbank eine eindeutige Nummer zur Identifizierung seines Benutzerkontos, die als Erstes ermittelt werden muss. Max hat die `BenutzerID` 3.
2. Da wir uns nur für die Filmbewertungen von Max interessieren, betrachten wir auch nur die Zeilen der Bewertungstabelle, in denen in der Spalte `BenutzerID` eine 3 steht. Wir filtern dadurch alle irrelevanten Datenbankeinträge heraus und erhalten fünf verbleibende Datenzeilen zur weiteren Verarbeitung.
3. Die fünf Bewertungen von Max sortieren wir nun absteigend nach der Anzahl an Sternen, schließlich suchen wir nach den Filmen, die er am höchsten bewertet hat.
4. Um die drei Lieblingsfilme von Max zu finden, betrachten wir lediglich die ersten drei Einträge näher. Aus diesen drei Zeilen können wir die Film-IDs von Max' Lieblingsfilmen ablesen. Wir erhalten als Zwischenergebnis die drei Identifikationsnummern 5, 3 und 4.
5. Zu diesen Nummern schlagen wir zuletzt in der Filmtabelle die Namen der Lieblingsfilme nach.

Die drei Lieblingsfilme von Max sind »Am Ende des Ozeans«, »Wir laufen um die Welt« und »The Job«.

Welcher Film hat die höchste durchschnittliche Bewertung? Zur Beantwortung dieser Frage benötigen wir die Benutzertabelle nicht, da nur die Bewertungen und nicht deren Autoren relevant sind. Die Daten können zur Beantwortung folgendermaßen kombiniert werden:

1. Jeder Film in der Filmtabelle wird einzeln näher betrachtet.
2. Die Einträge der Bewertungstabelle werden nach der ID dieses Films gefiltert.
3. Die Sterne dieser Einträge werden summiert und durch die Anzahl der Bewertungen des Films geteilt.
4. Der Film mit dem größten Ergebnis ist die Lösung.

Der Film mit der höchsten durchschnittlichen Bewertung ist der Film mit der ID 5, »Am Ende des Ozeans«. Er hat eine durchschnittliche Bewertung von 4 Sternen.

12.2 Strukturierte Datenspeicherung

Die Daten der Knobelei hätten für die Bearbeitung der Fragen auch durcheinander in einem langen Text abgedruckt sein können. Auch wenn es für einen Menschen dann genauso möglich gewesen wäre, alle wichtigen Informationen zu finden und zu kombinieren, so ist doch klar, dass die gewählte Tabellenform diesen Prozess deutlich erleichtert und beschleunigt. Die zusätzliche Struktur sorgt für mehr Übersicht und dafür, dass man Daten automatisiert finden und verwenden kann. *Datenbanken* sind genau dafür da, Daten gut strukturiert zur Verfügung zu stellen. Sie speichern Daten meist in tabellarischer Form; es gibt jedoch auch Datenbankmodelle, die andere Strukturen wie Graphen oder Objekte verwenden. In diesem Kapitel fokussieren wir uns auf Tabellen.

In den bisherigen Kapiteln haben Sie schon viel über Datenverarbeitung gelernt, wobei dort die Daten oft in Variablen gespeichert wurden. Diese befinden sich im Gegensatz zu den Daten einer Datenbank nur im Arbeitsspeicher eines Computers und sind daher nur für die Dauer der Berechnung verfügbar. Datenbanken speichern im Gegensatz dazu Daten dauerhaft.

Eine solche dauerhafte Speicherung kennen Sie von der Verwendung von Dateien auf Ihrem Computer, die auch nach einem Neustart noch auf der Festplatte verfügbar sind. Auch Datenbanken speichern ihre Daten letztendlich in Dateien. Im Gegensatz zum manuellen Speichern und Lesen von Dateien bieten sie jedoch eine viel praktischere Schnittstelle für den Datenzugriff an. Über sogenannte *Abfragesprachen* können leicht ganz bestimmte

Daten gesucht, gespeichert oder verwaltet und verändert werden. Im Gegensatz zu Dateien sind Datenbanken zudem darauf ausgelegt, dass mehrere – auch sehr viele – Nutzer gleichzeitig auf sie zugreifen.

Kurz gesagt ist eine Datenbank also ein System, das beliebige Daten dauerhaft und strukturiert speichert und über eine Abfragesprache einen einfachen Zugriff auf diese Daten ermöglicht. Wenn wir im Folgenden von einer Datenbank sprechen, meinen wir damit stets ein Datenbanksystem, das mit Tabellen als Strukturmodell arbeitet.

Grundbegriffe

In einer Datenbank werden Informationen über *Entitäten* gespeichert. Eine Entität ist ein real existierendes oder vorgestelltes Objekt, wie die Benutzer oder Filme in den Tabellen der Knobelei. Gleichartige Objekte werden zu einem *Entitätstyp* zusammengefasst. In unserem Beispiel gibt es die Entitätstypen `Benutzer` und `Film`.

Entitäten besitzen relevante Eigenschaften, die als *Attribute* in der Datenbank hinterlegt werden. So ist der »Name« ein Attribut eines Benutzers. Ein Attribut kann ein beliebiger Wert eines festgelegten Datentyps oder auch eine Verknüpfung zu einer anderen Entität sein. Entitäten können immer nur als Sammlung ihrer Attribute dargestellt werden, auch wenn sie in unserer Vorstellung eine davon unabhängige Identität haben. Attribute, die ein Objekt eindeutig identifizieren, bezeichnen wir als *Schlüsselattribute*. Zum Beispiel ist die `BenutzerID` des Entitätstyps `Benutzer` ein Schlüsselattribut.

Eine Beziehung zwischen zwei Entitäten wird *Relation* genannt. Da neben den Entitäten selbst diese Beziehungen die wichtigsten Informationen darstellen, spricht man auch von *relationalen Datenbanken*. Eine Beziehung wird in Datenbanken über die Schlüsselattribute hergestellt. In der Knobelei gibt es zum Beispiel eine Relation zwischen den Benutzern und deren Bewertungen über das Schlüsselattribut `BenutzerID`.

Sowohl die Entitäten selbst als auch ihre Beziehungen werden in *Tabellen* gespeichert. Alle Tabellen zusammen ergeben die Datenbank.

Auf dieser Datenbank können Daten mittels *Operationen* abgefragt oder verändert werden. Diese Befehle werden über eine Schnittstelle an die Datenbank gesendet, die dann die Änderungen durchführt oder abgefragte Daten zurückgibt.

Darstellung

Möchte man den Fokus auf die Daten einer Datenbank legen, so eignet sich die Darstellung als Tabellen, wie in der Knobelei geschehen, am besten. Um den Aufbau der Datenbank mit ihren Entitäten und Beziehungen zwischen diesen darzustellen, verwendet man sogenannte *Entity-Relationship-Diagramme* (*ER-Diagramme*).

Entitätstypen werden in ER-Diagrammen durch *Rechtecke* dargestellt und mit den dazugehörigen in *Ellipsen* notierten Attributen verbunden. Abbildung 12.1 zeigt den Entitätstyp `Benutzer`.

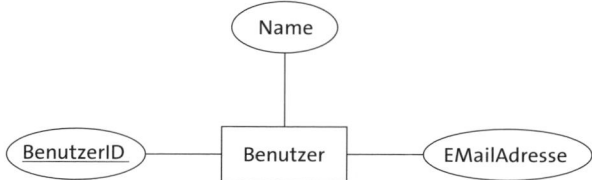

Abbildung 12.1 Der Entitätstyp »Benutzer«

Die Beziehungen zwischen Entitäten werden mit *Rauten* dargestellt. Jede Beziehung hat eine Bezeichnung sowie annotierte *Kardinalitäten*, die beschreiben, wie viele Objekte des einen Entitätstyps mit wie vielen Objekten des anderen Entitätstyps in Relation stehen. Im Beispiel in Abbildung 12.2 ist die Beziehung zwischen den Typen `Benutzer` und `Bewertung` dargestellt. Einem Benutzer können dabei mehrere Bewertungen zugeordnet sein, während jeder Bewertung nur ein Benutzer zugeordnet sein kann.

Abbildung 12.2 Die Relation zwischen »Benutzer« und »Bewertung«

Versuchen Sie doch einmal, die Entitäten und Relationen der Knobelei in ein ER-Diagramm zu überführen. Das Ergebnis ist in Abbildung 12.3 dargestellt.

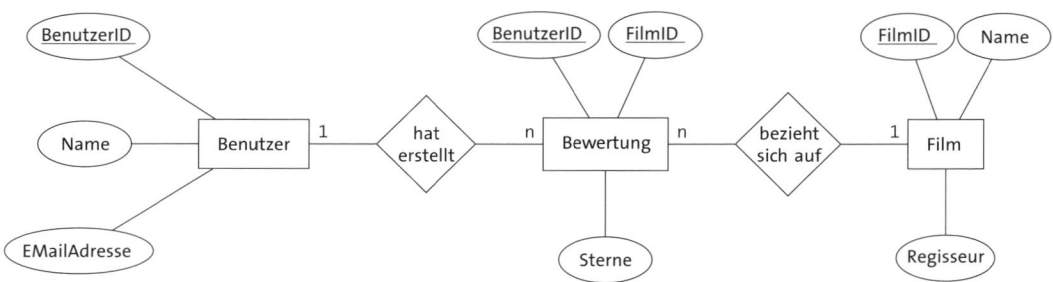

Abbildung 12.3 Die Knobelei, überführt in ein ER-Diagramm

Kardinalitäten

In relationalen Datenbanken gibt es drei verschiedene Arten von Beziehungen zwischen Entitäten:

- Die einfachste Beziehung ist eine **1:1**-Relation. Sie besagt, dass einem Objekt vom einem Entitätstyp genau ein Objekt des anderen Entitätstyps zugeordnet ist.
- Am häufigsten tritt eine **1:n**-Beziehung zwischen zwei Entitätstypen auf. Sie bedeutet: Einem Objekt des ersten Typs sind beliebig viele (auch keine) Objekte des zweiten Entitätstyps zugeordnet. Ein Beispiel dafür ist in der Knobelei zu finden: Einem Benutzer sind beliebig viele Bewertungen zugeordnet, während jede Bewertung genau zu einem Benutzer gehört. Es kann aber auch Benutzer geben, die noch keine Bewertungen abgegeben haben.
- Die allgemeinste Form der Beziehung zwischen zwei Entitätstypen ist die **n:m**-Beziehung. Auf beiden Seiten der Relation wird dabei nicht eingeschränkt, wie viele Objekte miteinander in Beziehung stehen können. Beispielsweise spielen, wie Abbildung 12.4 zeigt, in einem Film beliebig viele Schauspieler mit, und jeder Schauspieler kann in beliebig vielen Filmen mitspielen.

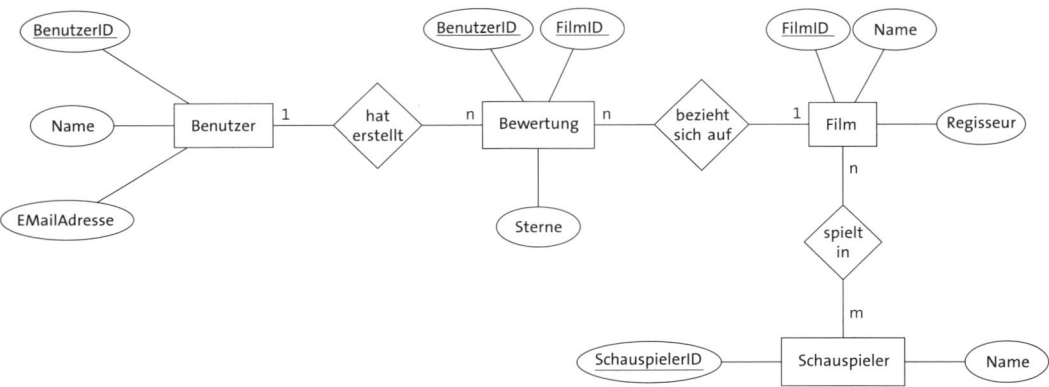

Abbildung 12.4 Die Knobelei, allgemein erweitert um Schauspieler

Die drei Beziehungen werden auf unterschiedliche Weise als Tabellen in einer Datenbank repräsentiert:

- Liegt eine **1:1**-Beziehung vor, können die beiden Entitätstypen im Regelfall in einer gemeinsamen Tabelle gespeichert werden.
- Für **1:n**-Beziehungen wird in einer zusätzlichen Spalte der Tabelle des Entitätstyps auf der *n*-Seite der Beziehung ein Verweis auf die jeweilige Entität der anderen Seite hinterlegt. In der Knobelei ist dies bei Bewertungen gleich doppelt der Fall: Jede Bewertung hat einen Verweis auf ihren Autor und den bewerteten Film.
- Die Speicherung von **n:m**-Beziehungen in einer Datenbank benötigt eine zusätzliche Tabelle, die pro Zeile einen Verweis auf beide zusammenhängenden Entitäten enthält. Aus

der n:m-Beziehung werden daher zwei 1:n-Beziehungen, die gespeichert werden. Die neue Tabelle enthält beide *n*-Seiten der Beziehungen. In Abbildung 12.4 wurde bereits eine n:m-Beziehung aufgelöst: Zwischen den Benutzern und den Filmen besteht eigentlich eine n:m-Beziehung, die jedoch durch zwei 1:n-Beziehungen zu den Bewertungen realisiert wird.

Schlüssel

Auch wenn mehrere Nutzer den gleichen Namen haben, wollen wir sie unterscheiden können. Um solche Entitäten eindeutig identifizieren zu können und die Verweise für Beziehungen zu definieren, werden *Schlüssel* verwendet. Ein Schlüssel besteht aus mindestens einem Attribut, kann sich aber auch aus mehreren Attributen zusammensetzen.

Primärschlüssel identifizieren Einträge in Tabellen eindeutig. Das bedeutet auch, dass ein Schlüssel in einer Tabelle nur einmal vorkommt. In der Knobelei ist beispielsweise die `BenutzerID` ein Primärschlüssel der Tabelle `Benutzer`. Primärschlüssel werden in ER-Diagrammen unterstrichen.

Verweist eine andere Tabelle auf eine Entität, so wird dort der Wert des Primärschlüssels der Entität als *Fremdschlüssel* hinterlegt. Ein solcher wird in ER-Diagrammen gestrichelt unterstrichen, es sei denn, er gehört in der Tabelle ebenfalls zum Primärschlüssel. In dem Fall wird er wie ein Primärschlüssel unterstrichen.

In der Knobelei sind zwei Attribute der Bewertungstabelle Fremdschlüssel, denn sowohl die `BenutzerID` als auch die `FilmID` beziehen sich auf Primärschlüssel der anderen Tabellen.

Wenn Sie davon ausgehen, dass ein Film von einem Benutzer nicht mehrfach bewertet werden darf, dann können die Attribute `BenutzerID` und `FilmID` zusammen den Primärschlüssel der Bewertungstabelle bilden. Über diese beiden Attribute kombiniert kann dann eine Bewertung identifiziert werden.

12.3 Operationen auf Datenbanken

Daten in Datenbanken haben natürlich wenig Nutzen, wenn man auf sie nicht zugreifen oder sie modifizieren kann. Alle Datenoperationen werden mithilfe einer Sprache durchgeführt, über die mit der Datenbank kommuniziert wird. Im Folgenden werden Sie die weit verbreitete *Structured Query Language* (*SQL*, englisch für *strukturierte Abfragesprache*) kennenlernen.

Daten abfragen und sortieren

Widmen wir uns erneut den Lieblingsfilmen von Max. Wir gehen davon aus, dass die Daten, wie in der Knobelei dargestellt, in einer Datenbank gespeichert sind. Nun möchten wir die drei Lieblingsfilme von Max aus der Datenbank auslesen.

Im ersten Schritt wollen wir die ID von Max ermitteln. Dafür müssen wir eine Abfrage an die Benutzertabelle stellen.

Abfragen werden in SQL mit dem Schlüsselwort **SELECT** gestellt, das Daten auswählt und zurückgibt. An den Befehl anschließend folgen die Attribute, die abgefragt werden sollen, und der Name der Tabelle, in der die gewünschten Daten hinterlegt sind. Wir möchten die Attribute BenutzerID und Name der Tabelle Benutzer abfragen und konstruieren daher die folgende Abfrage:

```
SELECT BenutzerID, Name FROM Benutzer
```

Tabelle 12.4 zeigt das Ergebnis der Abfrage, das bislang noch alle drei Einträge der Tabelle enthält. Da uns nur die ID von Max interessiert, müssen wir die Tabelle noch filtern. Zum Filtern wird das SQL-Schlüsselwort **WHERE** verwendet. Nach dem **WHERE** folgt eine Bedingung, die die Einträge wie gewünscht eingrenzt. In unserem Fall suchen wir nach einer Entität mit dem Namen Max:

```
SELECT BenutzerID, Name FROM Benutzer WHERE Name = 'Max'
```

Wie in Tabelle 12.5 sichtbar, enthält das Ergebnis nun nur noch den Eintrag von Max. Sehr schön! Die ID von Max ist also die 3.

Im nächsten Schritt filtern wir auf ähnliche Weise die Bewertungen nach denen, die von Max verfasst wurden. Da wir ohnehin alle Attribute der Bewertungstabelle abfragen wollen, können wir die Liste der Attribute durch einen Stern * abkürzen:

```
SELECT * FROM Bewertung WHERE BenutzerID = 3
```

Es bleiben die fünf Bewertungen von Max im Ergebnis, wie Tabelle 12.6 zeigt.

Diese müssen wir nun noch nach den Sternen sortieren. Zum Sortieren gibt es in SQL das Schlüsselwort **ORDER BY**. Nach dem Schlüsselwort folgen die Attribute, nach denen sortiert werden soll, und die Sortierrichtung:

```
SELECT * FROM Bewertung WHERE BenutzerID = 3 ORDER BY Sterne DESC
```

Die Angabe von **DESC** (kurz für *descending*, englisch für *absteigend*) führt dazu, dass die Ergebnisse absteigend sortiert werden. Alternativ dazu können Sie auch **ASC** (kurz für *ascending*, englisch für *aufsteigend*) verwenden, das die Ergebnisse aufsteigend sortiert.

Nun sind die Ergebnisse zwar sortiert, die Datenbank liefert uns jedoch nach wie vor alle fünf Bewertungen. Da nur nach drei Lieblingsfilmen gefragt ist, muss die Ausgabegröße noch beschränkt werden. Dafür wird das SQL-Schlüsselwort `LIMIT` verwendet. (Das Schlüsselwort ist je nach Datenbanksystem unterschiedlich benannt.) Nach dem Schlüsselwort wird die gewünschte Anzahl der Zeilen angegeben:

```sql
SELECT * FROM Bewertung WHERE BenutzerID = 3 ORDER BY Sterne DESC
    LIMIT 3
```

Diese Abfrage produziert die Daten aus Tabelle 12.7. Die IDs von Max' Lieblingsfilmen sind also 5, 3 und 4. Für diese IDs müssen wir nun noch mit bekannten Mitteln die Filmnamen ermitteln:

```sql
SELECT FilmID, Name FROM Film
    WHERE FilmID = 5 OR FilmID = 3 OR FilmID = 4
```

Wie Sie in dieser Abfrage sehen, kann die Bedingung zur Filterung durch das Verwenden von **OR** und **AND** durchaus komplexer werden. Auch wenn die Notation in SQL etwas von unseren Pseudocode-Bedingungen abweicht, so können im Allgemeinen dennoch dieselben Konstrukte verwendet werden.

Glückwunsch! Diese Abfrage produziert nun wie in Tabelle 12.8 die Namen der Lieblingsfilme von Max. Das Ergebnis des eben gezeigten Lösungswegs ist leider nicht mehr nach der Anzahl an Sternen in der Bewertung sortiert. Das liegt daran, dass wir die Abfrage in mehreren Schritten durchgeführt haben und zwischen dem Herausfinden der Film-IDs und den dazugehörigen Namen die Sortierung verlorengegangen ist.

Anstatt alle Schritte einzeln durchzuführen, können Sie auch mehrere Tabellen gleichzeitig abfragen. Dafür schreiben Sie die Tabellennamen durch ein Komma getrennt hinter das Schlüsselwort **FROM**. Zum Ermitteln der Lieblingsfilme von Max könnten Sie daher auch nur eine Abfrage verwenden, die Sie in Listing 12.1 sehen.

```sql
SELECT Film.FilmID, Film.Name FROM Benutzer, Bewertung, Film
    WHERE Benutzer.Name = 'Max'
    AND Benutzer.BenutzerID = Bewertung.BenutzerID
    AND Bewertung.FilmID = Film.FilmID
    ORDER BY Bewertung.Sterne DESC
    LIMIT 3
```

Listing 12.1 Die Ermittlung der Lieblingsfilme von Max mit einer Abfrage

Besonders wichtig bei dieser Abfrage sind die letzten beiden Bedingungen des **WHERE**-Befehls. Diese sorgen dafür, dass nur zueinander passende Einträge betrachtet werden.

Es gibt viele weitere Arten, mithilfe von sogenannten JOINs mehrere Tabellen zugleich abzufragen. Informationen zu diesen und weiteren fortgeschrittenen Abfragetechniken finden Sie in weiterführender Literatur über Datenbanken.

In einer solchen Abfrage ist klar definiert, in welcher Reihenfolge die verschiedenen Teile interpretiert werden sollen. Betrachten Sie als Beispiel die eben verwendete Abfrage: Im ersten Schritt werden die Tabellen Benutzer, Bewertung und Film kombiniert. Das bedeutet, dass von den genannten Befehlen FROM die höchste Priorität hat. Im zweiten Schritt werden die Daten gefiltert, also folgt die Auswertung der WHERE-Bedingung. Nun erfolgt die Sortierung. Anschließend werden die Attribute ausgewählt (in diesem Fall der Film-Name und die Film-ID). Zuletzt wird die Ergebnisgröße eingeschränkt, also das Schlüsselwort LIMIT ausgewertet. Eine andere Reihenfolge würde auch ein anderes Ergebnis produzieren!

Hinter den Kulissen führt ein Datenbanksystem die Operationen dennoch nicht zwingend genau so aus, wie es die Abfrage vorgibt: Die Optimierung der Ausführungsreihenfolge der Teiloperationen ist eine der wichtigsten Aufgaben eines Datenbanksystems, um die Effizienz von Abfragen zu erhöhen. Selbstverständlich ist dabei garantiert, dass die Ergebnisse trotzdem identisch zur zuvor erklärten Interpretationsreihenfolge sind.

BenutzerID	Name
1	Anna
2	Peter
3	Max

Tabelle 12.4 Ergebnis der einfachen Abfrage von Daten

BenutzerID	Name
3	Max

Tabelle 12.5 Ergebnis der Abfrage mit dem Filter

BenutzerID	FilmID	Sterne
3	3	3
3	1	1

Tabelle 12.6 Die Bewertungen von Max

BenutzerID	FilmID	Sterne
3	4	2
3	5	5
3	2	1

Tabelle 12.6 Die Bewertungen von Max (Forts.)

BenutzerID	FilmID	Sterne
3	5	5
3	3	3
3	4	2

Tabelle 12.7 Die drei besten Bewertungen von Max

FilmID	Name
3	Wir laufen um die Welt
4	The Job
5	Am Ende des Ozeans

Tabelle 12.8 Die Namen von Max' Lieblingsfilmen

Gruppierung von Daten

Wir wollen uns auch mit der zweiten Frage aus der Knobelei beschäftigen: Welcher Film hat die höchste durchschnittliche Bewertung?

Wie bereits in der Knobelei festgestellt, werden dafür nur die Tabellen Bewertung und Film benötigt. Bei der Kombination der beiden Tabellen betrachten wir natürlich nur die Einträge, bei denen die IDs der Filme passen:

```
SELECT * FROM Bewertung, Film
   WHERE Bewertung.FilmID = Film.FilmID
```

Zum Berechnen der durchschnittlichen Bewertung kann man die Funktion AVG (kurz für *Average*, englisch für *Durchschnitt*) auf dem Attribut Sterne verwenden. Neben AVG gibt es noch viele andere Funktionen, wie beispielsweise SUM, COUNT oder MAX zum Berechnen von Summen, Anzahlen oder dem Maximum mehrerer Werte. Zur Verwendung schreiben Sie diese Funktionen in die Liste der abgefragten Attribute und weisen mit dem Schlüsselwort AS dem Ergebnis einen Namen zu, der für spätere Operationen verwendet werden kann:

```
SELECT AVG(Bewertung.Sterne) AS AvgBewertung FROM Bewertung, Film
    WHERE Bewertung.FilmID = Film.FilmID
```

Ohne weitere Angaben berechnet diese Abfrage jedoch den Durchschnitt aller Bewertungen und nicht für jeden Film einzeln. Um die Trennung nach Filmen zu erzeugen, müssen wir vorher die Einträge *gruppieren*. Eine Gruppierung nach Attributen fasst alle Entitäten zusammen, die in den jeweiligen Attributen übereinstimmen, und berechnet für jede Gruppe einzeln die angefragten Funktionen. Gruppieren Sie beispielsweise in der Abfrage in Listing 12.2 die Einträge nach der ID und dem Namen der Filme, wird der Durchschnitt über alle Bewertungen mit demselben Film berechnet.

```
SELECT Film.FilmID, Film.Name, AVG(Bewertung.Sterne) AS AvgBewertung
    FROM Bewertung, Film WHERE Bewertung.FilmID = Film.FilmID
    GROUP BY Film.FilmID, Film.Name
    ORDER BY AvgBewertung DESC
```

Listing 12.2 Die Abfrage für die durchschnittlichen Bewertungen aller Filme, absteigend sortiert

Verwenden Sie Gruppierungen, so können Sie nur Attribute abfragen, die gruppiert oder mit einer Funktion berechnet wurden. Für alle anderen Attribute wäre nicht klar, welche Werte zurückgegeben werden sollen.

Das in Tabelle 12.9 gezeigte Ergebnis ist schon sortiert, es muss nun nur noch in der Ausgabegröße beschränkt werden, um nur den Film mit der höchsten durchschnittlichen Bewertung als Rückgabe zu bekommen. Die dazugehörige Abfrage sieht so aus:

```
SELECT Film.FilmID, Film.Name, AVG(Bewertung.Sterne) AS AvgBewertung
    FROM Bewertung, Film WHERE Bewertung.FilmID = Film.FilmID
    GROUP BY Film.FilmID, Film.Name
    ORDER BY AvgBewertung DESC
    LIMIT 1
```

Listing 12.3 Die Abfrage für den Film mit der höchsten durchschnittlichen Bewertung

Sehr schön! Der Film wurde als Ausgabe in Tabelle 12.10 gefunden!

Film.FilmID	Film.Name	AvgBewertung
5	Am Ende des Ozeans	4
3	Wir laufen um die Welt	3,5
4	The Job	3
2	Leben in New York City	1,66
1	Die kanadische Wildnis	1,5

Tabelle 12.9 Die durchschnittlichen Bewertungen aller Filme

Film.FilmID	Film.Name	AvgBewertung
5	Am Ende des Ozeans	4

Tabelle 12.10 Der Film mit der höchsten durchschnittlichen Bewertung

Einträge einfügen

Das Portal zum Bewerten der Filme hat natürlich auch noch andere Funktionen, beispielsweise kann man sich als neuer Benutzer registrieren. Dafür muss das System einen neuen Eintrag in der Benutzertabelle erstellen.

Zum Erstellen von Einträgen in Datenbanken verwendet man die SQL-Operation INSERT, die neben der Tabelle, in die eingefügt werden soll, die Auflistung der einzufügenden Attributwerte erhält. Möchten Sie beispielsweise »Bob« mit der ID 4 und der E-Mail-Adresse »bob@example.org« einfügen, sieht der Befehl wie folgt aus, um Tabelle 12.11 zu erzeugen:

```
INSERT INTO Benutzer VALUES (4, 'Bob', 'bob@example.org')
```

Sie müssen darauf achten, dass die ID 4 noch frei ist. In vielen Systemen lässt sich auch einstellen, dass beim Einfügen automatisch die nächsthöhere ID generiert wird.

Einträge modifizieren

Möchte Max seinen Namen in der Datenbank in »Maximilian« ändern, wird diese Datenanpassung vom System mit der SQL-Operation UPDATE durchgeführt. Neben der anzupassenden Tabelle geben Sie hinter dem Schlüsselwort SET an, welche Attribute mit welchen neuen Werten überschrieben werden sollen:

```
UPDATE Benutzer SET Name = 'Maximilian' WHERE BenutzerID = 3
```

Nach der Änderung sieht die Benutzertabelle wie Tabelle 12.12 aus. Wichtig dabei ist, dass Sie die Bedingung angeben, die die Änderungen auf den Eintrag mit der ID von Max beschränkt. Ansonsten würden alle Namen in der Tabelle in »Maximilian« geändert! Dieses Beispiel zeigt noch einmal, warum es sinnvoll ist, mit IDs zu arbeiten. Gäbe es zwei Nutzer mit dem Namen »Max«, könnten Sie sie anhand der ID unterscheiden.

Einträge löschen

Möchte Bob sein Benutzerkonto nun wieder löschen, realisieren Sie dies mit dem SQL-Befehl DELETE:

```
DELETE FROM Benutzer WHERE BenutzerID = 4
```

Wieder müssen Sie die Tabelle angeben, auf der die Operation ausgeführt wird. Auch beim Löschen ist es wichtig, dass auf die korrekte ID geachtet wird, sonst sind nach Ausführung der Abfrage alle Benutzer gelöscht.

Wie würden Sie jedoch damit umgehen, wenn Bob bereits Filme bewertet hat? Dann liegen nach dem Löschen des Benutzerkontos Einträge in der Bewertungstabelle mit dem Fremdschlüssel 4 vor. Da dieser Verweis nicht mehr gültig ist, muss geklärt sein, wie mit solchen Fällen umzugehen ist. Beispielsweise könnten Sie alle Bewertungen von Bob ebenfalls löschen oder auch einfach nur den Verweis auf sein Benutzerkonto entfernen.

BenutzerID	Name	EMailAdresse
1	Anna	anna@example.org
2	Peter	peter@example.org
3	Max	max@example.org
4	Bob	bob@example.org

Tabelle 12.11 Die Benutzer nach dem Registrieren von Bob

BenutzerID	Name	EMailAdresse
1	Anna	anna@example.org
2	Peter	peter@example.org

Tabelle 12.12 Die Benutzer nach dem Umbenennen von Max

BenutzerID	Name	EMailAdresse
3	Maximilian	max@example.org
4	Bob	bob@example.org

Tabelle 12.12 Die Benutzer nach dem Umbenennen von Max (Forts.)

12.4 Empfohlene Strukturierung von Daten

Es gibt unzählige Varianten, ein und dieselben Daten in einer Datenbank zu speichern. Einige Vorgehensweisen haben sich jedoch als besonders praktisch herausgestellt, um *Redundanz*, das doppelte Speichern von Daten, zu vermeiden und Abfragen möglichst effizient zu machen.

> **Daten-Redundanz**
>
> Redundanz bei Daten bedeutet, dass die gleichen Informationen mehrfach vorliegen. Im Regelfall möchte man dies vermeiden, da damit einige Nachteile einhergehen.
>
> Zum einen verbrauchen mehrfach gespeicherte Informationen natürlich mehr Speicherplatz. Zum anderen wird das Verändern von Daten aufwendiger. Wird beispielsweise der Name eines Benutzers an mehreren Stellen gespeichert, muss darauf geachtet werden, dass dieser sich bei einer Namensänderung auch an allen Stellen ändert.
>
> In manchen Fällen hat Redundanz aber auch Vorteile. Ändern sich beispielsweise kompliziert berechnete Zwischenergebnisse sehr selten, so kann es einen Geschwindigkeitsvorteil bringen, diese zusätzlich zu speichern. Zudem ist auch Datensicherung eine Form von Redundanz. Dabei werden dieselben Daten mehrfach gespeichert, damit im Falle von Datenverlust eine Sicherheitskopie existiert.

Ein Wert pro Zelle

In Tabellen sollte sich niemals mehr als ein Wert pro Zelle befinden. Betrachten Sie eine etwas abgewandelte Form der Filmtabelle, um diese Empfehlung nachvollziehen zu können. Wie in Tabelle 12.13 dargestellt, ist zusätzlich zum Filmnamen nun das Produktionsjahr hinterlegt. Ein weiteres Attribut speichert die Namen der Regisseure des Films.

FilmID	Name, Jahr	Regisseur
1	Die kanadische Wildnis, 2013	Frank Müller
2	Leben in New York City, 2015	Ben Smith
3	Wir laufen um die Welt, 2016	Jan Koch
4	The Job, 2014	Maria Huber
5	Am Ende des Ozeans, 2009	Wolfgang Horn
6	Der Weg ist das Ziel, 2016	Jan Koch, Arnold Meister

Tabelle 12.13 Die Filme mit einem neuen Film und den Produktionsjahren

Diese Speicherung hat den Nachteil, dass einige Operationen aufwendiger werden. Möchten Sie beispielsweise alle Filme von »Arnold Meister« finden, können Sie nicht einfach die Bedingung WHERE `Regisseur = 'Arnold Meister'` verwenden, da in einer Zelle nicht nur der Name »Arnold Meister« steht. Des Weiteren können Sie nicht einfach alle Filme finden, die vor 2015 gedreht wurden. Auch das Verändern von Werten in solchen Zellen ist schwerer, da Sie dabei aufpassen müssen, dass Sie nicht versehentlich Daten verlieren.

Die Tabelle hat zwei strukturelle Probleme. Können Sie diese finden und beheben?

Zunächst einmal enthält die Spalte mit den Filmnamen zwei verschiedene Informationen, die in eine Zeichenkette zusammengefasst wurden. Da Name und Produktionsjahr eigentlich zwei verschiedene Attribute eines Films sind, sollten diese auch jeweils in einer eigenen Spalte gespeichert werden, wie in Tabelle 12.14 gezeigt.

FilmID	Name	Jahr	Regisseur
1	Die kanadische Wildnis	2013	Frank Müller
2	Leben in New York City	2015	Ben Smith
3	Wir laufen um die Welt	2016	Jan Koch
4	The Job	2014	Maria Huber
5	Am Ende des Ozeans	2009	Wolfgang Horn
6	Der Weg ist das Ziel	2016	Jan Koch, Arnold Meister

Tabelle 12.14 Die Filme mit dem neuen Attribut

Außerdem wird in der Spalte der Regisseure eine Liste von Regisseuren gespeichert. Wenn Sie sich an die Beziehungskardinalitäten erinnern, sollten Regisseure eigentlich in eine eigene Tabelle ausgelagert werden (Tabelle 12.15). In einer weiteren Tabelle wird dann die n:m-Relation repräsentiert, die speichert, welcher Regisseur welchen Film gedreht hat (Tabelle 12.16).

RegisseurID	Name
1	Frank Müller
2	Ben Smith
3	Jan Koch
4	Maria Huber
5	Wolfgang Horn
6	Arnold Meister

Tabelle 12.15 Die Regisseure

FilmID	RegisseurID
1	1
2	2
3	3
4	4
5	5
6	3
6	6

Tabelle 12.16 Die Relation zwischen Filmen und Regisseuren

Redundanzen vermeiden

Wenn in der bereits bekannten Benutzertabelle eine zweite E-Mail-Adresse für Anna gespeichert werden soll, so könnte dies durch eine zusätzliche Zeile geschehen, wie Tabelle 12.17 zeigt.

BenutzerID	Name	EMailAdresse
1	Anna	anna@example.org
2	Peter	peter@example.org
3	Max	max@example.org
1	Anna	anna-arbeit@example.org

Tabelle 12.17 Die Benutzer mit zwei E-Mail-Adressen von Anna

Zwar sind jetzt für Anna zwei Mailadressen hinterlegt, dafür wurde ihr Name doppelt gespeichert. Auch ist das Attribut `BenutzerID` nun nicht mehr eindeutig, und die E-Mail-Adresse müsste dem Primärschlüssel hinzugefügt werden.

Dieses Problem können Sie durch das Einführen einer 1:n-Beziehung lösen. Dafür wird ein neuer Entitätstyp für die E-Mail-Adressen angelegt, wie es in Tabelle 12.18 umgesetzt ist. Außerdem werden die E-Mail-Adressen und die doppelten Nutzer aus der Benutzertabelle entfernt (Tabelle 12.19). Die Zuordnung der E-Mail-Adressen zum jeweiligen Benutzerkonto geschieht über den Fremdschlüssel `BenutzerID` der neuen Tabelle.

BenutzerID	EMailAdresse
1	anna@example.org
2	peter@example.org
3	max@example.org
1	anna-arbeit@example.org

Tabelle 12.18 Die E-Mail-Adressen der Nutzer

BenutzerID	Name
1	Anna
2	Peter
3	Max

Tabelle 12.19 Die Benutzer ohne E-Mail-Adressen und Doppelungen

12.5 Zusammenfassung und Einordnung

Datenbanken spielen in der Informatik eine große Rolle, denn kaum ein System in der Informatik kommt ohne eine Datenbank aus. Sie kommen immer dann zum Einsatz, wenn große Mengen an Daten strukturiert und dauerhaft gespeichert werden sollen. Des Weiteren bieten sie die Möglichkeit, dass mehrere Anwendungen gleichzeitig auf die Daten zugreifen und diese modifizieren.

Von den verschiedenen Datenbanktypen, die es gibt, haben Sie in diesem Kapitel lediglich die relationalen Datenbanken kennengelernt, die in den meisten Anwendungen verwendet werden. Wir haben Ihnen die Elemente einer solchen Datenbank und einige Grundoperationen vorgestellt, über die mit einer Datenbank kommuniziert werden kann. Da verschiedene Hersteller Datenbanksysteme entwickeln und anbieten, können sich die Kommunikationssprachen zwischen diesen Systemen durchaus unterscheiden. Die hier verwendete SQL-Variante kommt beim sehr verbreiteten Open-Source-Datenbanksystem *MySQL* zum Einsatz.

Nicht-relationale Datenbanktypen fasst man meist unter dem Begriff *NoSQL*-Datenbanken zusammen; No-SQL steht dabei für »Not only SQL«. NoSQL-Datenbanken sind vor allem für große Webanwendungen gut geeignet, bei denen sehr viele Benutzer gleichzeitig Daten anfragen und verändern. Insbesondere können solche Datenbanken auch leichter zur Effizienzsteigerung auf mehrere Server verteilt werden als relationale Datenbanken. Relationale Datenbanken bieten dagegen mehr Garantien für die Konsistenz der gespeicherten Daten; beispielsweise können NoSQL-Datenbanken meist keine Beziehungen zwischen verschiedenen Datenobjekten speichern, wie dies mit Fremdschlüsseln in relationalen Datenbanken der Fall ist.

Abschließend haben wir zwei Empfehlungen betrachtet, wie Daten möglichst geeignet gespeichert werden können. Solche sogenannten *Normalisierungen* von Datenbanken werden im Studium noch weiter vertieft und formal analysiert.

Aufgaben

Aufgabe 1: Datenbankentwurf

Der Film »Die kanadische Wildnis« wurde von Frank Müller im Jahr 2013 in Kanada gedreht. Es handelt sich bei dem Film um einen Dokumentarfilm. Die Produktionsfirma »Docu-Productions« hat extra für den Film ein Auto, ein Haus und weitere Requisiten in Kanada gemietet.

Entwerfen Sie eine Datenstruktur für Filme, mit der es möglich ist, alle Details aus dem Text oben zu speichern.

Aufgabe 2: Entwurfsänderungen

Im Film »Die kanadische Wildnis« stellen einige Schauspieler einige typisch kanadische Lebensweisen vor. Für ihre Rolle in dem Film bekommen die Schauspieler eine Gage. Die Gagen der Schauspieler werden für jeden Film neu verhandelt, da sich der Aufwand für jeden Schauspieler von Film zu Film ändert.

Wie verändern Sie Ihre Datenstruktur aus Aufgabe 1 am besten, um die zusätzlichen Daten sinnvoll aufzunehmen?

Aufgabe 3: Operationen

Betrachten Sie den etwas abgewandelten Datenbankentwurf aus der Knobelei in Abbildung 12.5.

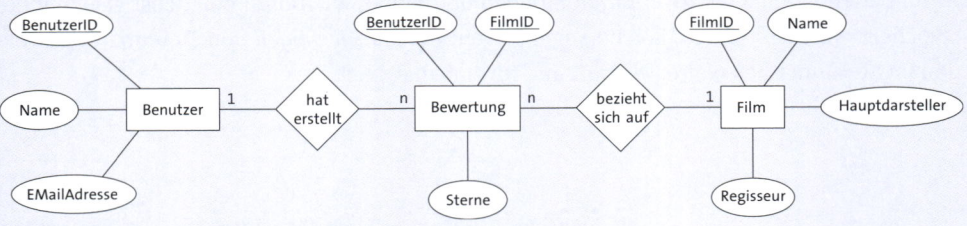

Abbildung 12.5 Die Knobelei, erweitert um den Hauptdarsteller

a) Entwerfen Sie eine SQL-Abfrage, die für jeden Benutzer ausgibt, welche Hauptdarsteller er schon gesehen hat.

b) Notieren Sie sich die Datenstruktur in Tabellenform, und führen Sie auf diesen Tabellen die Anweisungen in Listing 12.4 aus. Gehen Sie dabei davon aus, dass die Spalten der Tabellen wie folgt geordnet sind: »BenutzerID«, »Name«, »EMail-Adresse« für die Tabelle *Benutzer*, »BenutzerID«, »FilmID«, »Sterne« für die Tabelle *Bewertung* und »FilmID«, »Name«, »Regisseur«, »Hauptdarsteller« für die Tabelle *Film*.

```
INSERT INTO Benutzer VALUES (1, 'Karl', 'karl@example.org');
INSERT INTO Benutzer VALUES (2, 'Kim', 'kim@example.org');
INSERT INTO Benutzer VALUES (3, 'Justus', 'justus@example.org');
UPDATE Benutzer SET Name = 'Kimberly' WHERE BenutzerID = 2;
INSERT INTO Film VALUES (1, 'Die unendlichen Weiten',
    'Herbert Storch', 'Anja Diederich');
INSERT INTO Film VALUES (2, 'So nah und doch so weit',
    'Alexander Müller', 'Matthias Baum');
INSERT INTO Bewertung VALUES (1, 1, 4);
INSERT INTO Bewertung VALUES (2, 2, 4);
INSERT INTO Bewertung VALUES (1, 2, 1);
INSERT INTO Bewertung VALUES (2, 1, 5);
INSERT INTO Film VALUES (3, 'Die Tiefen der Ozeane',
    'Alexander Müller', 'Andrea Daecher');
INSERT INTO Bewertung VALUES (3, 2, 3);
UPDATE Bewertung SET Sterne = 2 WHERE BenutzerID = 2 AND
    FilmID = 2;
INSERT INTO Bewertung VALUES (3, 1, 2);
INSERT INTO Bewertung VALUES (1, 3, 5);
INSERT INTO Bewertung VALUES (3, 3, 2);
```

Listing 12.4 Anweisungen für die abgewandelte Datenbank

c) Ist die genaue Reihenfolge der Anweisungen relevant?

d) Finden Sie heraus, wie das Ergebnis der Abfrage in Listing 12.5 aussieht.

```
SELECT Benutzer.BenutzerID, MAX(Bewertung.Sterne) AS MaxSterne
  FROM Benutzer, Bewertung, Film
  WHERE Benutzer.BenutzerID = Bewertung.BenutzerID
  AND Bewertung.FilmID = Film.FilmID
  AND Film.Regisseur = 'Alexander Müller'
  GROUP BY Benutzer.BenutzerID
```

Listing 12.5 Eine Abfrage mit unbekanntem Ergebnis

e) Prüfen Sie, ob die Abfrage in Listing 12.6 das Ergebnis in Tabelle 12.20 ergeben haben kann:

```
SELECT Film.Name, Bewertung.Sterne
    FROM Benutzer, Bewertung, Film
    WHERE Benutzer.BenutzerID = Bewertung.BenutzerID
    AND Bewertung.FilmID = Film.FilmID
    AND Benutzer.Name = 'Kim'
    AND Bewertung.Sterne >= 3
```

Listing 12.6 Eine weitere Abfrage an die Datenbank

Film.Name	Bewertung.Sterne
Die unendlichen Weiten	5
So nah und doch so weit	4

Tabelle 12.20 Das Ergebnis der Abfrage

Aufgabe 4: NoSQL-Operationen

Eines der verbreitetsten NoSQL-Datenbanksysteme ist *MongoDB*. In diesem System werden Daten als sogenannte *Dokumente* gespeichert; jedes Dokument kann dabei hierarchisch strukturierte Informationen enthalten. Was könnte der MongoDB-Befehl in Listing 12.7 machen?

```
db.film.find( {
    "darsteller.name": "Andrea Diederich",
    jahr: { $gte: 2010 }
} ).sort( { jahr: 1 } )
```

Listing 12.7 Beispielbefehl für eine MongoDB-Datenbank

Lösungen

Aufgabe 1: Datenbankentwurf

In dieser Aufgabe ist es wichtig, zuerst zu erfassen, welche Entitätstypen in dem Text versteckt sind. Generell geht es um `Filme`, in denen `Requisiten` verwendet werden. Es gibt also zwei Entitätstypen.

Jeder Film scheint einen `Namen`, einen `Regisseur`, ein `Produktionsjahr`, einen `Drehort`, ein `Genre` und eine *Produktionsfirma* zu haben. Die Requisiten haben nur einen *Typ*.

Über die Beziehungen zwischen den Entitäten liegen nur wenige Informationen vor. Auf jeden Fall werden in dem Film mehrere Requisiten verwendet. Wir können davon ausgehen, dass die Requisiten auch in anderen Filmen verwendet werden können. Abbildung 12.6 zeigt die Datenstruktur als ER-Diagramm.

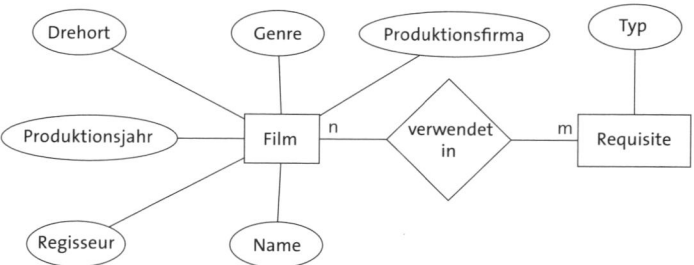

Abbildung 12.6 Die Datenstruktur für Aufgabe 1

Aufgabe 2: Entwurfsänderung

In dieser Aufgabe kommt hinzu, dass in diesem Film auch *Schauspieler* mitspielen, die *Gagen* für ihre Rollen bekommen. Zur Anbindung der Schauspieler an die Filme wird eine n:m-Beziehung benötigt, da jeder Schauspieler in beliebig vielen Filmen mitspielen kann und in jedem Film beliebig viele Schauspieler mitspielen können. Für diese Relation haben wir den Entitätstyp »Vertrag« eingeführt, der speichert, in welchem Film welcher Schauspieler mitgespielt hat. Die Gage, die die Schauspieler für ihre Rollen bekommen, wird ein Attribut dieses Entitätstyps. Abbildung 12.7 zeigt die Datenstruktur nach der Änderung.

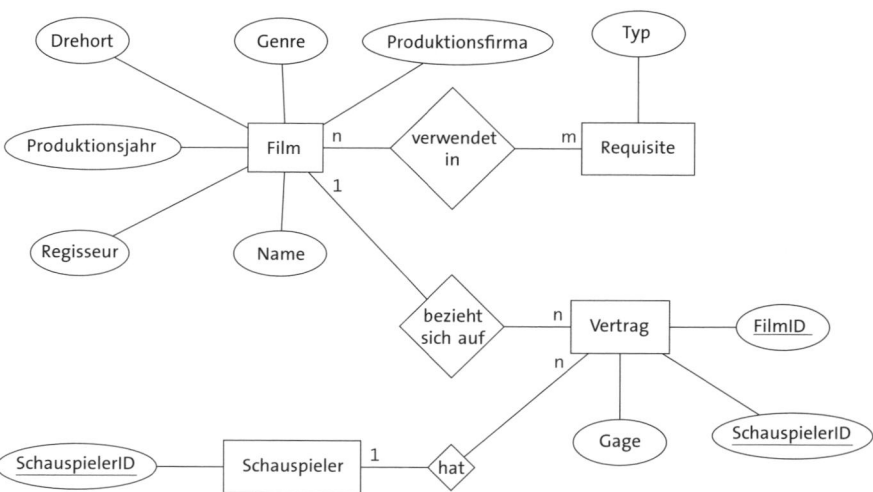

Abbildung 12.7 Die Datenstruktur mit den Änderungen aus Aufgabe 2

Aufgabe 3: Operationen

a) Die Abfrage, die für jeden Benutzer angibt, welche Hauptdarsteller er gesehen hat, benötigt alle drei Entitäten zur Beantwortung. Dabei wird mithilfe der Bewertungen ermittelt, welcher Benutzer welche Filme gesehen hat.

Nun ist die Frage schon beantwortet, denn im Ergebnis gäbe es jetzt für jeden Film, den ein Benutzer gesehen hat, einen Eintrag, der die `BenutzerID` und den `Hauptdarsteller` enthält. Damit noch eventuell auftretende Duplikate entfernt werden, wird noch nach der `BenutzerID` und dem `Hauptdarsteller` gruppiert.

Die vollständige Abfrage sehen Sie in Listing 12.8.

```
SELECT Benutzer.BenutzerID, Film.Hauptdarsteller
    FROM Benutzer, Bewertung, Film
    WHERE Benutzer.BenutzerID = Bewertung.BenutzerID
    AND Bewertung.FilmID = Film.FilmID
    GROUP BY Benutzer.BenutzerID, Film.Hauptdarsteller
```

Listing 12.8 Die Abfrage, die für jeden Benutzer ausgibt, welche Hauptdarsteller er schon gesehen hat

b) Tabelle 12.21, Tabelle 12.22 und Tabelle 12.23 zeigen die Inhalte der Datenbank, nachdem die Operationen ausgeführt wurden.

BenutzerID	Name	EMailAdresse
1	Karl	karl@example.org
2	Kimberly	kim@example.org
3	Justus	justus@example.org

Tabelle 12.21 Die Benutzer nach Ausführung der Operationen

BenutzerID	FilmID	Sterne
1	1	4
2	2	2
1	2	1
2	1	5

Tabelle 12.22 Die Bewertungen der Benutzer

BenutzerID	FilmID	Sterne
3	2	3
3	1	2
1	3	5
3	3	2

Tabelle 12.22 Die Bewertungen der Benutzer (Forts.)

FilmID	Name	Regisseur	Hauptdarsteller
1	Die unendlichen Weiten	Herbert Storch	Andrea Diederich
2	So nah und doch so weit	Alexander Müller	Matthias Baum
3	Die Tiefen der Ozeane	Alexander Müller	Andrea Daecher

Tabelle 12.23 Die Filme, die bewertet werden konnten

c) Die Reihenfolge ist für einige Operationen relevant. Es gibt zwei UPDATE-Operationen, die sich auf Einträge beziehen, die vorher angelegt werden. Diese müssen natürlich existieren, bevor sie verändert werden können. Abgesehen von diesen beiden Operationen sind aber keine weiteren Abhängigkeiten in der Reihenfolge vorhanden.

d) Diese Abfrage ermittelt für jeden Benutzer die höchste Anzahl an Sternen, die er einem Film von »Alexander Müller« gegeben hat.

Das Ergebnis sehen Sie in Tabelle 12.24.

Benutzer.BenutzerID	MaxSterne
1	5
2	2
3	3

Tabelle 12.24 Das Ergebnis der Abfrage

e) Diese Abfrage gibt alle Filme zurück, die von einem Benutzer mit dem Namen »Kim« mit mindestens 3 Sternen bewertet wurden. Jedoch ist das Ergebnis der Abfrage nicht korrekt. Es liegen zwei Fehler vor. Eigentlich wäre das Ergebnis leer, da es keinen Benutzer mit den Namen »Kim« mehr gibt, denn der eine Benutzer wurde in »Kimberly« umbenannt. Auch wenn dieser Fehler behoben wird, ist das Ergebnis immer noch nicht korrekt, da dieser Benutzer seine Meinung zu dem Film »So nah und doch so weit« nachträglich geändert hat. Da der Film nach der Änderung von Kimberly nur noch 2 Sterne bekommen hat, darf er nicht im Ergebnis auftauchen.

Aufgabe 4: NoSQL-Operationen

Der `find`-Befehl von MongoDB entspricht dem `SELECT` in SQL. Es handelt sich also um eine Datenabfrage. Konkret werden alle Filme seit dem Jahr 2010 abgefragt, in denen eine Schauspielerin mit dem Namen *Andrea Diederich* mitgespielt hat. Diese Filme werden aufsteigend nach dem Jahr sortiert (mit `.sort( { jahr: -1 } )` würde absteigend sortiert). Der Operator `$gte` steht in der Suchanfrage für *greater than or equal*, also für ein ≥.

Kapitel 13
Künstliche Intelligenz

Können wir einer Maschine Intelligenz beibringen? Wir klären, was wir mit künstlicher Intelligenz (KI) meinen, welche Möglichkeiten für digitale Technologien damit eröffnet werden und welche Risiken beim Einsatz von KI berücksichtigt werden müssen.

13.1 Mensch gegen Maschine

> Knobelei zum Einstieg

Lassen Sie uns eine Runde einer vereinfachten Version des Spieleklassikers Tetris spielen. Sie benötigen dafür Papier (Karopapier funktioniert am besten), einen Stift sowie eine Münze.

Zeichnen Sie zunächst das Spielfeld auf. Dieses besteht aus vier Spalten und sollte zumindest 15 Zeilen hoch sein. Wie beim Original fallen nun von oben Spielsteine ins Feld, die Sie horizontal verschieben dürfen, bis sie auf einem anderen Stein oder dem Spielfeldboden zu liegen kommen. Im Gegensatz zum richtigen Tetris dürfen Sie Steine dabei nicht drehen, und wir spielen auch nur mit zwei sehr einfachen Steinformen: einem Block von 1 mal 2 Kästchen, der vertikal oder horizontal ins Spielfeld fallen kann. Abbildung 13.1 zeigt ein Beispiel für ein solches Spielfeld. Mit der Münze losen Sie aus, welche Variante als Nächstes vom Himmel fällt: Werfen Sie Kopf, so fällt ein senkrechter Stein, bei Zahl ein horizontaler.

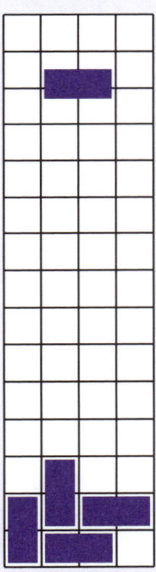

Abbildung 13.1 Auf unserem Spielfeld liegen bereits vier Steine, ein fünfter Stein fällt gerade horizontal aufs Feld und muss nun platziert werden.

Werfen Sie nun 20-mal Ihre Münze, und entscheiden Sie sich jeweils sofort, wo der Stein zu liegen kommen soll. Zeichnen Sie die Endposition des Steins auf Ihrem Spielfeld ein, bevor Sie den nächsten Stein durch den nächsten Münzwurf bestimmen. Ihr Ziel soll sein, dass es im entstehenden Turm so viele Zeilen wie möglich gibt, die komplett gefüllt sind, bei denen also auf jedem der vier Kästchen ein Teil eines Spielsteins zu liegen kommt. Optimal sind 10 Zeilen – wie viele schaffen Sie?

Mit einer guten Strategie, etwas Planungsgeschick und einem kleinen bisschen Münzglück schafft man es als Mensch meist, 8 bis 10 Zeilen vollständig zu füllen.

Entwickeln und notieren Sie nun eine möglichst gute Strategie, mit der ein Computer dieses Spiel spielen könnte, und wiederholen Sie das Experiment, wobei Sie die Rolle des Computers übernehmen und Steine ausschließlich exakt mit dieser Strategie positionieren. Wie hoch wird der Turm Ihres Computerprogramms? Gab es Spielsituationen, in denen die Strategie unpräzise oder mehrdeutig war oder sogar gar keine Vorgabe zur Positionierung des Steins gemacht hat? Was für einen Turm baut der Algorithmus, wenn durch einen dummen Zufall 20 horizontale Steine hintereinander fallen? Was entsteht bei 20 vertikalen?

13.2 Was ist Intelligenz?

In diesem einfachen Spiel kommt man mit einer Handvoll Regeln auf eine Strategie, die genauso gute Türme baut wie ein Mensch. Würden Sie einen Computer, der eine solche Strategie umsetzt, nun als intelligent bezeichnen? Vermutlich nicht. Doch was bedeutet *Intelligenz* überhaupt? Eine einheitliche Definition des Begriffs gibt es nicht, stattdessen jedoch viele Ideen, wie man Intelligenz definieren oder gar messen könnte. Im Kern steckt dabei oftmals die Fähigkeit, *Probleme lösen* zu können.

Autonomie und Lernfähigkeit

In diesem Buch haben wir eine ganze Reihe von Algorithmen vorgestellt, von denen jeder einzelne ein spezifisches Problem (wie das Sortieren von Zahlen oder das Durchsuchen eines Graphen) löst. Und dennoch würden wir einen Computer, der all diese Algorithmen beherrscht, vermutlich trotzdem nicht als intelligent bezeichnen. Insbesondere wüsste ein solcher Computer zunächst einmal gar nicht, wann er welchen Algorithmus auf welches Problem anwenden sollte: Im Regelfall sind Computer aktuell noch auf unsere Anweisungen angewiesen und arbeiten noch nicht (vollständig) *autonom*. Angesichts diverser Horrorszenarien in Kinofilmen und Büchern, in denen künstliche Intelligenzen die Weltherrschaft übernehmen möchten, mag uns das auch durchaus recht sein. Von einem wirklich intelligenten System würden wir jedoch erwarten, dass es eigenständig Probleme auswählt und geeignete Lösungen dafür entwickelt.

Solche Lösungen sollten dann am besten auch nicht nur für solche Probleme funktionieren, die ein Mensch zuvor im Detail beschrieben hat. Denken Sie zurück an die Tetris-Knobelei: Wenn statt der zwei beschriebenen Spielsteinformen ohne Vorwarnung ein 2x2-Stein ins Spielfeld fallen würde, hätten Sie als Mensch kein Problem damit, darauf zu reagieren. Eine solche *Anpassungsfähigkeit* haben die meisten Computerprogramme nicht. Stattdessen führen unerwartete Eingabedaten bei Maschinen in der Regel zu Fehlermeldungen oder sogar zu einem Systemabsturz.

Nun wären wir aber selbst dann, wenn eine Maschine auch mit unerwarteten Tetris-Steinen zurechtkäme, noch nicht unbedingt von der Intelligenz des Systems überzeugt. Wir erwarten darüber hinaus von intelligenten Systemen, dass sie selbst in *komplexen* Szenarien anpassungsfähig sind und gute Lösungen entwickeln können. Was genau nun für einen Computer komplex ist, ist jedoch gar nicht so klar: Können Sie als Mensch die Schachweltmeisterschaft gewinnen oder in kürzester Zeit alle Primfaktoren von 9 783 836 244 060 berechnen? Vermutlich nicht – Computer können beides. Umgekehrt stellen viele Alltagsaufgaben, wie das Bedienen einer Türklinke oder das Binden von Schnürsenkeln, Computer vor eine große Herausforderung, wohingegen wir Menschen diese Tätigkeiten leicht erlernen können.

Genau dieses *Lernen* ist ein letztes Konzept, das wir als Bestandteil von intelligenten Systemen nennen möchten. Passiert uns Menschen ein Fehler, so können wir zwar nicht garantieren, denselben Fehler nie wieder zu machen, aber wir sind in der Lage, unser Handeln zu verbessern und ihn in Zukunft möglichst zu vermeiden. Aus unseren Erfahrungen zu lernen – egal ob Fehlschläge oder Erfolge – ist unser wichtigstes Werkzeug, um unsere Fähigkeiten zu verbessern. Von einem intelligenten System erwarten wir daher ebenso, im Laufe der Zeit immer bessere Lösungen für gleichartige Probleme entwickeln zu können.

Intelligenztests für Maschinen

Woran würden wir nun festmachen, ob eine Maschine alle Voraussetzungen erfüllt, um als intelligent zu gelten? Basierend auf einem Vorschlag von Alan Turing stellt der sogenannte *Turing-Test* eine Variante für die Beurteilung dar: Eine Testperson kommuniziert mit zwei Gesprächspartnern per Texteingabe und -ausgabe über einen Computer. Einer der beiden Gesprächspartner ist ein Mensch, einer ist eine Maschine; beide Gesprächspartner haben zum Ziel, sich als Mensch auszugeben. Kann die Testperson durch das Gespräch nicht herausfinden, welcher Gesprächspartner die Maschine ist, so hat diese den Turing-Test bestanden.

Zentral für das Bestehen des Tests ist also das Sprachverständnis und die Kommunikationsfähigkeit der Maschine. Je nachdem, was die Testperson als Gesprächsthemen wählt, kann sie die Maschine dabei aber auch mit verschiedensten anderen Problemstellungen beauftragen. Aus Sicht der Informatik hat dieser Test eine bestechende Logik: Wenn das beobachtbare Verhalten einer Maschine nicht mehr von dem eines Menschen unterscheidbar ist – welchen Grund hat man dann noch, dem Menschen Intelligenz zuzuschreiben, der Maschine aber nicht? Übertragen auf eine andere Problemdomäne könnte das beispielsweise bedeuten, dass ein autonomes Fahrzeug nicht *perfekt* Autofahren können muss, sondern nur mindestens so gut wie ein durchschnittlicher Mensch.

In der Philosophie ist diese Sichtweise auf Intelligenz jedoch umstritten. Eine berühmte Gegenposition wird mit dem Gedankenexperiment des *Chinesischen Zimmers* beschrieben: In einem geschlossenen Raum befindet sich ein Mensch, der weder die chinesische Sprache noch deren Schriftzeichen beherrscht. Er erhält Zettel mit Texten und Fragen zu den Texten und soll Antworten zurückschicken, wobei all diese Kommunikation auf Chinesisch stattfindet. Als Ressource hat er im Raum eine umfangreiche Anleitung in seiner Muttersprache vorliegen, die ihm mechanisch erklärt, mit welchen Symbolen er auf welche chinesischen Nachrichten antworten soll. Die philosophische Frage ist nun: Wenn dieser Mensch weder die Texte noch die Fragen noch seine verfassten Antworten versteht, weil er lediglich die Anleitung befolgt hat, wie soll die Qualität der Antworten (im Sinne des Turing-Tests) dann ein Maßstab für seine Intelligenz darstellen?

Eng damit verknüpft ist die Frage nach dem Zusammenhang zwischen Intelligenz und Bewusstsein: Ist Bewusstsein eine Voraussetzung für intelligentes Handeln oder nicht? Ist Bewusstsein überhaupt mehr als ebenfalls wieder eine Kopplung von Ein- und Ausgaben in ein äußerst komplexes System, die vorgeschriebenen »Rechenregeln« folgt? Gilt dasselbe für Gefühle? Sie sehen: Der Bereich der *Philosophie der künstlichen Intelligenz* ist ein ganz eigenes spannendes Feld, das auch konkrete Relevanz insbesondere für ethische Fragen der KI hat: Müssten beispielsweise Menschenrechte irgendwann auch für besonders intelligente Maschinen gelten? Noch sind aktuelle Systeme hinreichend weit davon entfernt, alle hier beschriebenen Anforderungen an eine »echte« Intelligenz zu erfüllen. Mehr noch: Die Fachwelt ist sich uneins, ob jemals ein System alle Anforderungen erfüllen können wird. Sicher ist nur: Jeder technische Fortschritt in der KI-Forschung bringt uns diesem System ein kleines Stückchen näher.

Starke und schwache Intelligenz

Tatsächlich hat ein Großteil der KI-Forschung gar nicht zum Ziel, sogenannte *starke künstliche Intelligenzen* zu konstruieren, also Maschinen, die universell in allen denkbaren komplexen Bereichen autonom, anpassungsfähig und lernfähig arbeiten können. Stattdessen konzentriert sich das Gros der Forschung darauf, sogenannte *schwache künstliche Intelligenzen* für spezifische Aufgaben zu entwickeln. Eine schwache Intelligenz ist also in der Lage, ein Problem oder eine Kategorie von Problemen zu lösen, kann aber nicht ohne Weiteres auf andere Problemkategorien angewandt werden. Ein Beispiel: Digitale Assistenten auf Smartphones sind in der Lage, per Sprachbefehl Erinnerungen anzulegen oder Internetsuchen durchzuführen. Sie könnten jedoch kein Fahrzeug steuern. Von einer starken Intelligenz würde man erwarten, dass sie beides – und noch viel mehr – beherrscht.

13.3 Nachgeahmte Intelligenz

Welche Technik steckt aber nun hinter dem Begriff »künstliche Intelligenz«? Tatsächlich ist KI ein eher unscharfer Sammelbegriff für eine Vielzahl von Techniken, deren Ziel es ist, eine (oder mehrere) der zuvor beschriebenen Anforderungen für intelligente Systeme zu erfüllen. Ein paar dieser Techniken wollen wir Ihnen im Folgenden vorstellen, beginnend mit einer Technik, die wir statt im Bereich KI auch genauso gut als Technik der klassischen Algorithmik hätten vorstellen können.

Entscheidungsbäume

Eine sehr typische Aufgabe für KI-Systeme ist die *Klassifikation* von Daten, also das Einsortieren von Dingen in eine von mehreren *Klassen*: Welches Tier ist auf einem Foto abgebildet? Ist eine Unterschrift echt oder gefälscht? Soll ein Computerprogramm ausgeführt werden, oder ist es ein Virus, das geblockt werden muss?

Stellen wir uns einmal ein System vor, das Hasen, Katzen, Mäuse, Schafe, Schweine und Tauben voneinander unterscheiden können soll. Wie würden Sie als Mensch vorgehen?

Einen Vorschlag haben wir in Abbildung 13.2 dargestellt: Anhand verschiedener Merkmale der Tiere schränken Sie nach und nach ein, welches Tier Sie sehen. Sobald nur noch ein Tier infrage kommt, können Sie eine Antwort geben.

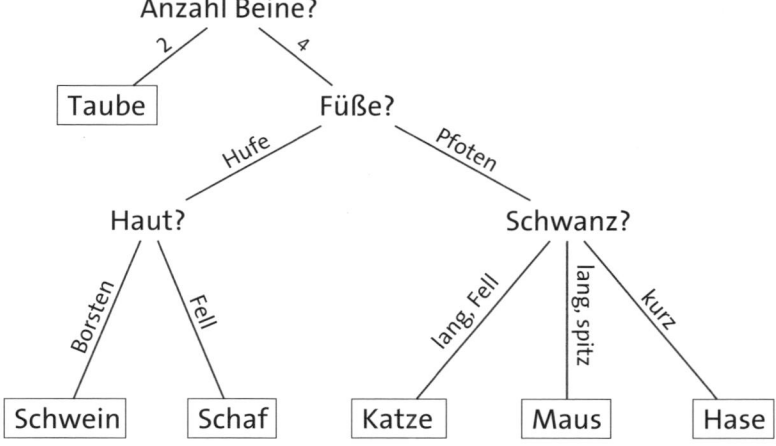

Abbildung 13.2 Ein Entscheidungsbaum zum Klassifizieren von Tieren

Ist ein Entscheidungsbaum erst einmal erstellt, funktioniert er wie ein ganz normaler Algorithmus: Mit jeder Fragestellung im Baum verzweigt sich der Programmablauf, bis das Programm schließlich die gesuchte Tierart zurückgeben kann.

Genau wie bei Algorithmen können wir uns die Frage stellen, wie ein besonders effizienter Entscheidungsbaum aussieht. Vergleichen Sie die Entscheidungsbäume in Abbildung 13.2 und Abbildung 13.3 miteinander. Welchen Entscheidungsbaum halten Sie für geeigneter?

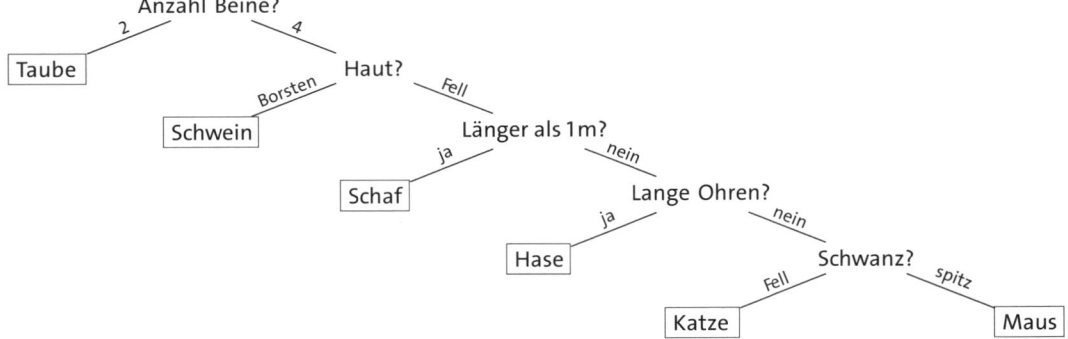

Abbildung 13.3 Ein zweiter Entscheidungsbaum zur Tierklassifikation

Beim zweiten vorgeschlagenen Entscheidungsbaum müssen bis zu fünf Fragen gestellt werden, bevor das Tier feststeht. Im ersten Baum führen bereits drei Fragen sicher zum Ziel. Aus diesem Grund würde man den ersten Entscheidungsbaum bevorzugen.

Allgemein gesprochen sollte man beim Aufbau eines Entscheidungsbaums jeweils ermitteln, welche Frage als Nächstes gestellt werden kann, sodass unabhängig von der Antwort anschließend die Anzahl der verbleibenden Klassen so klein wie möglich ist. Sind nur ja/nein-Fragen erlaubt, so ist das Ziel also, mit jeder Frage die Anzahl der verbleibenden Klassen zu halbieren. Denselben Trick hatten wir in Kapitel 7, »Suchen«, bereits bei der binären Suche und der Arbeit mit balancierten Suchbäumen eingesetzt. In der Praxis wird ein Konzept aus der Informationstheorie verwendet, die sogenannte *Entropie*. Sie drückt in etwa aus, wie divers oder vielfältig ein Datensatz ist. Mithilfe dieses Messwerts kann man für einzelne Attribute berechnen, wie viel Informationsgewinn man durch die Frage nach diesem Attribut erzielt. Auf diese Weise kann man dann das Attribut wählen, das die Anzahl von Ebenen des Entscheidungsbaums möglichst gering hält.

Ein umfangreicher, gut aufgebauter Entscheidungsbaum kann durchaus schon viele Probleme lösen und auch autonom Entscheidungen treffen. Allerdings erfüllt die Technik, so wie wir sie vorgestellt haben, ansonsten kaum eine der zuvor eingeführten Anforderungen an ein intelligentes System.

▶ Was passiert, wenn unser Entscheidungsbaum ein Pferd klassifizieren soll? Vier Beine, Fell, länger als ein Meter – offensichtlich ist dies ein Schaf!

▶ Wie geht unser Entscheidungsbaum mit einer Schlange um? Diese hat weder 2 noch 4 Beine – führt also direkt bei der ersten Frage zu einem Fehler!

Der Umgang mit unbekannten Klassen ist bei Klassifizierungssystemen generell eine schwierige Sache. Ein starrer Entscheidungsbaum wie bei unserer Tierklassifikation, der davon ausgeht, die gesamte Welt der Tiere zu kennen, ist besonders anfällig für Fehler. Um diesen Fehler einzudämmen, sollte eine Klasse »unbekannt« eingeführt werden, zu welcher der Algorithmus immer dann kommt, wenn keine der Antwortmöglichkeiten passt. Zudem könnte zu jeder Klasse abschließend noch eine Liste weiterer Charakteristika überprüft werden, bevor der Algorithmus sich für das vermutete Tier entscheidet: Hat das Tier eine Schulterhöhe von maximal 130 cm? Nein? Dann ist es vielleicht doch kein Schaf.

Auch der Umgang mit unscharfen Fragen und Antworten bereitet unserem Entscheidungsbaum Schwierigkeiten:

- Wann genau sind Ohren »lang«? Ab einer absoluten Länge von X Zentimetern? Wenn sie im Verhältnis zur Körpergröße lang sind?
- Ist ein frisch geschorenes Schaf noch ein Schaf, auch wenn es kein Fell mehr hat?

Eine Möglichkeit, mit solchen Unsicherheiten umzugehen, ist, die Entscheidungen im Baum nicht als endgültige Entscheidungen zu betrachten, sondern lediglich als Indizien: Hat das Tier vier Beine, ein ausgeprägtes wolliges Fell und ist länger als ein Meter, so spricht vieles für ein Schaf. Sind einzelne der Indizien nicht vorhanden, könnte es sich immer noch um ein frisch geschorenes Schaf oder um ein kleines Lamm handeln.

Ein Algorithmus, der solche Unsicherheiten in einem Entscheidungsbaum berücksichtigt, könnte beispielsweise an Verzweigungen beide Pfade weiterverfolgen, sich dabei aber auch merken, welche Antwort passender war und welche Verzweigung daher wahrscheinlicher zur korrekten Antwort führt. Sobald ein Abarbeitungspfad wegen vieler eher unpassender Antworten zu unwahrscheinlich wird, verwirft der Algorithmus diesen. Am Ende bleibt (hoffentlich) eine Antwortmöglichkeit mit hoher Wahrscheinlichkeit übrig, die zurückgegeben wird. Oder aber, alle Pfade im Entscheidungsbaum wurden irgendwann als unwahrscheinlich verworfen, und der Algorithmus gibt zurück, dass er das gesuchte Tier nicht kennt.

Sie sehen: Mit etwas mehr Mühe wird aus einem Entscheidungsbaum ein System, das auch mit komplexeren Situationen umgehen kann. Mit weiteren Ideen kann man Entscheidungsbäume zudem auch anpassungs- und lernfähig gestalten.

Wissens- und logikbasierte Systeme

Trotz all der Erweiterungen wirken Entscheidungsbäume nicht sonderlich intelligent: Eigentlich spulen sie lediglich fest einprogrammiertes Wissen ab. Sie machen keine eigenständigen Beobachtungen und sind nicht in der Lage Fragen zu beantworten, deren Antwort nicht bereits im Baum vorgegeben ist.

Möchte man ein System entwickeln, das auch in der Lage ist, aus bestehendem Wissen Neues zu extrahieren, kann man dem Computer eine *Wissensbasis* zur Verfügung stellen und ihm beibringen, wie auf Grundlage dieses Wissens mit logischen Schlussfolgerungen neues Wissen gefunden werden kann, das nicht bereits explizit in der Wissensbasis notiert ist.

Betrachten Sie als Beispiel den Stammbaum in Abbildung 13.4. Wer sind die Enkelkinder von Alice? Hat Jule einen Cousin oder eine Cousine?

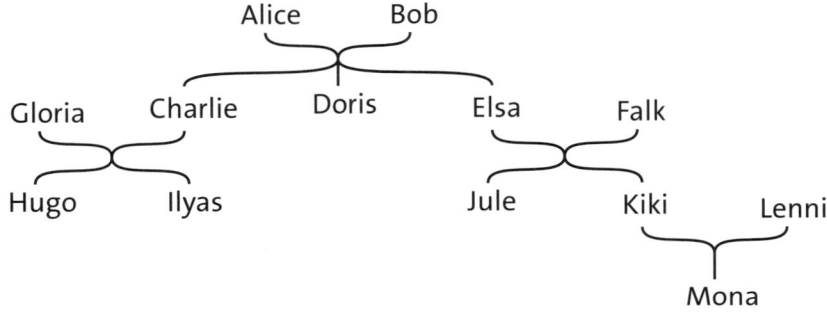

Abbildung 13.4 Die Nachfahren von Alice und Bob

Im Stammbaum ist als direkte Information nur verzeichnet, wer Kind von welchen Eltern ist. Dennoch konnten Sie die gestellten Fragen beantworten, weil Sie zudem folgende Regeln kennen und diese anwenden können:

1. Die Enkelkinder einer Person sind die Kinder der Kinder dieser Person.
2. Cousins/Cousinen sind Kinder der Geschwister der Eltern einer Person.
3. Geschwister sind Personen mit gemeinsamen Eltern.

Wie bringt man nun einem Computer bei, auf diese Weise über die Welt nachzudenken? Mit dieser Frage beschäftigt sich die Entwicklung sogenannter *symbolischer künstlicher Intelligenz*. Grob gesagt müssen zwei Teilprobleme gelöst werden:

Erstens muss die Wissensbasis auf eine Weise repräsentiert werden, die der Computer verarbeiten kann. Dies können Graphstrukturen wie der eben besprochene Stammbaum sein, aber auch Listen von Begriffsdefinitionen oder Datenbanken mit Klassifikationen von Objekten können eine gute Basis bilden.

Zweitens muss eine Menge von formalen Regeln formuliert werden, mit denen aus den in der Wissensbasis enthaltenen Aussagen neue Aussagen geschlussfolgert werden können. Zusätzlich muss der Maschine ein Algorithmus für das Anwenden dieser Aussagen an die Hand gegeben werden. Grundlage hierfür sind meist logische Aussagen der Form »Falls *A* gilt, dann folgt B«. Findet das System in der Wissensbasis nun einen Beleg für die Teilaussage A (oder hat sich diese Teilaussage bereits hergeleitet), so kann die KI nun die Teilaussage B schlussfolgern. Sowohl A als auch B können aus Variablen und Teilaussagen bestehen, die mit logischen Operatoren verknüpft sind (zur Erinnerung an Kapitel 1, »Algorithmen«: Dies sind Operatoren wie UND, ODER und NICHT). Auf den Stammbaum bezogen könnte eine Ableitungsregel demnach wie folgt lauten:

Falls Person X Kind von Person Y ist und Person Y Kind von Person Z ist, so ist Person X Enkelkind von Person Z.

Aus dem Stammbaum könnte eine logikbasierte KI nun ablesen, dass diese Aussage für Alice als Person Z (mit Charlie als Person Y) für Hugo und Ilyas sowie (mit Elsa als Person Z) für Jule und Kiki als Person X gilt, und diese vier Personen demnach die Enkelkinder von Alice sind.

> **Prolog**
>
> Die bekannteste Programmiersprache, mit der auf diese Weise logikbasiert programmiert werden kann, ist *Prolog*. In Prolog würde das Enkelkind-Beispiel wie folgt notiert:
>
> ```
> 01   kind(charlie, alice).
> 02   kind(elsa, alice).
> 03   kind(hugo, charlie).
> 04   kind(ilyas, charlie).
> 05   kind(jule, elsa).
> 06   kind(kiki, elsa).
> 07
> 08   enkelkind(X,Z) :- kind(X,Y), kind(Y,Z).
> ```
>
> In den ersten Zeilen wird dem Computer also erklärt, welche Kind-Beziehungen bekannt sind (wir haben hier nur einen Ausschnitt aus dem Stammbaum gewählt). In der letzten Zeile wird erklärt, was ein Enkelkind ist; dabei steht das Komma für eine Verknüpfung mit UND. Möchte man Prolog nun nach allen Enkelkindern von Alice fragen, notiert man dafür `enkelkind(X, alice).` und verlangt von dem System damit, alle möglichen Werte zu nennen, die man für die Variable X einsetzen kann, sodass die Aussage wahr wird. Wie erwartet antwortet Prolog mit vier Möglichkeiten:
>
> ```
> X = hugo
> X = ilyas
> X = jule
> X = kiki
> ```

Dank großer Fortschritte in der Verarbeitung natürlicher Sprache und von Multimediainhalten können wissensbasierte KI-Systeme inzwischen auch weniger streng strukturierte Datenquellen nutzbar machen, wie zum Beispiel große Teile des im Internet frei verfügbaren Wissens. Neben der Herausforderung der unstrukturierten Datenbasis kommt dann die Aufgabe hinzu, Falschinformationen herauszufiltern und widersprüchliche Aussagen gegeneinander abzuwägen.

> **Watson**
>
> Das berühmteste System mit diesen Fähigkeiten ist das von IBM entwickelte Programm *Watson*. Ursprünglich wurde Watson dafür entwickelt, natürlichsprachlich formulierte Fragen zu beantworten, und konnte mit dieser Fähigkeit sogar in der Quizsendung *Jeopardy!* gegen menschliche Spieler gewinnen. Watson befindet sich in ständiger Weiterentwicklung und wendet inzwischen viele verschiedene Techniken an, um die ihm gestellten Aufgaben zu bewältigen, darunter insbesondere (aber nicht nur) das Ziehen logischer Schlussfolgerungen aus der bereitgestellten Wissensbasis. Neben Forschungsprojekten in verschiedensten Anwendungsfeldern wird Watson auch in der Praxis eingesetzt, zum Beispiel als Beratungssystem für die klinische Behandlung von Lungenkrebs.

In der Anfangszeit der logikbasierten KI-Systeme erhoffte man sich, dass mit einer ausreichend großen Wissensbasis und einem umfangreichen Katalog an logischen Ableitungsregeln Maschinen bald in der Lage sein würden, beliebige Problemstellungen lösen zu können, die durch Menschen lösbar sind. Während in diversen Expertensystemen (vgl. Abschnitt 13.5 zu Anwendungsfeldern) dieses Ziel als erreicht angesehen werden kann, bereitet dabei kurioserweise insbesondere sogenanntes *Weltwissen* Schwierigkeiten: implizites Wissen über die Welt, das praktisch alle Menschen in Form von Erfahrungen ansammeln, das aber nicht in Form einer strukturierten Wissensbasis vorliegt. Wenn wir eine Suppe kochen, so decken wir den Tisch mit tiefen Tellern und Löffeln – nicht, weil wir das so in einer Anleitung gelesen haben, sondern schlicht, weil wir auf die Erfahrung zurückgreifen können, dass sich Suppen von flachen Tellern mit Gabeln schlecht essen lassen.

Da logikbasierte Systeme bei solchen und ähnlichen Aufgabenstellungen an ihre Grenzen kommen, haben sich in den letzten Jahren mehr und mehr Systeme durchgesetzt, die nicht auf fest vorgeschriebenen Regeln basieren. Stattdessen sollen die Systeme, genau wie wir Menschen, Erfahrungen sammeln und aus fehlgeschlagenen Versuchen lernen können. In Abschnitt 13.4, »Maschinelles Lernen«, besprechen wir einige Ideen, wie dies möglich ist.

Worin genau liegt nun aber der Unterschied zwischen formalen Regeln und Erfahrungen? Ein wichtiger Aspekt ist, dass logikbasierte Systeme meist von der sogenannten *Closed World Assumption* ausgehen, also der Annahme, dass sie über alle relevanten Informationen über das gestellte Problem und seinen Kontext verfügen. Weltwissen fällt nicht in diese Kategorie; stattdessen ist es in uns Menschen eher als Wissen verankert, das »meistens« gilt: Aus gemachten Erfahrungen bilden wir uns Grundannahmen über die Welt, die durch spätere, entgegengesetzte Erfahrungen gegebenenfalls überarbeitet werden müssen. Die rein boolesche Logik kennt dagegen nur zwei Möglichkeiten: Eine Aussage gilt fest für immer oder sie gilt niemals. Erneut ist also die Unschärfe von komplexen Situationen eine besondere Herausforderung für die KI-Techniken.

Heuristiken

Ein passendes algorithmisches Gegenstück zu unsicheren Ausgangssituationen sind sogenannte *Heuristiken*. Im Gegensatz zu den zu Anfang des Buchs besprochenen Algorithmen garantieren Heuristiken nicht, eine optimale Lösung für ein Problem zu finden. Stattdessen stellen sie Mutmaßungen über fehlende Informationen an und versuchen damit, eine möglichst gute Lösung zu erzielen.

Stellen Sie sich folgende Situation in einem Schachspiel vor: Weiß hat außer dem König auf dem Spielfeld noch zwei Bauern und einen Läufer übrig. Schwarz besitzt außer dem eigenen König noch die Dame, einen Turm und einen Springer. Ohne die genaue Aufstellung auf dem Spielfeld zu kennen: Wird Ihrer Meinung nach eher Weiß oder Schwarz das Spiel für sich entscheiden können?

Das Materialverhältnis ist im Schach eines der Kriterien für eine Bewertung der aktuellen Stellung auf dem Spielfeld. In der gängigen Bewertung zählen Bauern 1, Springer und Läufer 3, Türme 5 und Damen 9 Einheiten. In der geschilderten Situation käme Weiß demnach auf einen Materialwert von 5, während Schwarz Figuren im Wert von 17 auf dem Spielfeld stehen hat. Rein nach Material betrachtet hat Schwarz also einen immensen Vorteil im Spiel.

Natürlich gibt es noch weitere Kriterien, die man in die Stellungsbewertung einberechnen könnte: Wer ist gerade am Zug? Wie viele (und welche) Figuren werden gerade bedroht? Wie viel Bewegungsfreiheit haben die Figuren? Viele dieser Informationen kann man in Zahlen verpacken und daraus eine Gesamtwertung für eine Spielsituation errechnen.

Im Gegensatz zu einem einfachen Spiel wie Tic-Tac-Toe (vgl. Kapitel 8, »Backtracking und Dynamische Programmierung«) können selbst extrem leistungsstarke Computer nicht sämtliche möglichen Spielverläufe eines Schachspiels vollständig vorberechnen. Stattdessen können Schachprogramme alle möglichen Verläufe für die nächsten paar Züge simulieren, die entstandenen Stellungen bewerten und einen Spielzug auswählen, der zu einer möglichst guten erwarteten Stellungsbewertung führt. Eine solche Heuristik ist bereits in der Lage, die meisten Amateure im Schachspiel zu besiegen. Ausgeklügeltere Techniken zwingend dann selbst Profis in die Knie: Ende der 1990er Jahre gelang es erstmals einem

Computer, den damals amtierenden Schachweltmeister zu schlagen. Seit diesem Match – *Deep Blue* von IBM gegen Garri Kasparow – gilt Schach im Sinne der KI-Entwicklung als »gelöstes Problem«.

13.4 Maschinelles Lernen

Sowohl bei unserem Beispiel für Entscheidungsbäume als auch beim Algorithmus für die Tetris-Variante haben wir explizit angegeben, wie der Algorithmus zu seiner Entscheidung kommen soll. Wir haben dafür jede einzelne Regel manuell festgelegt. Wäre es nicht viel praktischer, wenn der Computer die Kriterien für die Entscheidungen selbst erlernen könnte? Genau diese Fähigkeit, sich durch Erfahrungen oder Daten zu verbessern, bildet den Kern des *maschinellen Lernens*. Dabei unterscheidet man zwischen verschiedenen Arten des Lernens abhängig davon, welche Daten der Algorithmus zum Lernen zur Verfügung hat und was genau er erlernen soll.

Arten des Lernens

Schauen wir uns zuerst noch einmal das Beispiel der Tetris-Variante an. Wie würden Sie versuchen, das Spiel zu meistern? Wahrscheinlich überlegen Sie sich eine Strategie, probieren diese aus und bemessen Ihren Erfolg während oder nach dem Spiel anhand der gefüllten Reihen. Basierend auf den Erfahrungen gespielter Runden entwickeln Sie dann Ihre Strategie weiter. Diese Art des Lernens nutzt man auch im maschinellen Lernen und nennt sie dort *verstärkendes Lernen*. Dabei ist unser Algorithmus ein sogenannter *Agent*, der in einer *Umgebung* agiert und durch seine Handlungen *Belohnungen* erhält. Der Algorithmus wählt seine Aktionen abhängig von der Umgebung, die Belohnungen sind wiederum abhängig von den gewählten Aktionen (siehe Abbildung 13.5, links). Durchläuft der Algorithmus diesen Zyklus oft genug, kann er erlernen, wie sich seine Aktionen auf den Zustand der Umgebung auswirken und wie er sich in bestimmten Situationen verhalten sollte, um möglichst hohe Belohnungen zu erhalten.

Eine konkrete Technik, die diese Idee des verstärkenden Lernens umsetzt, ist das sogenannte *Q-Learning*. Bei dieser Technik hat der Algorithmus das Ziel, zu jedem möglichen Zustand der Umgebung zu erlernen, wie gut oder schlecht das Ausführen der möglichen Aktionen in dieser Situation ist. Eine solche Funktion, die jeder Kombination von Zustand und Aktion einen Wert zuweist, trägt den Namen Q und ist namensgebend für das Q-Learning. Zu Beginn liegt zu keiner Aktion oder Situation eine verlässliche Information vor. Im Laufe der Zeit passt der Algorithmus die gespeicherten Werte anhand der erhaltenen Belohnungen stetig an und verbessert so sein Wissen darüber, wann welche Aktion ausgeführt werden sollte. Diese Art des Lernens kann insbesondere überall dort eingesetzt werden, wo sich eine Maschine in einer Umgebung zurechtfinden und mit dieser interagieren soll. Dabei gilt: Je weniger mögliche Situationen und Aktionen es gibt, desto einfacher wird eine funktionierende und effiziente Umsetzung von Q-Learning. Dies ist beispielsweise der Fall bei Computerspielen mit wenigen Zuständen (wie bei unserer Tetris-Variante).

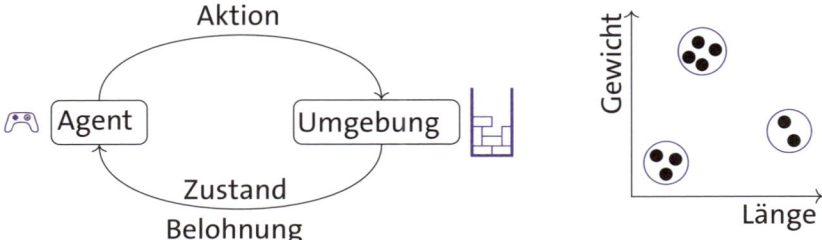

Abbildung 13.5 Das Grundprinzip des verstärkenden Lernens ist die Interaktion mit der Umgebung (links). Das Clustering ist ein Beispiel für unüberwachtes Lernen, wobei jeder Punkt ein Tier mit den angegebenen Eigenschaften darstellt (rechts).

Beim verstärkenden Lernen steht die Interaktion mit einer Umgebung im Mittelpunkt. Die Eingabedaten zieht der Algorithmus aus der Beobachtung der Auswirkungen seiner Aktionen auf die Umwelt; erlernt wird die Wechselwirkung zwischen Aktion und Situation. Eine zweite Kategorie von Techniken des maschinellen Lernens beschäftigt sich dagegen damit, aus zur Verfügung gestellten Eingabedaten Konzepte zu erlernen und zu unterscheiden – ganz ähnlich wie bei den zuvor besprochenen Entscheidungsbäumen.

Stellen Sie sich noch einmal das Problem der Tiererkennung vor. Angenommen, wir haben Datensätze zu Tieren, die beobachtet und bei denen Daten wie Länge und Größe gemessen wurden. Jedoch sind uns die dazugehörigen Tierarten nicht bekannt. Können wir einen Algorithmus entwickeln, der trotzdem basierend auf den gemessenen Daten verschiedene Tierarten unterscheiden kann (ohne diese zu benennen)? Diese Aufgabe nennt sich *Clustering*, und wir befinden uns im Bereich des *unüberwachten Lernens*. Der Algorithmus soll Muster in den Daten erkennen und Zusammenhänge herstellen, nach denen die Datensätze gruppiert werden können, ohne dafür zusätzliche Informationen zu erhalten. Abbildung 13.5 (rechts) zeigt, welche Cluster ein Algorithmus beispielsweise erkennen könnte.

Stehen zu den Datensätzen dagegen auch die zu erlernenden Zieldaten (die sogenannten *Labels*) als zusätzliche Information zur Verfügung, so spricht man von *überwachtem Lernen*. In unserem Beispiel wäre diese zusätzliche Information also pro vermessenem Tier auch die Angabe der jeweiligen Tierart. Als Lerngrundlage dienen dann vollständige Datensätze mit den gewünschten Zielwerten. Der Algorithmus soll erlernen, zu neuen Datensätzen den richtigen Zielwert zu berechnen. Das Erlernen einer Klasse, wie beispielsweise der Tierart, nennen wir *Klassifikation*. Daneben gibt es noch eine weitere Art, die *Regression*. Hier ist der Zielwert nicht eine Klasse, sondern eine Gleitkommazahl. Beispielsweise könnten wir vorhersagen, wie viel ein Tier mit den beschriebenen Eigenschaften täglich frisst oder wie sich der Umsatz einer Firma über die Jahre entwickelt. Abbildung 13.6 zeigt eine Visualisierung dieser beiden Arten des überwachten Lernens.

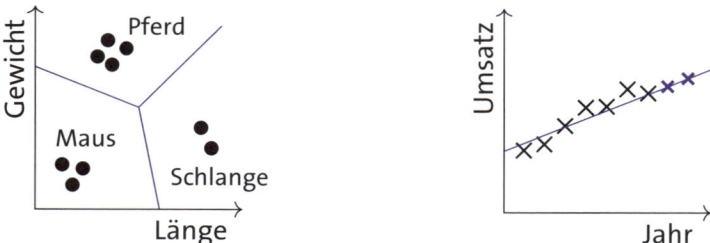

Abbildung 13.6 Zwei Arten des überwachten Lernens: In der Klassifikation (links) werden Klassen voneinander getrennt. Jeder Punkt steht für ein Tier mit diesen Eigenschaften. In der Regression (rechts) werden Zahlenwerte vorhergesagt, beispielsweise der Umsatz eines Unternehmens in den nächsten Jahren.

> **Trainings- und Testdaten**
>
> Ein wichtiges Merkmal des Lernens ist das Verallgemeinern des Gelernten auf Datensätze, die vorher noch nicht gesehen wurden. Deswegen werden fürs maschinelle Lernen die Datensätze in *Trainingsdaten* und *Testdaten* aufgeteilt. Die Trainingsdaten dienen dem Algorithmus als Grundlage zum Lernen, während die Testdaten anschließend genutzt werden, um den Lernerfolg zu messen. Dies ist vergleichbar mit Schulunterricht: Wenn die Lehrkraft in der Prüfung nur solche Aufgaben stellt, deren Lösungen im Unterricht schon präsentiert wurden, dann wird nicht der Lernerfolg der Schüler getestet, sondern lediglich die Fähigkeit, bekannte Lösungen auswendig zu lernen. Außerdem kann durch die Überprüfung mit Testdaten auch verhindert werden, dass sogenanntes *Overfitting* stattfindet. Darunter versteht man, dass sich der Algorithmus zu sehr auf die Eingabedaten spezialisiert und neue Daten nicht korrekt bearbeiten kann.

Künstliche neuronale Netze

Bei Mensch und Tier findet das Lernen im Gehirn statt, daher liegt die Idee nahe, Aspekte des Gehirns im Computer nachzubilden, um so das menschliche Lernen zu imitieren. Konkret wird versucht, die Funktionsweise von Nervenzellen, sogenannten *Neuronen* nachzubilden. Nach biologischem Vorbild der im Hirn vernetzten Nervenzellen bildet eine Vielzahl von simulierten Neuronen, die miteinander verbunden sind, ein *künstliches neuronales Netz*.

Wir wollen nun einmal ein einzelnes Neuron betrachten. Jedes Neuron im Gehirn erhält mehrere Eingaben in Form von elektrischen Erregungen durch andere Neuronen. Wenn diese Erregungen einen Schwellenwert überschreiten, entlädt sich die elektrische Spannung und wird wieder an andere Neuronen weitergegeben. Nach dem gleichen Prinzip arbeiten die Bausteine eines künstlichen neuronalen Netzes. Jedes Neuron erhält eine Liste von Eingabewerten sowie eine Gewichtung dieser Eingabewerte. Diese Werte werden aufsummiert. Abhängig von einem Schwellenwert und einer Aktivierungsfunktion wird eine Ausgabe, die *Aktivierung*, gebildet. Abbildung 13.7 stellt diese Schritte für ein Neuron dar.

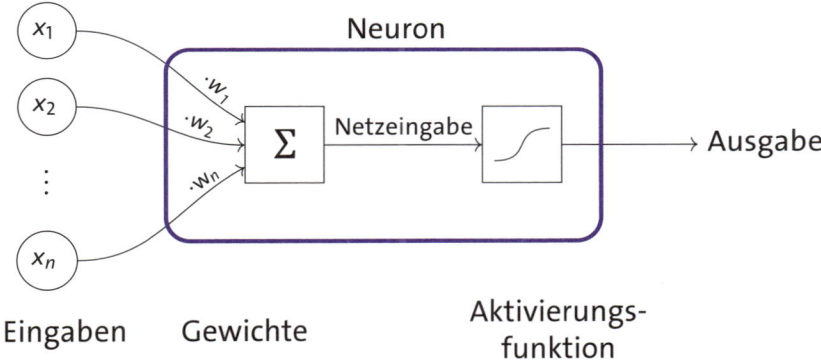

Abbildung 13.7 Ein Neuron mit seinen Bestandteilen. Die Eingaben werden gewichtet aufsummiert, und mithilfe einer Aktivierungsfunktion wird die Ausgabe gebildet.

Mathematisch können wir das Neuron wie folgt definieren: Das Neuron erhält n eingehende Werte x_1 bis x_n mit Gewichten w_1 bis w_n. Als Summe wird die *Netzeingabe* $v = \sum_{i=1}^{n} x_i \cdot w_i$ berechnet. In der einfachsten Version eines Neurons, dem sogenannten *Perzeptron*, ist die Ausgabe abhängig davon, ob die Netzeingabe v einen vorgegebenen Schwellenwert θ erreicht (Ausgabewert 1) oder nicht (Ausgabewert 0).

Mithilfe eines einzelnen Perzeptrons können wir schon zwei Klassen anhand der Eingabewerte unterscheiden – vorausgesetzt, wir verwenden die richtigen Gewichte und einen passenden Schwellenwert. Betrachten Sie hierzu die Eingabedaten und Zielwerte in Tabelle 13.1. Wir wollen anhand der Eingaben, ob die Sonne scheint und ob wir Zeit haben, entscheiden, ob wir an den Strand fahren.

x₁: Sonne scheint?	x₂: Haben wir Zeit?	Ausgabe: An den Strand fahren
0	0	0
0	1	0
1	0	0
1	1	1

Tabelle 13.1 Die Lerndaten für unsere Entscheidung, ob wir an den Strand fahren. 0 heißt nein, 1 heißt ja.

Diese Tabelle erinnert Sie möglicherweise stark an das logische UND, das wir in Kapitel 1, »Algorithmen«, vorgestellt haben. Und tatsächlich: Wir fahren nur an den Strand, wenn beide Bedingungen erfüllt sind. Wie müssten Sie nun die Gewichte w_1 und w_2 sowie den Schwellenwert θ wählen, um diese Entscheidung genau abzubilden?

Eine mögliche Lösung ist die Gewichtung mit $w_1 = w_2 = 1$ sowie $\theta = 2$. Auf diese Weise bilden wir die Summe der beiden Eingabewerte und schauen, ob diese mindestens 2 beträgt.

Die Gewichte sowie der Schwellenwert können anhand der Eingabedaten erlernt werden. Das Grundprinzip funktioniert wie folgt: Zuerst werden die Werte alle beliebig oder zufällig initialisiert. Nun wird die Klassifizierung für einen gegebenen Datensatz ausgeführt. Falls die Ausgabe des Perzeptrons von der eigentlich korrekten Ausgabe abweicht, werden die Gewichte angepasst, und zwar in die Richtung, die zu korrekteren Netzeingabewerten führt. Wenn beispielsweise die Ausgabe 0 erfolgt, obwohl eine 1 erwartet wird, so werden alle Gewichte, bei denen der Eingabewert positiv war, erhöht, damit die Netzeingabe größer wird. Die Gewichte mit negativem Eingabewert werden verringert. Auch der Schwellenwert des Perzeptrons wird auf diese Weise angepasst. Mit der sogenannten *Lernrate* kann dabei konfiguriert werden, wie stark die Gewichte verändert werden.

Im Allgemeinen kann ein Perzeptron nur dann erfolgreich klassifizieren, wenn die Daten nach ihrer Klasse *linear separierbar* sind. Das ist der Fall, wenn wir die Daten durch eine (möglicherweise mehrdimensionale) lineare Funktion nach Klassen trennen können. Bei unseren zwei Eingabedaten entspricht dies einer Geraden. Abbildung 13.8 zeigt links, wie dies für das logische UND möglich ist. Wollen wir dagegen ein »entweder ... oder« klassifizieren (siehe Abbildung 13.8, rechts), so bräuchten wir zwei Geraden oder eine Kurve: Das logische XOR ist nicht linear separierbar, es kann also nicht durch ein Perzeptron klassifiziert werden.

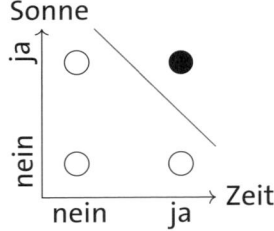 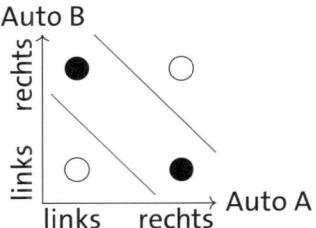

Abbildung 13.8 Das logische UND und XOR, dabei steht schwarz für ja/1. Unsere Strand-Entscheidung mit UND ist linear separierbar (links). Das logische XOR (rechts) berechnet im Beispiel, ob es einen Unfall gibt, wenn sich zwei Autos auf ihrer jeweiligen linken oder rechten Straßenseite entgegenkommen. XOR ist nicht linear separierbar, wir benötigen mehr als eine Gerade zur Trennung.

Die Lösung dieses Problems findet sich in den bereits angesprochenen künstlichen neuronalen Netzen, also einem Zusammenschluss von mehreren Neuronen. Auf diese Weise können visuell gesprochen mehrere Geraden kombiniert werden. Es ergibt sich durch die Verbindung der Neuronen eine Netzwerkstruktur, die typischerweise aus mehreren *Schichten* besteht. Die Eingabedaten bilden die erste Schicht, die *Eingabeschicht*, deren Neuronen wiederum ihre Ausgaben an die nächste Schicht weitergeben. Die letzte Schicht ist schließlich die *Ausgabeschicht*. Die mittleren Schichten nennen wir *versteckte Schichten*, denn von außen betrachtet ist nur die Eingabe- und Ausgabeschicht sichtbar. In Abbildung 13.9 sehen Sie ein Beispiel für eine solche Netzwerkstruktur. Hier ist auch eine weitere Besonderheit von künstlichen neuronalen Netzen erkennbar: Anders als ein einzelnes Neuron können sie mehrere Ausgaben haben. Das ermöglicht beispielsweise das Unterscheiden mehrerer Klassen, wenn jede Ausgabe für die Zugehörigkeit zu einer einzelnen Klasse steht.

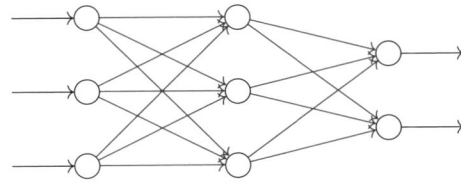

Eingabe-schicht   versteckte Schicht   Ausgabe-schicht

Abbildung 13.9 Ein künstliches neuronales Netzwerk mit drei Schichten. Die mittlere Schicht ist eine versteckte Schicht.

Das Lernen in einem solchen Netzwerk ist nun etwas komplizierter. Ähnlich wie bei einem einzelnen Neuron können wir betrachten, ob die Ausgabe des Netzwerks mit der korrekten

Ausgabe übereinstimmt, und müssen gegebenenfalls die Gewichte anpassen. Hierbei soll die Gewichtsanpassung aber rückwärts durch das gesamte Netzwerk stattfinden: Diesen Prozess nennt man *Backpropagation*, zu Deutsch etwa *Rückpropagierung*. In jedem Neuron wird der Beitrag der eingehenden Neuronen (mit ihren Gewichten) zum Ausgabewert berechnet, und die Gewichte werden in die richtige Richtung abhängig von einer Lernrate angepasst. Bei den vorherigen Neuronen wiederum wiederholt sich der Prozess basierend auf dem geschätzten Fehler, den diese Neuronen an ihre Nachfolger im Netzwerk weitergeben.

Wir können nun auch sehr große Netzwerke aus Neuronen mit etlichen Schichten bauen. In diesem Fall sprechen wir von *Deep Learning*. So ermöglichen wir dem Algorithmus, auch bei großen, komplexen Datenmengen Muster zu erkennen und diese Muster zu einem tieferen Verständnis der Daten zu kombinieren. Beispielsweise können solche Netzwerke erlernen, Tiere auf Fotos zu klassifizieren: Jede einzelne Eingabe beschreibt beispielsweise den Graustufenwert eines einzelnen Pixels im Foto. Die Schichten erlernen nach und nach Abstraktionen; so könnten in einer frühen Schicht mehrere Pixel als eine Linie erkannt werden, in späteren Schichten dann als mehrere Haare, bis diese schließlich als Fell erkannt werden, was zur Klassifikation verwendet werden kann. Hierfür kommen verschiedenste Netzwerkstrukturen und Varianten von Neuronen und Aktivierungsfunktionen zum Einsatz.

Der Haken ist: Vielleicht wird der Algorithmus diese Konzepte (»Linie«, »Haare«, »Fell«) so erlernen, wie von uns beschrieben, vielleicht auch nicht. Von außen betrachtet erfahren wir nur, ob das Netzwerk genutzt werden kann, um die Tiere erfolgreich zu klassifizieren. Wir wissen aber nicht, welche Teilkonzepte eines Tieres wirklich vom Netzwerk dafür genutzt werden. Der Algorithmus zur Klassifikation ist eine *Black Box*, deren innere Funktionsweise wir nur schwer verstehen können. Dies ist eine große Schwäche solcher neuronalen Netze im Vergleich zu beispielsweise Entscheidungsbäumen, bei denen wir die Entscheidungsfindung klar nachvollziehen können. In vielen Fällen überwiegt jedoch die Stärke der neuronalen Netze: Da als Eingabe jetzt Texte, Bilder, Videos, Audioaufnahmen und vieles mehr möglich sind, können künstliche neuronale Netze in etlichen Gebieten eingesetzt werden.

13.5 Anwendungsfelder

Die hier vorgestellten Ideen für KI-Systeme werden ständig weiterentwickelt und verbessert und zudem oftmals in Kombination und in Verbindung mit klassischen Algorithmen verwendet. Zwar ist die Informatik noch weit davon entfernt, eine starke KI zu konstruieren, die sich überzeugend als Mensch ausgeben könnte oder gar ein echtes Bewusstsein hätte, aber KI-Technologie ist dennoch bei weitem keine Science-Fiction mehr, sondern längst in unserem Alltag angekommen.

Wir stellen Ihnen im Folgenden ausgewählte Beispiele für KI-Systeme vor, die bereits im Praxiseinsatz sind, und diskutieren einige Chancen und Risiken der Systeme. Die Liste hat keinesfalls den Anspruch, vollständig zu sein: Täglich werden neue Einsatzgebiete erschlossen und Anwendungen entwickelt.

Automatische Textverarbeitung

Wie die Idee des Turing-Tests schon vermuten lässt, nimmt das Verständnis natürlicher Sprache eine besondere Rolle in KI-Systemen ein: Chatbots sollen einfache Kundenanfragen bearbeiten und beim Einkaufen mit der Produktauswahl helfen. Sprachassistenten stellen Wecker, spielen Musik auf Befehl ab, erinnern an Termine und beantworten die Frage nach der Wettervorhersage für morgen. Je einfacher und klarer strukturiert die Befehle der Benutzer sind, desto leichter können sie von Computern verarbeitet werden. Mit fortschreitender Entwicklung der Systeme erfolgt die Interaktion jedoch auch immer natürlicher. Heutige KI-Systeme werden immer besser darin, einen natürlichen Gesprächsverlauf mitzugestalten und selbst Nuancen in der menschlichen Sprache zu erkennen.

Bei solchen Nuancen kann es sich zum Beispiel um die Stimmung eines Textes handeln: Ist dieser höflich oder unfreundlich, ernst oder ironisch, sachlich oder beleidigend geschrieben? Eine Bewertung dieser Aspekte kann bei der Moderation von Kommentarspalten von sozialen Netzwerken helfen. Das Volumen an Texten, die im Internet veröffentlicht und insbesondere als Kommentare zu Nachrichtenartikeln, Blogbeiträgen oder Twitter-Posts verfasst werden, ist weit größer als durch Mitarbeitende der Plattformen gelesen und moderiert werden könnte. Für einen Computer stellt das Volumen kein Problem, sondern eine Chance dar: Je mehr Texte dieser zu sehen bekommt, umso besser kann das Programm erlernen, welche Aspekte eher auf einen guten, konstruktiven Kommentar hindeuten, was charakteristisch für Beiträge ist, die viele Nutzer interessieren, und woran man Beiträge erkennen kann, die gegen die Regeln der Plattform verstoßen und gelöscht werden sollten.

Je nach Umfang der Automatisierung muss bei solchen Systemen sehr darauf geachtet werden, dass eine automatische Filterung nicht in eine Zensur oder Diskriminierung von Inhalten übergeht. Auch sollte vermieden werden, dass die Auswahl von »guten« Inhalten verzerrt wiedergibt, wie die jeweiligen Meinungen in der Gesellschaft verbreitet sind.

Empfehlungssysteme in der Medizin

Wie ist der menschliche Körper aufgebaut? Wie funktioniert er? Welche Symptome weisen auf welche Erkrankung hin? Welche Behandlungen könnten helfen? Welche Medizin hat in welcher Dosis die gewünschte Wirkung, und welche Nebenwirkungen müssen beachtet werden? Medizinisches Personal muss in der Behandlung von Patient*innen auf diese und weitere Fragen eine Antwort parat haben. Da man unmöglich als Einzelperson all dieses Wissen im Kopf haben kann, spezialisiert man sich, arbeitet als Team und nutzt Nachschlagewerke, wenn man einmal nicht weiterweiß. Mit KI-basierten Empfehlungssystemen, sogenannten *Expertensystemen*, kann dieser Prozess weiter verbessert und vereinfacht werden:

Ein Computer verwaltet eine große Datenbank, bestehend aus strukturiert vorliegendem medizinischem Wissen und aus den Daten früherer Patient*innen. Wird nun eine Person krank, gleicht das System die vorliegenden Symptome mit der Datenbank ab und kann daraus Empfehlungen für die Behandlung geben. Gegebenenfalls wird dadurch ein besonderer Umstand bemerkt, den Menschen in der großen Datenmenge übersehen hätten und der im aktuellen Krankheitsfall relevant für einen raschen Behandlungserfolg oder sogar für das Überleben der Person ist.

In der Regel entscheiden KI-Systeme bisher nicht eigenständig über die durchzuführenden Behandlungen, sondern unterstützen lediglich Ärzt*innen bei deren Entscheidungen. In einigen Bereichen haben die Empfehlungen der KI-Systeme inzwischen jedoch eine so hohe Qualität, dass das medizinische Personal diese in den meisten Fällen unverändert übernehmen kann.

Angesichts der Fehleranfälligkeit von IT-Systemen (vgl. Kapitel 19, »Fehler«) werden viele Menschen zu Recht misstrauisch, wenn sie der Empfehlung eines IT-Systems in so wichtigen Fragen wie der persönlichen Gesundheit folgen sollen. Die menschliche Komponente im Behandlungsprozess ist und bleibt daher enorm wichtig. Automatisierte Entscheidungen mit einem so großen Einfluss auf das Leben von Menschen sollten stets von Expert*innen überprüft werden. Um diese Überprüfung künftig noch leichter zu machen, arbeitet ein Teilbereich der KI-Forschung intensiv an sogenannter *Explainable Artificial Intelligence*, also an KI-Systemen, die nicht nur Entscheidungen treffen, sondern diese auch verständlich erklären und begründen können.

Zuletzt sollte man sich bewusst sein, dass für medizinische KI-Systeme stets große Mengen an Patientendaten verarbeitet werden. Diese sehr persönlichen Daten müssen besonders gut geschützt werden, damit keine privaten Details aus Krankenakten für unbefugte Personen einsehbar werden. Aber auch bei IT-Systemen im Gesundheitssektor treten leider regelmäßig Datenlecks auf; bislang ist dieser Schutz also oftmals noch nicht ausreichend umgesetzt.

Intelligente Handykameras

Besitzen Sie ein aktuelles Smartphone? Dann stehen die Chancen gar nicht schlecht, dass Sie ein Gerät mit KI-*Koprozessor* in der Tasche haben – also ein Gerät, das einen zusätzlichen Mikroprozessor verbaut hat, der sich ausschließlich um die effiziente Umsetzung von KI-Anwendungen kümmert. Für solche Anwendungen gibt es im Handy eine ganze Menge Potential: Angefangen bei der Optimierung des Akkuverbrauchs und der Geräteleistung über die Verbesserung der Spracherkennung der eingebauten Assistenten bis hin zur Erkennung von Personen und Objekten in Kameraaufnahmen werden viele Funktionen von Smartphones inzwischen von KI-Technologie unterstützt.

Speziell bei Handykameras sind die Ergebnisse beeindruckend: Selbst Nachtaufnahmen wirken gut beleuchtet, Porträtaufnahmen haben eine angenehme Unschärfe im Hintergrund, und einzelne Hautfalten werden direkt von der Kamerasoftware wegretuschiert. Möglichkeiten, die früher nur mit teuren Kameras, Objektiven, Beleuchtungen und aufwendiger händischer Nachbearbeitung offenstanden, erledigt ein kleines Telefon inzwischen in Sekundenschnelle – und zwar sowohl bei Foto- als auch bei Videoaufnahmen. Mehr noch: Im Gegensatz zu klassischen Aufnahmen, bei denen beispielsweise die Tiefenschärfe nach der Aufnahme kaum mehr verändert werden konnte, schlägt das Gerät für Fotos mehrere mögliche Einstellungen vor und erlaubt auch, das Fotomotiv nachträglich anders in Szene zu setzen.

Natürlich funktioniert nicht immer alles hervorragend. Gerade in der Anfangszeit dieser Technologie waren die Eingriffe ins Bildmaterial teils so gravierend, dass Menschen sich in ihrem Selfie kaum mehr selbst erkannten. Wenn jede Handyaufnahme von der Software so stark »verschönert« wird, dass sie am Ende gar nicht mehr die Realität abbildet: Ist das dann überhaupt noch ein Foto oder doch eher eine erfundene Abbildung, gemalt von der KI? Aus diesem Grund kann man inzwischen für gewöhnlich die Überarbeitungen im Umfang justieren oder sogar ganz abschalten.

Selbstfahrende Fahrzeuge

Denkt man die Fähigkeit von Computern weiter, ihre Umwelt mit Kameras wahrzunehmen, so kommt man unweigerlich zu der Idee des selbstfahrenden Fahrzeugs: Über eine Kamera wird der genaue Straßenverlauf ermittelt, werden Schilder erkannt und Hindernisse bemerkt. Eine Steuerungssoftware übernimmt dann, zusammen mit einer gewöhnlichen Karten-Navigation, das Kommando und bringt die Passagiere sicher zum gewünschten Zielort. Ähnlich wie in der Fahrschule – so die Vision – muss man ein KI-gesteuertes Auto in verschiedenen Fahrsituationen »ausbilden«, damit die Software lernt, wie sie sich im Straßenverkehr zu verhalten hat. Und da eine Software nicht müde wird, keinen Alkohol trinkt und sich auch nicht von Radio, Handy oder von Passagieren ablenken lässt, sinkt auf diese Weise sogar die Unfallgefahr!

Tatsächlich ist diese Vision gar nicht mehr so weit entfernt. Nach vielversprechenden Tests mehrerer Autohersteller ist in Deutschland seit 2021 automatisiertes Fahren des sogenannten »Level 4« zulässig; Fahrzeuge dürfen – sofern sie dafür konstruiert sind – damit vollautomatisch ohne menschliche Überwachung fahren. Lediglich das Fahrtziel muss aktuell noch vom Menschen vorgegeben werden. Auf dem nächsten »Level 5« dürfen Fahrzeuge dann vollständig autonom agieren.

Dennoch wird es vermutlich noch viele Jahre dauern, bis das manuelle Steuern von PKWs ausstirbt: Neben dem persönlichen Fahrspaß, den einige nicht missen möchten, erfüllt viele Menschen vor allem die Vorstellung, sich auf einer Autofahrt vollkommen einem Computer anzuvertrauen, mit Unbehagen. Während statistisch gesehen Software bereits sicherer fährt als viele Menschen, schreckt dennoch der persönliche Kontrollverlust ab.

Hinzu kommt die Gefahr von Manipulation: Sobald der Computer volle Kontrolle über das Fahrzeug besitzt und zudem (für Navigation, Verkehrsinformationen, Softwareupdates etc.) mit dem Internet verbunden ist, könnten Hacker über Sicherheitslücken die Fahrzeugsteuerung übernehmen. Leider ist dies keine unbegründete Sorge, denn solche Hacks waren in der Vergangenheit auch schon bei weniger automatisierten Fahrzeugen möglich.

Eine weitere Manipulationsgefahr stellt sogenanntes Kamera-Spoofing dar. Regelmäßig gelingt es Wissenschaftler*innen, eine Art optische Täuschung für KI-Systeme zu entwickeln. Dabei werden dem Kamerasystem Objekte gezeigt, die für Menschen unverdächtig aussehen, die im Detail jedoch so verändert wurden, dass die künstliche Intelligenz das Bild fehlerhaft interpretiert. Werden auf diese Weise unerwartete Hindernisse, falsche Geschwindigkeitsangaben oder andere verkehrsrelevante Informationen gefälscht, können eventuell Unfälle provoziert werden.

Zuletzt gibt es – generell in der KI, aber insbesondere bei autonomen Fahrzeugen – einige ethische Fragen zu klären. Soll das Auto zum Beispiel bei einem nicht vermeidbaren Unfall die Fahrzeuginsassen um jeden Preis schützen, auch wenn damit andere Verkehrsteilnehmende zusätzlich in Gefahr gebracht werden? In Kapitel 21, »Ethik in der Informatik«, besprechen wir diese und ähnliche Fragen genauer.

13.6 Zusammenfassung und Einordnung

Es ist nicht einfach zu definieren, was Intelligenz ausmacht. Es geht darum, in komplexen Szenarien Probleme autonom zu lösen. Aber auch das Lernen, also das Verallgemeinern auf Basis von Erfahrungen, stellt einen wichtigen Aspekt dar. Es stellt sich die Frage, ob Maschinen überhaupt intelligent sein können. Von Alan Turing kam hierfür der Vorschlag des Turing-Tests, in der eine Maschine in einem Test von einem Menschen ununterscheidbar sein soll. Die Philosophie der künstlichen Intelligenz beschäftigt sich ebenfalls intensiv mit dieser Fragestellung und ihren Konsequenzen.

Während es bereits viele Anwendungsfelder für künstliche Intelligenz gibt, sehen wir die verwendeten Maschinen aufgrund ihrer Spezialisierung nur als schwache KI an. Eine starke KI hingegen, die über viele komplexe Gebiete hinweg autonom und anpassungsfähig arbeitet und lernt, gibt es bisher nicht.

Im Bereich der nachgeahmten Intelligenz finden wir einfache Verfahren, die nach gut gewählten festgelegten Regeln arbeiten und auf diese Weise intelligent wirken. Die Entscheidungsbäume arbeiten Entscheidungsregeln ab, während wissens- und logikbasierte Systeme auf eine Wissensbasis zurückgreifen, anhand derer sie neue Informationen ableiten können. Heuristiken vereinfachen komplexe und unvollständige Situationen anhand von Domänenwissen, um beispielsweise im Schach Spielstellungen zu bewerten.

Damit wir nicht explizit festlegen müssen, wie sich Maschinen verhalten sollen, können wir sie lernen lassen. Dabei gibt es verschiedene Arten des Lernens, die wir über die gegebenen Daten sowie das Ziel des Algorithmus unterscheiden. Im verstärkenden Lernen agiert der Algorithmus mit seiner Umgebung und kann so erlernen, mit welchen Aktionen er das Ziel erreichen kann. Im unüberwachten Lernen sollen Daten gruppiert werden, während im überwachten Lernen die Zuordnung von Eingabedaten zu einer Gruppe (der Klasse) oder zu einem Wert erlernt werden soll.

Eine verbreitete Technik im überwachten Lernen sind künstliche Neuronen, die den Bestandteilen des Gehirns nachempfunden sind. Sie empfangen Eingaben, verrechnen diese mit Gewichten und bilden daraus eine Ausgabe. Durch Zusammenschluss vieler Neuronen in künstlichen neuronalen Netzen können komplexe Probleme wie etwa Bilderkennung gemeistert werden, indem mittels Backpropagation die Gewichte in allen Schichten des Netzwerks anhand von Trainingsdaten optimiert werden.

Künstliche Intelligenzen finden, vor allem wegen ihrer Anpassungsfähigkeit, Anwendung in vielen Bereichen, beispielsweise in der Textverarbeitung, Medizin und Automobilindustrie. Dabei muss jedoch beachtet werden, dass die Intelligenz nur in beschränkten Szenarien eingesetzt werden kann und ihre Qualität stark von den Lerndaten abhängt. Deshalb übernehmen solche Algorithmen selten die volle Kontrolle, sondern treten meist in eine assistierende Rolle, um Menschen die Arbeit oder den Alltag zu erleichtern.

Aufgaben

Aufgabe 1: Entscheidungsbaum

Entwickeln Sie einen möglichst flachen Entscheidungsbaum, um die Blätter in Abbildung 13.10 unterscheiden zu können. Ihr Baum soll also mit möglichst wenigen ja/nein-Fragen in der Lage sein, die Klassifikation in die Blattarten A–H vorzunehmen.

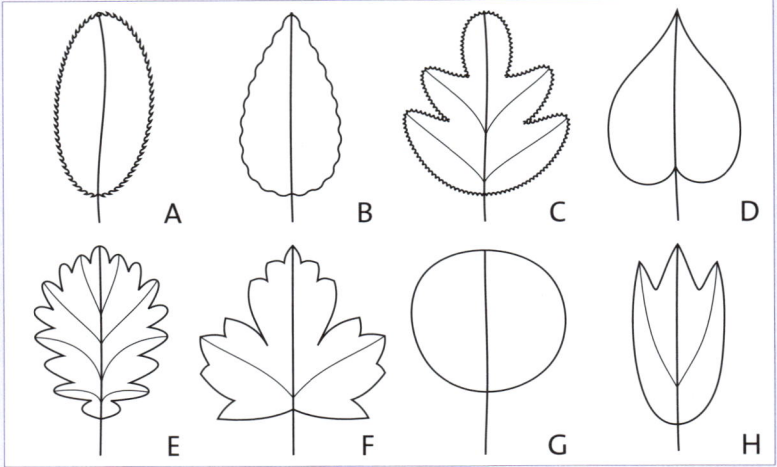

Abbildung 13.10 Acht Klassen von Blättern, die durch einen Entscheidungsbaum auseinandergehalten werden sollen

Aufgabe 2: Arten des Lernens

Bestimmen Sie für die folgenden Szenarien, welche Art des Lernens hier vorliegt.

a) Eine Fotokamera soll erkennen, ob die fotografierte Person gerade die Augen geöffnet hält, damit ein gutes Foto entstehen kann.

b) Die Kund*innen eines Webshops sollen für Marktforschungszwecke nach ihrem Kaufverhalten gruppiert werden.

c) Ein Computerprogramm soll das Brettspiel Go meistern, indem es wiederholt gegen einen Menschen spielt.

d) Eine Bank möchte anhand verschiedener Eigenschaften eines Hauses dessen Wert schätzen.

Aufgabe 3: Einsatz eines KI-Systems

Wie bewerten Sie das folgende Einsatzszenario für ein KI-System? Welche Chancen und Risiken können Sie erkennen?

Zu vielen Fällen, die vor Gericht landen, wurden bereits ähnliche bis fast identische Fälle in früheren Verhandlungen diskutiert und mit einem Urteil abgeschlossen. Basierend auf diesen Daten aus früheren Verhandlungen kann ein KI-System lernen, wie ein faires Urteil lautet, und einfache Verfahren vollautomatisch und ohne menschliche Richter*innen übernehmen.

Lösungen

Aufgabe 1: Entscheidungsbaum

Eine mögliche Lösung für einen Entscheidungsbaum ist in Abbildung 13.11 dargestellt. Jedes Blatt kann damit mit maximal drei Fragen klassifiziert werden, was für ja/nein-Fragen und acht Klassen optimal ist.

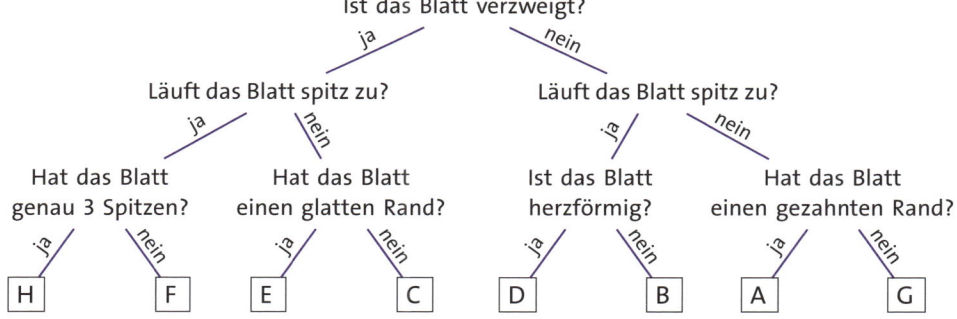

Abbildung 13.11 Ein flacher Entscheidungsbaum für die Klassifikation der Blätter aus Abbildung 13.10

Aufgabe 2: Arten des Lernens

a) Dies ist eine Klassifikationsaufgabe des überwachten Lernens. Die Eingabe ist das aktuelle Bild, und die Ausgabe ist eine binäre Entscheidung, ob die Person die Augen geöffnet hat oder nicht. Als Trainingsdaten können hier Bilder dienen, zu denen manuell ermittelt wurde, ob die Augen der abgebildeten Person offen oder geschlossen sind.

b) Hier handelt es sich um Clustering im unüberwachten Lernen. Die Kund*innen sollen gruppiert werden, aber es ist bisher unklar, wie diese Gruppen beschaffen sind.

c) Dies ist eine Problemstellung aus dem Bereich des verstärkenden Lernens. Die Umgebung ist durch die aktuellen Positionen aller Figuren gegeben, und der Algorithmus führt Aktionen durch. Die Belohnung erfolgt in diesem Fall erst am Ende des Spiels, in Form des Spielausgangs. Übrigens: Q-Learning wäre hier nur schwer anwendbar, da es viel zu viele mögliche Zustände gibt. Stattdessen können beispielsweise neuronale Netze verwendet werden, um Strukturen in Spielsituationen zu erkennen.

d) Die Bank möchte ein Regressionsproblem im überwachten Lernen lösen. Der Zielwert ist eine Gleitkommazahl, der geschätzte Wert einer Immobilie. Als Trainingsgrundlage könnten Daten über Häuser dienen, für die von der Bank bereits manuell der Wert geschätzt wurde.

Aufgabe 3: Einsatz eines KI-Systems

Das Einsparen von Personal- und Prozesskosten für einfache Verhandlungen sowie die erhebliche Beschleunigung der Verfahren sind attraktive Vorteile, die für den Einsatz von KI-Technologie in Gerichten sprechen. Zudem schwebt in der Idee meist die Hoffnung mit, dass ein KI-System objektive und unvoreingenommene Entscheidungen treffen kann, während Menschen – egal wie sensibilisiert sie für das Thema sind – immer ihre persönlichen Vorurteile in ihr Urteil einfließen lassen.

Tatsächlich wird genau diese Objektivität von Maschinen allerdings genauso wenig erreicht, im Gegenteil: Trainiert man KI-Systeme mit früheren Entscheidungen, selbstständig Urteile zu fällen, kann es passieren, dass das System Ungerechtigkeiten aus den früheren Verfahren übernimmt und sogar verstärkt anwendet.

Tatsächlich werden weltweit bereits in vielen Gerichten KI-Systeme in beratender oder sogar entscheidender Funktion eingesetzt. Regelmäßig stellen wissenschaftliche Studien fest, dass diese KI-Systeme bestehende Ungerechtigkeiten (beispielsweise systematisch rassistische Entscheidungen) übernehmen und teils noch zweifelhaftere Entscheidungen treffen als ihre menschlichen Vorbilder. *Algorithmische Fairness* ist aus diesem Grund inzwischen ein aktives Forschungsfeld mit dem Ziel, KI-Systemen und klassischen Algorithmen gerechtere Entscheidungsfindung beizubringen.

Kapitel 14

Computer

In diesem Kapitel möchten wir uns einem Kernstück der Informatik widmen, dem Computer. Diesen werden Sie von der technischen Seite kennenlernen und sich durch die verschiedenen Abstraktionsebenen von logischen Schaltungen über die Architektur von Computern bis hin zu fortgeschrittenen Themen wie virtuellen Maschinen hocharbeiten.

14.1 Addieren auf Hardware-Ebene

Knobelei zum Einstieg

Addieren ist eine Operation, die uns bereits früh in der Schule beigebracht wird. Leider sind Computer nicht in der Lage, Zahlen im uns gewohnten Dezimalsystem direkt im Speicher darzustellen oder zu verarbeiten. In Kapitel 2 zum Thema »Zahlen« haben Sie gelernt, dass dafür stattdessen Binärzahlen verwendet werden. Wir möchten daher betrachten, wie Computer eine grundlegende Operation, die Addition von Binärzahlen, umsetzen. Anschließend arbeiten wir uns schrittweise zu größeren, komplexeren Funktionen hoch, für die wir auf zuvor entwickelte Techniken zurückgreifen können.

Für den Moment wollen wir uns erst einmal auf das Addieren von zwei 1-Bit-Zahlen beschränken. Füllen Sie dafür in einem ersten Schritt Tabelle 14.1 aus. In der Tabelle kommt jede mögliche Kombination der beiden Binärzahlen x und y vor. Einen eventuell auftretenden Übertrag können Sie vorerst ignorieren, das Ergebnis ist also auch wieder nur ein Bit lang.

x	y	x + y
0	0	
0	1	
1	0	
1	1	

Tabelle 14.1 Zum Ausfüllen: die Addition von zwei 1-Bit-Zahlen

Ein Computer kennt den Additionsoperator + jedoch gar nicht, sondern arbeitet nur mit logischen Ausdrücken. Einige logische Operatoren (UND, ODER, NICHT) haben Sie bereits in Kapitel 1, »Algorithmen«, kennengelernt. Wie können Sie die Addition von zwei 1-Bit-Zahlen als logischen Ausdruck darstellen, wenn Sie x und y als Eingaben bekommen?

Wenn Sie alles richtig gemacht haben, tauchen in der rechten Spalte zwei Nullen und zwei Einsen auf. 0 und 0 addiert ergibt 0. Ist der Wert einer der beiden Variablen 1, ist das Ergebnis ebenfalls 1. Im letzten Fall, wenn beide Variablen 1 sind, ist das Ergebnis wieder 0 – eigentlich wäre es 10_2, aber die 1 ist der Übertrag, den wir vorerst ignorieren. Das Ergebnis ist also nur dann 1, wenn genau eine der beiden Variablen 1 ist. Die logische Formel können wir also aus zwei Fällen zusammensetzen. In einem Fall ist $x = 1$ und $y = 0$, und die dazu passende logische Formel bestehend aus einer UND- und einer NICHT-Operation lautet

$x \land \neg y$. Analog ist im zweiten Fall $x = 0$ und $y = 1$, dargestellt als $\neg x \land y$. Das Ergebnis von $x + y$ ist genau dann 1, wenn eine der beiden Formeln 1 ist. Um eine logische Formel für die gesamte Addition zu formulieren, müssen Sie also nur noch die beiden Teilausdrücke mit einem ODER verknüpfen:

$$(x \land \neg y) \lor (\neg x \land y)$$

> **Abstraktionsschichten**
>
> Ein Grundprinzip der Informatik ist, kleine Probleme zu lösen, die Lösungen als neue Grundlage anzusehen und so Stück für Stück von den untersten Schichten zu abstrahieren. Jede neue Schicht bringt den Vorteil, dass die darunterliegende Schicht verändert werden kann, ohne dass darüberliegende Schichten angepasst werden müssen. Außerdem wird so sehr komplexe Logik durch einfache Befehle verfügbar gemacht.
>
> In diesem Kapitel werden wir uns durch die verschiedenen Abstraktionsschichten des Computers arbeiten. Beginnen wird diese Reise durch die Schichten mit logischen Schaltungen.

14.2 Logische Schaltungen

Solche logischen Formeln bilden die Grundlage aller komplexen Berechnungen in einem Computer. In *Prozessoren* werden diese als *logische Schaltungen* umgesetzt. Jeder Operator wird in so einer Schaltung durch einen *Gatter* genannten Baustein realisiert. Die Gatter selbst bestehen aus *Transistoren*. Im Fall von Computern sind dies im großen Ganzen winzige elektronisch gesteuerte Ein-Aus-Schalter. Aus sechs dieser Transistoren lässt sich beispielsweise ein UND-Gatter bauen. Jedes Gatter hat einen oder mehrere Eingänge und in der Regel einen Ausgang. Diese Ein- und Ausgänge werden mit Leiterbahnen verknüpft, um die gesamte Schaltung zu implementieren.

In echten Prozessoren wird für gewöhnlich keine Trennung in Gatter mehr vorgenommen, stattdessen werden direkt Transistoren und andere Bauteile in *integrierten Schaltkreisen* verarbeitet. Ein Prozessor enthält teils mehrere Milliarden dieser wenige Nanometer großen Bausteine. Auch wenn die Fertigungstechnik anders aussieht, so ist die Funktionsweise doch gleich geblieben, weshalb wir uns im Folgenden trotzdem mit Verschaltungen von Gattern beschäftigen werden.

Für jeden logischen Operator gibt es ein entsprechendes Gatter, das in Schaltplänen mit einem Symbol dargestellt wird. In Tabelle 14.2 sehen Sie eine Übersicht mit den drei angesprochenen logischen Operatoren und den zugehörigen Schaltsymbolen. Die Eingänge der

Symbole sind jeweils links, der Ausgang ist rechts als Linien eingezeichnet. Die Beschriftung der Symbole ist an die Bedeutung der Operatoren angelehnt. Kleine weiße Kreise hinter einem Symbol verdeutlichen, dass das Ergebnis negiert wird.

Logischer Operator	In Formeln	In Schaltplänen
NICHT	¬	⊣ 1 ⊶
ODER	∨	⊣ ≥ 1 ⊢
UND	∧	⊣ & ⊢

Tabelle 14.2 Die logischen Operatoren und ihre Symbole in Formeln und Schaltplänen

Können Sie mithilfe dieser Symbole einen Schaltplan für die Knobelei anfertigen?

Die Knobelei als Schaltplan

Ihr Schaltplan für die einfache Addition aus der Knobelei sollte etwa so wie in Abbildung 14.1 aussehen. Die Schaltung besteht aus den beiden UND-Gattern, die jeweils einen (möglicherweise negierten) Wert von x und y als Eingaben bekommen. Das Ergebnis beider Gatter wird mit einem ODER-Gatter vereinigt.

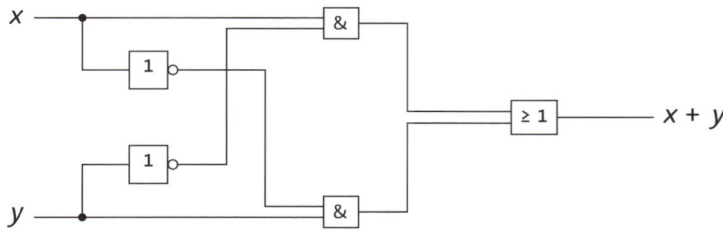

Abbildung 14.1 Die einfache Addition von zwei 1-Bit-Zahlen ohne den Übertrag als Schaltplan

Bisher haben wir den Übertrag der Addition immer ignoriert. Damit die Addition jedoch vollständig wird, müssen wir ihn noch hinzufügen. Schauen Sie sich noch einmal Tabelle 14.1 in der Knobelei an. Wann kommt es zu einem Übertrag?

Ein Übertrag kommt nur in dem Fall zustande, dass x und y beide 1 sind. Die logische Formel für den Übertrag (englisch *carry*), üblicherweise mit c benannt, ist also $c = x \wedge y$. Der Übertrag kann daher mit einem einzigen weiteren Gatter realisiert werden. Abbildung 14.2

zeigt den Schaltplan für die Addition inklusive eines weiteren Ausgangs für den Übertrag c. Diese Schaltung wird auch als *Halbaddierer* bezeichnet.

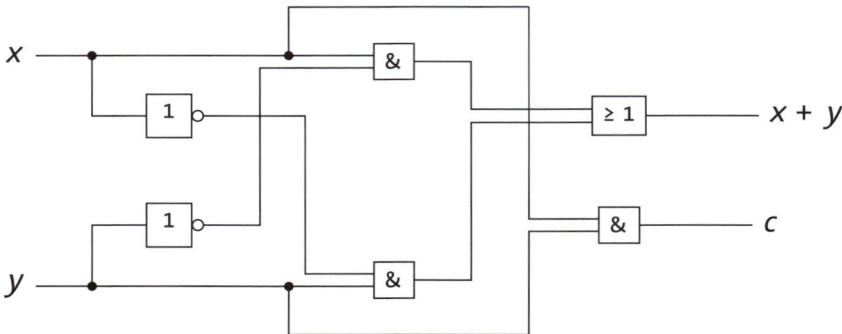

Abbildung 14.2 Die einfache Addition zweier 1-Bit-Zahlen mit Übertrag als Schaltplan

Exklusives ODER

Neben den bereits häufiger verwendeten logischen Operatoren bietet sich in Schaltplänen insbesondere das *exklusive ODER*, auch *XOR* genannt, an. Es entspricht dem »entweder … oder« der deutschen Sprache. Entsprechend ist x XOR y dann wahr, wenn entweder x oder y wahr ist. Im Gegensatz zum normalen ODER ist das Ergebnis jedoch falsch, wenn beide Variablen wahr sind. In Tabelle 14.3 ist die Wahrheitstabelle für das exklusive ODER dargestellt.

x	y	$x \oplus y$
0	0	0
0	1	1
1	0	1
1	1	0

Tabelle 14.3 Die Wahrheitstabelle für das exklusive ODER

In logischen Formeln wird oft das Symbol $x \oplus y$ verwendet, jedoch wird auch vereinzelt das Symbol $x \veebar y$ benutzt. Wie in Abbildung 14.1 gezeigt, ähnelt das Schaltsymbol des XOR sehr dem normalen ODER.

Abbildung 14.3 Das Symbol des exklusiven ODERs in Schaltplänen

Einen wichtigen Anwendungsfall für das exklusive ODER haben wir bereits weiter oben im Kapitel betrachtet. Die einfache Addition (ohne Übertrag) von zwei 1-Bit-Zahlen kann auch mit einem exklusiven ODER realisiert werden:

$$x + y = x \oplus y$$

In Aufgabe 1 sollen Sie auf diese Weise den Addierer weiterentwickeln.

Algorithmen als logische Schaltungen

Einige Algorithmen sind in heutigen Computern bereits als logische Schaltungen umgesetzt. Da diese *fest verdrahtet* sind und somit nicht mehr nachträglich geändert werden können, geht es hier nur um sehr grundlegende Algorithmen. Zu diesen Algorithmen gehören insbesondere die Befehle des Prozessors, die wir im nächsten Abschnitt genauer beleuchten werden. Die Addition von Binärzahlen ist beispielsweise ein solcher Befehl, genauso wie das Bewegen von Speicherwerten. Auf modernen Prozessoren werden aber unter anderem Algorithmen für Kryptographie, Netzwerkkommunikation, 3D-Anzeigen oder Videowiedergabe bereitgestellt, weil diese oft verwendet werden und in Hardware umgesetzt um Größenordnungen schneller laufen als in Software implementiert.

14.3 Hardware-Komponenten und ihr Zusammenspiel

Die bisher besprochenen Bausteine spielen alle eine wichtige Rolle für die nächste Abstraktionsschicht. Viele Transistoren zusammengefasst bilden den Hauptprozessor (*CPU*, kurz für *Central Processing Unit*) eines Computers. Solche Computerbauteile werden auch *Hardware-Komponenten* genannt. Die CPU besteht grundlegend aus einem *Steuerwerk* und einem *Rechenwerk*. Ersteres steuert das Rechenwerk und organisiert dabei, welche Befehle das Rechenwerk als Nächstes ausführen soll, und es sorgt dafür, dass die dafür benötigten Daten bereitstehen. Das Rechenwerk führt dann die tatsächlichen Befehle aus. Die Addition als Beispiel für einen solchen Befehl haben wir bereits im vorherigen Abschnitt vorgestellt. Was mit dem Ergebnis des Rechenwerks passiert, verwaltet dann wieder das Steuerwerk. Zwar ist die CPU das Kernstück eines Computers, jedoch gibt es natürlich noch weitere Bauteile. Die Komponenten des Computers bestehen wieder aus Schaltungen, die jedoch deutlich komplexer als die Schaltung aus Abbildung 14.1 sind.

Die besten Ergebnisse einer Befehlsausführung auf dem Prozessor haben keinen Nutzen, wenn sie nicht anschließend gespeichert und wiederverwendet werden können. Dafür sind die verschiedenen *Speicher* eines Computers zuständig. Diese sind aus Sicht des Prozessors unterschiedlich schnell erreichbar und haben auch unterschiedliche Größen. Leider gilt dabei, dass die Speicher, die sehr nahe am Prozessor und somit sehr schnell sind, auch die teuersten und deshalb kleinsten Speicher sind. Die Abbildung 14.4 zeigt, welche Speicher es in einem Computer gibt.

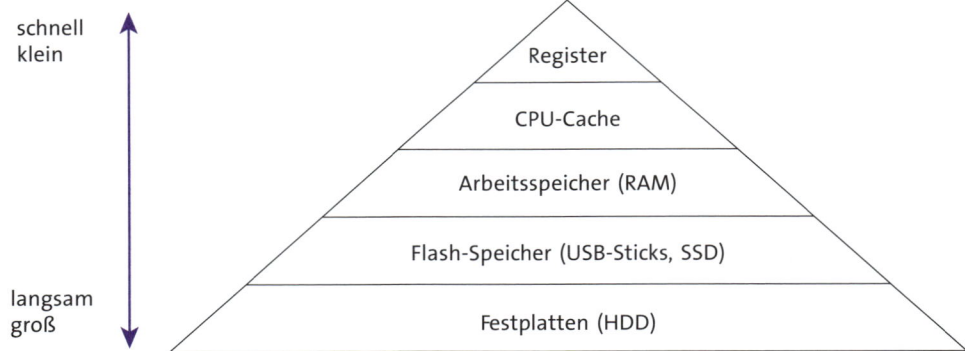

Abbildung 14.4 Die verschiedenen Speichertypen eines Computers. Je weiter oben sie stehen, desto schneller, aber auch kleiner sind sie.

Im Speicher des Computers sind neben vielen Daten und den Ergebnissen von Berechnungen auch die Befehle aller Programme gespeichert. Computer speichern also Befehle der Programme und Daten im selben Speicher. Aktuell benötigte Befehle und Daten werden dabei soweit möglich vom langsamen Festplattenspeicher auf schnellere Speicher übertragen und liegen deshalb größtenteils im *Arbeitsspeicher* (*RAM*, kurz für *Random-Access Memory*). Dort werden sie vom Prozessor in der Reihenfolge abgearbeitet, in der sie im Speicher liegen. Ein *Programmzähler* zeigt auf den Befehl, der als Nächstes abgearbeitet werden soll. Im Fall von Bedingungen, Schleifen und Funktionsaufrufen wird dieser Programmzähler abhängig von der Auswertung der Bedingungen oder dem Ort, an dem die Funktion steht, an die Stelle der auszuführenden Befehle verschoben. Die Befehle selbst geben an, welche Daten benötigt werden, wo diese Daten zu finden sind und wie sie verarbeitet werden müssen.

Der Prozessor und die Speicher kommunizieren über einen sogenannten *Bus*, eine Verbindung, über die Daten und Befehle versendet werden können. Jede Komponente im Computer ist über einen Bus mit dem Prozessor verbunden. Wichtige Kernkomponenten wie der Arbeitsspeicher liegen möglichst dicht am Prozessor, da im Computer tatsächlich schon die Entfernung von den Komponenten zueinander die Geschwindigkeit der Kommunikation zwischen ihnen limitiert. Weitere, insbesondere externe Komponenten sind ebenfalls am Bus angeschlossen, jedoch weiter entfernt. Dazu gehören Eingabegeräte wie die Tastatur und die Maus, aber auch Ausgabegeräte wie Monitore, Soundkarten und Drucker. In Abbildung 14.5 ist der Aufbau eines Computers schematisch dargestellt.

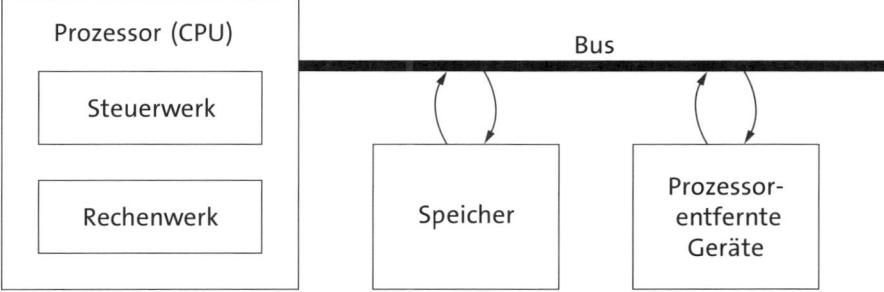

Abbildung 14.5 Die Hardware-Komponenten eines Computers und ihre Verbindung

Diese Architektur des Computers ist schon sehr alt. Sie wurde erstmals im Jahr 1945 vom US-amerikanischen Mathematiker John von Neumann vorgestellt, weshalb die gerade beschriebene Architektur auch *Von-Neumann-Architektur* heißt. Trotz des für die Informatik sehr hohen Alters sind die meisten Computer, Smartphones und andere elektronische Geräte nach diesem Prinzip aufgebaut.

> **Von-Neumann-Flaschenhals**
>
> Alle Geräte über einen Bus anzuschließen, hat einen Nachteil: Alle Befehle und Daten müssen über diesen Bus transportiert werden, wobei es ähnlich wie bei einer kleinen Tür, durch die viele Menschen wollen, zu einem Stau kommen kann. In heutigen Computern kommt es daher vor, dass die Prozessoren und auch die Speicher wesentlich schneller sind als der Bus. Damit beide Komponenten nicht immer auf den Bus warten müssen, haben Prozessoren eigene kleine Speicher. Ein solcher *Prozessorcache* ist extrem schnell und für den Prozessor direkt erreichbar. Zwischenergebnisse werden deshalb nicht erst über den Bus verschickt, sondern direkt im Cache hinterlegt. Auch fragt das Steuerwerk bereits nach dem nächsten Befehl, während das Rechenwerk noch rechnet, und legt ihn im Cache bereit.

Damals revolutionär war vor allem, dass es möglich wurde, mit demselben Computer unterschiedlichen, veränderbaren Code auszuführen, weil Programmcode und Daten im selben Speicher liegen. Vorher waren die Funktionen des Computers in die Hardware »gegossen« und konnten somit nur durch Eingriff in die Hardware verändert oder durch separat eingegebene Programme angesteuert werden. Mit der Von-Neumann-Architektur war es möglich, neuprogrammierbare Computer zu entwerfen, deren Programme selbst auch wieder Programme als Ausgabe haben können.

Programme bestehen aus hardwarespezifischem Maschinencode. Die Befehle, die verwendet werden können, entsprechen genau denjenigen, die der Prozessor zur Verfügung stellt. Ein Entwickler muss also genau wissen, auf welchem Prozessortyp ein solcher Algorithmus ausgeführt werden soll, denn jeder Prozessor unterstützt verschiedene Befehle, die in Befehlslisten aufgeführt sind.

Jeder Befehl hat eine bestimmte Nummer, die das Rechenwerk auswerten kann. Damit sich ein Entwickler nicht alle diese Nummern merken muss, wurde der *Assemblercode* entwickelt, der für Menschen verständlichere Wörter direkt auf diesen sogenannten *Maschinencode* abbildet. In Abbildung 14.6 sehen Sie links ein einfaches Assemblerprogramm. Dieses Programm addiert die drei hexadezimalen Zahlen 0x3, 0x5 und 0xA, indem es sie erst in die *Register X*, *Y* und *Z* schreibt und anschließend die Register addiert. Ein Register ist ein kleiner Speicherplatz im Prozessor.

1 MOV X, 0x3	1 0110 0000 0011
2 MOV Y, 0x5	2 0110 0001 0101
3 MOV Z, 0xA	3 0110 0010 1010
4 ADD Y, X	4 1010 0001 0000
5 ADD Z, Y	5 1010 0010 0001

Abbildung 14.6 Die Addition dreier Zahlen – links in Form von Assemblercode, rechts der übersetzte Maschinencode

In der Abbildung steht rechts der übersetzte Maschinencode der jeweiligen Zeile. Jeder Befehl hat eine Entsprechung als Zahl. Der Assemblerbefehl MOV steht beispielsweise für die Zahl 0110_2 (6), während der Befehl ADD die Zahl 1010_2 (10) repräsentiert. Beide Zahlen sind die Befehlsnummern der entsprechenden Befehle. Genauso ist auch jedem Register eine Zahl zugewiesen. Das Ergebnis befindet sich in Register *Z*, weil der ADD-Befehl das Ergebnis im ersten angegebenen Register speichert.

14.4 Betriebssysteme

Sie haben nun gelernt, wie ein Computer einzelne Programme in Form von Maschinencode ausführt und wie dabei über die Maschinencodebefehle sowohl die Hardware-Komponenten als auch die darunterliegenden logischen Schaltungen abstrahiert werden. Doch üblicherweise wollen Sie mehrere Programme gleichzeitig ausführen, zum Beispiel zum Abspielen von Musik und zum Bearbeiten eines Textdokuments. Dabei sollen die verschiedenen Programme sich nicht in die Quere kommen, und auch der Zugriff von Programmen auf angeschlossene Geräte (zum Beispiel Ihre Lautsprecher) soll problemlos möglich sein. Stellen Sie sich einmal vor, Sie müssten sich um all diese und noch weitere Aufgaben kümmern.

Das wäre ein enormer Aufwand! Glücklicherweise gibt es *Betriebssysteme*, die für ebendiese Aufgaben zuständig sind. Betriebssysteme stellen einheitliche Schnittstellen bereit, über die mit der Hardware kommuniziert wird. Ein Programm ruft dann diese Schnittstelle auf, und das Betriebssystem kümmert sich um den tatsächlichen Zugriff auf das Gerät. Daher muss jedes Programm nur für jedes Betriebssystem einzeln geschrieben werden, nicht mehr für jede Hardware, da diese vom Betriebssystem abstrahiert wird.

Kernfunktionen von Betriebssystemen

Ein Betriebssystem ist praktisch die Grundlage dafür, dass ein Computer so funktioniert, wie wir ihn kennen, und bietet eine Vielzahl weiterer Funktionen an.

Speicherverwaltung

Auf einem heutigen Computer läuft immer mehr als ein Programm. Auch wenn Sie als Nutzer vielleicht nur eines davon aktiv benutzen, so benötigt allein das Betriebssystem selbst einige Programme, um seine Funktionen bereitzustellen. Viele davon sind versteckt, und der Benutzer bemerkt sie nicht unbedingt. Es kümmert sich beispielsweise ein Programm darum, dass die Benutzeroberfläche korrekt angezeigt wird und verschiedene Fenster angezeigt, bewegt oder geschlossen werden können.

Eine Kernfunktion des Betriebssystems ist die Verwaltung des Speichers, der zur Verfügung steht. Diese Verwaltung erstreckt sich vor allem auf den Arbeitsspeicher, aber betrifft auch den Festplattenspeicher. Das Betriebssystem sorgt dafür, dass jedes Programm seinen eigenen Speicherbereich bekommt und nicht auf den anderer Programme zugreifen kann. Denn sollten zwei Programme denselben Speicherbereich nutzen, kann das üble Nebeneffekte haben. Im harmlosesten Fall überschreibt ein Programm ein berechnetes Ergebnis eines anderen Programms. Möglich wäre aber auch, dass ein Programm die Befehle des anderen Programms (die ja auch im Speicher liegen) verändert oder zum Beispiel dort ein eingegebenes Passwort ausliest.

Prozessorverwaltung

Wenn mehrere Programme laufen, benötigen sie auch alle Zugriff auf den Prozessor, um auf diesem Befehle auszuführen. Natürlich können nicht mehrere Programme gleichzeitig einen Prozessor benutzen, er hat immerhin nur ein Steuerwerk und ein Rechenwerk. Trotzdem ist es möglich, mehrere Programme *nebenläufig*, also scheinbar gleichzeitig, auszuführen. Dafür vergibt das Betriebssystem *Zeitslots* an jedes Programm. Bekommt ein Programm einen Zeitslot, kann es in dieser Zeit den Prozessor benutzen. Danach *friert* es ein, bis es wieder den Prozessor benutzen darf. Da die Zeitslots sehr kurz sind und die Programme sehr schnell wechseln, bemerkt der Benutzer davon nichts und hat das Gefühl, die Programme würden wirklich gleichzeitig laufen.

Jedes Programm bekommt vom Betriebssystem eine bestimmte Priorität zugewiesen. Je höher diese Priorität ist, desto häufiger bekommt ein Programm einen Zeitslot. Programme, die für die Kernfunktionen des Betriebssystems wichtig sind, haben dabei generell eine höhere Priorität als laufende Anwendungen des Benutzers, wie beispielsweise ein Computerspiel. Das Verteilen der Zeitslots nennt man auch *Scheduling*.

Programme werden im Computer in Form von *Prozessen* ausgeführt, die aus mehreren *Threads* bestehen können. Diese Threads enthalten den tatsächlichen Programmcode, der ausgeführt werden soll, und bekommen eigene Zeitslots zugewiesen. So wird es auch einem einzelnen Programm ermöglicht, mehrere Aktionen nebenläufig auszuführen. Häufig wird dies zum Beispiel bei Anwendungen mit graphischen Oberflächen gemacht. Diese verwalten ihre Benutzeroberfläche in einem eigenen Thread, während Berechnungen in separaten Threads arbeiten. Dadurch wird erreicht, dass die Oberfläche des Programms, während eine Berechnung ausgeführt wird, nicht *einfriert*, sondern noch auf Benutzereingaben reagiert.

Geräteverwaltung

Jeder Computer kann mit verschiedensten Geräten verbunden werden. Dazu gehören natürlich eine Maus und eine Tastatur, die für die Bedienung des Computers notwendig sind. Aber auch Monitore, Drucker, USB-Sticks und viele weitere Geräte lassen sich mit einem Computer verbinden. Das Betriebssystem ist auch dafür zuständig, dem Benutzer die Verwendung dieser Geräte zu ermöglichen und zum Beispiel Zugriff auf die Daten eines USB-Sticks zu gewähren.

Zu solchen Geräten gehören Netzwerkanschlüsse. In der heutigen Welt hat so ziemlich jeder Computer einen Zugang zum Internet oder zu einem Firmennetzwerk. Es ist auch eine Aufgabe des Betriebssystems, Netzwerkverbindungen zu ermöglichen und darüber gesendete oder empfangene Daten zu verwalten. Mit Netzwerken werden wir uns eingehender in Kapitel 15 dieses Buches beschäftigen.

Dateiverwaltung

Die Daten eines Computers werden auf dessen *Festplatte*, dem größten Speicher des Computers, in Form von *Dateien* gespeichert. Solche Dateien werden oft vom Benutzer händisch erstellt, wie zum Beispiel Dokumente oder Fotos. Aber auch Programme und sogar das Betriebssystem selbst bestehen letztendlich aus Dateien, die den Programmcode des Programms enthalten. Deshalb existieren auf einem ganz normalen Computer Hunderttausende Dateien. Diese Dateien können vom Benutzer oder von Programmen geöffnet und ausgelesen oder angezeigt werden. Dafür muss das Betriebssystem mit seiner *Dateiverwal-*

tung wissen, wo auf der Festplatte welche Datei gespeichert ist, um sie von der Festplatte laden zu können. Dateien werden zur besseren Strukturierung in Ordnern sortiert, die auch verschachtelt weitere Ordner enthalten können. So entsteht die sogenannte *Ordnerhierarchie*. Auch die Verwaltung dieser Ordnerhierarchie ist die Aufgabe der Dateiverwaltung des Betriebssystems.

Benutzer- und Rechteverwaltung

Wenn Sie Ihren Computer und damit auch Ihr Betriebssystem starten, werden Sie vermutlich mit einer Passwortabfrage begrüßt. Sie müssen sich dann vor der Benutzung des Computers *einloggen*, also das Passwort eingeben und bestätigen. Ist das Passwort falsch, haben Sie weitere Eingabeversuche, bis Sie nach Eingabe des richtigen Passworts Ihren Desktop angezeigt bekommen. Übrigens: Wenn ein Benutzer kein Passwort hat und der Desktop sich sofort beim Starten des Computers öffnet, hat das Betriebssystem den Benutzer automatisch angemeldet.

Um diesen Vorgang kümmert sich die *Benutzerverwaltung*. Sie ermöglicht es, dass es mehrere Benutzer gibt, diese alle eigene Passwörter haben und sich alle anmelden können. Damit jeder Benutzer nur seine eigenen Dateien sehen kann, gibt es außerdem die *Rechteverwaltung*. Sie verhindert den Zugriff auf Dateien, die einem anderen Nutzer gehören. Mithilfe von Freigaben kann man davon Ausnahmen ermöglichen, indem man eine Datei oder einen Ordner explizit für einen anderen Benutzer freigibt.

Verbreitete Betriebssysteme

Es gibt sehr viele verschiedene Betriebssysteme, die meisten lernt ein normaler Computerbenutzer jedoch nie kennen. Die *großen klassischen* Betriebssysteme sind sicherlich Windows von Microsoft und macOS von Apple. Wenn Sie sich etwas mit der Informatik beschäftigen, taucht recht schnell der Begriff *Linux* auf. Dieses Betriebssystem ist ein Open-Source-Betriebssystem, der Programmcode für Linux ist also frei verfügbar und kann beliebig erweitert und verbessert werden.

Linux gibt es in etlichen Varianten, sogenannten *Distributionen*. Jede dieser Distributionen ist für einen unterschiedlichen Anwendungsfall gedacht und birgt daher unterschiedliche Vor- und Nachteile. Es gibt Distributionen, wie zum Beispiel *Ubuntu*, die für die einfache Verwendung des Computers gedacht sind und Windows und macOS recht ähnlich sind. Andere sind sehr speziell auf eine Aufgabe zugeschnitten. Das Betriebssystem *Android* etwa basiert ebenfalls auf Linux, wurde aber speziell für Smartphones und Tablets entwickelt.

Betriebssystemnahe Programmierung

Auf den beschriebenen Funktionen des Betriebssystems aufbauend laufen auf einem Computer sehr viele Programme, die in einer betriebssystemnahen Programmiersprache geschrieben sind.

Die verbreitetste betriebssystemnahe Programmiersprache ist *C*. Auch große Teile verschiedener Betriebssysteme selbst sind in C geschrieben. Mit dieser Sprache können Entwickler die Schnittstellen eines Betriebssystems direkt ansprechen. In Listing 14.1 sehen Sie ein einfaches C-Programm, das eine Zahl einliest, speichert und wieder ausgibt. Der dafür notwendige Speicher wird in Zeile 4 reserviert und in Zeile 7 wieder freigegeben. Die Möglichkeit, seinen Programmspeicher selbst zu verwalten, ist ein typisches Merkmal von Sprachen, die sehr nah am Betriebssystem arbeiten.

```
01  #include <stdlib.h>
02  #include <stdio.h>
03  int main() {
04      int *number = malloc( sizeof(int) );
05      scanf("%d", number);
06      printf("Die Zahl ist: %d\n", *number);
07      free(number);
08  }
```

Listing 14.1 Ein kleines C-Programm, das eine Zahl einliest, speichert und wieder ausgibt

C-Programme müssen vor der Ausführung *kompiliert*, also vom Programmcode in den bereits angesprochenen Maschinencode übersetzt werden. Diese Übersetzung erfolgt nicht von Hand durch den Entwickler, sondern durch ein spezielles Programm, einen *Compiler*, der abermals eine Schicht, die des Maschinencodes, abstrahiert. Compiler übersetzen den Quellcode jedoch nicht nur, sondern sind außerdem in der Lage, ihn für den Zielprozessor der Übersetzung enorm zu optimieren, damit die Ausführung schneller wird.

C ist eine sogenannte *höhere Programmiersprache*, die ähnliche Konstrukte wie unsere Pseudocode-Notation verwendet. Ein in C geschriebenes Programm wird normalerweise als *Kompilat* an Anwender ausgeliefert, also in bereits übersetzter Form. Der Benutzer kann deshalb auch nicht in den Quelltext des Programms Einsicht nehmen, da er das Programm bereits in Form von Maschinencode erhält.

> **Höhere Programmiersprache**
>
> Höhere Programmiersprachen sind Programmiersprachen, die nicht direkt von einem Prozessor verstanden werden können. Programme, die in diesen Programmiersprachen geschrieben sind, müssen also vorher in Maschinencode übersetzt werden. Dafür sind Compiler oder Interpreter zuständig. Assembler ist beispielsweise keine

> höhere Programmiersprache, da der Code direkt Maschinenbefehlen entspricht. Auf der anderen Seite sind zum Beispiel C, Python oder Java als höhere Programmiersprachen zu nennen.

14.5 Betriebssystemunabhängigkeit

Wir haben Ihnen bereits drei typische Betriebssysteme vorgestellt. Betriebssystemnahe Programme sprechen direkt die Schnittstellen des jeweiligen Betriebssystems an, auf dem sie ausgeführt werden. Auch deshalb ist es nicht möglich, Kompilate auf unterschiedlichen Computern auszuführen, weil der Maschinencode abhängig vom Betriebssystem und von der Hardware ist. Aber nicht nur die übersetzte Version des Programms, auch der in einer betriebssystemnahen Sprache verfasste Quellcode lässt sich wegen der unterschiedlichen Schnittstellen nicht ohne weiteres übertragen.

Damit aber Programme nicht für jedes Betriebssystem neu geschrieben werden müssen, gibt es weitere Abstraktionsschichten, die Unabhängigkeit vom Betriebssystem ermöglichen. Zwei der dafür möglichen Konzepte stellen wir Ihnen im Folgenden vor.

Interpreter

Im Gegensatz zu Compilern übersetzen *Interpreter* ein Programm nicht vor der ersten Ausführung, sondern lesen die Befehle des Quelltextes und führen diese jeweils aus. Sie *simulieren* praktisch eine CPU, die diese Befehle versteht. Dafür muss nur ein Interpreter für das entsprechende Betriebssystem existieren, der jedoch von der gewählten Programmiersprache oft mitgeliefert wird. Auf diese Weise ist es möglich, ein Programm auf praktisch allen Computern unabhängig vom Betriebssystem auszuführen. Um diese *Plattformunabhängigkeit* zu erreichen, können interpretierte Programme keinerlei Betriebssystemfunktionen direkt ansprechen. Diejenigen Funktionen jedoch, die von allen unterstützten Betriebssystemen angeboten werden, können über Schnittstellen der Programmiersprache verwendet werden.

Interpretierte Programme sind etwas langsamer als kompilierte Programme, weil der Code live analysiert und ausgeführt werden muss und weniger prozessorspezifische Optimierung möglich ist. Bei modernen Interpretern merkt man diesen Unterschied jedoch kaum noch, da auch sie weitreichende Programmoptimierungen vornehmen. Unter anderem finden statt reinen Interpretern inzwischen hauptsächlich sogenannte *Just-in-Time Compiler* (JITter) Anwendung, die wie Compiler den Code in Maschinenbefehle übersetzen, dies jedoch wie Interpreter erst zur *Laufzeit*, also bei der Ausführung des Programms, tun.

Interpretierte Sprachen werden auch *Skriptsprachen* genannt. Programme dieser Sprachen liegen in der Regel als Quellcode vor, der beim Anwender von einem Interpreter ausgeführt wird. Typische Skriptsprachen sind *Python*, *PHP* und *JavaScript*. Letztere wird insbesondere für Webanwendungen verwendet, deren Quellcode man sich auch im Browser anschauen kann.

Bytecode-Sprachen

Eine zweite Möglichkeit, Betriebssystemunabhängigkeit zu erreichen, besteht darin, die Übersetzung des Quellcodes in Maschinencode aufzuteilen. Bei Programmiersprachen wie *Java* oder *C#* wird der ursprüngliche Programmtext zunächst von einem Compiler in sogenannten *Bytecode* übersetzt. Diese Zwischenrepräsentation ist bereits stark optimiert und schon relativ dicht an echtem Maschinencode, jedoch noch plattformunabhängig. Programme, die in Bytecode-Sprachen geschrieben sind, werden in dieser Form an die Benutzer ausgeliefert. Um solchen Bytecode ausführen zu können, muss auf dem Computer des Anwenders ein Programm installiert sein, das den zweiten Teil der Übersetzung vornimmt und den plattformspezifischen Maschinencode produziert, der tatsächlich auf dem Prozessor laufen kann. Diese zweite Übersetzung wird in der Regel wieder von einem JITter vorgenommen, der bei Bytecode-Sprachen *virtuelle Maschine* genannt wird.

Diese virtuellen Maschinen abstrahieren das Betriebssystem vollständig, indem sie eine eigene *Ausführungsumgebung* schaffen. Über spezielle Schnittstellen der Programmiersprache können die Programme aber trotzdem mit dem Betriebssystem und zum Beispiel Dateien des Benutzers interagieren. Eine solche Umgebung hat auch den Vorteil, dass Sie sich in der Regel nicht um das Speichermanagement der Ausführungsumgebung kümmern müssen, was das Programmieren erleichtert.

Mit Bytecode-Sprachen ist es also möglich, Programme vollständig betriebssystemunabhängig zu entwickeln und einfach zu vertreiben und im selben Zug eine etwas sicherere Ausführungsumgebung zu bekommen.

14.6 Virtuelle Computer

Die virtuellen Maschinen der Programmiersprachen dürfen Sie nicht mit *virtuellen Computern*, die oft auch virtuelle Maschine genannt werden, verwechseln. Virtuelle Maschinen der Programmiersprachen abstrahieren das Betriebssystem und die CPU nur von dem Programm, während ein virtueller Computer einen ganzen Computer simuliert. Für den von spezieller Software bereitgestellten virtuellen Computer sieht es so aus, als habe er einen eigenen Prozessor, eigenen Speicher und eigene Geräte, die vollkommen getrennt vom eigentlichen Computer arbeiten. Dadurch kann auf diesem virtuellen Computer ein beliebiges eigenständiges Betriebssystem installiert werden, das sich oft vom Betriebssystem des eigentlichen Computers unterscheidet.

Virtuelle Computer werden oft installiert, um zwei unterschiedliche Betriebssysteme gleichzeitig verwenden zu können. Zum Beispiel ist es damit möglich, Programme, die für das eigentliche Betriebssystem nicht erhältlich sind, auszuführen. Man kann auch aus Sicherheitsgründen auf virtuelle Computer zurückgreifen. Bekommt ein Angreifer Kontrolle über den virtuellen Computer, kann er trotzdem nicht auf die Dateien des eigentlichen Computers oder anderer virtueller Computer zugreifen. Da alle Geräte des virtuellen Computers simuliert werden müssen, ist dieser jedoch deutlich langsamer als der echte Computer. Generell können auf einem Computer beliebig viele virtuelle Computer laufen, solange die echte Hardware genug Leistung bereitstellt.

14.7 Zusammenfassung und Einordnung

Der Computer ist das zentrale Werkzeug der Informatik. Mit ihm kann man automatisch komplexe Programme ausführen, daher ist er für Unternehmen und die Wissenschaft schon sehr lange von großer Bedeutung. In den letzten Jahrzehnten haben aber auch immer mehr Privatpersonen den Nutzen von Computern erkannt, vor allem zum Schreiben von Dokumenten, zum Spielen oder zum Surfen im Internet.

In diesem Kapitel haben wir die verschiedenen Schichten, aus denen ein Computer besteht, vorgestellt und uns dabei von den absoluten Grundlagen wie logischen Schaltungen zu betriebssystemunabhängigen Programmiersprachen hochgearbeitet. Die Grenzen zwischen den Schichten sind natürlich idealisiert. Es gibt jeweils Programme, die schichtübergreifend arbeiten, um die verschiedenen Vorteile zu kombinieren. Eine Übersicht über die vorgestellten Schichten sehen Sie in Abbildung 14.7, dort ist auch verzeichnet, wie die jeweilige Schicht programmiert werden kann.

Abbildung 14.7 Die vorgestellten Schichten und ihre Programmierung

Diese Übersicht zeigt auch, dass es keine *beste* Programmiersprache geben kann, die für alle Anwendungszwecke geeignet ist, denn jede Programmiersprache lässt sich in eine oder mehrere dieser Schichten einordnen. Damit erfüllen die Programme der Sprachen unterschiedliche Anforderungen und können auf unterschiedliche Funktionen zurückgreifen. Möchten Sie beispielsweise eine Komponente des Betriebssystems schreiben, kommen Sie um eine kompilierte Sprache oder sogar Assembler kaum herum. Soll die Anwendung aber unabhängig vom Betriebssystem funktionieren, empfiehlt es sich, eine interpretierte Sprache wie Python zu verwenden, die wir in Kapitel 20, »Hands-on: Programmieren mit Python«, vorstellen werden.

Aufgaben

Aufgabe 1: Logische Schaltungen

In der Knobelei haben Sie bereits erfolgreich einen Halbaddierer entwickelt, der in der Lage war, zwei 1-Bit-Zahlen zu addieren und sowohl Ergebnis als auch Übertrag auszugeben. Vereinfachen Sie seine Schaltung, indem Sie ein XOR-Gatter verwenden!

Entwickeln Sie nun in zwei Schritten eine Schaltung, die zwei 2-Bit-Zahlen addieren kann. Konstruieren Sie dazu zunächst einen *Volladdierer*, der drei Eingaben verarbeiten kann: die beiden Ziffern x und y sowie den Übertrag c_{in} der vorherigen Stelle. Verwenden Sie für den Volladdierer zwei Halbaddierer als Bausteine! Kombinieren Sie nun einen Halbaddierer und einen Volladdierer, um zwei 2-Bit-Zahlen addieren zu können.

Aufgabe 2: Hardware im Computer

a) Warum ist es sinnvoll, dass das Steuerwerk und das Rechenwerk einer CPU getrennte Elemente sind?

b) Welche Gefahren entstehen dadurch, dass Programme und Daten im selben Speicher liegen?

c) Ist es möglich, die Befehlssätze aller CPUs zu vereinheitlichen?

Aufgabe 3: Betriebssysteme

a) Was muss auf der CPU passieren, wenn der Zeitslot eines Prozesses abläuft, damit direkt am selben Punkt beim nächsten Zeitslot fortgefahren werden kann?

b) Prozesse mit einer höheren Priorität bekommen häufiger Zeitslots als andere Prozesse. Alternativ dazu könnte man auch die Länge eines Zeitslots verlängern und somit wichtige Programme länger rechnen lassen. Was sind die Vor- und Nachteile dieser Strategie?

c) Welche Gefahr besteht bei betriebssystemnahen Programmen, wenn ein solches Programm immer mehr Speicher reserviert? Warum kann dies bei Bytecode-Sprachen nicht passieren?

Lösungen

Aufgabe 1: Logische Schaltungen

Durch die Verwendung eines XOR-Gatters entfällt die Verschaltung mehrerer Gatter hintereinander komplett, wie in Abbildung 14.8 gezeigt. Um zusätzlich zu den beiden ursprünglichen Eingaben ein *carry-in* verarbeiten zu können, genügt es, zwei Halbaddierer hintereinander zu schalten und ihr Ergebnis mit ODER zu verknüpfen, wie in Abbildung 14.9 abgebildet. Mit diesen beiden Bausteinen lässt sich nun der 2-Bit-Addierer aus Abbildung 14.10 konstruieren, der die zwei Zahlen $x_2 x_1$ und $y_2 y_1$ addiert und das Ergebnis als $s_2 s_1$ mit Übertrag c_{out} berechnet.

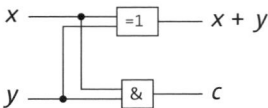

Abbildung 14.8 Ein vereinfachter Halbaddierer mit einem XOR-Gatter

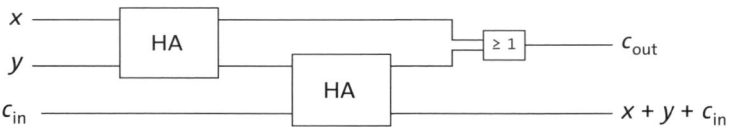

Abbildung 14.9 Ein Volladdierer aus Halbaddierern (HA) und einem OR-Gatter

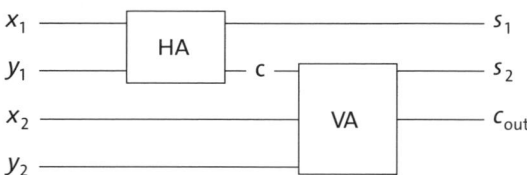

Abbildung 14.10 Ein Addierer für 2-Bit-Zahlen aus einem Halbaddierer (HA) und einem Volladdierer (VA)

Aufgabe 2: Hardware im Computer

a) Aufgrund der Trennung ist eine gewisse Parallelität möglich. Während das Rechenwerk noch am Berechnen einer Operation ist, kann parallel das Steuerwerk bereits den nächsten Befehl laden und auch die zugehörigen Daten aus dem Arbeitsspeicher holen. So kann das Rechenwerk direkt weiterrechnen, wenn es fertig ist, und muss nicht erst auf den nächsten Befehl oder die zugehörigen Daten warten.

b) Zum einen besteht dann die Gefahr, dass ein Programm den Programmcode eines anderen Programms überschreibt, wenn die Verwaltung der Speicherbereiche nicht gut funktioniert. Unter anderem um das zu vermeiden, ist Speicherverwaltung relativ aufwendig, weil für jedes Programm getrennt Speicher reserviert und zugänglich gemacht werden muss. Letztendlich werden in dem Speicher aber auch die Ausgaben der Programme gespeichert, die wiederum als Programmcode interpretierbar werden. Dadurch können sich Viren in einen Computer einnisten und selbst weiterverbreiten. Bei hochsicheren Systemen trennt man daher Programmcode und Datenspeicher voneinander.

c) Es ist leider nicht möglich, alle Befehlssätze vollständig zu vereinheitlichen. Für einen Teil der Operationen wurde das bereits versucht, jedoch unterscheiden sich die CPUs der verschiedenen Hersteller gerade im Umfang der Operationen. Der genaue Funktionsumfang ist also ein Alleinstellungsmerkmal der Hersteller, weshalb diese nicht an einer Vereinheitlichung interessiert sind.

Aufgabe 3: Betriebssysteme

a) Gerade erst von der CPU berechnete Ergebnisse werden direkt in die Register der CPU gespeichert, damit sie schnell abrufbar sind, wenn sie das nächste Mal benötigt werden. Diese Register müssen in den Arbeitsspeicher kopiert werden, damit sie nicht verlorengehen. Außerdem muss der Programmzähler gesichert werden. Wird das Programm später fortgesetzt, müssen die Register und der Programmzähler wiederhergestellt werden. Dieses Kopieren der Werte kostet ein wenig Zeit, fällt aber nicht stark ins Gewicht.

b) Die Strategie, einem Prozess mit hoher Priorität lange Zeitslots statt häufige kurze Slots zuzuteilen, hat den Vorteil, dass die CPU besser ausgelastet wird. Durch das Wechseln des Prozesses wird, wie in Teilaufgabe a) erwähnt, etwas Aufwand notwendig, da die Register kopiert werden. Verlängert man die Länge der Zeitslots, sind weniger Wechsel notwendig, und man spart dort etwas Zeit. Jedoch kann es dann passieren, dass einige sehr unwichtige Prozesse zu selten die CPU benutzen dürfen. Sie würden für den Benutzer zwischendurch *einfrieren*.

c) Reserviert ein betriebssystemnahes Programm zu viel Speicher, hat irgendwann das Betriebssystem nicht mehr genug Speicher für den eigenen Betrieb. Es käme daher entweder zu schweren Beeinträchtigungen beim Betriebssystem, oder das verursachende Programm würde vom Betriebssystem beendet. Da Bytecode-Sprachen für die Ausführung in einer virtuellen Maschine laufen, bekommen sie den Speicher von dieser Maschine. Diese virtuellen Maschinen haben aber eine feste Speichergröße, die das Programm maximal bekommen kann. Benötigt es mehr, wird es mit einer Fehlermeldung, wie zum Beispiel »Out of Memory«, beendet, ohne dass Auswirkungen auf das Betriebssystem zu erwarten sind.

Kapitel 15

Netzwerke

Computer sind heutzutage keine alleinstehenden Maschinen mehr. Sie können dank Netzwerken miteinander kommunizieren und Daten austauschen – vom Zwei-Rechner-Heimnetzwerk bis zum gigantischen Internet. In diesem Kapitel werden wir erklären, was ein Netzwerk ist und welche Geräte für den Betrieb benötigt werden. Außerdem sprechen wir über den Aufbau des Internets und erklären, auf welcher Grundlage Kommunikation im Internet möglich ist.

15.1 Die Post des Kanzleramts

Knobelei zum Einstieg

Das Kanzleramt in Berlin ist der Mittelpunkt der deutschen Regierung. Und wie es bei offiziellen Stellen so ist, werden Dokumente immer noch mit der Post verschickt. Zum Empfangen der Post für alle Abteilungen hat das Kanzleramt eine zentrale Stelle, bei der es jedoch in letzter Zeit immer wieder Probleme gegeben hat. Daher werden Sie gebeten, die Postverwaltung des Kanzleramts neu zu gestalten, damit in Zukunft Post wieder reibungslos an ihren Empfänger zugestellt wird.

Sie erfahren von den Mitarbeitern der Poststelle, dass ein großes Problem zurzeit darin liegt, dass eingehende Briefe nicht immer die richtige Person erreichen. Manchmal gibt es angesichts der großen Mitarbeiterzahl im Kanzleramt gleich mehrere mögliche Empfänger aus verschiedenen Abteilungen mit dem gleichen Namen, manchmal kann gar kein Empfänger ausgemacht werden. Viel zu häufig müssen die Mitarbeiter außerdem Anrufe von ungeduldigen Absendern beantworten, die nachfragen, warum sie eigentlich noch kein Antwortschreiben erhalten haben. Vor kurzem wäre außerdem beinahe ein großes Unglück passiert, als ein unzufriedener Wähler ein Paket mit einem Drohbrief ans Kanzleramt geschickt hatte – glücklicherweise war in diesem Fall nichts Gefährliches im Paket. Und zu guter Letzt haben eigentlich alle das Gefühl, dass es nicht sonderlich effizient ist, wenn eine Person der Reihe nach durch alle Büros des Kanzleramts läuft und allen Mitarbeitern in allen Abteilungen nacheinander die Post des Tages vorbeibringt.

Ihnen steht also eine Menge Aufwand bevor, damit die Kommunikation garantiert korrekt verläuft:

- Die Verteilung der Post ist zu ineffizient. Zeichnen Sie einen Plan für eine neue Verteilungsstruktur, und formulieren Sie Handlungsanweisungen für die beteiligten Personen.
- Post soll immer beim richtigen Empfänger landen. Wie gehen Sie mit Namensdopplungen um?
- Wie können Sie telefonische Nachfragen reduzieren, in denen sich Absender nach dem Stand ihrer Anfrage erkundigen?
- Wodurch schützen Sie Ihre Kollegen vor gefährlichen Sendungen?

15.2 Eine mögliche Lösung für die Poststelle

In Abbildung 15.1 sehen Sie unseren Vorschlag für die Struktur der Postverteilung im Kanzleramt. Sämtliche Post kommt in der zentralen Poststelle an. Dort wird erst einmal überprüft, ob die Post überhaupt an das Kanzleramt adressiert ist und ob der Name eines Mitarbeiters als Endempfänger genannt ist. Künftig fordert die Poststelle zudem, dass die

Abteilung des Empfängers in der Adresse immer mit genannt wird, um das Problem der Namensdopplungen zu verkleinern. Außerdem muss die Post natürlich auf Gefahrstoffe untersucht werden.

Wenn ein Brief alle Überprüfungen bestanden hat, wird er weiterverteilt. Dafür wird die Post nach den Abteilungen sortiert, und für jede Abteilung wird ein Mitarbeiter losgeschickt, der dorthin adressierte Post ausliefert. Die Assistenzkraft der Abteilung nimmt die Post entgegen und kümmert sich um die Weiterverteilung innerhalb der Abteilung. Nun erreicht die Post endlich den Mitarbeiter.

Erreicht ein offizieller Brief einen Mitarbeiter, kann es durchaus einige Tage dauern, bis eine Antwort auf den Brief erstellt ist. Damit der Absender aber weiß, dass der Brief angekommen ist und bearbeitet wird, verpflichten wir jeden Mitarbeiter bei offizieller Post dazu, eine Empfangsbestätigung an den Absender zu schicken. Sendet er dann eine Antwort, erwartet er natürlich auch von der Gegenseite eine Empfangsbestätigung. Bekommt er diese innerhalb einiger Tage nicht, sendet er seine Antwort erneut. Sämtliche ausgehende Post wird von den Assistenzkräften der Abteilungen zur Poststelle gebracht, und diese übergibt die Post dem Post-Unternehmen.

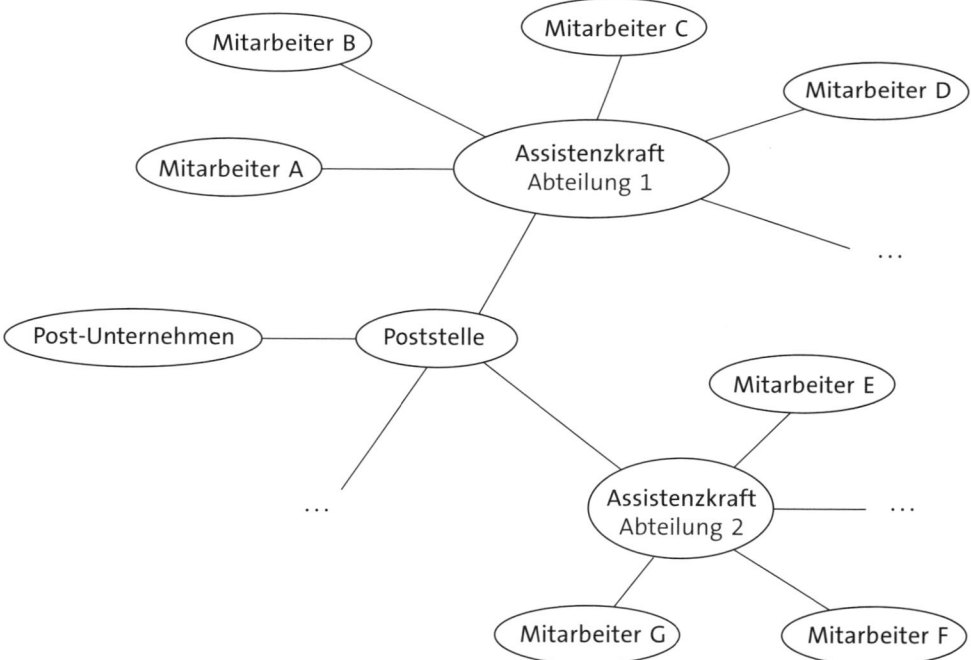

Abbildung 15.1 Der Aufbau des Kanzleramts aus Sicht der Poststelle und der Weg der Post durch das Kanzleramt

15.3 Netzwerke

Was hat jedoch nun die Postverteilung im Kanzleramt mit der Informatik oder gar Netzwerken zu tun? Ersetzen Sie im obigen Beispiel einfach alle Personen, die im Kanzleramt arbeiten, durch Computer. Dann haben Sie mit Ihrem System gerade Ihr erstes Computer-Netzwerk entworfen! Ein *Netzwerk* entsteht, wenn man Computer über Netzwerkkabel oder auch kabellos mittels *WLAN* verbindet. Computer, die über ein Netzwerk miteinander verbunden sind, können miteinander kommunizieren. Das bedeutet, sie können Daten untereinander austauschen.

Diese Daten können E-Mails, Fotos, Videos, Dokumente oder auch Programme sein. Generell kann alles, was ein Computer speichern kann, auch über ein Netzwerk übertragen werden. Die Daten werden in Netzwerken in Form von Paketen versendet. Ein *Paket* können Sie sich tatsächlich wie ein Paket in der realen Welt vorstellen. Es umschließt Daten, die versendet werden sollen, und enthält zusätzliche Informationen wie Absender und Empfänger der Daten. Pakete haben, wie in der physikalischen Welt, eine maximale Größe. Überschreitet beispielsweise eine Datei diese Größe, wird sie zerteilt und auf mehrere Pakete aufgeteilt. Der Empfänger setzt die Pakete wieder zusammen und erhält so die ursprüngliche Datei.

Ein solches Netzwerk ist inzwischen in den meisten Haushalten installiert. Dabei werden die Computer im Haushalt mit dem Internet, dem größten aller Netzwerke, verbunden. Natürlich können sich auch Smartphones und Tablets mit dem Internet verbinden, da sie ebenfalls kleine Computer sind. Generell gilt: Mit einem Netzwerk kann sich jedes Gerät verbinden, das über eine sogenannte *Netzwerkschnittstelle* verfügt.

Clients und Server

In einem Netzwerk kommen neben Computern auch andere Netzwerkgeräte zum Einsatz. Das bekannteste Netzwerkgerät ist vermutlich der *Server*; Sie kennen ihn sicher von der Fehlermeldung »Server nicht gefunden« beim Surfen. Ein Server ist eigentlich auch nur ein Computer, der jedoch eine ganz spezielle Aufgabe hat.

Auf einem Server laufen ein oder mehrere Programme, die auf Anfragen von anderen Computern warten. Diese Programme werden auch *Services* genannt, woher auch der Name »Server« kommt. Eine *Anfrage* können Sie sich wie eine Frage im realen Leben vorstellen: Ein Computer stellt einem Server eine Frage, und dieser antwortet darauf. Ein technisches Beispiel ist der Aufruf einer Webseite. Wenn ein Benutzer eine Internetadresse in den Browser eingibt, fragt der Browser den entsprechenden Server nach dem Inhalt der Webseite. Der Server antwortet mit diesem Inhalt. Server, die Webseiten ausliefern, werden

Webserver genannt. Die Computer, die diese Anfragen stellen, nennt man *Clients*. Clients können alle Geräte in einem Netzwerk sein, also normale Computer, Smartphones oder auch andere Server.

> **Ports**
>
> Woher weiß ein Server eigentlich, welcher Service für das Beantworten einer Anfrage zuständig ist? Dafür gibt es sogenannte *Ports*. Ein Port ist eine Zahl zwischen 0 und 65535 (inklusive). Jede Anfrage, die ein Client an einen Server sendet, und deren Antworten haben als Zusatzinformation, an welchen Port die Anfrage gehen soll. Sendet beispielsweise ein Client eine Webseiten-Anfrage an einen Server, geht sie typischerweise an Port 80 oder 443. Der Service, der auf dem Server für die Anfrage zuständig ist, hat diese Ports für sich reserviert. Bekommt also ein Server eine Anfrage, sucht er in seiner Tabelle nach dem Service, der für die Beantwortung zuständig ist, und leitet die Anfrage an diesen weiter. So können mehrere Services auf demselben Server laufen, weil sie unterschiedliche Ports zur Kommunikation nutzen. Ports kann man auch sperren, um die Sicherheit eines Servers zu erhöhen. Alle Anfragen, die an gesperrte Ports gehen, werden verworfen.

Letztendlich kommuniziert in einem Netzwerk immer ein Client mit einem Server. Diese Kommunikation wird *Client-Server-Kommunikation* genannt und ist in Abbildung 15.2 dargestellt. Oft wird bei solchen Grafiken ein Netzwerk als Wolke gezeichnet, wenn der genaue Aufbau eines Netzwerks für die Kommunikation unwichtig und oft unbekannt ist. Diese Wolke steht stellvertretend für ein beliebiges komplexes Netzwerk zwischen den beiden Computern.

Abbildung 15.2 Der Weg einer Anfrage und ihrer Antwort bei der Client-Server-Kommunikation

Weitere Netzwerkgeräte

Neben Servern und Clients gibt es viele weitere Netzwerkgeräte, die dem Nutzer oft verborgen bleiben, aber für die Funktion des Netzwerks sehr wichtig sind. Eines, das Ihnen sicher auch bekannt ist, ist der *Router*. Jedes Netzwerk in einem Haushalt hat einen solchen Router, über den die Verbindung zum Internet hergestellt wird. Router sind daher die *Vermittler* in einem Netzwerk, sei es im kleinen Netzwerk zu Hause oder im Internet. Sämtlicher Datenverkehr, der von einem Computer im Heimnetzwerk ins Internet gesendet werden soll, muss den Router passieren. Technisch gesehen verbindet ein Router zwei Netzwerke, oft das Heimnetzwerk und das Netzwerk des Internetanbieters. In der Knobelei am Anfang dieses Kapitels ist die Poststelle dieser Router. Sämtliche eingehende und ausgehende Post geht durch die Poststelle, die diese Post dann weitervermittelt. In der Poststelle wird die Post jedoch auch noch überprüft. Damit ein Netzwerk nicht mit überflüssigen Paketen überflutet wird, lässt der Router nur diejenigen herein, die auch für einen Computer in dem Netzwerk bestimmt sind.

Innerhalb eines Netzwerkes übernehmen *Switches* die Vermittlung der Daten. Die einzelnen Computer werden direkt mit einem Switch verbunden, der wiederum (möglicherweise über andere Switches) mit dem Router verbunden ist. Switches bieten die Möglichkeit, beliebig viele Computer an einen Router anzuschließen, da dieser nur begrenzt viele Anschlüsse hat. Sie verteilen die Pakete außerdem so, dass die Computer nur die Pakete erhalten, die auch für sie bestimmt sind. Wichtig ist der Unterschied zwischen Routern und Switches: Ein Router verbindet zwei Netzwerke und lässt nur die Pakete in das Netzwerk, die auch für Endgeräte darin bestimmt sind, während ein Switch dafür sorgt, dass der richtige Computer im Netzwerk das Paket auch tatsächlich bekommt.

Zu guter Letzt sind *Firewalls* wichtig für die Sicherheit eines Netzwerkes. Sie schützen die Computer und Server in einem Netzwerk vor unbefugten Zugriffen. Möchte ein Angreifer eine Anfrage an einen Server in einem mit einer Firewall geschützten Netzwerk stellen, wird die Firewall diese Anfrage abweisen. Sie filtert die eingehenden Pakete nach bestimmten Regeln. Steht ein Server in einem Netzwerk, kann der Zugriff von außerhalb auf diesen Server über solche Regeln explizit erlaubt werden. Ansonsten ist der Zugang nur von innerhalb des Netzwerkes möglich. Die meisten Router, die sich in Heimnetzwerken befinden, haben eine solche Firewall integriert. In großen Firmen sind Firewalls aber oft eigenständige Geräte. Firewalls prüfen nur den Zugang des Paketes, nicht dessen Inhalt. Um also auch Schutz vor Viren und ähnlichen Schadprogrammen zu bekommen, ist zusätzlich ein *Virenscanner* notwendig, der typischerweise als Software auf dem Empfängergerät installiert ist.

In Abbildung 15.3 haben wir das Kanzleramt digitalisiert. Die Poststelle und die Assistenzkräfte wurden durch die entsprechenden Netzwerkgeräte ausgetauscht und die Mitarbeiter durch ihre Computer ersetzt. So könnte also das Computernetzwerk des Kanzleramts aufgebaut sein.

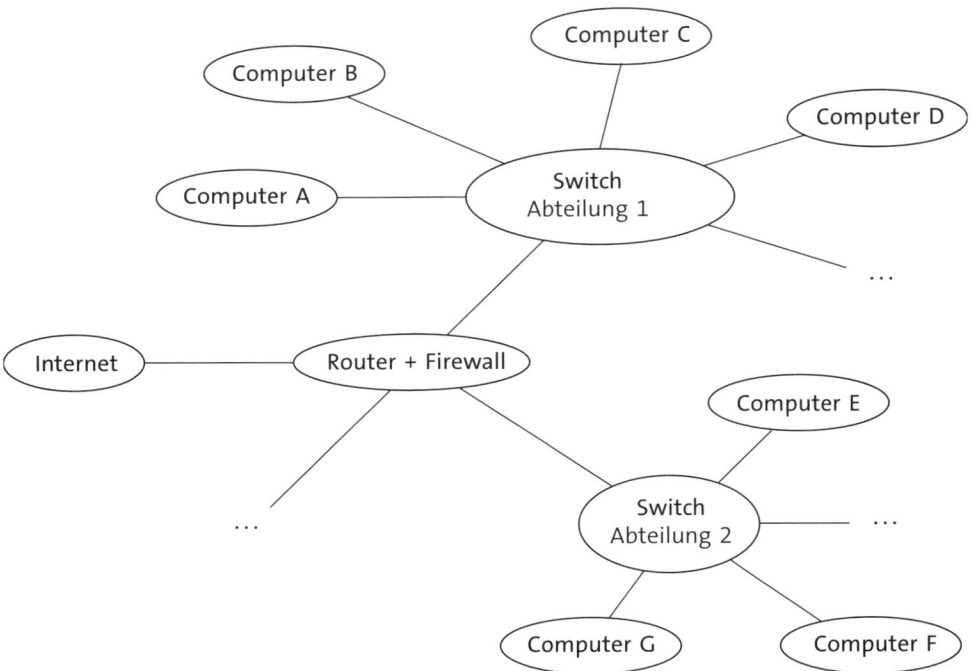

Abbildung 15.3 Der digitale Aufbau des Kanzleramts mit den verschiedenen Netzwerkgeräten

15.4 Internetstruktur

Für viele ist das Internet nur eine Quelle für Webseiten, die man über seinen Browser aufrufen kann. Technisch gesehen ist dies aber nur eine kleine Funktion des Internets.

Generell ist das Internet ein Netzwerk von Netzwerken. Es startet mit Ihrem Heimnetzwerk. Darin sind Ihre Computer mit dem Router verbunden. Auf der einen Seite des Routers befindet sich also das Heimnetz, auf der anderen Seite ist aber nicht gleich das Internet. Der Router ist auch noch mit dem Netzwerk des Internetanbieters, wie beispielsweise der Deutschen Telekom, verbunden. Diese Internetanbieter werden auch *Provider* oder *ISP* (kurz für *Internet Service Provider*) genannt.

Das Netzwerk Ihres Providers ist wiederum mit den Netzwerken anderer Provider verbunden. Das beschränkt sich nicht nur auf Deutschland. Diese Verbindungen gehen weit über die Landesgrenzen hinaus. Den Aufbau des Internets sehen Sie in Abbildung 15.4.

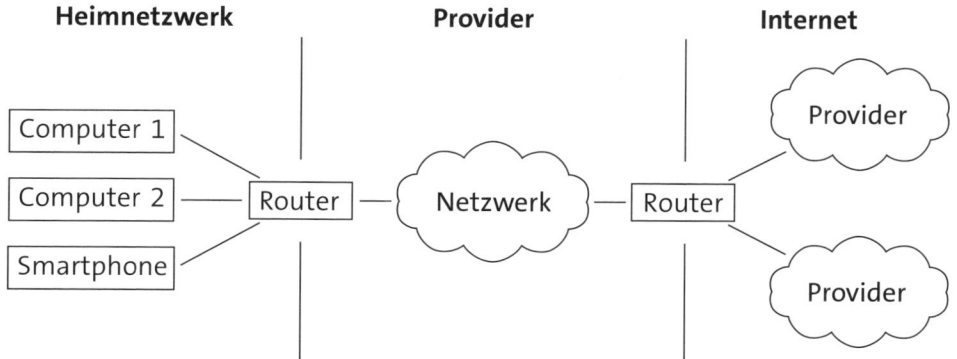

Abbildung 15.4 Der Aufbau des Internets aus Sicht eines Heimnetzwerks, das mit einem Provider verbunden ist. Der Provider ist wieder mit anderen Providern verbunden – zusammen bilden sie das Internet.

Zwischen zwei Netzwerken befindet sich immer ein Router, der den Verkehr zwischen den Netzwerken lenkt. Die Router zwischen zwei Provider-Netzwerken sehen jedoch etwas anders aus als die, die Sie von zu Hause kennen. Sie sind wesentlich größer und leistungsstärker, da sie viel mehr Daten transportieren müssen. Die Menge an Daten, die zwischen solchen Provider-Netzwerken ausgetauscht werden muss, ist jedoch viel größer, als selbst ein so großer Router schaffen kann. Dies ist einer der Gründe, warum es nicht nur eine Schnittstelle zwischen zwei Provider-Netzwerken gibt, sondern viel mehr. Ein anderer Grund für mehrere Schnittstellen ist die Ausfallsicherheit. Fällt ein solcher Router aus, können die Daten trotzdem noch über einen anderen Router versendet werden. Nicht jedes Provider-Netzwerk ist mit jedem anderen verbunden, sondern nur mit benachbarten Netzwerken. Diese haben jedoch wieder andere Nachbarn, und so kann man auch sehr weit entfernte Server erreichen.

Nun muss es für eine solche Verbindung immer ein Kabel geben, das die Netzwerke verbindet. Haben Sie sich schon einmal gefragt, wieso wir auch beispielsweise amerikanische Server erreichen können? Tatsächlich gibt es sogenannte *Seekabel*. Diese widerstandsfähigen Kabel für besonders schnelle Datenübertragung liegen zwischen den Kontinenten und verbinden so zum Beispiel Europa mit Nordamerika. Möchten Sie nun aus Deutschland einen Server in den USA anfragen, geht diese Anfrage aus Ihrem Heimnetzwerk in das Netzwerk Ihres Providers, von dort über mehrere europäische Provider-Netzwerke mithilfe eines Seekabels in ein Provider-Netzwerk in den USA und von dort zu dem Server. Genauso gut könnte die Anfrage aber auch über Asien geschickt werden und über ein Seekabel im Pazifik die USA erreichen. Es ist schon sehr faszinierend, dass es dennoch nur Millisekunden dauert, bis die Antwort da ist.

Am Verlauf der Verbindungen erkennen Sie auch die dezentrale Struktur des Internets. Es gibt nicht ein großes Netzwerk, sondern einen Verbund verschiedener kleinerer und größerer Netzwerke. Dies hat große Vorteile, denn das Internet als Gesamtes ist dadurch sehr robust. Fällt ein Router aus, werden die Daten einfach über eine andere Strecke zum Ziel gesendet. Auch wenn ein Seekabel ausfällt, ist ein Kontinent noch nicht vom Internet abgeschnitten. Es gibt immer einen zweiten oder dritten Weg als Alternative.

Services im Internet

Ein solcher Aufwand wird nicht nur betrieben, um Webseiten besuchen zu können. Eine Vielzahl anderer Services verwendet ebenfalls das Internet als Kommunikationsplattform. Bekannt sind Dienste wie das Versenden von E-Mails oder Videotelefonie, beispielsweise mit Skype. Forscher können zum Beispiel weltweit verteilte Computer zu einem großen Rechnerverbund zusammenschließen und deren Rechenkraft zur Lösung schwieriger Probleme einsetzen. Und falls irgendwo ein Gerät Fehler verursacht, können Servicemitarbeiter Computer vom anderen Ende der Welt fernsteuern.

Daten im Internet versenden

Das Internet besteht nicht aus einem großen Server, der alle Webseiten bereithält und sämtliche E-Mails versendet. Es besteht aus einer gewaltigen Menge an Servern und noch viel mehr Clients. Angesichts der Größe des Internets und der Vielzahl an Servern: Wie kommt ein Paket nun zum richtigen Server, für den es bestimmt ist? Eine einfache Lösung wäre, eine Anfrage an alle Server auf der Welt zu senden. Dann bräche das Internet aber sofort unter der gewaltigen Last zusammen. Ein ähnliches Problem entstünde, wenn jeder Router, der die Pakete weiterleitet, den Weg zu jedem Server kennen und über alle aktuellen Verbindungsausfälle informiert sein müsste, um Pakete korrekt weiterzuleiten.

Tatsächlich wissen die Router, die sich überall im Internet befinden, nur, in welche Richtung sie die Pakete ungefähr schicken müssen. Auf dem Weg dorthin gibt es wieder neue Router, die ebenfalls eine grobe Richtung kennen, die jedoch immer präziser wird, bis die Pakete tatsächlich beim richtigen Server ankommen.

Diese Richtung erkennen sie anhand der sogenannten *IP-Adresse*. Jedes Gerät im Internet hat eine eindeutige IP-Adresse, wie zum Beispiel *46.235.24.168*. Alle Pakete, die verschickt werden, haben eine Empfänger- und eine Absender-IP-Adresse gespeichert. Die Empfänger-IP-Adresse wird von jedem Router auf dem Weg durch das Internet ausgelesen, und anhand der Adresse wird entschieden, in welche Richtung die Daten versendet werden. Anhand der Absender-IP-Adresse weiß der Server, an welche IP-Adresse die Antwort geschickt werden muss. Er tauscht praktisch die Empfänger- und Absender-IP-Adresse aus und sendet die Antwort zurück. Diesen Vorgang sehen Sie in Abbildung 15.5 visualisiert.

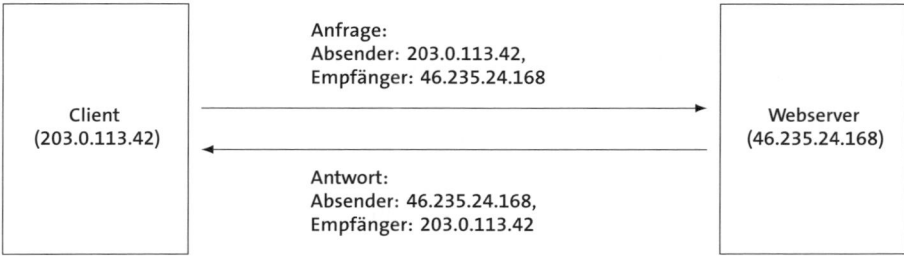

Abbildung 15.5 Die IP-Adressen der Pakete zwischen zwei Kommunikationspartnern

Adressauflösung zum Finden der IP-Adresse

Ohne eine IP-Adresse können keine Pakete und somit keine Anfragen und Antworten durch das Internet versendet werden. Das bedeutet, auch wenn Sie eine Webseite aufrufen möchten, muss dem Computer die IP-Adresse des Webservers bekannt sein. Aber kennen Sie die IP-Adresse einer Webseite? Zum Glück müssen wir uns all diese Adressen nicht merken, sondern wir merken uns nur die Internetadressen der Webseiten, wie zum Beispiel *www.rheinwerk-verlag.de*. Der Computer muss diese Internetadresse jedoch trotzdem in eine IP-Adresse umwandeln, um die Webseite aufrufen zu können. Dafür findet eine sogenannte *Adressauflösung* statt, bei der eine Internetadresse in eine IP-Adresse umgewandelt wird.

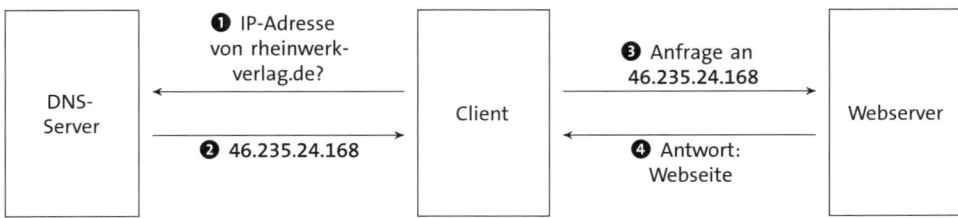

Abbildung 15.6 Die Auflösung einer Internetadresse in eine IP-Adresse

Für diese Adressauflösung gibt es wieder einen Service im Internet, der von sogenannten *DNS-Servern* angeboten wird. DNS ist die Abkürzung für *Domain Name Service*. Sie speichern eine Art großes Telefonbuch, in dem für jede Internetadresse die entsprechende IP-Adresse hinterlegt ist. Fragt man einen solchen DNS-Server nach der IP-Adresse einer Internetadresse, schaut er in seinem Telefonbuch nach. Findet er einen Eintrag für die Internetadresse, sendet er die IP-Adresse zurück.

Aber aufgrund der großen Menge an Internetadressen kann ein einzelner DNS-Server nicht alle IP-Adressen kennen. Kennt ein Server eine IP-Adresse nicht, wird die Anfrage an einen anderen Server weitergeleitet, der seinerseits nach der IP-Adresse sucht und sie gegebenenfalls zurückgibt oder die Anfrage ebenfalls weiterleitet. Abbildung 15.6 zeigt, wie genau der Ablauf zum Aufrufen einer Webseite mit der Adressauflösung aussieht. Zuerst erfragt der Client beim DNS-Server die Auflösung der Internetadresse in die entsprechende IP-Adresse, anschließend fragt er den Webserver mit der IP-Adresse an. Der eigene Computer muss also nur die IP-Adresse eines DNS-Servers kennen, die üblicherweise vom Provider bereitgestellt wird. Kennt er sie, kann er alle gültigen Internetadressen in IP-Adressen umwandeln, und der Benutzer kann im Internet beispielsweise Webseiten aufrufen oder andere Services nutzen.

15.5 Einheitliche Kommunikation

Im Internet kommunizieren sehr viele Geräte miteinander, die weltweit verteilt und von unterschiedlichen Herstellern produziert sind. Damit ein Server trotzdem die Anfrage eines Clients *versteht*, müssen sich alle beteiligten Geräte im Internet auf eine gemeinsame Sprache einigen. Diese gemeinsame Sprache wird in Netzwerken *Protokoll* genannt.

Ein Protokoll legt fest, wie eine Anfrage und die Antwort darauf aufgebaut sein müssen. Es ist also nichts anderes als eine *Schablone* für Anfragen und Antworten. Der Client und der Server müssen nur die entsprechenden Informationen eintragen und können die Daten versenden. Der jeweilige andere kann dank des einheitlichen Aufbaus die Daten auch interpretieren. Jeder Server, der ein bestimmtes Protokoll versteht, kann Anfragen dieses Protokolls annehmen und beantworten. Diese Protokolle sind weltweit in Form von Standards vereinheitlicht.

Eine HTTP-Anfrage

Wenden wir uns erneut dem Anfragen von Webseiten zu. Wenn Sie eine Webseite besuchen, kommt beim Aufruf der Webseite *HTTP* (kurz für *Hypertext Transfer Protocol*) zum Einsatz. Dieses Protokoll definiert, wie ein Webserver nach einer Webseite gefragt werden und wie die Antwort des Webservers aussehen muss. Es gibt neben HTTP das Protokoll *HTTPS*, das die verschlüsselte Variante von HTTP darstellt. Der Einfachheit halber werden wir jedoch HTTP betrachten.

Öffnen wir einmal die Webseite des Rheinwerk Verlags, *www.rheinwerk-verlag.de*. Dafür müssen wir den Webserver anfragen:

```
GET / HTTP/1.1
```

Das Schlüsselwort `GET` ist die Anfrage-Methode. Benutzt man `GET`, fragt man die folgende *Ressource* (z. B. ein Bild oder eine Unterseite) an. Neben `GET` gibt es viele weitere Methoden, wie zum Beispiel `POST` zum Senden von Daten an einen Webserver. Der Schrägstrich nach dem `GET` gibt die angefragte Ressource an. In diesem Fall bedeutet der Schrägstrich, dass die Startseite angefragt werden soll; wir werden später noch weitere Beispiele für Ressourcen betrachten. Abschließend werden das Protokoll und seine Version angegeben (in diesem Fall HTTP in Version 1.1).

Eine Anfrage umfasst noch einige Meta-Informationen, die im sogenannten *Header* der Anfrage stehen. Dazu gehört unter anderem der Browser-Typ, der die Anfrage abgesendet hat. Mit dieser Information kann der Webserver zum Beispiel entscheiden, ob eine mobile Version oder die Desktop-Version der Seite angezeigt werden soll. Außerdem ist die Sprache des Besuchers enthalten, damit der Webserver entscheiden kann, ob die Seite beispielsweise auf Deutsch oder Englisch ausgeliefert werden soll.

Die Anfrage enthält aber weder die IP-Adresse des Webservers noch des Clients. Wie kann dann die richtige Webseite angefragt werden? HTTP legt nur fest, welche Daten verschickt werden sollen, nicht, wie diese über das Netzwerk versendet werden. Dafür gibt es wiederum andere Protokolle, wie das *Internet Protocol* (*IP*), das Sie in Abbildung 15.5 vereinfacht kennengelernt haben. Eine HTTP-Anfrage überträgt sich also nicht selbst durch das Internet, sondern wird in einem Paket mit dem IP-Protokoll verpackt, das die IP-Adressen enthält. Am Ende bekommt genau der richtige Webserver die Anfrage. Dieser braucht nicht mehr die vollständige Internetadresse, sondern nur noch die angefragte Ressource, wie in unserem Beispiel die Startseite, da die Anfrage bereits beim richtigen Webserver angekommen ist.

Die Antwort des Webservers

Der Webserver hat nun unsere Anfrage erhalten und sendet seine Antwort zurück. Der wichtigste Teil der Antwort ist der *Statuscode*. Dieser Code teilt dem Client mit, ob die Anfrage erfolgreich war oder ob ein Fehler aufgetreten ist. Wenn kein Fehler aufgetreten ist, ist der Statuscode 200. Hat der Nutzer eine nicht existierende Webseite aufgerufen, erhält er den Ihnen vielleicht bekannten Statuscode 404. Ist bei der Abarbeitung der Anfrage ein Fehler intern im Server aufgetreten, wie ein Fehler im Programm der Webseite, wird der Statuscode 500 zurückgegeben. Neben diesen drei typischen Statuscodes gibt es noch eine lange Liste anderer Statuscodes.

Das zweite wichtige Feld in der Antwort ist der Typ des Inhaltes, den der Server zurücksendet. Der sogenannte *Content-Type* ist bei Anfragen an Webseiten in der Regel `text/html`. Das bedeutet, dass der zurückgesendete Inhalt *HTML*-Code ist. Die meisten Webseiten sind in der Auszeichnungssprache HTML geschrieben. Sie definiert, wie die Webseite aufgebaut ist und an welchen Stellen der Webseite sich Texte oder Bilder befinden.

```
01  HTTP/1.1 200 OK
02  Content-Type: text/html
03  Date: Tue, 20 Dec 2016 19:50:12 GMT
04
05  <!DOCTYPE html>
06      <html>
07          <head>
08              <meta charset="utf-8">
09              <title>Rheinwerk Verlag</title>
```

Listing 15.1 Der Anfang der Antwort des Webservers des Rheinwerk Verlags

Nach einigen weiteren Feldern folgt der Inhalt der Antwort.

Die Anfrage zusätzlicher Ressourcen

In Listing 15.1 sehen Sie ein Beispiel für eine HTTP-Antwort. Diese Antwort enthält den HTML-Code der Webseite. HTML beschreibt die Struktur der Seite, jedoch werden zusätzliche Inhalte wie Grafiken nur genannt (z. B. *grafik.jpg*). Diese sind in dieser Antwort noch nicht enthalten und müssen somit meist zusätzlich angefragt werden:

```
GET /grafik.jpg HTTP/1.1
```

In diesem Fall wird die Datei *grafik.jpg* angefragt. Die Antwort des Webservers hat sich auch geändert; in Listing 15.2 ist ein Ausschnitt des Headers der Antwort zu sehen. Der Inhalt der Antwort ist die Grafik in einer Kodierung, wie Sie sie in Kapitel 2, »Zahlen und Kodierungen«, kennengelernt haben.

```
01  HTTP/1.1 200 OK
02  Content-Type: image/jpeg
03  Date: Tue, 20 Dec 2016 19:50:13 GMT
04  Content-Length: 127959
```

Listing 15.2 Der Header der Antwort des Webservers auf die Anfrage der Grafik

Auf diese Art werden alle fehlenden Ressourcen nachgeladen, sodass schließlich die Webseite dargestellt werden kann. HTTP definiert dafür fest, wie Anfragen und Antworten aufgebaut sind. Neben HTTP gibt es viele weitere Protokolle, denn jeder Service, der im Internet arbeitet, erfordert ein Protokoll.

15.6 Zusammenfassung und Einordnung

Fast alle Computer sind heutzutage durch Netzwerke verbunden. Neben den Computern selbst werden dafür weitere Netzwerkgeräte wie Router und Switches benötigt. Im Netzwerk kann jeder Computer als Server auftreten und einen Service anbieten, mit dem ein Nutzer kommunizieren kann.

Das größte Netzwerk, das Internet, ist eigentlich ein Netzwerk von Netzwerken und ermöglicht dank einer dezentralen Vernetzung zuverlässige Kommunikation weit über Landesgrenzen hinaus. Damit alle versendeten Datenpakete auch den richtigen Weg finden, haben Computer in Netzwerken eine IP-Adresse zur eindeutigen Identifizierung. Dank DNS-Servern müssen sich die Benutzer der Computer diese IP-Adressen jedoch nicht merken, weil diese Server dem Nutzer bekannte Internetadressen in IP-Adressen umwandeln.

Da sich das Internet über den gesamten Globus erstreckt und die Geräte von verschiedensten Herstellern produziert werden, ist eine einheitliche Kommunikation in Form von Protokollen notwendig. Als Beispiel dafür haben Sie den Aufruf einer Webseite mittels HTTP kennengelernt.

Die Informatik ist nicht nur die treibende Wissenschaft hinter dem Internet, sondern profitiert auch enorm davon. Beispielsweise wird durch das Internet globale Teamarbeit in der Softwareentwicklung möglich, die wir in Kapitel 18 genauer betrachten.

Aufgaben

Aufgabe 1: Netzwerkaufbau

Der Aufbau eines Netzwerkes, oft auch *Topologie* des Netzwerks genannt, ist für seine Sicherheit und Stabilität sehr wichtig. In der Praxis kommt es oft vor, dass Kabel aus Versehen gezogen werden oder Netzwerkgeräte ausfallen. Natürlich wäre es ungünstig, wenn große Teile des Netzwerks nicht mehr kommunizieren könnten. In Abbildung 15.7 zeigen wir Ihnen einige gängige Arten, Netzwerke aufzubauen. Überlegen Sie sich, welche Vorteile oder Nachteile die verschiedenen Topologien haben. Sind manche eventuell resistenter gegenüber dem Ausfall eines Gerätes oder Kabels als andere? Gibt es Unterschiede beim Verkabelungsaufwand? Können die Computer in manchen Topologien eventuell schneller kommunizieren als in anderen? Computer können hierbei auch ohne einen Router oder Switch miteinander kommunizieren, wenn sie verbunden sind.

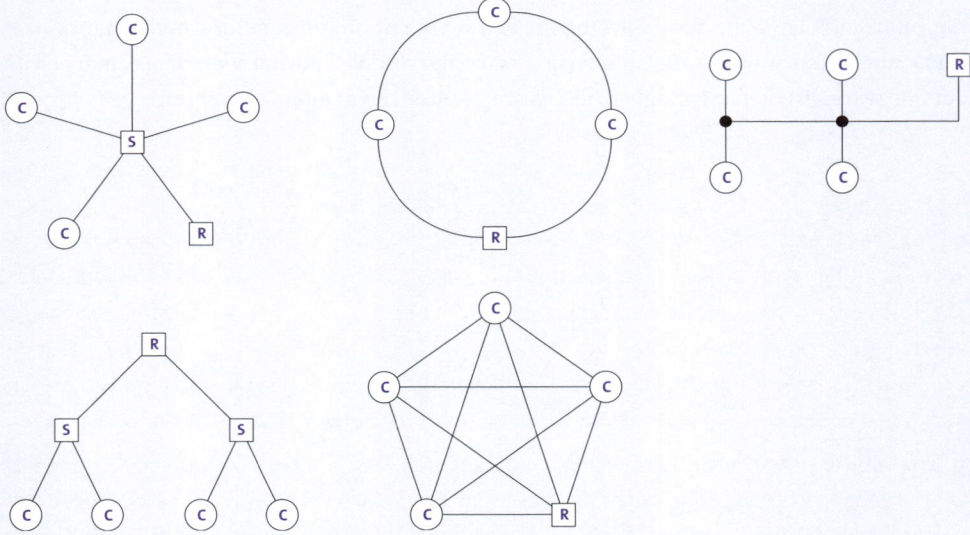

Abbildung 15.7 Verschiedene Arten, ein Netzwerk aufzubauen. Ein »C« steht für einen Computer, »S« sind Switches und »R« repräsentieren Router. Die Verbindungen sind die Netzwerkkabel.

Aufgabe 2: DNS

a) Es gelingt einem Hacker, einen DNS-Server zu übernehmen und die Kontrolle über die DNS-Auflösung zu bekommen. Was könnte der Hacker mit dieser Kontrolle machen?

b) Der Server einer Website ändert sich. Welche Schritte müssen passieren, damit alle Computer auf der Welt auf den neuen Server zugreifen?

c) Sie rufen häufig dieselbe Webseite auf. Wie kann verhindert werden, dass für jeden Aufruf eine DNS-Auflösung stattfindet? Welche Risiken entstehen dabei?

Aufgabe 3: Internet

a) Im Internet hat jedes Gerät eine eindeutige IP-Adresse; dabei ist es inzwischen nicht mehr selten, dass man mehrere internetfähige Geräte in einem Haushalt hat. Welche Probleme könnten damit entstanden sein, dass die Anzahl der Geräte in den letzten Jahren so stark gewachsen ist? Haben Sie eine Idee, wie das Problem gelöst wurde?

b) Sie senden eine Anfrage an einen Webserver, jedoch fällt während der Übertragung der Anfrage ein Netzwerkgerät aus, und Ihre Anfrage geht dabei verloren. Wie könnte Ihr Computer vom Verlust der Anfrage erfahren, und wie könnte er darauf reagieren?

c) Das Senden einer Nachricht und Empfangen der Antwort von Europa nach Nordamerika dauert mindestens etwa 70 Millisekunden. Warum kann es niemals schneller werden?

Lösungen

Aufgabe 1: Netzwerkaufbau

- **Oben links:** Diese Topologie wird *Stern-Topologie* genannt und kommt vermutlich am häufigsten vor. Sie wird oft verwendet, um einzelne Computer mit einem großen Netzwerk zu verbinden, da nur sehr wenig Verkabelungsaufwand pro Computer notwendig ist, weil jeder Computer über genau ein Kabel mit dem Switch verbunden ist. Fällt der Switch in der Mitte jedoch aus, sind alle Computer vom Netzwerk getrennt. Wird alternativ die Kabelverbindung vom Switch zum Router getrennt, können die Computer zwar noch kommunizieren, aber nicht mehr mit dem Router (und damit eventuell nicht mehr mit dem Internet).

- **Oben Mitte:** Diese Topologie wird *Ring-Topologie* genannt. Sie funktioniert, weil bei einem Ring die Computer auf dem Weg zum Router die Pakete weiterleiten und nicht verwerfen. In der Praxis ist ein Ring recht selten, da kaum ein Computer mit zwei Netzwerkanschlüssen ausgestattet ist. Außerdem ist der Verkabelungsaufwand etwas höher als bei einem Stern-Netzwerk. Der Vorteil eines Rings ist, dass selbst dann, wenn ein Kabel getrennt wird, alle Computer noch mit dem Netzwerk verbunden sind. Die Geschwindigkeit im Netzwerk ist jedoch immer noch gering, weil letztendlich alle Computer mit dem Router über zwei Kabel kommunizieren.

▶ **Oben rechts**: Diese Topologie wird *Bus-Topologie* genannt. Erinnern Sie sich an den Bus in Kapitel 14 über Computer? Er verbindet die verschiedenen Hardware-Komponenten eines Computers. Dort haben wir bereits die wichtigsten Nachteile der Bus-Architektur genannt: Alle Computer im Netzwerk kommunizieren über dasselbe Kabel (den Bus in der Mitte) mit dem Router. Dadurch wird zum einen das Netzwerk langsamer, zum anderen werden alle Computer vom Netzwerk getrennt, wenn das Kabel ausfällt. Der Verkabelungsaufwand für diese Topologie ist jedoch sehr gering.

▶ **Unten links:** Diese Topologie wird *Baum-Topologie* genannt und ist eigentlich nur eine Erweiterung der Stern-Topologie. Auf Ebene der Computer sind alle Computer in Form eines Sterns mit dem nächsten Switch verbunden, die Switches selbst wiederum als Stern mit weiteren Switches oder dem Router. Dieses Netzwerk wird oft in großen Firmen eingesetzt. Auch hier gelten natürlich die gleichen Nachteile: Fällt ein Gerät oder eine Verbindung aus, können schnell viele Geräte betroffen sein. Man könnte daher die Switches auch als Ring aufbauen; in der Praxis wird aber eher entschieden, fehlerhafte Komponenten schnell auszutauschen.

▶ **Unten rechts:** Diese Topologie wird *vollständig verbundene Topologie* genannt, da jeder Computer mit jedem anderen Computer und alle Computer auch direkt mit dem Router verbunden sind. Dieses Netzwerk ist total robust gegenüber Kabelausfällen, weil (bei 5 Geräten) mindestens 4 Kabel ausfallen müssten, damit eventuell ein Computer vom Netzwerk getrennt ist. Außerdem können die Computer sehr schnell miteinander kommunizieren, weil für jede Kommunikation eine Direktverbindung genutzt werden kann. Aber man sieht es leicht: Der Verkabelungsaufwand ist enorm groß, und jeder Computer würde sehr viele Netzwerkschnittstellen benötigen.

Aufgabe 2: DNS

a) Er könnte die Anfragen auf falsche Server umleiten. Stellt ein Client eine Anfrage zur DNS-Auflösung, kann der Hacker ihm eine beliebige IP-Adresse zurücksenden, die der Client dann anfragen würde. Dieser falsche Server kann unter Kontrolle des Hackers stehen und Zugangsdaten des Nutzers abfangen oder mit Schadsoftware belastet sein.

b) Ein neuer Server hat meist eine neue IP-Adresse, und daher müssen alle DNS-Server, die für die Website zuständig sind, diese neue IP-Adresse kennen, damit Anfragen auf den neuen Server weitergeleitet werden. Das dauert in der Regel einige Stunden, weil sowohl die DNS-Server als auch lokale Zwischenspeicher aktualisiert werden müssen – dazu mehr in Teilaufgabe c).

c) Wenn Sie eine DNS-Anfrage stellen, speichert Ihr Computer das Ergebnis für eine gewisse Zeit (in der Regel einige Stunden) zwischen. Wird in dem Zeitraum dieselbe DNS-Anfrage erneut getätigt, kennt sogar Ihr Computer schon die Antwort, und der DNS-Server wird nicht zusätzlich belastet. Die zweite DNS-Anfrage ist natürlich auch viel schneller. Das Risiko, das dabei entsteht, liegt darin, dass das zwischengespeicherte Ergebnis veraltet sein könnte. Ändert sich, wie in Teilaufgabe b), der Server, ist die vom DNS-Server gespeicherte Adresse nicht mehr korrekt, und die Anfragen gehen an den falschen Server. In der Regel stellt das jedoch kein Problem dar, da sich die Serveradressen nicht so häufig ändern und alte Server meist Anfragen an die neuen Server weiterleiten.

Aufgabe 3: Internet

a) Steigt die Anzahl der Geräte, werden immer mehr IP-Adressen benötigt. Aktuell wird das ältere *IPv4* von der neueren IP-Variante *IPv6* abgelöst. Bei IPv4 gab es über 4 Milliarden IP-Adressen. Auch wenn die Zahl groß klingt: Heutzutage braucht jeder Computer, jedes Handy, jeder Server und auch alle Netzwerkgeräte zwischen diesen Geräten IP-Adressen. Seit 2011 können deshalb keine neuen IPv4-Adressen mehr vergeben werden, weil alle bereits in Verwendung sind. IPv6 hat $3,4 \cdot 10^{38}$ Adressen zur Verfügung. Das ist für lange Zeit ausreichend. Übrigens: Eine IPv4-Adresse könnte so aussehen: *203.0.113.42*, eine IPv6-Adresse so: *2001:0db8:012c:fde1:a32c:3276:63c6:26bd*.

b) Über den Verlust der Anfrage wird Ihr Computer meist nicht benachrichtigt, er erfährt es also nicht direkt. Sendet ein Computer eine Anfrage, wartet er eine gewisse Zeit auf die Antwort des Servers. Bekommt er innerhalb dieser Zeitspanne keine Antwort, geht er vom Verlust der Anfrage aus und sendet sie erneut. Er erfährt vom Verlust des Netzwerkgerätes also nur, weil er innerhalb einer bestimmten Zeit keine Antwort erhalten hat. Wenn dieses Netzwerk aber zum Beispiel der heimische Router ist, wird auch die zweite Anfrage keinen Erfolg haben, da der Computer komplett vom Netzwerk getrennt ist.

c) Bei solchen Geschwindigkeiten kommt man an die Grenzen der Physik. Eine Übertragung per Funk oder Kabel kann niemals schneller als Lichtgeschwindigkeit sein, und selbst mit dieser Geschwindigkeit dauert es etwa 70 Millisekunden von Europa bis Nordamerika und zurück. Zudem müssen die Signale zwischendurch von diversen Geräten verarbeitet werden; diese Verarbeitung kostet zusätzlich Zeit.

Kapitel 16

Verschlüsselung

Verschlüsselung klingt nach Geheimdiensten und Hacker-Filmen. Tatsächlich benutzen aber auch Sie täglich Verschlüsselung, wenn Sie z. B. Chatnachrichten versenden. Wir werfen mit Ihnen einen Blick hinter die Kulissen und zeigen, welche Prinzipien dahinterstecken.

16.1 Fdhvdu

Knobelei zum Einstieg

Verschlüsselung wird bereits seit Jahrtausenden verwendet, um Nachrichten zu verschicken. Sogar dem alten Caesar sagt man nach, dass er Briefe mit verschlüsseltem Inhalt gesendet habe. Versuchen Sie sich daran, seinen Code zu knacken!

Wenn Caesar deutsch geschrieben hätte, dann wäre eine seiner Nachrichten vielleicht folgende gewesen:

`Glh Zxhuiho vlqg jhidoohq.`

Können Sie die Nachricht entziffern? Beschreiben Sie das Verfahren, und verschlüsseln Sie auf die gleiche Weise den Text `Ich kam, sah und siegte`.

Die oben genutzte Verschlüsselung, auch bekannt als *Caesar-Verschlüsselung*, basiert auf einem einfachen Prinzip: Alle Buchstaben des Alphabets werden beim Verschlüsseln um drei Buchstaben im Alphabet nach vorn verschoben, beim Entschlüsseln gehen Sie stattdessen drei Buchstaben zurück.

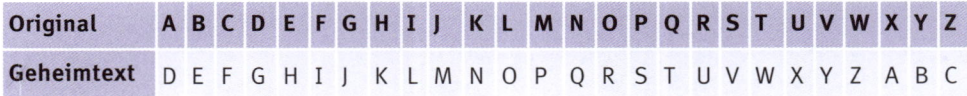

Aus einem *A* im Original wird also ein *D* im sogenannten *Geheimtext*, aus dem *B* ein *E* und so weiter. Umgekehrt steht das erste *G* des verschlüsselten Texts eigentlich für ein *D*, das *L* steht für ein *I* und so weiter, sodass sich insgesamt der Text `Die Wuerfel sind gefallen` ergibt. Den Originaltext nennen wir auch *Klartext*. Wollen Sie `Ich kam, sah und siegte` verschlüsseln, müssen Sie alle Buchstaben wieder um drei Stellen verschieben, sodass sich `Lfk ndp, vdk xqg vlhjwh` ergibt. Das Verfahren lässt sich auf beliebige andere Verschiebungen erweitern.

Glaubt man dem römischen Schriftsteller Sueton, so benutzte Caesar dieses Verfahren, um geheime Botschaften bezüglich der Kriegsführung zu versenden, ohne dass Fremde abgefangene Briefe lesen konnten. Zu seiner Zeit war dies höchstwahrscheinlich ein ausreichender Schutz, da der verschlüsselte Text wie eine fremde Sprache erschien.

16.2 Warum verschlüsseln?

Die Geschichte von Caesar gibt uns schon einen Einblick in den typischen Zweck von Verschlüsselung. Beispielsweise möchte der Verfasser einer Nachricht verhindern, dass jemand anderes als der bestimmte Empfänger, der die Nachricht entziffern kann, sie lesen kann. Das älteste bekannte Verschlüsselungsverfahren wurde von den Spartanern vor über 2500 Jahren benutzt. Dabei wurde ein Streifen Stoff spiralförmig um einen Holzstab (die sogenannte *Skytale*) gerollt und der Klartext darauf geschrieben. Der abgewickelte Streifen hatte die Buchstaben somit in einer anderen Reihenfolge, die Nachricht konnte also nur mit einem Stab mit dem gleichen Durchmesser wieder entschlüsselt werden.

Manchmal möchte auch der Verschlüsselnde selbst den Zugriff auf ein Objekt so sichern, dass nur er darauf zugreifen kann. Dies ist vergleichbar mit dem Verschließen einer Truhe (die das Objekt enthält) mit einem Schlüssel, was auch den Ursprung des Namens erklärt. Für Caesar waren dies vielleicht noch Nachrichten über Kriegsstrategien oder Politik, doch auch heute versenden wir oft Nachrichten, die nicht von anderen gelesen werden sollen. Dies können E-Mails, Passwörter, wichtige Dokumente oder Chatnachrichten sein. Gerade im digitalen Zeitalter ist die Verschlüsselung ein besonders wichtiges Thema. Die Wissenschaft von der Verschlüsselung, auch als *Kryptographie* bekannt, beschäftigt sich mit verschiedensten Verschlüsselungsverfahren und ihrer Sicherheit.

16.3 Symmetrische Verschlüsselung

Bei der *symmetrischen Verschlüsselung* sind die zum Verschlüsseln und Entschlüsseln nötigen Informationen identisch, der Schlüssel kann also zum Verschlüsseln und Entschlüsseln genutzt werden. Oben haben Sie mit der Caesar-Verschlüsselung bereits ein Beispiel für die symmetrische Verschlüsselung gesehen, denn mithilfe der Tabelle beziehungsweise des Verschiebungswerts konnten Sie sowohl die geheime Nachricht entschlüsseln als auch eine neue Nachricht verschlüsseln.

Den allgemeinen Ablauf bei symmetrischer Verschlüsselung zeigen wir Ihnen am Beispiel von Alice und Bob. Bob möchte Alice etwas in einer Kiste schicken. Dazu verschließt er die Kiste mit einem Zahlenschloss, das nur Alice öffnen kann. Damit beide den Code kennen, müssen sie sich über den Schlüssel austauschen, also müssen sich die beiden z. B. treffen, damit Bob Alice den Code verraten kann. Nun können nur Alice und Bob die Kiste öffnen, weil sie die Einzigen sind, die den Schlüssel kennen. Abbildung 16.1 zeigt diesen Ablauf.

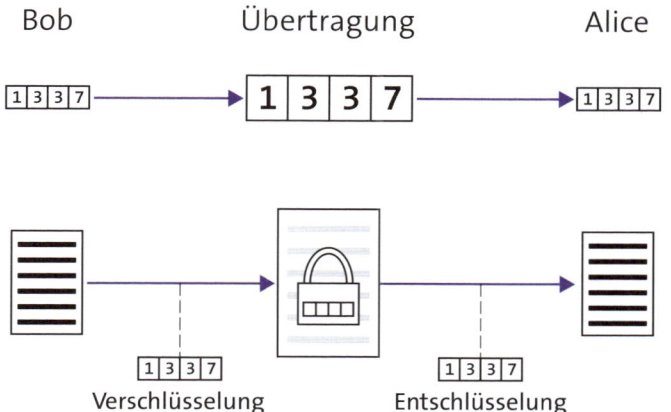

Abbildung 16.1 Der Schlüsselaustausch und die Übertragung einer Datei von Bob zu Alice mit symmetrischer Verschlüsselung

Ein anwendungsnahes Beispiel ist *DES* (kurz für *Data Encryption Standard*), ein Verfahren, bei dem der Klartext (in Binärcode) in Blöcke aufgeteilt und jeder Block mithilfe des Schlüssels verschlüsselt wird. Zusätzlich fließen aber auch Teile vorheriger Blöcke in die Verschlüsselung ein, sodass keine Muster im verschlüsselten Text entstehen. Für das Entschlüsseln ist dennoch nur der Schlüssel notwendig.

Da der Schlüssel jedoch nur eine Länge von 56 Bit hat, wird DES heute als unsicher angesehen. Stattdessen gibt es beispielsweise das Verfahren *Triple-DES*, bei dem dreimal DES mit verschiedenen Schlüsseln ausgeführt wird. Schließlich wurde *AES* (kurz für *Advanced Encryption Standard*) entwickelt, das, neben anderen Vorteilen, verschiedene Schlüssellängen erlaubt.

Der große Nachteil dieser symmetrischen Verschlüsselung ist, dass der Schlüssel über abhörsichere Wege vom Sender zum Empfänger kommen muss. Dies ist aber nicht immer möglich, z. B. wenn die beiden Teilnehmer nur über das Internet verbunden sind. Eine mögliche Lösung dürfen Sie in Aufgabe 3 entwickeln, eine andere Lösung sehen Sie im folgenden Abschnitt.

16.4 Asymmetrische Verschlüsselung

Das Problem der Schlüsselübertragung wird bei *asymmetrischer Verschlüsselung* gelöst, indem zwei verschiedene Schlüssel benutzt werden: ein privater Schlüssel und ein öffentlicher Schlüssel.

Angenommen, Bob möchte Alice wieder etwas in einer Kiste schicken. Dazu erhält Bob von Alice ein offenes Vorhängeschloss (den öffentlichen Schlüssel), das ohne Schlüssel geschlossen werden kann und ohne Risiko auch von anderen gesehen werden darf. Bob kann nun die Kiste zuschließen und an Alice schicken. Alice hat den passenden Schlüssel zum Öffnen des Vorhängeschlosses (den privaten Schlüssel) und kann so den Inhalt der Kiste sehen. Obwohl Alice und Bob einen öffentlichen Kanal zum Versenden nutzen, kennt niemand sonst den Inhalt der Kiste. Abbildung 16.2 zeigt diesen Ablauf.

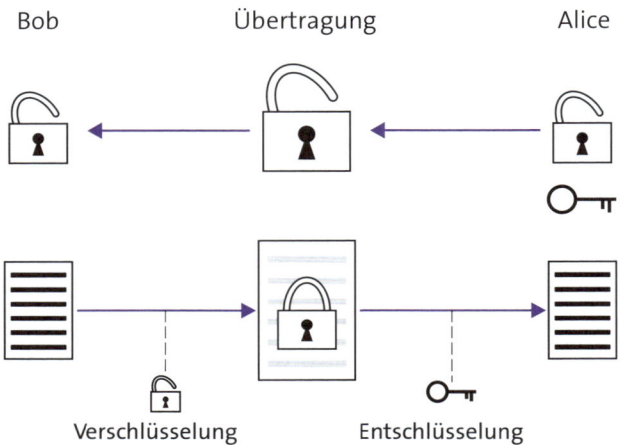

Abbildung 16.2 Der Schlüsselaustausch und die Übertragung einer Datei von Bob zu Alice mit asymmetrischer Verschlüsselung

Wichtig hierbei ist, dass nur Alice den privaten Schlüssel kennt. Außerdem ist das Entschlüsseln der Nachricht mit dem privaten Schlüssel leicht, aber das Entziffern ohne ihn ist schwer bis unmöglich – im Beispiel müsste Alice also sehr gute Schlösser anbieten! Den privaten Schlüssel behält der Empfänger für sich, während der öffentliche Schlüssel beliebig verteilt werden kann.

In der Praxis werden mathematische Verfahren als Grundlage für die asymmetrische Verschlüsselung genutzt. Tatsächlich ist bei den Verfahren nicht bekannt, ob das Knacken tatsächlich schwer ist; es wird nur stark vermutet. Ein Beispiel ist das *RSA-Verfahren*, das auf der Schwierigkeit der Primfaktorzerlegung basiert. Das Multiplizieren von Primzahlen ist eine für Computer sehr einfache Operation, z. B. ist $37 \cdot 43 = 1591$. Das Zerlegen einer Zahl in seine Primfaktoren ist jedoch deutlich schwieriger: Wissen Sie die Primfaktoren der Zahl 3127? Übertragen auf Primzahlen von mehreren Hundert Stellen ist diese Aufgabe auch für Computer schwer. Solche Operationen nennt man *Einwegfunktionen*: Eine Richtung (das Multiplizieren) ist einfach, während die Umkehrung (das Faktorisieren) aufwendig ist.

Mithilfe asymmetrischer Verschlüsselung können Alice und Bob also Nachrichten verschicken, ohne dass jemand mitlesen kann. Zudem mussten sie keinen geheimen Schlüssel austauschen. Asymmetrische Verschlüsselung hat jedoch noch einen weiteren Anwendungszweck: Wenn Alice ein Dokument von Bob erhält, möchte sie sichergehen, dass das Dokument wirklich von ihm stammt (*Authentizität*) und dass das Dokument nicht verändert wurde (*Integrität*).

> **Hashfunktion**
>
> Eine *Hashfunktion* ist eine mathematische Funktion, die aus einer großen Eingabe (z. B. einer Datei) einen Wert aus einem kleinen Zahlenbereich berechnet. Dieser Wert dient meist als sogenannte *Prüfsumme*. Wird zum Beispiel mit einer Datei deren Hashwert mitgesendet, kann der Empfänger den Hashwert der empfangenen Datei berechnen und die beiden Werte vergleichen. Weichen sie voneinander ab, so ist bei der Übertragung ein Fehler aufgetreten. Stimmen sie überein, ist die Datei höchstwahrscheinlich unverändert beim Empfänger angekommen.
>
> Ein Beispiel für eine sehr einfache Hashfunktion für Zahlen ist das Berechnen der letzten Ziffer der Quersumme. So wird dann beispielsweise 894 auf die Zahl 1 abgebildet, die Zahl 895 dagegen auf die 2, die beiden Eingaben können also unterschieden werden.
>
> Hashfunktionen sollen möglichst garantieren, dass ähnliche Objekte zu verschiedenen Hashwerten führen. Die letzte Ziffer der Quersumme erfüllt diese Anforderung nicht, da z. B. vertauschte Ziffern zu einem unveränderten Hashwert führen. Zudem sollen möglichst wenige verschiedene Objekte zum selben Hashwert führen, sonst tritt eine sogenannte *Kollision* auf.

Dazu bildet Bob mithilfe einer *Hashfunktion* die Prüfsumme des Dokuments. Diese Prüfsumme verschlüsselt er mithilfe seines privaten Schlüssels und schickt sie zusammen mit dem Dokument an Alice. Die verschlüsselte Prüfsumme wird *Signatur* genannt, angelehnt an die handschriftliche Signatur von Dokumenten. Alice kann anschließend die Prüfsumme des Dokuments berechnen sowie die verschlüsselte Prüfsumme mithilfe des öffentlichen Schlüssels von Bob entschlüsseln. Sie vergleicht die beiden Prüfsummen und kann so erkennen, ob das Dokument tatsächlich unverändert ist und von Bob signiert wurde – das Entschlüsseln mit dem öffentlichen Schlüssel ergibt idealerweise nur dann die korrekte Prüfsumme, wenn diese tatsächlich mit dem passenden privaten Schlüssel gebildet wurde.

16.5 Hybridverfahren

Da symmetrische Verschlüsselung einen sicheren Schlüsselaustausch erfordert, dafür aber schnell berechnet werden kann, und da asymmetrische Verschlüsselung rechnerisch aufwendig ist, werden in der Praxis meist *Hybridverfahren* angewandt. Dabei werden die jeweiligen Vorteile genutzt: Zuerst wird ein Schlüssel als Nachricht mithilfe der asymmetrischen Verschlüsselung ausgetauscht. Anschließend werden die tatsächlichen Nachrichten mit dem verschickten Schlüssel symmetrisch verschlüsselt und versendet. Auf diese Weise können die Nachrichten sowohl abhörsicher als auch schnell ausgetauscht werden.

16.6 Verschlüsselungen knacken

Wenn jemand eine Verschlüsselung knackt, kann er den Inhalt einer verschlüsselten Nachricht *entziffern*, ohne den verwendeten Schlüssel zu kennen. Kann man Nachrichten eines bestimmten Verschlüsselungsverfahrens entziffern, ist dies kein sicheres Verschlüsselungsverfahren.

Am Beispiel der Caesar-Verschlüsselung vom Kapitelanfang wollen wir einen möglichen Ansatz zum Entziffern finden. Angenommen, Sie wissen, dass der Klartext mit Caesar verschlüsselt wurde, wissen jedoch nicht, um wie viele Stellen die Buchstaben verschoben wurden. Da es nur 25 mögliche Verschiebungen gibt, können Sie alle Möglichkeiten durchprobieren und überprüfen, ob sich damit ein sinnvoller Text ergibt:

Verschiebung um 0: `Glh Zxhuiho vlqg jhidoohq.`

Verschiebung um 1: `Hmi Ayivjip wmrh kijeppir.`

Verschiebung um 2: `Inj Bzjwkjq xnsi ljkfqqjs.`

⋮

Verschiebung um 23: `Die Wuerfel sind gefallen.`

⋮

Das Berechnen der einzelnen Zeichen geht schnell, und es gibt nicht viele Möglichkeiten, die überprüft werden müssen. Auf diese Weise erkennen Sie schnell, dass eine Verschiebung um 23 den Originaltext ergibt; der Verfasser hat den Text also um $26 - 23 = 3$ Buchstaben verschoben.

Das Durchprobieren aller möglichen Schlüssel wird *Brute-Force-Methode* genannt, da man sozusagen »mit roher Gewalt« alle möglichen Schlüssel ausprobiert. Dies funktioniert besonders bei Verfahren, bei denen die mögliche Anzahl an Schlüsseln besonders klein ist und sich ein Schlüssel schnell testen lässt. Selbst wenn es einige Tausende oder Millionen mögliche Schlüssel gäbe, könnten wir sie alle von einem Computer durchprobieren lassen.

Aber auch komplexere Verfahren mit deutlich mehr möglichen Schlüsseln lassen sich knacken. Betrachten Sie den folgenden Text, der mit *Substitution* verschlüsselt wurde. Das bedeutet, dass jeder Buchstabe durch genau einen anderen Buchstaben ersetzt wurde. Zwei verschiedene Buchstaben haben auch immer zwei verschiedene Ersetzungen.

```
Eaq epqipu au paupq Jdruip orj ipv Utqipu ougqpafpu
```

Das bedeutet, es gibt $26! \approx 4 \cdot 10^{26}$ mögliche Schlüssel! Wir können den Text dennoch entziffern, indem wir eine *Häufigkeitsanalyse* durchführen. Dabei nutzen wir aus, dass bei der Substitution gleiche Buchstaben immer durch gleiche Buchstaben ersetzt werden. Wir nehmen an, dass der Klartext auf Deutsch geschrieben wurde. Dies ist hilfreich, denn wir wissen, dass in der deutschen Sprache der Buchstabe *E* am häufigsten vorkommt. Da im obigen Geheimtext der Buchstabe *P* am häufigsten vorkommt, können wir vermuten, dass *E* durch *P* ersetzt wurde. Nach dieser ersten Ersetzung sind wir mit der Entzifferung so weit:

```
Eaq epqipu au paupq Jdruip orj ipv Utqipu ougqpafpu
... .e..e. .. e..e. .....e ... .e. ....e. ....e..e.
```

Das vierte Wort e..e. ist vermutlich eins der Wörter *einer*, *einem* oder *eines*. Hier hilft uns also das Wissen, dass der Text deutsche Wörter enthält. Wenn wir nun alle *A* durch *I* und alle *U* durch *N* ersetzen, erhalten wir:

```
Eaq epqipu au paupq Jdruip orj ipv Utqipu ougqpafpu
.i. .e..en in eine. ...n.e ... .e. N...en .n..ei.en
```

Auf diese Weise können Sie nun als Aufgabe den übrigen Text entziffern (siehe Aufgabe 2).

Eine Vielzahl an Techniken zum Knacken basiert auf Schwachstellen der Verschlüsselungstechnik oder Wissen über den Klartext. Kennt der Angreifer einen Teil des Originaltextes, kann er daraus Teile des Schlüssels ableiten. Im Beispiel könnten Sie bereits einige Buchstabenersetzungen vornehmen, wenn Sie das Original der ersten beiden Wörter kennen würden.

Im Zweiten Weltkrieg verschlüsselten die Deutschen ihre Nachrichten mithilfe der *Enigma*, einer Art Schreibmaschine mit eingebauter Ver- und Entschlüsselung. Die Alliierten konnten aber Teile der Nachrichteninhalte vorhersagen, weil beispielsweise täglich ein Wetterbericht verschickt wurde, der mit dem Wort `WETTERVORHERSAGE` begann. Mithilfe weiterer Techniken konnten sie andere Teile des Textes vorhersagen, beispielsweise durch eigene Wettervorhersagen oder das gezielte Platzieren von Minen in beobachteten Gebieten, da die Deutschen dann deren Positionen in Nachrichten übermittelten. Diese Information konnten die Codeknacker um Alan Turing ausnutzen, um die Menge möglicher Schlüssel zu reduzieren und so Nachrichten zu entziffern. Da die Deutschen meist nur einmal täglich ihren Schlüssel wechselten, konnten die Alliierten den so ermittelten Schlüssel verwenden, um andere Nachrichten des Tages ebenfalls zu entschlüsseln. Das Knacken dieser Verschlüsselung spielte eine wichtige Rolle für den Verlauf des Weltkriegs: Hätten die Alliierten die Texte nicht mitlesen können, dann hätte der Krieg wohl noch einige Jahre länger angedauert.

Es gibt jedoch eine Verschlüsselungstechnik, die bei richtiger Umsetzung nicht geknackt werden kann: Das sogenannte *One-Time-Pad* ist eine symmetrische Verschlüsselung, bei der der Schlüssel zufällig gewählt wird und genauso lang wie die zu verschlüsselnde Nachricht ist.

Ein Beispiel für ein solches One-Time-Pad stellt eine Abwandlung der Caesar-Verschlüsselung dar. Statt jedes Zeichen um den gleichen Wert zu verschieben, können wir stattdessen jedes Zeichen um den Wert verschieben, den der Schlüssel an der entsprechenden Stelle angibt. Das erste Zeichen des Originals wird also um den Wert an der ersten Stelle des Schlüssels verschoben, das zweite Zeichen um den Wert der zweiten Stelle des Schlüssels und so weiter.

Solange der Schlüssel geheim gehalten wird, kann die Nachricht nicht entziffert werden: Aufgrund des zufälligen Schlüssels kann ein Angreifer keinerlei Rückschlüsse auf den Originaltext ziehen. Der Hauptnachteil ist dafür die Länge des Schlüssels: Das Speichern und Übersenden eines Schlüssels, der so lang wie die Nachricht selbst ist, ist sehr unpraktisch. Daher ist die Nutzung dieses Verfahrens eher unüblich.

16.7 Zusammenfassung und Einordnung

Einfache symmetrische Verschlüsselungsverfahren werden schon sehr lange eingesetzt, der bekannteste Vertreter ist die Caesar-Verschlüsselung, die jedoch recht einfach zu knacken ist. Komplexere Verfahren wie AES werden heutzutage zum Beispiel bei WLAN-Verbindungen eingesetzt. Die große Schwachstelle von symmetrischen Verfahren ist die Übergabe des Schlüssels, die abhörsicher geschehen muss. Dafür bieten sich hybride Systeme an, bei denen ein asymmetrisches Verschlüsselungsverfahren eingesetzt wird, um den Schlüssel zu übergeben, und ein symmetrisches für die eigentliche Nachrichtenübertragung. RSA ist ein bekanntes asymmetrisches Verfahren, das zum Beispiel für hybride Verschlüsselung beim Onlinebanking zum Einsatz kommt.

Die mathematischen Grundlagen asymmetrischer Verschlüsselung werden im Informatikstudium genauer betrachtet und basieren auf Annahmen, dass bestimmte Rechenoperationen nur extrem zeitaufwendig ausgeführt werden können. Aufgrund der stetigen Forschung am Knacken von Verschlüsselung sind jedoch zur Aufrechterhaltung des Sicherheitsniveaus einer Verschlüsselung häufig neue Verfahren notwendig. Sollte ein extremer Sprung in der Leistung von Computern erfolgen – etwa durch *Quantencomputer*, die durch Ausnutzung der Quantenmechanik etliche Rechnungen parallel durchführen können – oder sollte ein Fehler in einem verbreiteten Verschlüsselungsverfahren gefunden werden, hätte dies fatale Folgen. Sämtliche mit den geknackten Verfahren verschlüsselten Daten – Chatverläufe, private Dokumente, Kommunikation mit Banken usw. – könnten dann entziffert werden.

Aufgaben

Aufgabe 1: Caesar
Entziffern Sie folgenden Text, der mit Caesar-Verschlüsselung geschrieben wurde:

```
Lxg wpqtc txctc Hexdc jcitg jch!
```

Aufgabe 2: Substitution
Führen Sie die Entzifferung des Geheimtexts aus Abschnitt 16.6, »Verschlüsselungen knacken«, zu Ende!

Aufgabe 3: Verbesserter Austausch
Alice und Bob haben beide eigene Vorhängeschlösser mit den passenden Schlüsseln. Verbessern Sie ihren asymmetrisch verschlüsselten Nachrichtenaustausch (mit Schlössern an Kisten). Wie kann Bob an Alice eine Nachricht schicken, ohne dass jemals ein offenes Schloss verschickt werden muss?

Aufgabe 4: Schwache Verfahren
Es gibt einige Verschlüsselungsverfahren, die mit heutiger Technik innerhalb von Tagen oder Wochen geknackt werden können. Diese Verfahren sind dennoch weiterhin im Einsatz. In welchen Anwendungsfällen ist die Nutzung unproblematisch?

Aufgabe 5: Eigene Verfahren
In der Kryptographie ist der Spruch »Never roll your own crypto«, zu Deutsch sinngemäß »Benutze niemals dein eigenes Verschlüsselungsverfahren«, sehr verbreitet. Warum sollten Sie lieber keine eigenen Verfahren zum Verschlüsseln von Daten entwickeln und einsetzen?

Lösungen

Aufgabe 1: Caesar
Der Originaltext wurde um 15 Stellen verschoben und lautete:

```
Wir haben einen Spion unter uns!
```

Aufgabe 2: Substitution
Der Originaltext lautete:

```
Wir werden in einer Stunde aus dem Norden angreifen.
```

Aufgabe 3: Verbesserter Austausch
Bob schließt die Nachricht mithilfe eines seiner Vorhängeschlösser in die Kiste ein. Die Kiste schickt er an Alice, die zusätzlich die Kiste mit ihrem eigenen Vorhängeschloss verschließt. Anschließend schickt sie die Kiste zurück an Bob, der sein eigenes Schloss wieder aufschließen kann. Die Kiste hat nun nur noch das Schloss von Alice, weshalb Bob die Kiste an Alice schicken kann, sodass sie die Kiste öffnen kann.

Auf diese Weise wurde nie ein Vorhängeschloss (der öffentliche Schlüssel) zwischen Alice und Bob ausgetauscht, aber die Kiste war nie ungeschützt.

Aufgabe 4: Schwache Verfahren
Diese eigentlich nicht mehr sicheren Verfahren können trotzdem genutzt werden, wenn die nach einigen Tagen entzifferten Daten dann wertlos sind. Ein Beispiel hierfür stellen Polizeieinsätze dar. Die Funkverbindungen bei Polizeieinsätzen werden teilweise mit veralteten Verfahren wie DES verschlüsselt, doch wenn ein Angreifer die Funksprüche nach einigen Tagen entziffert, ist der Einsatz bereits vorbei, und die Funksprüche haben keine Relevanz mehr.

Im Allgemeinen sollten Sie aber die Nutzung schwacher Verfahren vermeiden, da es eventuell bereits effizientere Verfahren zum Entziffern der Nachrichten gibt, sodass Nachrichten auch innerhalb eines kurzen Zeitfensters entziffert werden können.

Aufgabe 5: Eigene Verfahren
Kryptographie ist ein sehr komplexes Gebiet, insbesondere durch die zugrunde liegenden mathematischen Konzepte. Laien machen hier schnell Fehler, und eine Schwachstelle im Verfahren kann die Sicherheit des gesamten Verfahrens wie ein Kartenhaus zusammenfallen lassen. Stattdessen sollten Sie lieber auf die Arbeit etlicher Kryptographen zurückgreifen, die die verbreiteten Verfahren in jahrelanger Arbeit entwickelt und auf Schwachstellen untersucht haben.

Kapitel 17
Software-entwicklung

Wenn Sie einen Computer verwenden, benutzen Sie für gewöhnlich Software, nicht Algorithmen – oder? Was ist eigentlich der Unterschied zwischen einem Algorithmus und einer Software? In diesem Kapitel werden Sie ihn kennenlernen und erfahren, wie ein Softwareentwickler an große Problemstellungen herangeht.

17.1 Algorithmus vs. Software

Schätzen Sie doch mal: Was glauben Sie, wie viele Zeilen Programmcode ein durchschnittlicher Algorithmus hat? Im Vergleich dazu: Aus wie vielen Zeilen Programmcode besteht eine typische *Software* wie zum Beispiel ein Programm, das Sie auf Ihrem Computer installiert haben?

Algorithmen haben Sie in diesem Buch schon viele kennengelernt. Sei es ein schneller Sortieralgorithmus oder ein Algorithmus zum Durchsuchen eines Graphen – meist sind Algorithmen nicht besonders lang, sondern beschränken sich auf wenige Zeilen Programmcode. Algorithmen von mehreren Hundert Zeilen sind eine Seltenheit. Bei einer Software dagegen können es gut und gerne einige Hunderttausend oder gar Millionen Zeilen Code sein. Allein an diesem Unterschied ist ersichtlich, dass wir von zwei verschiedenen Dingen sprechen, wenn es um Algorithmen und Software geht.

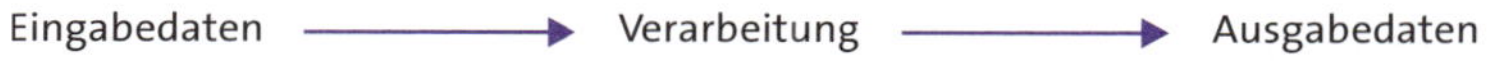

Eingabedaten ⟶ Verarbeitung ⟶ Ausgabedaten

Abbildung 17.1 Ein Algorithmus verarbeitet Eingabedaten zu Ausgabedaten.

Ein Algorithmus ist ein recht kurzer Programmcode, der eine Eingabe durch eindeutige Befehle zu einer Ausgabe verarbeitet, wie Abbildung 17.1 zeigt. Jeder Algorithmus löst ein kleines spezielles Problem, für das er geschrieben wurde. Außerdem sollte ein Algorithmus ein klar definiertes Ende haben, denn sobald er die Ausgabe produziert und zurückgegeben hat, terminiert er.

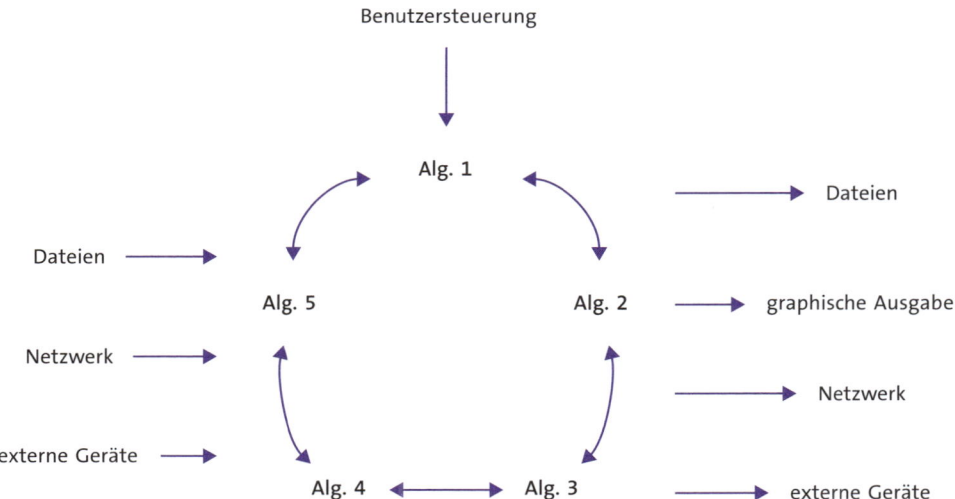

Abbildung 17.2 Der grobe Ablauf einer Software – aus vielen Eingabedaten werden, abhängig von der Benutzersteuerung mit vielen Algorithmen (kurz »Alg.«), Ausgabedaten in verschiedensten Formen produziert.

Software dagegen ist wesentlich umfangreicher und enthält sehr viele Algorithmen, die eng miteinander zusammenarbeiten, wie Abbildung 17.2 exemplarisch zeigt. Im Gegensatz zu einem Algorithmus erfüllt sie, vom Benutzer gesteuert, eine ganze Reihe von Aufgaben und löst Probleme aus der echten Welt. Neben der reinen Verarbeitung von Daten muss eine Software diese auch verwalten und eventuell speichern, muss Benutzer authentifizieren und kontrollieren, welcher Nutzer welche Aktionen ausführen darf. Sie zeigt dem Nutzer möglicherweise eine graphische Benutzeroberfläche (*GUI*, kurz für *Graphical User Interface*) an und verwaltet externe Geräte wie zum Beispiel Netzwerkschnittstellen. Stellen Sie sich also einen Algorithmus wie einen Angestellten vor, der Arbeitsaufträge bearbeitet und Ergebnisse produziert. In diesem Kontext wäre eine Software mit dem gesamten Unternehmen des Angestellten gleichzusetzen: Neben vielen Angestellten, die die Kernfunktionalität bereitstellen, besteht ein Unternehmen (genau wie eine Software) auch aus vielen Strukturen, die nicht unmittelbar daran beteiligt sind, das Produkt des Unternehmens zu produzieren, sondern dafür sorgen, dass die Angestellten (beziehungsweise Algorithmen) ihre Arbeit machen können. Beispielsweise funktioniert kein Unternehmen ohne Personen, die sich um die Haustechnik kümmern. Insbesondere gehört zu dieser *Architektur* einer Software auch die Verteilung von Aufgaben an Komponenten – also eine Art Unternehmensstruktur, die festlegt, wer mit wem zusammenarbeitet und wer wem untergeordnet ist.

Dementsprechend gibt es auch einen großen Unterschied zwischen dem Entwurf eines Algorithmus und Softwareentwicklung. Wenn Sie einen Algorithmus entwerfen, müssen Sie ein konkretes Problem identifizieren, es präzise formulieren und anschließend lösen. Dafür betrachten Sie unter anderem, welche Eingabedaten vorliegen und wie aus diesen die Ausgabe erzeugt werden kann. Anschließend implementieren Sie Ihren Algorithmus.

Zum Entwickeln einer Software gehört wesentlich mehr. Je nach Größe der Software arbeiten bis zu mehreren Hundert Entwicklern an einem Projekt. Die Entwicklung an einem Softwareprojekt hat in der Regel auch kein festes Ende, sondern wird über Jahre oder Jahrzehnte hinweg kontinuierlich fortgesetzt. Beispielsweise wird der Browser Firefox bereits seit 2002 entwickelt und regelmäßig um neue Funktionen erweitert. Deshalb gehört zur Softwareentwicklung auch nicht nur das Zusammenbauen verschiedener Algorithmen und das Implementieren der Programmlogik, sondern auch eine Menge Projektmanagement. So müssen sich viele Teams absprechen, Entscheidungen müssen getroffen und regelmäßig mit dem Kunden kommuniziert werden. Auch das Testen des Gesamtprodukts, das nachträgliche Beheben von Fehlern oder das Dokumentieren der Funktionen sind Teil der Softwareentwicklung.

17.2 Die Werkzeuge eines Softwareentwicklers

Genau wie ein Handwerker einen gut ausgestatteten Werkzeugkasten benötigt, um seine Arbeit gut machen zu können, nutzen auch Softwareentwickler eine Vielzahl an Werkzeugen, die den Entwicklungsprozess überhaupt ermöglichen, vereinfachen und beschleunigen. Das Hauptwerkzeug eines Softwareentwicklers ist natürlich sein Computer, der sich in der Hardware nicht von einem normalen Heimcomputer unterscheiden muss. Darauf sind jedoch diverse Programme installiert, die den Entwickler bei seiner Arbeit unterstützen. Ganz wichtig ist die *Entwicklungsumgebung* des Entwicklers. Diese kann entweder aus vielen verschiedenen Programmen bestehen, die gemeinsam die benötigten Funktionen bereitstellen, oder liegt in Form einer *IDE*, einer *Integrated Development Environment* vor, also einer Software, die alle Werkzeuge kombiniert anbietet.

Im Zentrum einer IDE steht der Texteditor, in dem der Softwareentwickler seinen Code schreibt. Dieser Editor ist jedoch kein gewöhnliches Textverarbeitungsprogramm, sondern stellt gezielt Funktionen für die Softwareentwicklung bereit. So kann er abhängig von der Programmiersprache Befehle vervollständigen, Schlüsselwörter hervorheben, Programmcode automatisch generieren und meist auch schon Tippfehler vor der Ausführung des Programms finden. Auf Anfrage des Entwicklers zeigt der Editor zudem die Dokumentation einzelner Befehle der Programmiersprache oder von anderem verwendeten Code an.

Die meisten IDEs bieten auch direkt in der Umgebung eine Schaltfläche zum Starten der entwickelten Software an. Je nach Programmiersprache (siehe Kapitel 14, »Computer«) steuert die IDE darüber einen Compiler oder Interpreter an, um aus dem Quelltext ein ausführbares Programm zu generieren. Dadurch ist es möglich, ein Programm direkt im Rahmen der Entwicklungsumgebung laufen zu lassen und beim Auftreten von Fehlern deren Ursache im Programmcode leicht zu bestimmen. Dafür gibt es sogenannte *Debugger*, mit denen man Befehl für Befehl durch sein Programm gehen kann. Liefert beispielsweise ein Algorithmus falsche Resultate, kann ein Entwickler mit dem Debugger jeden Schritt des Algorithmus nacheinander ausführen. Der Entwickler kann sich außerdem die eingegebenen Daten anschauen und so sehen, welche Werte gerade in Variablen oder anderen Datenstrukturen stehen. Er beobachtet so also den Algorithmus bei seiner Arbeit und kann herausfinden, ab wo sich der Algorithmus nicht mehr so verhält wie erwartet.

Neben dem Texteditor und der Ausführungsumgebung verwalten IDEs auch das Softwareprojekt selbst und die dazugehörigen Dateien. Manuell wäre es schwierig, den Überblick über die Tausenden Dateien einer Software zu behalten. Die IDE bringt durch gezielte Gruppierung und Ausblendung von Dateien Struktur in das Projekt.

Meist ermöglichen IDEs, ihre Funktionalität durch Plugins zu erweitern. Deshalb gibt es oft viele weitere hilfreiche Werkzeuge, die Sie zusätzlich installieren können. Dies ist auch bei *PyCharm* der Fall, einer Entwicklungsumgebung, die Sie in Kapitel 20, »Hands-on: Programmieren mit Python«, kennenlernen werden. Der Entwicklungsprozess geht mit einer Entwicklungsumgebung wesentlich schneller vonstatten als mit einem normalen Texteditor, da Fehler frühzeitig gefunden werden können und dank Befehlsvervollständigung und Codegenerierung auch das Verfassen des Quelltextes schneller ist. Ein Entwickler, der seine Entwicklungsumgebung sehr gut kennt, kann sich enorm viel Arbeit von ihr abnehmen lassen.

Um nicht bei jedem Projekt das Rad neu erfinden zu müssen, nutzen Softwareentwickler vorgefertigte *Bibliotheken*. Diese Bibliotheken sind letztlich Sammlungen von Algorithmen, die oft benötigt werden und deshalb gut wiederverwendet werden können. Die Bibliotheken sucht sich ein Entwickler entweder händisch zusammen oder nutzt eine *Paketverwaltung*, die von ihm angegebene Bibliotheken automatisch aus einem *Repository* herunterlädt und für die Verwendung bereitstellt. Diese Bibliotheken können einem Entwickler sehr viel Arbeit abnehmen, weil es für die meisten generellen Aufgaben bereits eine Bibliothek gibt, die man in seiner Software nur noch korrekt nutzen muss. Repositorys wie der *Python Package Index* (*PyPI*) für Python, *Maven Central* für die Programmiersprache Java oder *npm* für JavaScript bieten Hunderttausende Bibliotheken zum Download an. Auch die Programmiersprache selbst bringt automatisch viele Bibliotheken als Standardfunktionen mit sich, so sind zum Beispiel Algorithmen zum Sortieren in jeder Sprache schon implementiert.

Beim Programmieren einer Software passieren jedem Entwickler Fehler, wie wir Ihnen auch in Kapitel 19, »Fehler«, noch vertieft zeigen werden. Dank *Versionsverwaltungswerkzeugen* kann man jedoch immer wieder auf einen Stand zurückspringen, bei dem die Software noch funktioniert hat. Die Idee ist einfach: Hat man einen funktionierenden Stand, sichert man mit einem solchen Werkzeug den Code. Anschließend programmiert man weiter an der Software. Sollte dabei ein Fehler auftreten, kann man sich sowohl den Code anschauen, der sich seit der letzten Version geändert hat, als auch auf diese Version zurückspringen.

Je nach Software benötigt der Entwickler spezielle Hardware. So benötigen zum Beispiel Entwickler von Computerspielen entsprechend leistungsfähige Grafikkarten. Dafür haben Softwareentwickler meistens die Möglichkeit, auf Computerlabore zurückzugreifen, deren Computer dementsprechend ausgerüstet sind. Manche Software läuft auch auf virtuellen Computern oder auf leistungsfähigen Servern, auf die der Entwickler Zugriff hat. Wie in jedem anderen Beruf auch statten Unternehmen ihre Angestellten mit den Ressourcen aus, die für eine produktive Arbeit notwendig sind.

Wenn viele Entwickler an einem großen Softwareprojekt arbeiten, ist eine gute *Dokumentation* unabdinglich. Auf diese interne Dokumentation greift der Softwareentwickler während seiner Arbeit zurück. Werkzeuge für eine gute Teamzusammenarbeit lernen Sie in Kapitel 18, »Teamarbeit«, kennen. Auch diese gehören zur Arbeitsumgebung eines Softwareentwicklers immer dazu. Natürlich hat jeder Entwickler auch einen Internetzugang, um auf die Dokumentation von Bibliotheken oder der Programmiersprache selbst zurückzugreifen.

17.3 Große Probleme lösen

Ein Softwareentwickler steht häufig vor großen, umfangreichen Aufgaben, die er mit seinem Team lösen soll. Sei es ein großes Projekt für einen neuen Kunden oder eine neue Funktion für ein bereits bestehendes Projekt – große, anfangs unüberschaubare Aufgaben gehören zum Alltag dazu. Um diese Aufgaben in den Griff zu bekommen, bieten sich zwei Vorgehensweisen an, zwischen denen Sie je nach Projekt, Entwicklungsprozess und persönlicher Vorliebe wählen können.

Top-down-Methode

Bei der *Top-down-Methode* betrachten Sie zuerst das Projekt als Ganzes und ermitteln große Teilkomponenten, die Sie zunächst als Platzhalter ansehen. Im ersten Schritt entwickeln Sie den Teil des Projekts, der diese Teilkomponenten später zusammensetzen wird. Dann erst implementieren Sie diese Teilkomponenten tatsächlich, indem Sie sie wiederum in Unterkomponenten zerlegen, bis irgendwann alle Platzhalter mit echter Funktionalität gefüllt sind.

Betrachten wir als Beispiel Ausschnitte aus der Entwicklung eines Texteditors. An oberster Stelle steht also im Entwicklungsprozess der gesamte Editor, der unter anderem aus einer graphischen Oberfläche, einer Komponente zum Speichern und Laden von Dateien sowie einer Anbindung an einen Drucker besteht (siehe Abbildung 17.3). Keine dieser Komponenten ist zum aktuellen Entwicklungsstand schon vorhanden. Trotzdem verfasst man an dieser Stelle den Code, der die drei Komponenten miteinander verbindet. Die Grundidee ist: Sobald die drei Komponenten für sich funktionieren, ist das Programm fertig, weil deren Zusammenspiel bereits zuvor einprogrammiert wurde.

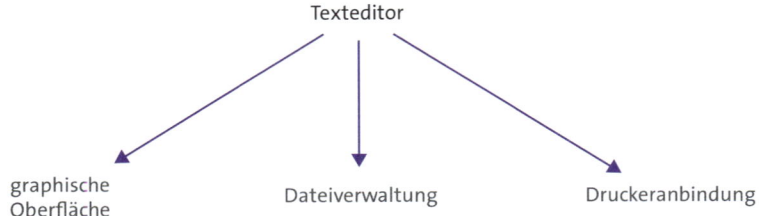

Abbildung 17.3 Das Projekt »Texteditor« wurde in drei Komponenten unterteilt, die noch nicht existieren.

Im nächsten Schritt wird zum Beispiel die graphische Oberfläche entwickelt. Sie besteht aus einem Menü, der Anzeige der Textdatei sowie der Verarbeitung von Maus- und Tastatureingaben (siehe Abbildung 17.4). Erneut existieren diese Teilkomponenten noch nicht, trotzdem bereitet man schon die Anordnung der Komponenten im Programmfenster vor.

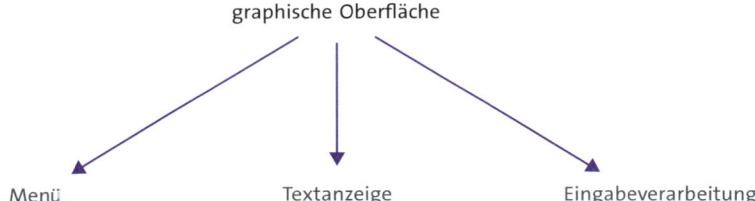

Abbildung 17.4 Die graphische Oberfläche wurde weiter aufgeteilt – sie besteht aus drei noch nicht geschriebenen Unterkomponenten.

In weiteren Schritten könnte nun zum Beispiel die Textanzeige auf die Darstellung von Absätzen, Sätzen, Wörtern bis hin zu Buchstaben heruntergebrochen werden.

Bottom-up-Methode

Die *Bottom-up-Methode* arbeitet in die andere Richtung. Dort beginnen Sie mit den kleinsten Stücken an Funktionalität, die Ihre Lösung später haben wird. Mehrere solcher kleinen Stücke fassen Sie dann zu logisch zusammenhängenden Komponenten zusammen. Wiederholt kombinieren Sie dann funktionierende Teilsysteme zu größeren Teilkomponenten, bis Sie am Ende das gesamte Projekt realisiert haben.

Wir betrachten erneut das Beispiel des Texteditors. Dieses Mal beginnen wir bei vier kleinen Funktionen, nämlich dem Anlegen einer Datei, dem Schreiben eines Zeichens in eine Datei, dem Laden einer Datei von der Festplatte sowie dem Lesen eines Zeichens aus einer geladenen Datei. Alle vier Funktionen erfüllen grundlegende Aufgaben, können recht schnell entwickelt werden und werden später fürs Programm benötigt. Im nächsten Schritt fassen wir diese Elementarfunktionen zusammen zu einer Funktion, die einen Text und einen Dateinamen bekommt und diesen Text unter dem angegebenen Dateinamen speichert, und einer Funktion, die eine Textdatei anhand eines Dateinamens öffnet, wie in Abbildung 17.5 zu sehen ist.

Abbildung 17.5 Jeweils zwei Elementarfunktionen werden kombiniert, um zwei größere Funktionen zu realisieren.

Die beiden größeren Funktionen, die wir nun entwickelt haben, erfüllen bereits zwei wichtige Teile der Dateiverwaltung unseres Texteditors, stehen jedoch noch nicht miteinander in Verbindung. Erst im nächsten Schritt verknüpfen wir die Funktionen mit geeigneter Programmlogik, um die gesamte Dateiverwaltung fertigzustellen (Abbildung 17.6).

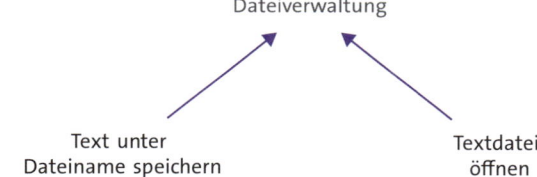

Abbildung 17.6 Die beiden Teilfunktionen werden zur Dateiverwaltung zusammengesetzt.

Direkt vor dem letzten Entwicklungsschritt wären alle Teilkomponenten fertiggestellt, und wir müssten sie lediglich zusammensetzen und mit dem letzten Teil der Programmlogik verknüpfen, um die Software fertigzustellen.

17.4 Zusammenfassung und Einordnung

Algorithmen sind das Kernstück jeder Software. Diese besteht zusätzlich aus viel Code, der für die Organisation von Daten und den Programmfluss verantwortlich ist. Allein die Größe von Softwareprojekten erfordert deshalb, dass Entwickler mit einem Plan an ein solches Projekt gehen und sich dieses zum Beispiel nach der Top-down- oder der Bottom-up-Methode in handhabbare, kleinere Aufgaben zerteilen. Rege Kommunikation mit dem Kunden trägt zu einem besseren Plan bei.

Um große, komplexe Softwaresysteme schreiben zu können, lernen Softwareentwickler in ihrem Studium meist auch viel über die korrekte Verwendung von Werkzeugen sowie über gute Architektur, also den strukturierten Aufbau von Komponenten einer Software. Dazu kommen Prinzipien der Softwaretechnik, die sich damit beschäftigt, wie gute Arbeitsprozesse bei der Entwicklung von Software aussehen. Auch ganz allgemein gilt es, Projektmanagementgrundlagen zu erlernen, um erfolgreich Software entwickeln zu können.

Ein Softwareentwickler ist nur sehr selten allein. Häufig arbeitet er in Teams und ist in ein Unternehmen eingebunden. In dem nun folgenden Kapitel 18, »Teamarbeit«, werden Sie sich damit beschäftigen, wie das Arbeiten in Gruppen funktionieren kann.

Kapitel 18

Teamarbeit

Ein Softwareprojekt entwickelt man selten allein. Wie arbeiten Sie erfolgreich gemeinsam an Softwareprojekten? In diesem Kapitel erklären wir die Vorteile und Herausforderungen der Softwareentwicklung im Team.

18.1 Konflikte

Knobelei zum Einstieg

Alice arbeitet an einem Softwareprojekt. Bob ist von dem Projekt begeistert und möchte nun mitarbeiten. Dafür haben sie sich einen gemeinsamen Ordner auf einem Server angelegt, in dem sie ihren Programmcode speichern und auf den sie beide Zugriff haben. Nachdem der aktuelle Stand hochgeladen wurde, fangen beide an, an der Software zu arbeiten. Zuerst haben sich beide den Programmcode vom Server auf ihren eigenen Computer geladen. Gleichzeitig nehmen sie Änderungen am Programmcode vor und arbeiten an einem Teil der Software. Als Alice damit fertig ist, lädt sie ihre Änderungen hoch. Später ist auch Bob mit seiner Arbeit fertig und lädt seinerseits seine Änderungen auf den Server. Abbildung 18.1 zeigt eine Art *Protokoll*, wie die Bearbeitung der Software abgelaufen ist.

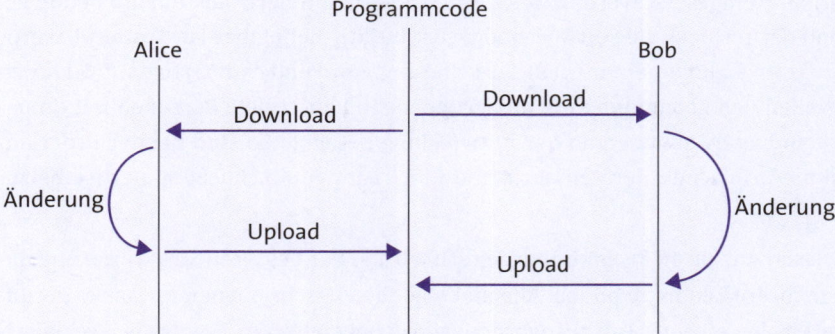

Abbildung 18.1 Das Bearbeitungsprotokoll von Alice und Bob

Am nächsten Tag erzählen sich Alice und Bob von ihren Änderungen. Um sich das Ergebnis anzusehen, lädt Alice den aktuellen Stand vom Server herunter. Was wird sie feststellen, wenn sie sich den Programmcode anschaut? Wie hätte das Problem vermieden werden können?

Als Bob seine Änderungen fertiggestellt und hochgeladen hat, befand sich auf dem Server bereits eine neue Version von Alice. Diese hatte Bob jedoch nicht und überschrieb beim Upload deshalb unbeabsichtigt die Anpassungen von Alice. Alice wird also, wenn sie den Code anschaut, keine ihrer Änderungen wiederfinden. Alice und Bob hätten sich daher vorher überlegen müssen, wie sie gemeinsam an dem Projekt arbeiten und ihre Änderungen zusammenführen können. Wie die beiden das Problem mit einer Software zur Versionsverwaltung beheben können, zeigen wir Ihnen gleich. Doch vorher untersuchen wir, warum Alice und Bob überhaupt im Team an einem Softwareprojekt zusammenarbeiten.

18.2 Warum Teams?

Softwareprojekte erreichen recht schnell eine Größe, bei der es sinnvoll ist, die Arbeit auf mehrere Personen aufzuteilen. Das Betriebssystem Windows XP beispielsweise besteht aus über 40 Millionen Zeilen Programmcode, der Internetbrowser Firefox kommt in seiner aktuellen Version auf ca. 15 Millionen Zeilen. Ein einzelner Entwickler kann auf keinen Fall so viel Code schreiben und pflegen, daher muss die Arbeit auf mehrere Entwickler beziehungsweise Teams von Entwicklern aufgeteilt werden. Im Fall von Firefox haben über 4200 Entwickler zum Code beigetragen.

Diese Entwickler haben natürlich nicht alle Code geschrieben. Zu solchen großen Projekten gehören neben den Programmierern auch viele Nichtinformatiker. Typischerweise wird beispielsweise das Aussehen des Produktes von Designern gestaltet, deren Layouts dann von Informatikern umgesetzt werden. Weitere Designer kümmern sich um die Benutzeroberfläche und darum, dass die Software möglichst intuitiv benutzbar ist. Tester überprüfen das Produkt im Rahmen einer Qualitätssicherung, um Fehler im fertigen Produkt zu vermeiden. Neben den genannten Personengruppen sind auch viele Personen mit domänenspezifischem Expertenwissen an der Entwicklung beteiligt. So sind bei der Programmierung von medizinischen Geräten auch Ärzte im Team, um fachliche Expertise beizusteuern.

Ab einer gewissen Anzahl an Projektmitarbeitern wird es zur besseren Strukturierung unumgänglich, mehrere Teams zu bilden. Alle im Folgenden beschriebenen Herausforderungen treten bereits bei einem Team auf, werden jedoch bei mehreren Teams noch schwieriger. Die beschriebenen Lösungen funktionieren jedoch unverändert.

18.3 Softwareentwicklung im Team

Neben der Trennung in spezielle Aufgabenbereiche (Entwicklung, Design, Testen ...) erfolgt typischerweise eine Aufteilung in Zuständigkeitsbereiche anhand der Funktionen der Software. Die genaue Strukturierung des Teams hängt dabei stark von dem Inhalt des Projekts ab. Wichtig ist, dass die einzelnen Personen möglichst klar abgegrenzte Zuständigkeiten haben. Insbesondere sollten bezogen auf den Programmcode, den verschiedene Entwickler bearbeiten müssen, möglichst wenige Überschneidungen und Abhängigkeiten auftreten.

Dies funktioniert dann besonders gut, wenn es fest definierte Schnittstellen gibt, an denen die Trennung der Zuständigkeiten verläuft. Eine solche Schnittstelle muss natürlich gut dokumentiert sein. Neben der Erklärung, wofür die Schnittstelle da ist, sind auch Informationen über die notwendigen Eingaben und über das Ausgabeformat wichtig. Dann muss sich ein Entwickler nicht darin einarbeiten, wie die Implementierung der Schnittstelle genau aussieht, sondern lediglich darum kümmern, diese korrekt zu verwenden. Letztlich muss jedoch trotzdem der gesamte Programmcode verständlich und gut lesbar sein. Es schadet nie, im Quelltext zu dokumentieren, welche Idee man hier umgesetzt hat, damit der Code auch später noch und insbesondere auch von anderen Entwicklern nachvollzogen werden kann. Mit Änderungen des Codes muss seine Dokumentation ebenfalls angepasst werden.

Probieren Sie das doch im Anschluss an dieses Buch einmal selbst aus: Schreiben Sie einen Algorithmus, und kommentieren Sie Ihren Code nicht. Belassen Sie den Code außerdem genau so, wie Sie ihn beim ersten Versuch geschrieben haben, ohne ihn nachträglich zu strukturieren und »schön« zu machen. Geben Sie ihn anschließend einem Freund, der Ihren Algorithmus verstehen soll. Sie werden feststellen, dass das gar nicht so einfach ist. Genau dieses Problem tritt in der Praxis ständig auf. Erst recht dann, wenn Entwickler Code von anderen lesen müssen, ist eine gute Dokumentation ungemein wertvoll und eine gute Struktur im Quelltext absolut notwendig. Leider ist das Schreiben einer solchen Dokumentation Aufwand, den viele Softwareentwickler scheuen, sodass es gerne auch mal versäumt wird, wichtige Stellen im Code zu erklären.

Eine Maßeinheit dafür, ob Wissen über das entwickelte System ausreichend dokumentiert ist und genügend Entwickler über wichtige Informationen verfügen, ist der sogenannte *Bus Factor*. Dahinter steckt die makabre Fragestellung, wie viele Entwickler von einem Bus überrollt werden dürften, bevor essentielles Wissen verloren ist. Ein niedriger Bus Factor bedeutet, dass schon der Ausfall weniger Personen – sei es durch Krankheit, einen Unfall oder Kündigung – dazu führen würde, dass das verbleibende Team nicht mehr in der Lage wäre, das Softwareprojekt effizient fortzuführen. Das in Kapitel 19, »Fehler«, eingeführte Prinzip des *Pair Programming* schafft auch hier Abhilfe, da dann immer mindestens zwei Personen die Details einer Stelle im Programmcode kennen. Durch weitere Kommunikation kann der Bus Factor zusätzlich erhöht werden.

18.4 Kommunikation in Teams

Gibt es bei einem Softwareprojekt mehrere Teams, so müssen sich diese natürlich regelmäßig untereinander absprechen und die genauen Zuständigkeiten klären sowie Schnittstellen, generelle Entwicklungsstandards, neue Funktionen und weitere Themen besprechen. Je nach Größe des Projektes stehen die Teams dabei vor unterschiedlichen Herausforderungen.

Innerhalb eines Teams ist die Kommunikation oft noch recht leicht. Alle Entwickler sind einander persönlich bekannt, wissen über die Zuständigkeiten ihres Teams Bescheid und kennen sich in den entsprechenden Teilen der Software aus. Gleichzeitig arbeiten aber die

Entwickler hier direkt zusammen und schreiben gemeinsam Programmcode, weswegen sie auch entsprechend intensiv kommunizieren müssen. Daher gibt es in vielen Unternehmen tägliche Meetings, in denen das Team zusammenkommt und alle Entwickler über den aktuellen Stand ihrer Arbeit sprechen.

Während es bei der Kommunikation innerhalb von Teams oft um konkreten Code geht, verlaufen Diskussionen zwischen verschiedenen Teams eher auf einer abstrakten Ebene. Hinzu kommt, dass Entwickler oft nicht so vertraut mit den Zuständigkeiten der anderen Teams sind. Es muss also für diese Ebene eine Art der Kommunikation gefunden werden, bei der alle beteiligten Personen schnell die Ideen der anderen verstehen können. Deshalb kommunizieren Entwickler dort gerne über auftretende Fragen mittels Diagrammen, die anschaulich den Aufbau der Software darstellen. Einige dieser Diagrammtypen haben Sie im Rahmen dieses Buches schon kennengelernt. Dazu gehören Klassendiagramme wie aus Kapitel 11, »Modellierung«, Ablaufdiagramme, die wir für die Notation von Algorithmen verwenden, und Sequenzdiagramme zur Darstellung des zeitlichen Ablaufs von Aktionen, wie im Rahmen der Knobelei in diesem Kapitel eingesetzt. Diese Diagramme können sehr präzise oder relativ grob gezeichnet werden, sodass es möglich ist, über Projektteile zu sprechen, ohne den dahinterliegenden Code genau zu kennen.

Wenn auch die Kommunikation zwischen verschiedenen Entwicklern mit einigem Aufwand verbunden ist, so verwenden doch zumindest alle Personen dieselben Begriffe und teilen eine Denkweise. Bei der Kommunikation mit fachfremden Personen – wie Experten mit domänenspezifischem Wissen, Vorgesetzten ohne IT-Ausbildung oder Kunden – müssen Softwareentwickler in der Lage sein, ihre Themen angemessen und verständlich zu vermitteln. Daher ist es auch ein Teil der Ausbildung zum Softwareentwickler, entsprechende *Softskills* zu erlangen, also soziale Kompetenzen zum Kommunizieren von Wissen.

Vor allem für große Unternehmen besteht eine weitere Herausforderung darin, dass sich Teams unter Umständen nicht im selben Land oder sogar nicht einmal auf demselben Kontinent befinden. Bei der Planung von Meetings muss dann unter anderem die Zeitverschiebung bedacht werden. Daher kommt es oft vor, dass man auch zu sehr früher oder später Stunde Meetings mit anderen Teams abhält, um internationale Zusammenarbeit zu ermöglichen.

18.5 Aufgabenverwaltung und Kommunikationswerkzeuge

In großen Teams arbeiten viele Entwickler gleichzeitig an vielen verschiedenen Aufgaben. Um den Überblick darüber zu behalten, welcher Entwickler für welche Aufgabe zuständig ist und wie es um deren Bearbeitungsfortschritt aussieht, haben sich *Issue-Tracking*-Systeme durchgesetzt.

Ein *Issue* (englisch für *Problem/Frage/Thema*) kann eine neue Funktion, ein Fehler im System oder ein beliebiger anderer Auftrag sein. Jeder Issue hat einen Titel und eine Beschreibung und je nach System noch weitere Angaben wie eine Schätzung der notwendigen Bearbeitungszeit. Ein Issue wird einem Entwickler zugewiesen, der dafür verantwortlich ist, dass der Fehler behoben oder die neue Funktion implementiert wird. Im Laufe der Bearbeitung ändert der Issue dann seinen Status von *offen*, also noch nicht bearbeitet, über *in Bearbeitung* zu *erledigt*. Je nach Issue-Tracking-System kann es weitere Zustände geben, die es dem Teamleiter ermöglichen, den Fortschritt einer Aufgabe zu verfolgen. Tritt eine Verzögerung auf, zum Beispiel durch unvorhergesehene technische Probleme oder die Erkrankung eines Entwicklers, kann der Teamleiter frühzeitig darauf reagieren. Darüber hinaus können Aufgaben, die im Tracking-System eingetragen wurden, nicht vergessen werden. Auch für einen einzelnen Entwickler ist ein solches System deshalb nützlich.

Tatsächlich läuft viel Kommunikation zwischen Entwicklern über solche Issue-Tracking-Systeme. Insbesondere Anmerkungen oder Fragen zu geschriebenem Code können dort schriftlich gestellt werden. Auch Diskussionen über neue Funktionen sind möglich. Darüber hinaus gibt es eine Vielzahl an *Messaging-Systemen*, die zum Einsatz kommen. Angefangen bei ganz normalen E-Mails über Chatplattformen wie *Slack* bis hin zu Videotelefonie zum Beispiel mit *Skype* wählt jedes Entwicklerteam diejenigen Werkzeuge, die am passendsten für die notwendigen Absprachen erscheinen. Letztlich geht jedoch nichts über ein persönliches Treffen und direkte Zusammenarbeit. Viele Fragen lassen sich ganz nebenbei klären, wenn die beteiligten Personen gemeinsam in einem Büro sitzen.

18.6 Versionsverwaltung

Die Hauptaufgabe eines Softwareentwicklers ist es letztendlich, Code zu entwickeln. Dieser Code muss gut verwaltet werden, damit über die Entwicklungszeit hinweg kein Chaos im Quelltext entsteht. In der Knobelei haben Sie bereits gesehen, dass es auch schon bei zwei Entwicklern zu Problemen kommen kann. Arbeiten nun Hunderte oder gar Tausende Entwickler am selben Softwareprojekt, werden diese Probleme noch brisanter. Zum Glück gibt es Werkzeuge zur Versionsverwaltung, die den Überblick über alle Änderungen behalten und gleichzeitig entstandene Versionen zusammenführen können. So geht, anders als bei der Knobelei, keine Änderung verloren. Über diese Werkzeuge haben wir bereits kurz in Kapitel 17, »Softwareentwicklung«, gesprochen, nun möchten wir uns genauer anschauen, was Versionsverwaltungswerkzeuge sind und wie sie funktionieren.

Änderungen kleinschrittig speichern

Versionsverwaltung bedeutet, dass mehrere Versionen der gleichen Daten gespeichert werden können. Abbildung 18.2 zeigt den Verlauf eines Projektes, wenn nur ein Entwickler an einem Projekt arbeitet. Er startet mit einem leeren Projekt und macht dann seine ersten Änderungen, die er als eigene Version sichern möchte. Dafür erstellt er einen neuen *Commit*, der ausgewählte oder alle Änderungen am Quelltext enthält, die seit dem letzten Commit (oder seit dem Start) gemacht wurden. Anschließend fährt er mit der Bearbeitung fort und ändert erneut die Software. Auch diesen Stand kann er *committen*, deshalb gibt es nun eine zweite Version der Software. Unterläuft ihm irgendwann ein schwerwiegender Fehler, kann er auf eine ältere Version zurückspringen und von dort aus weiterarbeiten, ohne dass bereits Entwickeltes verlorengeht. Außerdem kann er sich die Codeunterschiede zwischen zwei beliebigen Versionen anzeigen lassen und so nachvollziehen, wo sich Fehler eingeschlichen haben. All diese Commits sind in einem sogenannten *Repository* auf dem Computer des Entwicklers gespeichert.

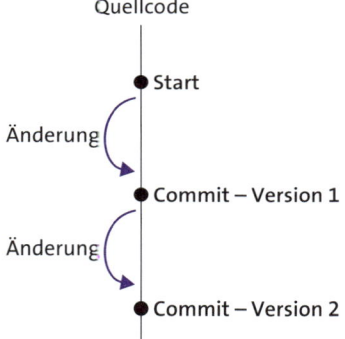

Abbildung 18.2 Der Projektverlauf eines Projekts mit nur einem Entwickler

Daten mit einem Server synchronisieren

In der Regel hat man den Code aber nicht nur auf dem lokalen Computer vorliegen, sondern speichert auch ein Repository auf einem Server. Dies bietet auch einem einzelnen Entwickler schon Vorteile. Geht zum Beispiel der Computer des Entwicklers kaputt, so liegt eine Sicherheitskopie aller Versionen auf einem anderen Gerät. Bei mehreren Entwicklern liegt der Vorteil darin, dass die Commits aller Entwickler für die anderen abrufbar auf dem Server zentral gespeichert sind.

Sobald ein Server im Spiel ist, benötigt man ein paar mehr Befehle als nur das *Committen* von Änderungen. Um ein Repository von einem Server zu laden, muss man es *klonen*. Danach hat man alle Commits aller anderen Entwickler und somit auch den ganzen Quellcode in jeder Version, die jemals vorhanden war, auf seinem Computer verfügbar. Dort kann man nun Änderungen an der Software durchführen und anschließend *committen*. Um diese Änderungen auch auf den Server zu kopieren, führt man den *Push*-Befehl aus. Dieser überträgt alle noch nicht übertragenen Commits auf den Server. Gibt es auf dem Server Versionen, die lokal noch nicht existieren, kann man sie mit dem *Pull*-Befehl herunterladen. Abbildung 18.3 zeigt ein anderes Bearbeitungsprotokoll einer Software, diesmal im Zusammenspiel mit einem Server.

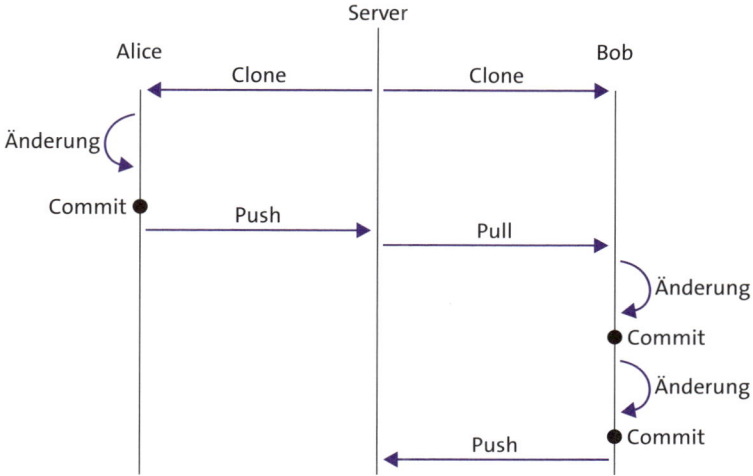

Abbildung 18.3 Ein Bearbeitungsprotokoll mit Server

Mit anderen Entwicklern zusammenarbeiten

In der Knobelei entstand das Problem jedoch eigentlich erst, als zwei Entwickler gleichzeitig am Projekt arbeiteten und gegenseitig Änderungen auf dem Server überschrieben. In großen Teams arbeiten teils sogar Hunderte Entwickler gleichzeitig am selben Projekt. Versionsverwaltungssysteme müssen also in der Lage sein, deren Versionen zusammenzuführen.

Generell gilt: Wer seine Änderungen *pushen* möchte, muss vorher einen *Pull* durchführen, um alle Änderungen, die in der Zwischenzeit am Projekt gemacht wurden, auch auf den lokalen Rechner zu bekommen. Lädt man die Änderungen der anderen Entwickler auf seinen Computer, müssen diese auf den Code der Software angewendet werden. Es findet dann ein sogenannter *Merge* statt. Mit Ausnahme der eigenen Änderungen sind anschließend alle Dateien auf demselben Stand wie auf dem Server.

Ganz so problemlos, wie es gerade klingt, ist es jedoch oft nicht. Haben die anderen Entwickler nur Code in Dateien geändert, die man selbst nicht angefasst hat, können diese Änderungen am Quelltext zwar konfliktfrei übernommen werden. Dadurch kann allerdings die entwickelte Software kaputtgehen, wenn man zum Beispiel auf inzwischen geändertem Code aus diesen anderen Dateien aufgebaut hat. Ein erneutes Testen der Änderungen ist daher sehr wichtig.

Noch komplizierter wird es, wenn die anderen Entwickler an denselben Dateien etwas geändert haben wie man selbst. In diesem Fall sieht das Versionsverwaltungswerkzeug zwei Änderungen an derselben Datei und kann diese daher nicht ohne Weiteres durch den neuen Stand ersetzen, ohne lokale Änderungen zu überschreiben. Stattdessen müssen die Änderungen an der Datei zusammengeführt werden. Ist das Versionsverwaltungswerkzeug dazu nicht in der Lage, weil zum Beispiel dieselbe Zeile in beiden Versionen geändert wurde, so wird dem Entwickler nun ein *Merge Conflict* angezeigt. Der Entwickler muss diesen Konflikt manuell beheben.

Er hat die Möglichkeit, entweder pauschal alle lokalen Änderungen oder alle Änderungen des anderen Entwicklers zu verwerfen. Im Regelfall muss er jedoch die Datei abschnittsweise durchgehen und bei jeder Änderung entscheiden, wie die zusammengeführte Version aussehen soll. In Abbildung 18.4 sehen Sie ein Bearbeitungsprotokoll, bei dem verschiedene Entwickler gleichzeitig am Code gearbeitet haben und deshalb ein *Merge* notwendig war.

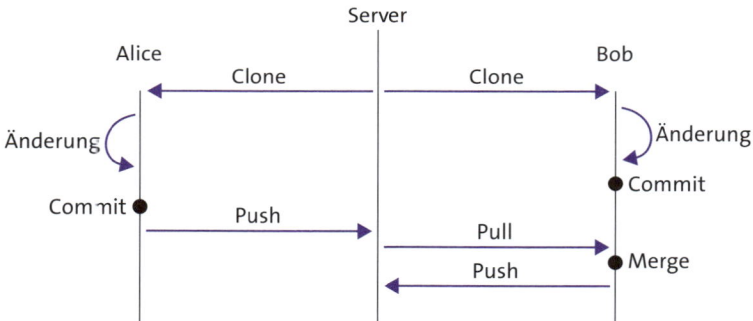

Abbildung 18.4 Ein Bearbeitungsprotokoll, bei dem das »Mergen« von zwei Versionen notwendig war

Verschiedene Entwicklungszweige verfolgen

Auch wenn es mit dem *Mergen* von zwei Commits möglich ist, dass mehrere Entwickler gleichzeitig Änderungen durchführen, gäbe es trotzdem noch Chaos, wenn Hunderte Entwickler diesen Prozess gleichzeitig durchführten. Deshalb bieten heutige Versionsverwaltungswerkzeuge die Möglichkeit, mehrere Entwicklungszweige – sogenannte *Branches* – gleichzeitig zu verfolgen. Einen Branch können Sie sich wie eine eigene Kopie des Projektes vorstellen, an der Sie ganz unabhängig von anderen Entwicklern Ihre Änderungen durchführen können.

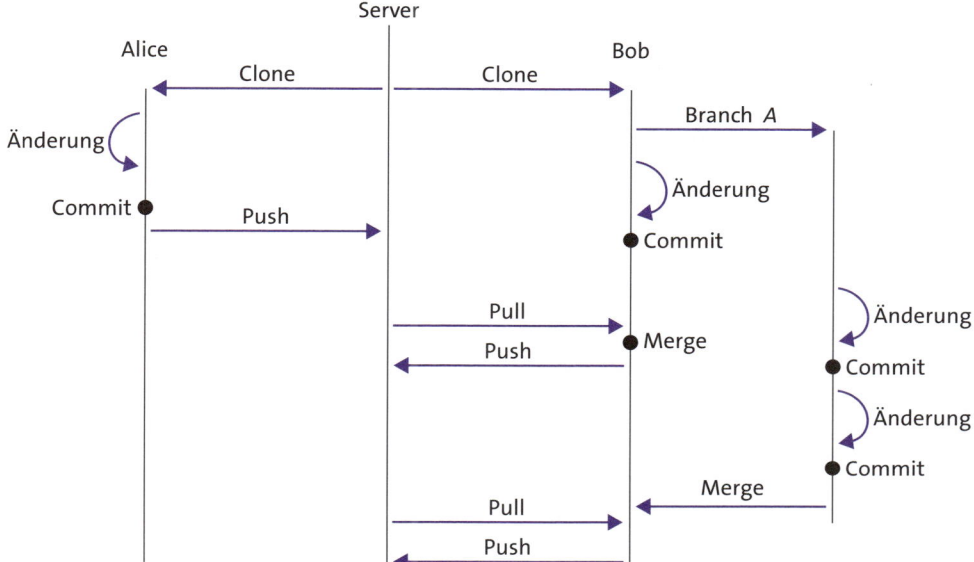

Abbildung 18.5 Bob hat Branch »A« erstellt. Der Code dieses Branches ist vorerst unabhängig von allen anderen Änderungen.

Abbildung 18.5 zeigt Alice, den Server und Bob, die anfangs nur jeweils den Master-Branch haben. Bob hat nun einen neuen Branch *A* erstellt. Auf diesem Branch kann Bob jetzt ganz ungestört entwickeln und Änderungen am Code durchführen, ohne dass diese sofort mit dem Hauptbranch (in der Regel *Master* genannt) zusammengeführt werden müssen. Ebenso können andere Entwickler wie Alice Änderungen auf dem Hauptbranch anwenden, die vorerst keine Änderungen auf Branch *A* nach sich ziehen. Später kann Bob seine Änderungen von Branch *A* auf den Master mergen. Die zusammengeführten Änderungen von diesem Branch kann er dann auch auf den Master-Branch des Servers pushen, sodass auch Alice die neue Funktion bekommt. Während der Entwicklung kann Bob beliebig zwischen verschiedenen Branches wechseln und dort Anpassungen vornehmen. In Abbildung 18.5 führt er beispielsweise auch direkt auf seinem Master-Branch Änderungen durch, während er auf Branch *A* eine neue Funktion entwickelt. Ein Beispiel für den Verlauf von Versionen und Verzweigungen in einem echten Softwareprojekt sehen Sie in Abbildung 18.6. Dabei steht jede Linie für einen Branch, jeder Punkt steht für einen Commit, und das Zusammenführen von Linien stellt einen Merge dar.

So können mehrere Versionen derselben Software gleichzeitig weiterentwickelt und anschließend gemergt werden. In vielen Teams gilt übrigens, dass ein Entwickler seinen eigenen Code nicht selbst mergen darf. Er stellt stattdessen eine Anfrage (in manchen Systemen auch *Pull Request* genannt), den Code zu mergen. Ein anderer Entwickler hat dann die

Aufgabe, sich den Code anzuschauen. Wenn er keine Fehler oder Probleme findet, darf er ihn in den Master-Branch mergen.

Abbildung 18.6 Ein Ausschnitt aus der Visualisierung von Branches eines echten Softwareprojekts. Die Zeit verläuft von links nach rechts, die unterste Linie ist der Master-Branch.

In verschiedenen Unternehmen oder Teams gibt es unterschiedliche Vorstellungen darüber, wie das gemeinsame Repository strukturiert sein soll und wie der zugrunde liegende Arbeitsprozess aussieht. Bei den meisten gilt jedoch, dass niemand direkt Änderungen auf dem Master durchführen darf, sondern alle Commits von einem anderen Entwickler zur Kontrolle gelesen werden müssen. Meist wird zudem die Anforderung gestellt, dass der Code im Master immer fehlerfrei sein muss und somit alle Änderungen vor dem Mergen vollständig getestet werden müssen.

18.7 Zusammenfassung und Einordnung

Die Arbeit an einem Softwareprojekt auf mehrere Personen oder Teams aufzuteilen wird ab einer bestimmten Projektgröße unumgänglich. In Großprojekten sind mehrere Millionen Zeilen Code keine Seltenheit. Umso wichtiger ist es zu wissen, wie Teamarbeit funktioniert, welche Herausforderungen es bei der Kommunikation zwischen Teams gibt und welche Werkzeuge die Teamarbeit unterstützen können.

Das wichtigste Werkzeug für die Softwareentwicklung im Team ist eine gute Versionsverwaltung, die dafür sorgt, dass Änderungen von vielen Entwicklern problemlos in ein Projekt integriert werden können. Eines der verbreitetsten Systeme ist das vom Linux-Erfinder Linus Torvalds entwickelte *Git*. In diesem Kapitel haben wir uns an die dort verwendeten Bezeichnungen für Operationen gehalten.

Trotz aller Werkzeuge bleibt die Entwicklung großer Software im Team eine Herausforderung. Die Grundprinzipien der gemeinschaftlichen Arbeit werden im Studium in Projekten geübt und erfordern viel Disziplin und gegenseitigen Respekt der beteiligten Entwickler. In jedem Unternehmen gibt es darüber hinaus unterschiedliche, über die Zeit entstandene und etablierte Praktiken, die ein Berufseinsteiger erlernen muss. Eine gute Dokumentation und viel Kommunikation zwischen allen Projektmitarbeitern sind jedoch immer notwendig.

Aufgaben

Aufgabe 1: Teamarbeit

Wir haben bereits erwähnt, dass die Kommunikation aufgrund der Zeitverschiebung schwierig wird, wenn Teams auf mehrere Länder oder sogar Kontinente verteilt sind. Welche Herausforderungen gibt es neben der Zeitverschiebung außerdem zu bewältigen?

Aufgabe 2: Versionsverwaltung

a) An Ihrem Hobby-Softwareprojekt arbeiten Sie allein – lohnt es sich trotzdem, eine Versionsverwaltung zu nutzen? Begründen Sie Ihre Antwort!

b) Betrachten Sie Abbildung 18.7. Was muss Bob als Nächstes tun, um seine Änderungen von Branch A auf den Master-Branch des Servers zu laden? Was muss Alice tun, um die Änderungen von Bob auf ihren Computer zu bekommen?

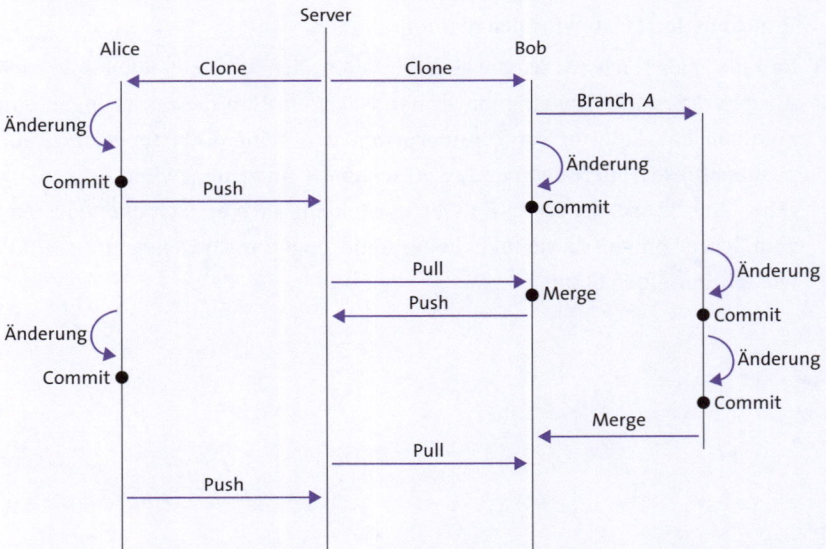

Abbildung 18.7 Ein Bearbeitungsprotokoll aus einem Softwareprojekt. Welche Aktionen müssen gemacht werden, damit Alice und Bob wieder auf dem gleichen Stand sind?

Lösungen

Aufgabe 1: Teamarbeit

Neben der Zeitverschiebung gibt es eine Reihe weiterer Herausforderungen. Es kann sprachliche Barrieren geben, in der Informatik spricht man dann jedoch in der Regel Englisch. Doch selbst dann kann es passieren, dass Begriffe je nach Herkunftsland und Kultur unterschiedlich verwendet werden. Auch der Umgang mit Kritik oder Problemen kann sich zwischen den Kulturen unterscheiden. Ein unterschiedliches Bildungsniveau beteiligter Personen kann ebenso zu Missverständnissen führen wie unterschiedliche Vorstellungen davon, wie schöner Code aussieht. Hinzu kommt, dass über Ländergrenzen hinweg nur schwer ein solches Gefühl der Zusammenarbeit entsteht wie innerhalb eines lokalen Teams.

Aufgabe 2: Versionsverwaltung

a) Ja, es ist sinnvoll. Insbesondere können Sie dann nämlich bei Fehlern wieder zu vorherigen Versionen zurückspringen. Wenn Sie einen Server zur Sicherung verwenden, gehen bei einem Geräteausfall auch nicht gleich alle Daten verloren. Durch das Verwenden von Branches können Sie an verschiedenen Funktionen gleichzeitig arbeiten. Des Weiteren können Sie sich Ihren eigenen Code übersichtlich anschauen, wenn Sie von einem Branch in den Master-Branch mergen.

b) Bob muss als Nächstes wieder den Server-Branch in seinen lokalen Branch mergen, da Alice gerade Änderungen gepusht hat. Nachdem Bob die Änderungen von Alice übernommen hat, kann er seine Änderungen von seinem Master-Branch auf den Server pushen. Diese Änderungen umfassen schon die Änderungen von Branch A, da dieser bereits gemergt wurde. Wenn Bob fertig ist, kann Alice einfach die neuesten Änderungen vom Server pullen, da sie lokal keine Änderungen mehr gemacht hat, und beide haben wieder denselben Stand.

Kapitel 19

Fehler

Ständig begegnen uns Softwarefehler in Form von Fehlermeldungen oder Programmabstürzen. Wir erklären Ihnen, wie diese Fehler entstehen und wie Sie sie vermeiden können.

19.1 Auf Fehlersuche

> Knobelei zum Einstieg

```
Eingabe: Liste von Zahlen zahlen
Ausgabe: größte Zahl aus der Liste
01  maximum := 0
02  Wiederhole für alle zahl in zahlen
03      Falls zahl > maximum dann
04          maximum := zahl
05  Return maximum
```

Listing 19.1 Finden des Maximums in einer Liste von Zahlen

Betrachten Sie Listing 19.1. Der Algorithmus scheint einfach und korrekt zu sein: Aus einer Liste von Zahlen wird die größte ermittelt und zurückgegeben. Tatsächlich versteckt sich jedoch ein Fehler im Code, der manchmal zu einem falschen Rückgabewert führt. Versuchen Sie sich einmal im Fehlerfinden, und beantworten Sie die folgenden Fragen zum Algorithmus:

1. Auf welcher Eingabe von Zahlen wird nicht das Maximum der Eingabe zurückgegeben? Wo liegt der Fehler im Algorithmus, der zur fehlerhaften Ausgabe führt?
2. Wie können Sie den Code anpassen, sodass der Algorithmus für alle Eingaben korrekt arbeitet?
3. Wie könnte ein Entwicklungsprozess aussehen, der solche Fehler frühzeitig erkennt und vermeidet?

Der Fehler befindet sich in Zeile 1. Das Maximum wird zu Beginn auf 0 gesetzt, bevor alle Zahlen betrachtet werden. Dies bedeutet, dass, wenn wir nur negative Zahlen in unserer Eingabe haben (beispielsweise [–1, –2, –3]), der Algorithmus 0 zurückgibt, obwohl 0 gar nicht in der Liste war.

```
01  maximum := zahlen[0]
```

Listing 19.2 Korrektur des Startwerts für das Finden des Maximums

Listing 19.2 zeigt eine von mehreren Möglichkeiten, den Fehler zu beheben. Die Lösung dort besteht darin, die erste Zahl der Liste als Startwert zu nehmen; so hat `maximum` definitiv einen gültigen Wert. Dass wir diese Zahl später in Zeile 3 wieder betrachten, stört uns nicht, denn die Ausgabe ist schließlich trotzdem korrekt.

Auch auf die Frage nach dem Entwicklungsprozess gibt es eine Vielzahl möglicher Antworten. Möglicherweise fällt der Fehler einem Freund oder Kollegen auf, der den Code auf Fehler überprüfen soll. Außerdem fällt dieser Fehler auf, wenn Sie den Algorithmus mit verschiedenen Eingaben testen. Da der Fehler bei einer Liste negativer Zahlen auftritt, würden Sie ihn mit einem Test, in dem der Algorithmus als Eingabe [–1, –2, –3] erhält, bemerken. Und schließlich gab es vor uns schon andere Programmierer, die das Maximum einer Liste finden wollten: Die meisten Programmiersprachen bieten bereits eine Funktion an, die das Maximum in einer Liste von Zahlen findet. Benutzen wir diese, anstatt selbst denselben Algorithmus zu entwickeln, können wir uns relativ sicher sein, das richtige Ergebnis zu erhalten.

19.2 Warum ist Software fehlerhaft?

Wie kommt es überhaupt, dass Software fehlerhaft sein kann? Es ist einfach, eine Eingabe mit falscher Ausgabe anzugeben, wie wir es in der Knobelei getan haben, um damit die *Anwesenheit* von Fehlern zu zeigen. Das Beweisen der *Abwesenheit* von Fehlern ist jedoch im Allgemeinen nicht möglich.

Dies liegt vor allem daran, dass man aus der Korrektheit des Algorithmus für zwei bestimmte Eingaben nicht auf die Korrektheit für die Werte dazwischen schließen kann, wie es in anderen Disziplinen, wie der klassischen Physik, möglich wäre. Bei einem Kran könnte man schlussfolgern: Wenn der Kran mit einem 10-kg-Gewicht zurechtkommt und auch ein 1000-kg-Gewicht schafft, so klappt es auch für alle möglichen Gewichte dazwischen. Liefert ein Algorithmus dagegen für die Zahlen 10 oder 1000 als Eingabe die korrekte Ausgabe, so lässt sich allein daraus keine Aussage über die Ausgabe irgendeiner anderen Eingabe treffen.

Insbesondere in der Informatik können außerdem so viele verschiedene Eingaben möglich sein, dass nicht alle getestet werden können. Am Beispiel unserer Maximum-Suche sehen wir: Es können bereits eine Zahl, zehn Zahlen oder auch tausend Zahlen die Eingabe sein, und jede der Zahlen kann nahezu unendlich viele Werte annehmen. Es ist also nicht möglich, unser Programm mit allen Eingaben zu testen.

Es stellt sich aber immer noch die Frage, wie es überhaupt zu diesen Fehlern kommt. Die Antwort ist einfach: Irren ist menschlich. Programme werden von Menschen geschrieben, und Menschen machen Fehler. Dies sind beispielsweise Denkfehler oder auch Flüchtigkeitsfehler. Softwareprojekte sind oft sehr groß, kompliziert und unübersichtlich – viele Projekte bestehen aus mehreren Millionen Zeilen Code! Dort verlieren Entwicklerteams leicht den Überblick und machen so Fehler. Bleiben diese unentdeckt, werden sie mit dem Programm an den Nutzer ausgeliefert und können dort zu unvorhergesehenen Problemen führen. Es gibt jedoch Techniken zur Vermeidung von Fehlern, die – richtig eingesetzt – die Anzahl an unentdeckten Mängeln reduzieren können.

19.3 Bugs

Der Begriff *Bug*, den man oft für »Fehler« hört, ist leider sehr schwammig. Meist benutzt man ihn, um zu sagen, dass etwas im Programm schiefgeht, was funktionieren sollte. Für die Vermeidung und Behebung von Fehlern ist es von großem Vorteil, präzisere Begriffe zu verwenden: Ein Fehler beginnt immer mit einer *Fehlhandlung*. Diese beschreibt die (meist menschliche) Ursache für den Fehler, im Beispiel der Maximum-Suche also das Überlegen und Umsetzen eines falschen Algorithmus. Schließlich ist der Fehler im Code, und es kommt während einer Programmausführung zu einem *Fehlerzustand* des Systems. Im Beispiel ist das der fehlerhafte Wert von `maximum`, nachdem Zeile 1 aus Listing 19.1 ausgeführt wird. Schließlich wird eine *Fehlerwirkung* erreicht, wenn der Fehler sich nach außen zeigt, beispielsweise durch die Ausgabe eines falschen Ergebnisses oder durch einen Absturz. Das Suchen und Beheben von Fehlern bezeichnet man als *Debugging*.

Nicht alle Fehlerzustände sind nach außen sichtbar. Angenommen, Sie bilden mit dem Algorithmus aus Listing 19.1 das Maximum aus einer Liste von Zahlen, die zuerst ein paar negative Zahlen enthält und mit positiven Zahlen endet. Obwohl der Algorithmus in den ersten Schleifendurchläufen ein unmögliches Maximum in der Variable `maximum` hat, führt dieser Fehlerzustand zu keiner Fehlerwirkung, denn das Ergebnis nach dem Betrachten der positiven Zahlen ist korrekt.

19.4 Verschiedene Fehlerarten

Fehler lassen sich meist mehreren Kategorien zuordnen. Diese Unterteilung nehmen wir vor, um die jeweiligen Fehler frühzeitig zu erkennen und unter Anwendung der richtigen Werkzeuge zu beheben oder sogar zu verhindern.

Kompilierungsfehler

Das Thema Kompilierung haben wir in Kapitel 14, »Computer«, eingeführt. Der erste Zeitpunkt, bei dem Fehler auftreten können, ist, wenn der Computer das Programm kompiliert, das heißt aus der Programmiersprache in Maschinencode übersetzt. Versteht der Compiler, also das Programm, das den Code übersetzt, diesen nicht, so tritt ein *Kompilierungsfehler* auf. Kompilierungsfehler entstehen aus Verletzungen der Notationsregeln der verwendeten Programmiersprache. Diese Verletzung kann zum Beispiel ein Syntaxfehler sein, gewissermaßen eine falsche Verwendung der Grammatik der Programmiersprache. Bei Sprachen, deren Notationsregeln sehr streng sind, wird beim Kompilieren unter anderem festgestellt, wenn unbekannte Befehle verwendet werden, quasi eine Vokabel, die der Computer noch nicht kennt. Ein Beispiel sehen Sie in Listing 19.3.

```
Eingabe: Der Wert kreisRadius
Ausgabe: Die Fläche des Kreises
01    Return 3.14159 * radius * radius
```

Listing 19.3 Berechnung der Fläche eines Kreises

Das Programm soll zu einem gegebenen Kreisradius den entsprechenden Flächeninhalt des Kreises berechnen. Dabei hat der Programmierer statt des korrekten Variablennamens `kreisRadius` den Namen `radius` verwendet. Kompilieren Sie diesen Algorithmus als Programm in der Programmiersprache Java, erhalten Sie die Fehlermeldung »Error, cannot find symbol radius«, denn Sie verwenden die nicht existierende Variable `radius`. In Listing 19.4 ist der Fehler behoben.

```
Eingabe: Der Wert kreisRadius
Ausgabe: Die Fläche des Kreises
01    Return 3.14159 * kreisRadius * kreisRadius
```

Listing 19.4 Berechnung der Fläche eines Kreises, korrigiert

Solche Fehler werden vom Compiler erkannt, da ihm nicht klar ist, was in der jeweiligen Zeile zu tun ist. Wie oben im Beispiel enthält die Fehlermeldung Details, die Ihnen helfen, den Fehler im Code zu finden und zu beheben. Weil man während der Entwicklung eines Programms oft kompiliert, fallen diese Fehler schnell auf und sind meist leicht zu beheben. Einige Entwicklungsumgebungen weisen zudem auf solche Fehler schon während des Programmierens hin und bieten eine schnelle Behebung an. Daher schaffen es diese Fehler selten in ein ausgeliefertes Programm.

Laufzeitfehler

Laufzeitfehler treten bei der Ausführung eines Programms auf und führen zum Absturz der Software. Sie werden meist durch bestimmte, unerwartete Eingaben ausgelöst.

```
Eingabe: Die Werte distanz und zeit
Ausgabe: Die Geschwindigkeit
01    Return distanz / zeit
```

Listing 19.5 Geschwindigkeit berechnen

Die Funktion in Listing 19.5 soll aus einer zurückgelegten Strecke und der dafür benötigten Zeit die Geschwindigkeit berechnen. Wenn nun jedoch als `zeit` der Wert 0 angegeben wird, so wird versucht, durch null zu teilen, und das Programm stürzt ab. Je nach Einsatzgebiet der Software kann ein solcher Absturz fatal sein: In kritischen Systemen wie Flugzeugen führt er möglicherweise zum wortwörtlichen Absturz.

Laufzeitfehler sind oft schwer zu entdecken, da sie meist nicht bei jeder Ausführung des Programms, sondern nur bei manchen Eingaben auftreten. Zudem kann es sehr aufwendig und schwer sein, die Ursache des Fehlers zu finden und zu beheben, denn ein Fehler in einer Codezeile erzeugt potentiell zunächst nur ein falsches Zwischenergebnis, das erst an späterer Stelle der Ausführung zu einem beobachtbaren Fehlverhalten des Programms führt. In unserem Fall war der Fehler eine falsche Annahme darüber, welche Werte als Eingabe möglich sind. Prüfen Sie die Eingabe wie in Listing 19.6 auf Gültigkeit, so sind Sie auf der sicheren Seite. Je nach Anwendungsfall könnten Sie auch *unendlich* zurückgeben oder eine interaktive Fehlerbehandlung starten.

```
Eingabe: Die Werte distanz und zeit
Ausgabe: Die Geschwindigkeit
01   Falls zeit = 0 dann
02       Return 0
03   Return distanz / zeit
```

Listing 19.6 Geschwindigkeit berechnen mit Eingabeüberprüfung

Logische Fehler

Logische Fehler (manchmal auch Denkfehler genannt) sind falsche Überlegungen in der konkreten Problemlösung des Programmierers. Listing 19.7 soll berechnen, wie viele Handschläge es zwischen n Personen gibt, wenn jede Person jeder anderen Person die Hand gibt.

```
Eingabe: Die Anzahl Personen n
Ausgabe: Die Anzahl Handschläge zwischen allen Personen
01   Return n * (n-1)
```

Listing 19.7 (Inkorrekte) Berechnung der Anzahl Handschläge zwischen n Personen

Die Argumentation des Programmierers hier lautet: Es gibt n Personen, und jeder schüttelt jedem anderen, also $n-1$ Personen, die Hand. Daher müsste es ja $n \cdot (n-1)$ viele Handschläge geben. Dies ist jedoch falsch, wie schon am Beispiel von $n=2$ erkennbar ist: Der Algorithmus berechnet 2 als Ergebnis, während tatsächlich nur ein Handschlag stattfindet. Der Denkfehler besteht darin, dass wir bei der Berechnung $n \cdot (n-1)$ jeden Handschlag doppelt zählen, nämlich einmal für jede beteiligte Person. Teilen wir das Ergebnis noch durch 2, erhalten wir den korrekten Algorithmus, zu sehen in Listing 19.8.

```
Eingabe: Die Anzahl Personen n
Ausgabe: Die Anzahl Handschläge zwischen allen Personen
01   Return n * (n-1) / 2
```

Listing 19.8 Korrekte Berechnung der Anzahl Handschläge zwischen *n* Personen

Ist der Fehler gefunden, ist er oftmals einfach zu beheben. Und wie in unserem Beispiel finden Sie solche logischen Fehler meist durch das Durchrechnen von Beispielwerten. Im Allgemeinen ist das Finden des logischen Fehlers allerdings gerade der schwierige Schritt, da man feststellen muss, dass eine getroffene Annahme falsch war.

Designfehler

Designfehler haben ihren Ursprung ähnlich wie logische Fehler in der Idee der Problemlösung, nicht in der Umsetzung. Jedoch beziehen sich logische Fehler meist nur auf wenige Codezeilen oder Funktionen, während Designfehler Planung und Entwurf einer Lösung betreffen, die für den Anwendungszweck nicht oder nicht mehr geeignet ist.

Schauen wir uns einen solchen Designfehler am Beispiel der fiktiven Live-Videochat-Plattform »Vidio« an. Auf ihr können sich Nutzer wie Alice und Bob über Videochat miteinander unterhalten. Sämtliche Videodaten werden über den Dienst gesendet, wie Abbildung 19.1 zeigt.

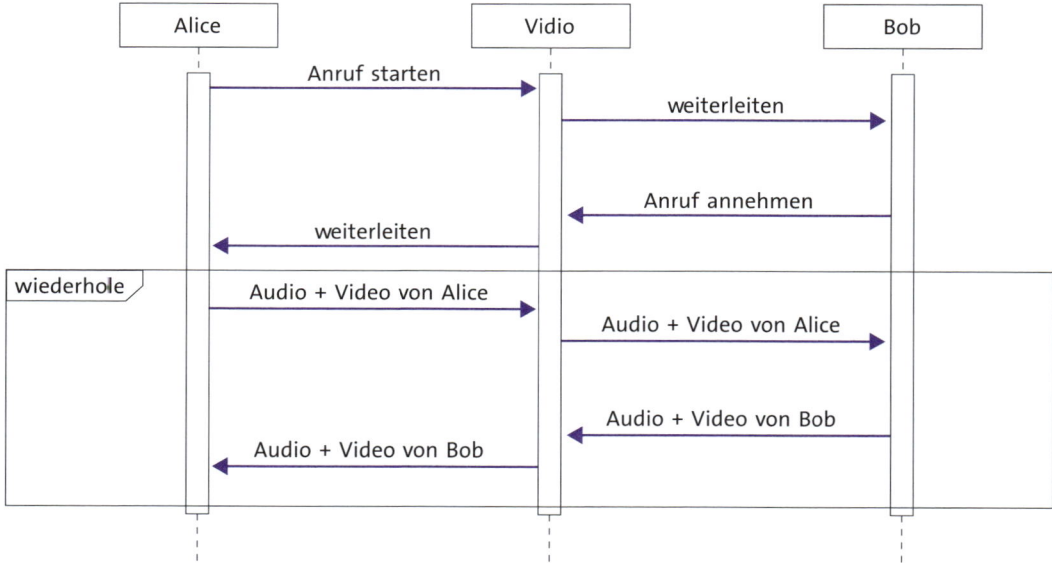

Abbildung 19.1 Der Ablauf für einen Videochat zwischen Alice und Bob

Konkret sendet Alice an Vidio die Nachricht, dass sie Bob anrufen möchte. Daraufhin kontaktiert Vidio Bob. Dieser teilt Vidio mit, dass er den Anruf annimmt. Für den Anruf senden nun Alice und Bob ihre Audio- und Videodaten an Vidio, das sie an den jeweiligen Gesprächspartner weiterleitet.

Diese Struktur hat diverse Vorteile. Beispielsweise könnte der Computer von Alice ohne Vidio gar nicht direkt den Computer von Bob kontaktieren, da Alice Bobs IP-Adresse nicht kennt. Vidio hat diese Informationen und kann so der Vermittler für beide sein. Für wenige Nutzer mag diese Struktur funktionieren. Allerdings leitet Vidio viele Daten einfach nur weiter und scheint fast überflüssig zu sein. Tatsächlich entsteht durch diesen Umweg ein sehr großes Datenvolumen seitens Vidio: Weil Vidio alle Anrufe vermittelt, muss der Dienst auch die Video- und Audiodaten aller Nutzer verarbeiten. Dadurch lässt sich der Dienst nicht problemlos auf eine größere Nutzerzahl erweitern. Je mehr Nutzer die Videoplattform hat, desto mehr Videodaten muss Vidio verarbeiten können. Eigentlich wird Vidio hier nur für den ersten Schritt der Kontaktaufnahme benötigt: Alice sieht, dass Bob online ist, und startet den Anrufversuch; Vidio stellt dann die Verbindung zwischen den beiden her. Zu diesem Zeitpunkt kann Vidio den beiden gegenseitig ihre IP-Adressen mitteilen, und Alice und Bob können ihren Videochat in direkter Verbindung führen. Abbildung 19.2 zeigt den verbesserten Ablauf.

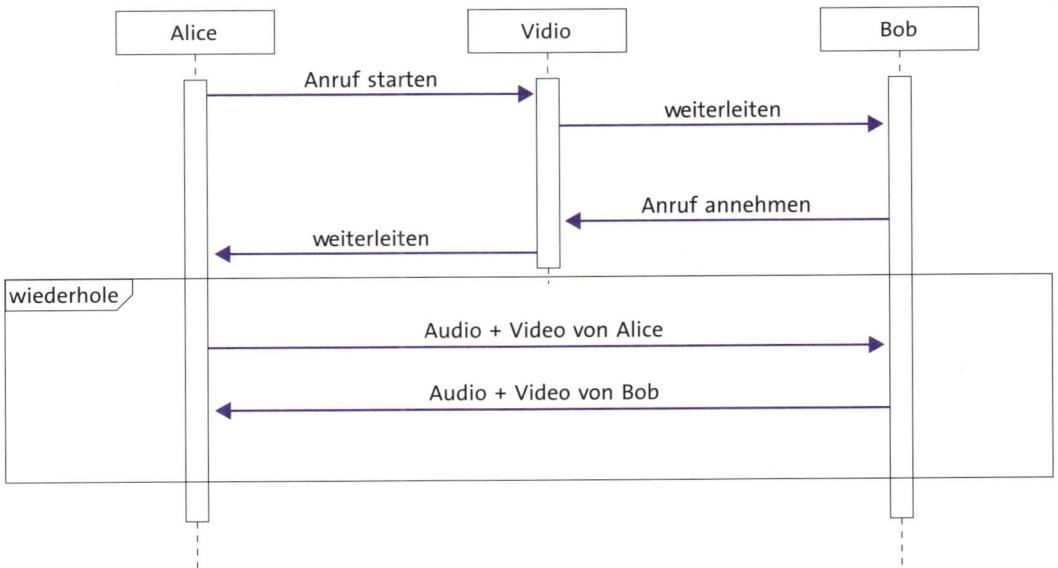

Abbildung 19.2 Der verbesserte Ablauf für einen Videochat zwischen Alice und Bob

Weil Vidio nun nicht mehr sämtliche Audio- und Videodaten verarbeiten muss, ist der Dienst von der Hauptlast befreit und deutlich besser auf eine große Nutzerzahl erweiterbar. Auf dem Papier sieht das Beheben dieses Problems einfach aus. Aber in der Realität ist dieser Designfehler schon tief in der Software-Architektur verwurzelt und bedarf einer Überarbeitung großer Teile des Codes. Oftmals werden Designfehler erst sehr spät im Entwicklungsprozess entdeckt, sodass das Beheben aufwendig und teuer ist.

Die Wahrscheinlichkeit solcher Designfehler können Sie durch gründliche Analyse der Anforderungen an die Software verringern. Außerdem erleichtern Sie durch kluge Strukturierung des Programmcodes nachträgliche Änderungen.

Umgebungsfehler

Auch wenn ein Programm für sich korrekt ist, kann es trotzdem zu Fehlern bei der Ausführung kommen. Dies passiert, wenn sich die Umgebung des Programms unerwartet verhält: Beispiele für solche *Umgebungsfehler* sind Hardware-Fehler wie kaputte Festplatten, instabile Netzwerkverbindungen, defekte Sensoren oder fehlerhafte Eingabedaten. Wenn etwa eine Wetterstation fehlerhafte Messdaten aufgrund eines kaputten Thermometers erhält, so sind die daraus resultierenden Berechnungen falsch, egal, ob der Algorithmus dafür korrekt ist.

Die Fehlerbehebung besteht hier im Korrigieren der Umgebung, in unserem Beispiel muss das Thermometer ausgetauscht werden. Dies ist jedoch meist nicht Aufgabe der Softwareentwickler. Stattdessen liegt bei Informatikern der Fokus auf dem Entwickeln von *fehlertoleranten Systemen*, die trotz fehlerhafter Umgebung funktionstüchtig sind. Das Erkennen und Vermeiden dieser Fehler ist schwierig, und der Ansatz variiert je nach Umgebung. Eingabedaten, die stark vom erwarteten Wert abweichen (z. B. 100 °C beim Thermometer der Wetterstation), können oftmals erkannt werden. Sind Messdaten jedoch falsch, aber realistisch möglich, so kann eine Software die Abweichung nur durch weitere Kontrollgeräte bemerken. Kritische Vorgänge, wie zum Beispiel Berechnungen eines Autopiloten im Flugzeug, werden auf verschiedenen Geräten gleichzeitig ausgeführt, um so Hardware-Fehler zu erkennen und darauf reagieren zu können.

Kommunikationsfehler

Programme werden in Softwareprojekten von Menschen für Menschen entwickelt. Jedoch kann es hier zu verschiedenen Problemen kommen. Sind sich mehrere Entwickler, die am selben Projekt arbeiten, über die Funktionsweise der Software uneinig, entwickeln sie nicht zusammenpassende Teile. Für eine erfolgreiche Durchführung des Softwareprojekts müssen also alle Beteiligten ein gemeinsames Ziel verfolgen und ein gemeinsames Verständnis von Inhalt und Verlauf des Projekts haben. Solche *Kommunikationsfehler* passieren auch im Alltag häufig, doch selten sind sie so fatal wie im Fall der Marssonde MCO:

Diese verbrannte in der Atmosphäre des Mars, weil die entwickelnden Teams der Firmen NASA und Lockheed Martin verschiedene Maßeinheiten (metrisch und imperial) bei ihren Berechnungen verwendeten und dadurch der Landeanflug missglückte.

Es ist nicht einfach, solche Kommunikationsprobleme zu bemerken, geschweige denn sie zu vermeiden. Eine wichtige Rolle spielt dabei die Größe der beteiligten Teams. Je mehr Personen an einem Projekt beteiligt sind, desto komplexer wird die Kommunikation, und das Risiko von Missverständnissen ist höher. Eine mögliche Lösung ist deshalb, kleine Teams an Teilproblemen arbeiten zu lassen und für eine regelmäßige und gute Kommunikation zwischen den Teams zu sorgen. Auch bei der Kommunikation mit dem Kunden können Fehler entstehen. Ein Entwickler, der einen Kunden missversteht, entwickelt möglicherweise ein Programm, das von diesem so nicht gewünscht war. Missverständnisse können oft durch Nachfragen bemerkt und geklärt werden.

19.5 Techniken zur Fehlervermeidung

Zur Vermeidung von Fehlern gibt es eine Vielzahl von Praktiken und Werkzeugen, deren korrekte Benutzung helfen kann, korrekte und zuverlässige Programme zu schreiben.

Testen

Testen im Rahmen von Softwareentwicklung ist vergleichbar mit dem Testen von Technik in der echten Welt: Fahrstühle durchlaufen Belastungstests, Autos werden testweise gefahren. Das Ziel der Tests ist es, die spätere Verwendung und Umgebung zu simulieren, um so Aufschluss über die Qualität des Testobjekts zu bekommen. Aber wie sehen solche Tests für Software aus?

Stellen Sie sich dazu vor, Ihnen wird ein Taschenrechner gegeben, und Sie sollen prüfen, ob er korrekt funktioniert. Es ist klar erkennbar, dass es Ihnen unmöglich sein wird, alle erlaubten Eingaben auszuprobieren. Aber wir können dennoch versuchen, den Taschenrechner strukturiert zu testen. Wir führen typischerweise einzelne, voneinander unabhängige Tests auf dem Taschenrechner aus. Jeder dieser Tests besteht darin, dass wir eine bestimmte Rechnung eingeben und Zwischenergebnisse sowie das Endergebnis des Taschenrechners mit manuell berechneten Werten vergleichen. Einige der Tests sind sehr einfach und überprüfen nur einzelne Operationen wie die Multiplikation oder Addition von zwei Zahlen. Andere wiederum verwenden eine Vielzahl von Operationen oder testen zusätzliche Funktionen wie das Wechseln von Rechen-Modi.

Auf die gleiche Weise funktionieren Software-Tests: Wir vergleichen das Verhalten des Programms auf bestimmten Eingaben mit einem Wunschverhalten, insbesondere überprüfen wir Zustände und Ausgaben des Programms. Damit wir diese Überprüfung nicht per Hand durchführen müssen, können wir die Werkzeuge nutzen, die uns von fast allen Programmiersprachen zum Ausführen von Tests zur Verfügung gestellt werden. Das Testen unseres Algorithmus zur Berechnung der Anzahl Handschläge bietet ein gutes Beispiel für sogenannte *Unittests*. Diese werden dafür verwendet, kleine Teile einer Software zu testen. Jede Zeile in Listing 19.9 stellt einen Test, also einen Vergleich des Algorithmus-Ergebnisses mit dem von Hand ermittelten Wert, dar.

```
01  teste(handschlaege(0), 0)
02  teste(handschlaege(1), 0)
03  teste(handschlaege(2), 1)
04  teste(handschlaege(3), 3)
05  teste(handschlaege(10), 45)
```

Listing 19.9 Testen unseres Handschlag-Algorithmus

Die Ausführung dieser Tests kann nun manuell oder automatisch ausgelöst werden. Verändert ein Entwickler auf seinem Computer das Programm, kann er anschließend die Korrektheit des Programms mithilfe der Tests ohne großen Aufwand überprüfen und sich danach zumindest sicher sein, dass es sich auf diesen Eingaben korrekt verhält. Die Tests können auch automatisiert immer dann ausgeführt werden, wenn ein Entwickler Änderungen in die Quellcodeverwaltung hochlädt.

Auch das Durchführen größerer Tests, die umfangreichere Teile einer Software überprüfen, kann auf ähnliche Weise erfolgen. Dabei wird anhand von *Integrationstests* sichergestellt, dass die verschiedenen Teile eines Programms korrekt miteinander interagieren. Im Beispiel des Taschenrechners stellt die Kombination verschiedener Operationen einen Integrationstest dar.

Wie steht es jedoch mit dem Testen von Software-Anwendungen, die Nutzerinteraktionen wie Mausklicks oder den Gebrauch in anderen Umgebungen erfordern, beispielsweise das Aufnehmen von Fotos mit der Kamera? Teilweise sind auch diese simulierbar, aber mit steigenden Anforderungen wird es immer schwerer, die Tests zu programmieren. In einem Computerspiel muss zum Beispiel der komplette Spielablauf überprüft werden, inklusive aller Dialoge und möglichen Interaktionen mit der Spielwelt. Dafür werden oft Menschen beauftragt, das Programm möglichst umfangreich zu testen.

A/B Testing

Ist ein Programm bereits ausgeliefert und gibt es Änderungen, die getestet werden müssen, so ist die Praxis des *A/B-Testens* üblich. Dabei werden zwei oder mehr Versionen der Software (Version A und Version B) an Endkunden ausgeliefert. Üblicherweise erhält dabei eine kleine Gruppe der Kunden bereits eine Version mit neuen oder überarbeiteten Inhalten, während die übrigen Kunden als Kontrollgruppe dienen und weiterhin die alte Version verwenden. Auf diese Weise kann nicht nur das Verhalten der Nutzer der neuen Softwareversion untersucht werden, sondern es können auch viele Fehler gefunden werden, bevor die Software an alle Kunden verteilt wird. Fehler werden so zwar nicht vermieden, doch ihr Schaden wird stark eingegrenzt.

Je größer die Kundengruppe, desto effektiver ist diese Praktik: Facebook hat über eine Milliarde Nutzer und nutzt regelmäßig A/B Testing, um neue Funktionalitäten an einigen Tausend oder Millionen Nutzern auszuprobieren, bevor sie für alle Nutzer zur Verfügung gestellt werden.

Programmierstil

Durch Festlegen von Regeln (sogenannten *Coding Conventions*) kann der Programmierstil mehrerer Personen vereinheitlicht werden. Diese Regeln betreffen unter anderem die Benennung von Variablen und die Strukturierung des Codes. So hätten wir den Kreisradius `r`, `radius`, `kreisRadius` oder auch `circle_radius` nennen können.

Das Vereinheitlichen des Stils hat einen einfachen, aber wichtigen Zweck: Unabhängig davon, wer welchen Teil des Codes verfasst hat, ist dieser für alle Entwickler verständlicher und besser wartbar, als wenn jeder nach seinen ganz eigenen Vorlieben programmiert. Neue Mitarbeiter können sich außerdem schneller in den existierenden Code einarbeiten, und Fehler können zügig gefunden und behoben werden. Dies ist vergleichbar mit der Organisation von Ordnern in einem Regal: Wenn sich alle darauf einigen, wie diese beschriftet und sortiert werden sollen, finden Mitarbeiter problemlos im Regal eines Kollegen etwas, ohne zunächst deren persönliche Anordnung verstehen zu müssen.

Pair Programming

Pair Programming bedeutet, zu zweit zu programmieren. Das Prinzip ist vergleichbar mit dem Autofahren: Es gibt einen Fahrer, der die Geräte bedient, und einen unterstützenden Beifahrer, der den Überblick behält und auf die Route achtet. Der Fahrer sitzt am Computer und programmiert, während der Beifahrer danebensitzt und den Fahrer unterstützt. Der Beifahrer kontrolliert den geschriebenen Code und spricht gefundene Probleme an. Die Rollen werden regelmäßig getauscht. Warum führt dies zu weniger Fehlern? Vier Augen sehen mehr als zwei. Insbesondere der Beifahrer kann gut den Überblick behalten und auf versteckte Fehlerquellen achten, die der Fahrer nicht bemerkt. Auf diese Weise werden Fehler früh erkannt und behoben.

Pair Programming hat eine Vielzahl weiterer Vorteile: Insgesamt hat der geschriebene Code eine bessere Qualität, und es findet ein intensiver Wissensaustausch zwischen den beiden Programmierern statt. Dieser Austausch kann spätere Kommunikationsfehler verhindern.

Code Review

Code Review ist ein formaler Prozess, bei dem geschriebener Code von anderen Entwicklern überprüft wird, bevor er in die Software aufgenommen wird. Ähnlich wie beim Pair Programming ist hier die Motivation, dass mithilfe der Kontrolle durch weitere Personen mehr Fehler gefunden und anschließend behoben werden können. Je nach Umfang von Projekt und Team können noch genauere Praktiken durchgeführt werden. Es kann beispielsweise sinnvoll sein, dass Code möglichst von einem Entwickler aus einem anderen Team überprüft wird, damit dieser den Code kritischer und objektiver betrachtet als ein Teamkollege des Verfassers.

19.6 Zusammenfassung und Einordnung

Wir haben verschiedene Arten von Fehlern kennengelernt und festgestellt, dass diese unterschiedlich schwer zu finden und zu beheben sind. Schließlich haben wir Techniken und Werkzeuge zur Vermeidung solcher Fehler kennengelernt.

Der Hauptgrund für das Entstehen von Fehlern ist die Komplexität von Softwareprojekten. Insbesondere kann das Arbeiten mit mehreren Entwicklern Fluch, aber auch Segen sein: Viele Fehler werden durch Kommunikationsprobleme verursacht, aber die Zusammenarbeit mehrerer Personen ermöglicht auch Praktiken wie Pair Programming und Code Review, die zur Fehlervermeidung beitragen. Das Finden und Beheben von Softwarefehlern gehört zum Alltag eines jeden Programmierers, da es kaum ein fehlerfreies Programm gibt. Aus diesem Grund erleben wir als Nutzer auch häufig Programmabstürze oder werden zum Aktualisieren unserer Software aufgefordert.

Im Allgemeinen ist tatsächlich nicht feststellbar, ob ein Programm fehlerfrei ist, es ist noch nicht einmal möglich zu überprüfen, ob ein aufgerufenes Programm irgendwann mit seiner Berechnung fertig wird. Dieses sogenannte *Halteproblem* und seine Bedeutung für die Informatik werden im Studium genauer untersucht.

Aufgaben

Aufgabe 1: Verständnis

a) Ist die Fehlhandlung, die zu einem Fehler führt, immer direkt von Menschen verursacht?

b) Viele Programme bieten bei einem Absturz die Option, Informationen über den Absturz an die Entwickler zu senden. Warum würden Sie eine solche Funktion in eine Software einbauen, welche Informationen würden Sie sammeln und übertragen, und wie helfen Ihnen diese bei der Behebung des Fehlers?

c) Bei der Entwicklung von Tests gibt es unter anderem den *Test-first*-Ansatz. Er besagt, dass man vor dem Entwickeln eines Programms oder Programmteils die Unittests dafür schreibt. Was könnten Vorteile gegenüber dem Testschreiben während/nach der Entwicklung sein?

Aufgabe 2: Fehlersuche

In diesen Aufgaben sollen Sie den oder die Fehler finden und beheben.

a) Finden und beheben Sie die Fehler in Listing 19.10. Der Algorithmus erhält eine Liste ganzer Zahlen und soll überprüfen, ob diese Liste aufsteigend sortiert ist. Dazu betrachtet der Algorithmus aufeinanderfolgende Zahlen und überprüft jeweils, ob die beiden Zahlen in der richtigen Reihenfolge stehen.

```
Eingabe: Liste ganzer Zahlen zahlen
Ausgabe: Ob die Liste aufsteigend sortiert ist
01  istSortiert := true
02  vorgaenger := 0
03  Wiederhole für alle zahl in zahlen
04      Falls aktuelleZahl > vorgaenger dann
05          istSortiert := true
06      Sonst
07          istSortiert := false
08      vorgaenger := zahl
09  Return istSortiert
```

Listing 19.10 Fehlerhafte Überprüfung auf Sortiertheit als Pseudocode

b) Finden und beheben Sie die Fehler in Listing 19.11, einer Variante der binären Suche aus Kapitel 7, »Suchen«. Dabei wird die binäre Suche rekursiv mit veränderten Bereichsparametern (l und r) aufgerufen.

```
Eingabe: Sortiertes Array buecher von n Buchtiteln,
         Gesuchtes Element e, Bereich l bis r
Ausgabe: Position des Elements, wenn vorhanden, sonst -1
01  Funktion binaereSuche(buecher, e, l, r)
02      Falls r < l dann
03          Return -1
04      m := l + ⌊ (r-l)/2 ⌋
05      Falls buecher[m] = e dann
06          Return m
07      Falls e < buecher[m] dann
08          Return binaereSuche(buecher, e, l, m)
09      Sonst
10          Return binaereSuche(buecher, e, m, r)
```

Listing 19.11 Fehlerhafte rekursive binäre Suche als Pseudocode

Lösungen

Aufgabe 1: Verständnis

a) Wie Sie im Abschnitt über Umgebungsfehler gesehen haben, kann die Ursache, also die Fehlhandlung, auch in falschen Sensordaten oder Hardware-Versagen liegen. Diese Fehler wurden nicht von Menschen erzeugt, sondern liegen in der Natur der entwickelten Geräte.

b) Informationen über den Zustand des Programms können helfen, die Ursache des Fehlers zu finden. Deshalb werden etwa bei Browsern die zum Zeitpunkt des Absturzes offenen Seiten, die installierten Plugins oder relevante Einstellungen an die Entwickler übertragen. Allgemein möchten Softwareentwickler gerne so viele Informationen wie möglich übertragen bekommen, um das Auftreten des Fehlers bei sich nachvollziehen zu können. Darum werden auch Informationen zu den Funktionen, die vor dem Absturz zuletzt aufgerufen wurden, übertragen. Aus diesen Informationen können die Entwickler ableiten, ob ein bestimmter Fehler etwa immer auf der gleichen Webseite oder bei einem bestimmten Funktionsaufruf auftritt, sodass der Fehler schnell lokalisiert und behoben werden kann.

c) Wenn der Entwickler vor der Entwicklung bereits Tests schreiben muss, muss er sich schon im Vorfeld Gedanken über die Funktionen und Schnittstellen der Software machen. So wird erzwungen, dass er früh Designentscheidungen trifft und sich auch überlegt, wie die Software benutzt werden soll und kann. Ein weiterer Vorteil ist, dass zu jedem Zeitpunkt der Entwicklung bereits Tests existieren, anhand derer der Entwickler prüfen kann, ob durch neue Änderungen zuvor bestandene Tests eventuell wieder fehlschlagen. Dies gibt dem Entwickler Sicherheit. Das Aufteilen der Software-Funktionalität in kleine Tests führt außerdem zu strukturiertem Arbeiten mit überschaubaren Zielen.

Aufgabe 2: Fehlersuche

a) Der Algorithmus enthält eine Vielzahl an Fehlern. Zuerst wird der gleiche Fehler gemacht wie in Listing 19.1: Als erster Vergleichswert wird 0 anstatt des ersten Listenwerts gewählt (Zeile 2). In Zeile 4 wird *aktuelleZahl* statt *zahl* benutzt. Zudem fordert der Algorithmus in der gleichen Zeile fälschlicherweise, dass aufeinanderfolgende Zahlen nicht den gleichen Wert haben dürfen. In einer aufsteigenden Zahlenfolge ist dies aber erlaubt, das > muss also durch ein ≥ ersetzt werden. Und schließlich wird in Zeile 5 *istSortiert* wieder auf *true* gesetzt, auch wenn die Liste bereits ein falsch sortiertes Zahlenpaar hatte. Stattdessen sollte bei Erkennen eines falsch sortierten Paares sofort *false* zurückgegeben werden, sodass die Variable *istSortiert* überflüssig wird. Damit betrachten wir eigentlich nur den »Sonst«-Fall aus Zeile 6, den wir durch ein *zahl < vorgaenger* überprüfen können. Den korrekten Algorithmus sehen Sie in Listing 19.12.

```
Eingabe: Liste ganzer Zahlen zahlen
Ausgabe: Ob die Liste aufsteigend sortiert ist
01    vorgaenger := zahlen[0]
02    Wiederhole für alle zahl in zahlen
03        Falls zahl < vorgaenger dann
04            Return false
05        vorgaenger := zahl
06    Return true
```

Listing 19.12 Korrekte Überprüfung auf Sortiertheit als Pseudocode

b) Die Fehler liegen in Zeile 8 und 10. Statt m sollte in Zeile 8 m-1 und in Zeile 10 m+1 stehen, denn sonst werden die Bereiche möglicherweise nicht verkleinert! Wenn die aktuell betrachtete Liste nur noch zwei Elemente enthält, dann ist m das erste der beiden Elemente. Falls wir aber das zweite Buch suchen, landen wir in Zeile 10 und rufen die gleiche Funktion noch einmal auf, da in diesem Fall m=1 ist. Somit wird die Funktion nie fertig, und es kommt zum Laufzeitfehler, da z. B. nach einer gewissen Anzahl Rekursionen der Computer abbricht. Wenn wir aber m+1 in Zeile 10 nutzen, wird der Suchbereich weiter verkleinert, und die Suche ist im nächsten Schritt erfolgreich.

Kapitel 20
Hands-on: Programmieren mit Python

Das Programmieren ist die Kunst, eine dumme Maschine, wie den Computer, etwas Großartiges machen zu lassen. In diesem Kapitel werden wir die Programmiersprache Python vorstellen und zeigen, wie Sie mit Python die bereits gelernten Konzepte umsetzen.

20.1 Die Programmiersprache Python

In allen vorherigen Kapiteln haben wir hauptsächlich Konzepte und Konstrukte ohne Verwendung eines Computers vorgestellt. In diesem Kapitel werden Sie tatsächlich einen Computer benutzen, um diese Konzepte und Konstrukte in einer Programmiersprache zu implementieren und auszuprobieren. Eine Programmiersprache gibt also Ihnen als Entwicklerin oder Entwickler die Möglichkeit, bestimmte Verfahren in Form von Algorithmen mit dem Computer zu automatisieren, wie beispielsweise das Sortieren von Objekten. Es gibt viele Programmiersprachen, die alle unterschiedliche Anwendungsgebiete, Vor- und Nachteile haben. Wir wollen im Rahmen dieses Buches eine Einführung in die sehr verbreitete Programmiersprache *Python* geben.

Die Programmiersprache wurde von Guido van Rossum entwickelt und 1994 in der Version 1.0 veröffentlicht. Inzwischen wird die Weiterentwicklung in einem demokratischen Prozess durch das *Python Steering Council* organisiert. Python wird gerne als einfach verständliche Programmiersprache für Anfänger gewählt, wird aber auch in der Industrie und Wissenschaft viel verwendet. So findet sie sowohl in der Webentwicklung als auch in den Bereichen »Data Science« und »Maschinelles Lernen« Anwendung (siehe Kapitel 13, »Künstliche Intelligenz«).

Python unterstützt das Konzept der Objektorientierung, das wir in Kapitel 11, »Modellierung«, vorgestellt haben. Generell werden wir in diesem Kapitel auf viele vorherige Kapitel Bezug nehmen und die in den anderen Kapiteln vorgestellten Konzepte und Konstrukte in Python-Code überführen. Wir werden dabei den Hands-on-Ansatz verfolgen; es gilt also für Sie, so viele Dinge wie möglich gleich beim Lesen am eigenen Computer auszuprobieren! Da es sich bei Python um eine interpretierte Sprache handelt, wird ein sogenannter *Interpreter* zur Ausführung benötigt. Ein solcher Interpreter wird offiziell von der *Python Software Foundation* bereitgestellt. Sie können ihn für alle Betriebssysteme auf der Webseite *python.org* kostenlos herunterladen. Einen Link zum Download finden Sie auch auf unserer Webseite zum Buch. Die im Folgenden abgedruckten Codebeispiele stehen dort ebenfalls zum Download bereit.

Eines der wichtigsten Werkzeuge beim Programmieren ist die Dokumentation der Sprache. Einen Verweis auf die offizielle und anschauliche Dokumentation von Python finden Sie ebenfalls auf der Webseite zum Buch. Wie die meisten Dokumentationen in der Informatik ist sie auf Englisch verfasst. Neben dieser Dokumentation, die alle Klassen abdeckt, die standardmäßig Teil von Python sind, bietet die *Foundation* auch Tutorials, also kleine Anleitungen zur Verwendung der wichtigsten Sprachfunktionen, an, die Sie ebenfalls über unsere Webseite finden. Am Ende des Kapitels werden wir Ihnen weitere Werkzeuge vorstellen, die bei der Entwicklung mit Python sehr hilfreich sein können.

20.2 Hallo Leser

Bevor wir richtig in die Programmiersprache eintauchen, werden wir gemeinsam Ihr erstes Programm ausführen. Typischerweise besteht das erste Programm, das man in einer neuen Programmiersprache schreibt, daraus, »Hallo Welt!« auszugeben. Wir haben das Beispiel für dieses Buch angepasst und Ihnen in Listing 20.1 den Quellcode abgedruckt.

```
01  # Den Leser begrüßen
02  print("Hallo Fit fürs Studium-Leser!")
```

Listing 20.1 Der Python-Code, der eine Begrüßung ausgibt

Probieren Sie es aus! Schreiben Sie diesen Code in eine leere Textdatei. Dafür können Sie unter Windows zum Beispiel den *Notepad-Editor* verwenden. Unter macOS erfüllt die gleiche Funktion die Anwendung *TextEdit*. Speichern Sie die Datei als *hallo_leser.py* in einen leeren Ordner, und merken Sie sich den Dateipfad.

Ausführung

Bevor wir den Code erklären, wollen wir erst einmal das Programm ausführen. Haben Sie den Python-Interpreter schon heruntergeladen und installiert? Wenn nicht, ist jetzt der richtige Moment dafür.

Zur Ausführung Ihres ersten Programms benötigen Sie ein *Terminal* (auch *Kommandozeile* genannt). Unter Windows können Sie nach dem Programm *Eingabeaufforderung* im Startmenü suchen. Wenn Sie einen Mac oder einen Linux-Computer benutzen, nutzen Sie das Programm *Terminal*. Beim Starten dieses Programms öffnet sich ein schwarzes oder weißes Fenster, in dem Sie Tastatureingaben tätigen können. Über dieses Terminal können Sie den Computer durch Eingabe von Befehlen steuern. Üblicherweise startet das Terminal in Ihrem Heimverzeichnis. Sie müssen daher nun zunächst in den Ordner wechseln, in dem Ihr gerade geschriebener Quellcode liegt.

Geben Sie als Erstes unter Windows den Befehl `dir`, unter macOS den Befehl `ls` ein, und führen Sie ihn durch Betätigen der ⏎-Taste aus. Sie erhalten nun eine Liste der Dateien im aktuellen Ordner angezeigt. Wenn Sie mit Ihrem Terminal in einen Unterordner wechseln möchten, können Sie das mit dem Befehl `cd Ordnername` tun, wobei Sie `Ordnername` durch den entsprechenden Namen des Ordners ersetzen. Um wieder einen Ordner nach oben zu wechseln, führen Sie den Befehl `cd ..` aus. Wechseln Sie zunächst in den Ordner, in dem Ihr gerade geschriebener Quellcode liegt. Führen Sie nun unter Windows den Befehl `dir`, unter macOS den Befehl `ls` aus. Wird die Datei *hallo_leser.py* aufgelistet? Falls nicht, kontrollieren Sie den angezeigten Ordnerpfad und wechseln mit `cd` in den Ordner, in dem die Datei gespeichert ist.

Bevor Sie das Python-Programm ausführen, sollten Sie einmal testen, ob die Python-Installation erfolgreich war. Dazu führen Sie den Befehl `python --version` aus. Zeigt die Ausgabe eine Python-Version von 3.6 oder höher? Dann sind Sie bereit für das Ausführen Ihres ersten Python-Programms! Wenn jedoch eine Fehlermeldung erscheint oder eine ältere Python-Version angezeigt wird (z. B. Version 2.7 oder 3.5), sollten Sie die neueste Version installieren (siehe oben).

Nun können Sie das Python-Programm ausführen. Geben Sie dafür im Terminal den Befehl `python hallo_leser.py` ein. Wird `"Hallo Fit fürs Studium-Leser!"` ausgegeben? Wenn ja, hat alles geklappt! Bei manchen Computern kann es sein, dass beim Ausführen der Befehle die Fehlermeldung erscheint, dass der Befehl `python` nicht gefunden werden konnte. In diesem Fall ist Python noch nicht richtig konfiguriert. Auf der Webseite zum Buch können Sie nachlesen, welche Schritte Sie unternehmen müssen, um Python trotzdem verwenden zu können.

Erklärung des Programmcodes

Kommentare der Entwickler werden in Python mit dem Rautensymbol # eingeleitet. Sie sind für die Programmausführung nicht relevant und werden ignoriert, werden aber zur Dokumentation des Programms verwendet.

Eine Python-Datei wird vom Python-Interpreter Zeile für Zeile angeschaut und ausgeführt. Die erste Zeile wird also als Kommentar erkannt und somit ignoriert. Anschließend wird die Begrüßung mit `print()` ausgegeben. Mit dieser Zeile werden Zeichenketten oder Zahlen auf das Terminal ausgegeben. Der Befehl `print` bedeutet zu Deutsch *drucke*.

Im Folgenden werden wir viele Codebeispiele zeigen, um Ihnen die verschiedenen Aspekte der Programmierung sowie die Besonderheiten von Python näherzubringen.

20.3 Variablen

Daten können in Python in *Variablen* gespeichert werden. Das Konzept einer Variable ist Ihnen schon aus Kapitel 1, »Algorithmen«, bekannt und wurde anschließend in vielen verschiedenen Kapiteln verwendet. Eine Variable wird in Python folgendermaßen angelegt:

`variablenname = Wert`

Variablennamen werden in Python per Konvention kleingeschrieben, und mehrere Wörter werden mit einem Unterstrich getrennt. Möchten Sie später der Variable einen neuen Wert zuweisen, schreiben Sie einfach `variablenname = NeuerWert`. Auch Zeichenketten wie der Ausgabetext `"Hallo Fit fürs Studium-Leser!"` können in Variablen gespeichert werden. Zeichenketten werden in Python *Strings* genannt. Einen solchen String sehen Sie in Zeile 1 des Codebeispiels in Listing 20.2.

```
01  buch_titel = "Fit fürs Studium"
02  print(f"Hallo {buch_titel}-Leser!")
```

Listing 20.2 Die Begrüßung der Leser eines Buches, das in der Variable »buch_titel« definiert wird

Wir haben das *Hallo-Leser*-Beispiel erweitert und den Buchtitel in Listing 20.2 in eine Variable ausgelagert. Zusätzlich sieht die Zeile 2 auch anders aus: Hier verwenden wir einen sogenannten *f-String*, der es erlaubt, die Werte von Variablen in einem String einzubauen. Solche f-Strings beginnen mit f" und enden mit ". Innerhalb des f-Strings wird der Inhalt von geschweiften Klammern durch den Wert der darin genannten Variable ersetzt. Durch eine Änderung der Variable buch_titel können somit die Leser beliebiger Bücher begrüßt werden. Probieren Sie es aus, und begrüßen Sie auch Leser anderer Bücher!

20.4 Klassen, Objekte und Methoden

Ein Buch ist natürlich nicht nur ein Titel, sondern es handelt sich dabei um ein Objekt. Da Python objektorientierte Konzepte unterstützt, kann man Klassen und Objekte in Python anlegen und verwenden. Eine kurze Erinnerung: In Kapitel 11, »Modellierung«, haben wir Klassen als Baupläne für Objekte eingeführt. Sie werden nun eine Klasse für Bücher anlegen. In Python werden Klassennamen per Konvention großgeschrieben. Erstellen Sie für dieses Beispiel eine neue Datei mit dem Namen *buch.py*, und fügen Sie dort den Quellcode aus Listing 20.3 ein. Achten Sie hierbei auch auf die Einrückung, also 2 Leerzeichen in Zeile 2–4, sowie 4 Leerzeichen in Zeile 5.

```
01  class Buch:
02    titel = "Fit fürs Studium"
03
04    def begruesse(self):
05      print(f"Hallo {self.titel}-Leser")
06
07
08  fit_fuers_studium = Buch()
09  fit_fuers_studium.begruesse()
```

Listing 20.3 Die Klasse »Buch« mit dem Attribut »titel« und der Methode »begruesse«. Die Methode wird in Zeile 9 aufgerufen.

Klassen, Methoden, Verzweigungen und Schleifen erwarten einen *Codeblock* nach den Schlüsselwörtern, der die darin befindlichen Befehle oder andere Blöcke umschließt. Codeblöcke werden in Python durch ihre Einrückung definiert, also durch die Leerzeichen oder Tabulatorzeichen am Zeilenanfang. Aufeinanderfolgende Zeilen mit gleicher Einrückung gehören zum gleichen Block. In diesem Beispiel stellt der Inhalt der Buch-Klasse einen solchen Block dar (Zeilen 2–5), wobei der Inhalt der begruesse-Funktion zusätzlich auch ein eigener Block ist (Zeile 5).

Ein Objekt einer Klasse erstellen Sie in Python mithilfe des Klassennamens. Sie können das erstellte Objekt dann zum Beispiel in einer Variable speichern:

```
variablenname = Klassenname()
```

Wichtig dabei sind auch die beiden Klammern nach dem Klassennamen.

Eigenschaften von Objekten

Eigenschaften werden in Python in Form von *Attributen* definiert und sind eine Art Variable, die zum Objekt oder zur Klasse gehört. Sie können in Methoden verändert werden. In Listing 20.3 haben wir der Buch-Klasse in Zeile 2 das Attribut titel gegeben.

Verhalten von Objekten

Unter dem Attribut haben wir in Zeile 4 zudem eine *Methode* angelegt. Methoden definieren das Verhalten von Objekten und werden in der Form def methodenname(): ... definiert. Der Inhalt der Methode folgt als eingerückter Codeblock. Auch Methodennamen werden in Python kleingeschrieben. Im Methodenblock steht der Code, der ausgeführt werden soll, wenn die Methode aufgerufen wird. Mit dem Schlüsselwort return können Sie die Methode wieder verlassen und dabei den Wert einer Variable (return variablenname), einen Wert direkt (return wert) oder nichts (return) zurückgeben.

Methoden können Parameter haben, die beim Aufruf mit Werten gefüllt werden müssen. Diese Werte werden auch *Argumente* genannt und können sowohl fest im Programmcode notiert als auch Variablen sein. Dem in der Methode implementierten Algorithmus können somit Eingabedaten bereitgestellt werden. Dafür schreiben Sie bei der Methodendefinition in die Klammern die Parameter, die diese Methode erwartet. Wenn wir in Python eine Methode aufrufen, die Teil eines Objektes ist, so ist der erste Parameter immer das Objekt selbst; anhand dieses Parameters, den wir standardmäßig self nennen, können wir auf Attribute und andere Methoden des Objektes zugreifen und diese verwenden. Bei der Ausgabe in Zeile 5 greifen wir auf self.titel (also die Variable titel des Objektes) zu.

Im unteren Teil von Listing 20.3 wird die Methode `begruesse` auf einem Objekt der Klasse `Buch` aufgerufen. Ein solcher Aufruf wird durch einen Punkt getrennt hinter das Objekt geschrieben, auf dem die Methode aufgerufen werden soll.

Probieren Sie es aus! Führen Sie den Code in *buch.py* aus. Wird der Leser begrüßt?

> **Sichtbarkeit von Variablen (Scope)**
>
> Variablen haben unterschiedliche Sichtbarkeiten. *Sichtbarkeit* (auch *Scope* genannt) bezeichnet dabei den Bereich, in dem die Variable bekannt ist und in dem direkt auf ihren Wert zugegriffen werden kann. Im Allgemeinen entspricht dies in Python dem Codeblock, in dem die Variable angelegt wird. Es wird dabei zwischen *lokalen Variablen* und *Attributen* unterschieden. Eine lokale Variable ist nur innerhalb einer Methode sichtbar. Noch strenger verhalten sich in Python Attribute: Um auf Attribute eines Objektes zuzugreifen, muss man Zugriff auf eine Variable haben, die das Objekt enthält. Dies gilt sogar innerhalb von Methoden dieser Klasse, weshalb dort `self` zur Verfügung steht. Mit dem *Punkt-Operator* können Sie auf die Attribute zugreifen, wie z. B. mit `self.titel` auf die Variable `self`.
>
> In Python sind alle Attribute und Methoden standardmäßig nach außen sichtbar. Soll eine Methode oder ein Attribut nicht von außen verwendet werden, so können Sie den Namen mit einem Unterstrich _ beginnen lassen. Die beiden Optionen entsprechen in etwa den in Kapitel 11, »Modellierung«, vorgestellten Schlüsselwörtern `public` und `private`.

Listing 20.4 zeigt eine angepasste Variante der Methode `begruesse` mit einem zusätzlichen Parameter, der untere Teil demonstriert, wie ein bestimmter Wert übergeben wird. Mehrere Parameter trennen Sie durch ein Komma. Bei einem Aufruf müssen Sie diese dann genau in der deklarierten Reihenfolge angeben, wobei der `self`-Parameter ja von Python beim Aufruf der Methode hinzugefügt wird. Nun können Sie die Begrüßung an die jeweilige Tageszeit anpassen, ohne die `Buch`-Klasse verändern zu müssen.

```
01    def begruesse(self, tageszeit):
02        print(f"{tageszeit} {self.titel}-Leser")

01    fit_fuers_studium = Buch()
02    fit_fuers_studium.begruesse("Guten Abend")
```

Listing 20.4 Die Methode »begruesse« wurde angepasst und hat nun einen Parameter. Unten wird die Methode mit einem Wert aufgerufen.

Alle Objekte der Klasse `Buch` haben aber bisher denselben Titel, da hier dieselbe Variable für alle Objekte verwendet wird. Im Fall des Buches ist es sinnvoll, dass jedes Objekt einen eigenen Titel hat und dieser Titel direkt beim Erzeugen des Objektes festgelegt wird. Dafür gibt es in Python *Konstruktoren*. Ein Konstruktor ist eine spezielle Methode, die bei jeder Erzeugung eines Objektes mit Klassenname() aufgerufen wird und auch Parameter haben kann. Konstruktoren werden als Methode __init__ angelegt und haben auch den Parameter self, der für das Objekt steht, das wir gerade erstellen:

```
def __init__(self): …
```

In Listing 20.5 haben wir die Klasse Buch um einen Konstruktor erweitert. Dort können wir self.titel auf den Wert des Parameters titel setzen. Wie Sie in den Zeilen 9 und 12 sehen, muss nun beim Erzeugen eines Objektes der Titel mit angegeben werden.

```
01  class Buch:
02      def __init__(self, titel):
03          self.titel = titel
04
05      def begruesse(self):
06          print(f"Hallo {self.titel}-Leser")
07
08
09  fit_fuers_studium = Buch("Fit fürs Studium")
10  python_handbuch = Buch("Python 3. Das umfassende Handbuch")
11
12  fit_fuers_studium.begruesse()
13  python_handbuch.begruesse()
```

Listing 20.5 Die Klasse »Buch«, erweitert um einen Konstruktor

Jetzt, da jedes Buch seinen eigenen Titel hat, können wir auch die Titel einzelner Bücher nachträglich anpassen. Probieren Sie aus, ob die Begrüßung entsprechend angepasst wird!

```
01  fit_fuers_studium = Buch("Fit fürs Studium")
02  fit_fuers_studium.begruesse()
03  fit_fuers_studium.titel = "Fit fürs Studium - Informatik"
04  fit_fuers_studium.begruesse()
```

Listing 20.6 Das Setzen eines Attributs. Der Effekt ist beim Ausführen in der Ausgabe sichtbar.

Listing 20.6 zeigt eine mögliche Variante. Wenn Sie den Code ausführen, werden Sie sehen, dass sich die Begrüßung beim zweiten Aufruf ändert.

> **Interaktiver Modus**
>
> Neben dem Ausführen von Python-Programmen mithilfe von `python programm.py` gibt es auch den *interaktiven Modus*. Diesen Modus erreichen Sie, indem Sie in der Kommandozeile einfach `python` eingeben. Sie sind nun im interaktiven Modus, markiert durch die >>>-Zeichen am Beginn der Zeile. Jetzt können Sie einzelne Zeilen oder ganze Codeblöcke eingeben, und diese werden sofort ausgeführt. Auf diese Weise können Sie einzelne Operationen oder Methoden schnell ausführen, ohne erst eine Datei für das Programm erstellen zu müssen. Sie beenden den interaktiven Modus durch den Python-Methodenaufruf `exit()`.

20.5 Datentypen

Ein Datentyp ist eine bestimmte Art von Informationen oder eine Sammlung verschiedener zusammengehöriger Daten. Ein Buch hat beispielsweise einen Titel, eine Seitenanzahl, einen Preis, ein Genre und einen Status, ob man es gekauft hat oder nicht. Jeder Wert hat einen bestimmten Datentyp (so ist zum Beispiel der Buchtitel eine *Zeichenkette*), und alle Werte zusammen bilden den neuen Datentyp *Buch*. Die genannten Informationen, die zu einem Buch gehören, könnte man theoretisch alle in Strings speichern, jedoch gibt es auch passendere Datentypen.

Die Datentypen in Python sind durch Klassen und Objekte realisiert und haben somit Identität, Eigenschaften und Verhalten. Beispielsweise unterstützen Zeichenketten die Methode `upper()`, die eine Zeichenkette zurückgibt, in der alle Kleinbuchstaben durch Großbuchstaben ersetzt wurden. Während Objekte von selbst definierten Klassen mit `Klassenname()` angelegt werden müssen, können viele der eingebauten Datentypen von Python mithilfe anderer Notation verwendet werden, beispielsweise die Zeichenketten mit Anführungszeichen.

Stellen Sie sich vor, dass Sie in einer Variable speichern möchten, welches Buch Sie gerade lesen. Was ist, wenn Sie gerade kein Buch lesen? Hier möchten Sie festlegen, dass die Variable keinen Wert hat. Dies ist schließlich etwas anderes, als hätte das Buch den Titel `""`. Dafür gibt es in Python den Begriff `None`. Mit `aktuelles_buch = None` können Sie dies ausdrücken.

Zahlen

Die Seitenanzahl des Buches ist eine ganze Zahl (der Datentyp dazu heißt `int`), der Preis eines Buches ist eine Kommazahl (`float` genannt). In Python schreiben Sie Kommazahlen mit der amerikanischen Notation, also mit einem Punkt als Dezimaltrennzeichen. Wie in Kapitel 2, »Zahlen und Kodierungen«, thematisiert wurde, muss man normalerweise bei der Speicherung von Zahlen aufpassen, ob der dafür gewählte Datentyp 32 oder 64 Bit lang ist und ob er eine ganze oder eine Gleitkommazahl speichern kann. Python nimmt uns diese Arbeit ab und kümmert sich automatisch darum, einen passenden Datentyp auszuwählen und ausreichend Speicher für sehr große Zahlen bereitzustellen. Wie in anderen Programmiersprachen muss bei Kommazahlen dennoch aufgepasst werden: Das Rechnen mit Gleitkommazahlen erfolgt nur mit beschränkter Präzision und kann zu Rundungsfehlern führen.

Mit diesen Zahl-Datentypen können Sie auch rechnen. Dafür werden in Python die normalen Rechenzeichen, wie ein + zur Addition, ein - zur Subtraktion, ein * zum Multiplizieren oder ein / zum Dividieren, verwendet. Probieren Sie es einmal aus! Lassen Sie sich das Ergebnis einer Multiplikation und einer Division auf der Konsole im interaktiven Modus ausgeben. Beobachten Sie dabei, wie Python automatisch Datentypen anpasst. Multiplizieren Sie zum Beispiel die zwei ganzen Zahlen 2 und 4, so ist das Ergebnis eine ganzzahlige 8. Multiplizieren Sie dagegen die ganze Zahl 2 mit der Gleitkommazahl 3.5, so ist das Ergebnis die Gleitkommazahl 7.0. Teilen Sie eine ganze Zahl durch eine andere ganze Zahl mit dem Operator /, so wird die normale Division durchgeführt, die zu einem Gleitkommazahl-Ergebnis führt. Verwenden Sie hingegen //, so wird keine normale, sondern eine ganzzahlige Division durchgeführt, und auch das Ergebnis ist wieder eine Ganzzahl. Testen Sie selbst, und vergleichen Sie die Ergebnisse von 5 / 2 und 5 // 2!

Wahrheitswerte

Der Status, ob das Buch gekauft wurde, kann nur wahr oder falsch sein. Für solche Wahrheitswerte gibt es den Datentyp bool. Variablen vom Typ bool können entweder True oder False sein (großgeschrieben). Mit Variablen vom Typ bool können Sie logische Aussagen aufstellen und diese zum Beispiel auch für Bedingungen verwenden. Aussagen lassen sich in Python mithilfe der bereits aus Kapitel 1, »Algorithmen«, bekannten Operatoren UND (and), ODER (or) und NICHT (not) verknüpfen; auch Klammern können Sie wie üblich verwenden. Zum Beispiel können Sie mit diesen Operatoren das exklusive ODER, das wir in Kapitel 14, »Computer«, vorgestellt haben, so konstruieren:

```
(variable1 and not variable2) or (not variable1 and variable2)
```

Auch andere Datentypen können Sie in Bedingungen verwenden. So ist es möglich, die genannten Zahlentypen mit == auf Gleichheit zu prüfen oder sie mit *größer* (>) und *kleiner* (<) zu vergleichen. Auch die Kombinationen *größer/gleich* (>=) und *kleiner/gleich* (<=) sind möglich. Mit den zwei Gleichzeichen (==) können Sie nicht nur Zahlen, sondern auch alle anderen Datentypen auf Gleichheit prüfen. Ungleich wird, angelehnt an logische Ausdrücke, mit != ausgedrückt.

Aber was bedeutet Gleichheit? Bei Zahlen oder Strings scheint dies klar, aber etwa bei unseren Büchern ist es nicht so leicht. Stellen Sie sich vor, Sie stehen in einer Buchhandlung und möchten ein Buch kaufen. Natürlich wollen Sie sich kein Buch kaufen, das Sie schon haben. Daher denken Sie an Ihr Bücherregal zu Hause und vergleichen das Buch, das Sie gerade in der Hand halten, mit jedem Buch in Ihrem Regal. Dabei betrachten Sie vielleicht zwei Bücher als gleich, falls diese denselben Titel und Autor haben, möglicherweise kommt es Ihnen aber auch auf die genaue Auflage an. Dieses Verhalten können Sie in Python festlegen, indem Sie in der entsprechenden Klasse die Methode __eq__(self, other) definieren, die mit ihrem Rückgabewert festlegt, ob die Objekte self und other gleich sind. Anschließend können Sie, genau wie bei Zahlen oder Strings, mit objekt1 == objekt2 überprüfen, ob zwei Objekte dieser Klasse gleich sind.

Möchten Sie hingegen prüfen, ob zwei Objekte identisch sind (also die zwei Variablen sich auf das gleiche Objekt beziehen), können Sie das Schlüsselwort is verwenden, also objekt1 is objekt2. Aus technischer Sicht überprüft is die Identität des Objektes, == den *Inhalt* des Objektes.

Zeichen und Zeichenketten

Sie haben eben bereits mit *Strings* gearbeitet, als Sie in der Klasse Buch den Titel gespeichert haben. Strings werden in Python mit doppelten ("...") oder einfachen ('...') Anführungszeichen gekennzeichnet. Neben Operationen wie der zuvor angesprochenen Methode upper() zum Umschreiben der Zeichenkette in Großbuchstaben, die mit dem Punkt-Operator auf einen String angewendet werden, bieten Strings zusätzlich »Komfortfunktionen« an und können beispielsweise mit dem Operator + mit weiteren Strings zusammengehängt werden: titel = "Fit fürs" + " Studium".

```
01  class Buch:
02      def __init__(self, titel, seitenanzahl, preis, genre, gekauft):
03          self.titel = titel
04          self.seitenanzahl = seitenanzahl
05          self.preis = preis
06          self.genre = genre
07          self.gekauft = gekauft
08
09      def begruesse(self):
10          print(f"Hallo {self.titel}-Leser")
```

```
11
12
13  fit_fuers_studium = Buch("Fit fürs Studium", 440, 24.90, "F", True)
```

Listing 20.7 Die Klasse »Buch«, erweitert um die anderen Attribute. Zeile 13 zeigt, wie ein Objekt der Klasse erzeugt werden kann.

In Listing 20.7 sehen Sie verschiedene Datentypen in der Erweiterung der Klasse Buch in Aktion.

> **Datentypen und Duck-Typing in Python**
>
> Wenn wir in Python Variablen verwenden, müssen wir keinen Datentyp festlegen. Wir können sogar der gleichen Variable nacheinander Objekte mit verschiedenen Typen zuweisen. Es kommt nur darauf an, ob das Objekt die Methoden und Attribute anbietet, die später darauf aufgerufen werden. Diese Eigenschaft der Sprache nennt sich *Duck-Typing*: Wenn es wie eine Ente läuft, schwimmt und schnattert, dann ist es wohl eine Ente.

Arrays

Um mehrere Bücher oder gleich eine ganze Bibliothek verwalten zu können, verwenden Sie die aus Kapitel 3 bekannten Datenstrukturen.

Arrays werden in Python list genannt, haben eine eigene Notation und werden mit eckigen Klammern angelegt:

```
variable = [element1, element2, ...]
```

Innerhalb des Arrays können Sie beliebige Datentypen verwenden und sogar mischen:

```
zahlen = [42, 4.5, "1 Million"]
```

```
01  regal = [None, None, None]
02  regal[0] = Buch("Fit fürs Studium", 440, 24.90, "F", True)
03  fit_fuers_studium = regal[0]
```

Listing 20.8 Die Verwendung eines Arrays am Beispiel des Bücherregals

Listing 20.8 zeigt in Zeile 1 die Initialisierung eines Arrays mit drei None-Einträgen, also ein leeres Regal mit drei Stellen. In Zeile 2 wird ein neues Buch ins Regal gestellt, indem der ersten Stelle im Array ein neuer Wert zugewiesen wird. Wie in den meisten Programmiersprachen beginnt auch in Python die Zählung bei 0; das erste Element im Array steht also am Index 0, das zweite am Index 1 und so weiter. Wie in Zeile 3 greifen Sie auf einen Wert im Array ebenfalls mit eckigen Klammern zu.

```
01  fit_fuers_studium = Buch("Fit fürs Studium", 440, 24.90, "F", True)
02  regal = []
03  regal.append(fit_fuers_studium)
04  print(regal[0].titel) # "Fit fürs Studium"
05  print(len(regal)) # 1
06  regal.remove(fit_fuers_studium)
07  print(len(regal)) # 0
```

Listing 20.9 Weitere Operationen auf einem Array. Die Größe des Arrays ändert sich.

Aber sowohl das heimische Bücherregal als auch Bibliotheken wachsen meist in der Größe. Zum Glück haben Arrays in Python eine dynamische Größe. Listing 20.9 zeigt die Verwendung dieser Funktionalität. Da es sich hierbei um einen Objekt-Datentyp handelt, sind für Operationen auf dem Array Methoden vorhanden. Neue Elemente fügen Sie mit der Methode `append` hinzu. Neben diesen Methoden gibt es viele weitere, wie zum Beispiel die Methode `remove`, mit der Sie einen Eintrag löschen. Die Methode `len` ermittelt die Anzahl der Elemente im Array. Diese kann übrigens auch auf viele andere Datenstrukturen angewendet und zum Beispiel zum Ermitteln der Länge eines Strings genutzt werden.

Manchmal wollen wir auf mehrere Elemente eines Arrays zugreifen. Dafür gibt es in Python *Slices*. Mit der Schreibweise `array[anfang:ende]` erhalten wir alle Elemente vom Index `anfang` (inklusive) bis zum Index `ende` (exklusive). Wenn Anfang oder Ende mit dem Anfang oder Ende des gesamten Arrays übereinstimmen, können wir die Schreibweise verkürzen, indem wir den entsprechenden Teil weglassen. So gibt uns `regal[1:]` alle Bücher bis auf das erste aus dem Array `regal`.

Queues und Stacks

In welcher Reihenfolge lesen Sie eigentlich Ihre Bücher? Lesen Sie sie immer in der Reihenfolge, in der Sie diese gekauft haben? Oder doch eher die neuesten sofort und erst später die vor längerer Zeit gekauften? Für beide Fälle haben wir in Kapitel 3 Datenstrukturen vorgestellt.

```
01  fit_fuers_studium = Buch("Fit fürs Studium", 440, 24.90, "F", True)
02  python_handbuch = Buch("Python 3. Das umfassende Handbuch", 1079,
       44.90, "F", True)
03
04  stack = []
```

```
05  stack.append(fit_fuers_studium)
06  stack.append(python_handbuch)
07  print(stack.pop().titel) # "Python 3. Das umfassende Handbuch"
08  print(stack.pop().titel) # "Fit fürs Studium"
```

Listing 20.10 Das Verwenden eines Arrays als Stack

Falls Sie immer die zuletzt gekauften Bücher zuerst lesen, eignet sich ein *Stack* als Datenstruktur. Hierfür können Sie in Python, wie in Listing 20.10 gezeigt, Arrays verwenden. Das bereits zuvor erklärte `append` wird dabei zum Hinzufügen von Elementen oben auf dem Stack genutzt. Die Methode `pop` stellt das Gegenstück zum Entfernen des obersten Elements dar. Im Beispiel erkennen Sie, dass die Lesereihenfolge der Bücher umgekehrt zur Einfügereihenfolge ist.

Wenn Sie Ihre Bücher immer in Kaufreihenfolge lesen, können Sie Ihre Liste der noch zu lesenden Bücher in einer *Queue* speichern. Für diese gibt es in Python eine eigene Klasse `deque`, kurz für *double-ended queue*. Da diese Klasse jedoch nicht so häufig verwendet wird, ist sie nicht standardmäßig verfügbar – wir müssen sie erst importieren. Ein Beispiel dafür zeigt Listing 20.11; der Import erfolgt direkt in der ersten Zeile. Wie zuvor beim Array können mit der Methode `append` neue Bücher in die Datenstruktur eingefügt werden, bei der Queue werden diese hinten angehängt. Auf der anderen Seite der Queue können die vordersten Bücher mit der Methode `popleft` gelesen werden. Tatsächlich können Sie eine `deque` auch als Stack verwenden, denn die Methode `pop` ist ebenfalls verfügbar.

```
01  from collections import deque
02  fit_fuers_studium = Buch("Fit fürs Studium", 440, 24.90, "F", True)
03  python_handbuch = Buch("Python 3. Das umfassende Handbuch", 1079,
        44.90, "F", True)
04
05  queue = deque()
06  queue.append(fit_fuers_studium)
07  queue.append(python_handbuch)
08  print(queue.popleft().titel) # "Fit fürs Studium"
09  print(queue.popleft().titel) # "Python 3. Das umfassende Handbuch"
```

Listing 20.11 Nutzen einer Queue mit der Klasse »deque«

Probieren Sie es aus! Legen Sie sich weitere Bücher an, und fügen Sie sie der Liste hinzu; lesen Sie Elemente aus, und entfernen Sie Bücher aus der Datenstruktur. So können Sie das Verhalten der beiden Datenstrukturen am besten erfahren und verstehen.

Sets und Maps

Zurück zu Ihrem Bücherregal. In heimischen Bücherregalen findet man eher selten doppelte Bücher. Daher könnte man die Bücher auch in einem Set statt einer Liste speichern. Das würde zum Beispiel ermöglichen, dass man sehr schnell ermitteln kann, ob sich ein bestimmtes Buch bereits im Regal befindet oder nicht. In Python gibt es für Sets die Klasse set. Ihre Verwendung ist in Listing 20.12 gezeigt. Genau wie Arrays sehr einfach mit eckigen Klammern angelegt werden können, gibt es auch eine einfache Schreibweise zum Anlegen eines neuen Sets mit Werten, nämlich mit geschweiften Klammern: s = {1, 2, 3}. Wenn das Set anfangs leer sein soll, müssen Sie stattdessen den Konstruktor set() verwenden, denn {} ist eine leere Map und damit eine andere Datenstruktur (siehe unten). Neue Elemente werden einem Set mit der Methode add hinzugefügt. Fügen Sie ein Element hinzu, das sich bereits in der Liste befindet, wird es nicht noch einmal gespeichert. Um zu überprüfen, ob ein Element im Set gespeichert ist, verwenden Sie das Schlüsselwort in. Dieses Schlüsselwort ist auch für Listen verfügbar, jedoch in der Ausführung mit einem Set viel schneller. Mit remove können Sie Elemente wieder entfernen, und mit len können Sie die Anzahl von Elementen im Set ermitteln.

```
01  fit_fuers_studium = Buch("Fit fürs Studium", 440, 24.90, "F", True)
02  python_handbuch = Buch("Python 3. Das umfassende Handbuch", 1079, 44.90, "F", True)
03  s = set()
04  s.add(fit_fuers_studium)
05  print(fit_fuers_studium in s) # True
06  print(python_handbuch in s) # False
07  s.remove(fit_fuers_studium)
08  print(len(s)) # 0
```

Listing 20.12 Die Verwendung eines Sets. Das Überprüfen, ob ein Buch im Set enthalten ist, geht sehr schnell.

Um die Bücher auch noch schnell greifbar zu machen, können Sie sie in einer Zuordnung, auch *Map* genannt, speichern. Bei einer digitalen Bibliothek könnte es zum Beispiel hilfreich sein, wenn der Titel des Buches als Schlüssel fungiert und direkten Zugriff auf das jeweilige Buch liefert.

```
01  fit_fuers_studium = Buch("Fit fürs Studium", 440, 24.90, "F", True)
02
03  regal = {}
04  regal["Fit fürs Studium"] = fit_fuers_studium
```

```
05  print(regal["Fit fürs Studium"].genre) # "F"
06  print("Fit fürs Studium" in regal) # True
```

Listing 20.13 Die Verwendung einer Map für die Zuweisung von Titeln zu den dazugehörigen Büchern

Zur Verwendung einer Map gibt es in Python die Klasse dict. Listing 20.13 zeigt, wie Sie dict einsetzen können. Eine leere Map wird mit {} angelegt. Hinzugefügt werden die Elemente mithilfe von eckigen Klammern, ähnlich wie bei einem Array. Dabei wird der Schlüssel in den Klammern notiert. Um zu überprüfen, ob unter einem bestimmten Titel schon ein Buch im Regal steht, kann wieder das Schlüsselwort in verwendet werden. Möchten Sie nun das Buch lesen, holen Sie es anhand des Titels wieder mit eckigen Klammern aus dem Regal. Fügen Sie ein Buch hinzu, dessen Titel sich bereits im Regal befindet, wird der alte Wert überschrieben, das alte Buch wird also aus dem Regal entfernt und das neue hineingestellt.

20.6 Kontrollstrukturen

Neben Variablen, Datenstrukturen und simplen Befehlen benötigen wir Kontrollstrukturen, um mithilfe logischer Bedingungen den Programmablauf zu steuern. In Python stehen dafür die aus Kapitel 1 bekannten Verzweigungen und Schleifen zur Verfügung.

Verzweigungen

Damit die Bücher ihren Weg in Ihr Regal finden, müssen sie gekauft werden. Wichtig ist natürlich, dass nur Bücher gekauft werden, die Sie nicht schon besitzen. Für solche Verzweigungen oder Fallunterscheidungen benutzt man in Python wie in den meisten Programmiersprachen das Schlüsselwort if. Genau wie in Kapitel 1, »Algorithmen«, vorgestellt, können Sie damit abhängig von einer Bedingung einen Codeblock ausführen oder nicht.

```
01  fit_fuers_studium = Buch("Fit fürs Studium", 440, 24.90, "F", True)
02
03  if fit_fuers_studium.gekauft == False:
04      # Das Buch kaufen
05      fit_fuers_studium.gekauft = True
06      print("Das Buch wurde gekauft.")
07  else:
08      print("Dieses Buch ist bereits gekauft.")
```

Listing 20.14 Eine einfache Verzweigung mit »if« und »else«. Das Buch wird nur gekauft, wenn es nicht bereits gekauft wurde.

Listing 20.14 verwendet eine Verzweigung, um zwischen gekauften und nicht gekauften Büchern zu unterscheiden. Nach dem Schlüsselwort if folgen die Bedingung sowie ein Doppelpunkt. In diesem Fall wird überprüft, ob der Wert vom Attribut gekauft False ist. Dafür verwenden wir den Vergleich mit ==. Im anschließenden eingerückten Codeblock steht der Code, der ausgeführt werden soll, wenn die Bedingung erfüllt ist. Mit else: können wir optional einen weiteren eingerückten Codeblock angeben, der ausgeführt wird, falls die Bedingung nicht erfüllt ist. Probieren Sie es aus! Spielen Sie etwas mit der Bedingung sowie den Buchdaten in der ersten Zeile, und erkennen Sie, wann welcher der beiden Fälle eintritt. Versuchen Sie anschließend, die Bedingung etwas zu erweitern: Ein Buch soll nur gekauft werden, wenn es noch nicht gekauft wurde und es weniger als 30 Euro kostet. Sollte eine der beiden Bedingungen nicht zutreffen, das Buch also schon gekauft worden oder zu teuer sein, dann soll eine Fehlermeldung ausgegeben werden, die das Zutreffende aussagt. Eine Möglichkeit, diese Bedingung zu implementieren, finden Sie in Listing 20.15. In diesem Beispiel haben wir auch den Vergleich der gekauft-Variable mit False durch ein not ersetzt – eine praktische und kürzere Notation für dieselbe Bedingung.

```
01  fit_fuers_studium = Buch("Fit fürs Studium", 440, 24.90, "F", True)
02
03  if not fit_fuers_studium.gekauft:
04    if fit_fuers_studium.preis < 30.00:
05      # Das Buch kaufen
06      fit_fuers_studium.gekauft = True
07      print("Das Buch wurde gekauft.")
08    else:
09      print("Das Buch ist zu teuer.")
10  else:
11    print("Dieses Buch ist bereits gekauft.")
```

Listing 20.15 Die Erweiterung der Bedingung, ob ein Buch gekauft werden soll: Neben dem Kaufstatus wird auch der Preis überprüft – das Buch muss günstiger als 30 Euro sein.

Schleifen

Python hat natürlich nicht nur Verzweigungen. Damit ein richtiger Programmablauf möglich ist, werden auch Schleifen benötigt. Im ersten Kapitel haben Sie Schleifen schon kennengelernt. Bereits dort haben wir zwischen Schleifen, die von einer Bedingung abhängen, und Schleifen, die eine bestimmte Anzahl an Iterationen haben, unterschieden. In Python wird zwischen diesen beiden Typen ebenfalls unterschieden, sie haben sogar verschiedene Schlüsselwörter.

Für die folgenden Beispiele wird die Klasse Buch um die Methode lese erweitert, die in Listing 20.16 gezeigt wird. Da wir gerade viel Zeit haben, wollen wir alle Bücher in unserem

Regal lesen. Dazu finden Sie in Listing 20.16 unten auch den Inhalt unseres Regals als Liste regal. Erweitern Sie die Buch-Definition mit der zusätzlichen Methode, und achten Sie dabei auf die richtige Einrückung. Legen Sie unterhalb der Klasse das Regal an.

```
01    def lese(self):
02        print(f"Habe das Buch {self.titel} gelesen")
```

```
01    fit_fuers_studium = Buch("Fit fürs Studium", 440, 24.90, "F", True)
02    python_handbuch = Buch("Python 3. Das umfassende Handbuch", 1079,
      44.90, "F", True)
03
04    regal = [fit_fuers_studium, python_handbuch]
```

Listing 20.16 Die Methode »lese«, die ausgibt, dass man das Buch gelesen hat, sowie unser Regal mit zwei Büchern

For-Schleifen

Um das ganze Regal durchzugehen, können wir eine Schleife benutzen, die mit dem Schlüsselwort for eingeleitet wird:

```
for Elementvariable in Elemente: ...
```

Ein typischer Anwendungsfall ist das Iterieren über einen Zahlenbereich. Dafür stellt Python eine weitere Funktion zur Verfügung, nämlich range. Die Funktion range(n) stellt dabei eine Auflistung aller Zahlen von 0 bis *n*–1 dar. Die Zählvariable wird oft i genannt. Schreiben Sie eine Schleife, mit der alle Bücher gelesen werden. Kurze Erinnerung: Die Methode len(...) gibt die Größe eines Arrays zurück, mit den eckigen Klammern greifen Sie auf ein konkretes Element zu. Listing 20.17 zeigt die Lösung für diese Aufgabe.

```
01    for i in range(len(regal)):
02        aktuelles_buch = regal[i]
03        aktuelles_buch.lese()
```

Listing 20.17 Alle Bücher im Regal sollen gelesen werden. Dafür iteriert die Schleife in Zeile 1 über alle Bücher, die in Zeile 3 dann gelesen werden.

In den meisten Fällen benutzen wir die Zählvariable nur, um auf Elemente einer Liste zuzugreifen. Dies wird in Python ebenfalls unterstützt: Wir können direkt über das Regal iterieren und haben jedes Buch als Variable in der Hand. Listing 20.18 zeigt diese Variante.

```
01    for buch in regal:
02        buch.lese()
```

Listing 20.18 Alle Bücher im Regal werden gelesen. Es ist keine Zählvariable nötig.

While-Schleifen

Neben der `for`-Schleife, die eine bestimmte Anzahl an Iterationen durchläuft, gibt es die `while`-Schleife, die iteriert, solange eine gegebene Bedingung wahr ist:

```
while Bedingung: ...
```

Die Bedingung kann sehr vielfältig sein, und solange sie wahr ist, läuft die Schleife weiter. Wird sie einmal falsch, bricht die Schleife ab.

Es passiert manchmal, dass die Bedingung nie falsch wird. Um einen Algorithmus mit einer solchen Endlosschleife zum Terminieren zu bringen, müssen Sie das ganze Programm beenden (z. B. mit [Strg] + [C] oder [Cmd] + [C]).

Schreiben Sie erneut eine Schleife, die alle Bücher liest. Verwenden Sie aber dieses Mal eine `while`- statt einer `for`-Schleife. Die Zählvariable können Sie mit `i += 1` erhöhen, was eine Kurzschreibweise für `i = i + 1` ist. Listing 20.19 zeigt die Lösung dafür.

```
01  i = 0
02  while i < len(regal):
03      aktuelles_buch = regal[i]
04      aktuelles_buch.lese()
05      i += 1
```

Listing 20.19 Erneut werden alle Bücher im Regal gelesen. Dieses Mal wird jedoch eine »while«-Schleife verwendet.

20.7 Fehlersuche

Hin und wieder unterlaufen jedem Entwickler Fehler beim Programmieren, die nicht nur falsche Ergebnisse produzieren, sondern gegen Regeln der Programmiersprache verstoßen. Fehler in Programmen haben wir bereits in Kapitel 19 vorgestellt, dort haben wir auch zwischen Compile- und Laufzeitfehlern unterschieden. Da Python eine interpretierte Sprache ist, kann es keine Compile-Fehler geben, sehr wohl aber Notationsfehler im Programmcode. Häufige Fehler sind fehlende Doppelpunkte, falsche Einrückung von Blöcken oder Tippfehler bei der Notation der Sprachkonstrukte. Solche Fehler werden inzwischen sehr gut von aktuellen Entwicklungsumgebungen verhindert oder zumindest frühzeitig als Fehler hervorgehoben.

Komplexere Laufzeitfehler bemerkt man jedoch meist nicht so schnell. Python zeigt beim Auftreten eines solchen Fehlers eine sogenannte *Exception* an, zum Beispiel die aus Listing 20.20 vom Typ `IndexError`. Dort wurde versucht, auf einen Index zuzugreifen, der gar nicht im Bereich der Liste liegt. Die Liste hat genau zwei Elemente, mit Index 0 und 1. Es wurde jedoch auch noch das Element an der Stelle 2 angefragt, an der sich kein Element befindet. Zusammen mit der Fehlermeldung zeigt Python bei der Ausführung den sogenannten *Stack Trace* an. Dieser verweist auf die Stelle, an der der Fehler aufgetreten ist. In diesem Fall ist der Fehler im Aufruf der eckigen Klammern in Zeile 4 des Programms aufgetreten. Unter der Fehlermeldung ist in Listing 20.20 der Code abgedruckt, der die Exception produziert hat. Können Sie den Fehler im Code identifizieren?

```
01  Traceback (most recent call last):
02    File "…\wunschliste.py", line 4, in <module>
03      titel = wunschliste[i]
04  IndexError: list index out of range

01  wunschliste = ["Python 3. Das umfassende Handbuch",
       "Einstieg in Python"]
02  i = 0
03  while i <= len(wunschliste):
04      titel = wunschliste[i]
05      print(f"Ich wünsche mir {titel}.")
06      i += 1
```

Listing 20.20 Eine typische Fehlermeldung, die häufig in Python auftaucht. Der verursachende Code wird darunter angezeigt – als Datei »wunschliste.py«.

Er befindet sich in der Schleifenbedingung in Zeile 3. Da die Bedingung prüft, ob der Zähler kleiner oder gleich der Größe des Arrays ist, wird die Schleife einmal zu oft durchlaufen. Dies ist in der Tat eine der häufigsten Ursachen für diesen Fehler.

```
01  geld_vorhanden = 20.00
02  if geld_vorhanden > 24.90:
03      # Neues Buch kaufen
04      neues_buch = Buch("Fit fürs Studium", 440, 24.90, "F", True)
05  neues_buch.lese()
```

Listing 20.21 Der Code wird einen »NameError« werfen, wenn nicht genug Geld zum Kauf des Buches da ist, da in diesem Fall die Variable »neues_buch« nie ein Objekt zugewiesen bekommt.

Neben dem `IndexError` tritt häufig der `NameError` auf, und zwar, wenn auf den Wert einer Variable zugegriffen wird, der noch gar kein Objekt zugewiesen wurde. In Listing 20.21 tritt dieser Fehler in Zeile 5 auf, wenn nicht genug Geld zum Kaufen des Buches vorhanden ist. Probieren Sie das einmal aus! Wenn genug Geld vorhanden ist, wird der Fehler nicht auftreten.

20.8 Eine kleine Werkzeugkiste

Die wichtigsten Werkzeuge zur Entwicklung mit Python haben wir bereits vorgestellt. Neben der Python-Installation ist eine gute Dokumentation wichtig. Zu Anfang des Kapitels haben wir bereits auf die offizielle Dokumentation verwiesen. Daneben gibt es eine Vielzahl an Büchern, wie zum Beispiel das Buch *Python 3. Das umfassende Handbuch* aus dem Rheinwerk Verlag.

Beschäftigen Sie sich weiter mit der Entwicklung mit Python, werden die Programme immer größer, und Sie möchten sie nicht mehr von Hand ausführen müssen. Glücklicherweise gibt es einige sehr gute Entwicklungsumgebungen für Python. Ein Beispiel dafür ist die (in der Community-Version kostenlose) IDE *PyCharm* des Softwareherstellers JetBrains. Dieses Programm erleichtert nicht nur das Ausführen von Code, sondern hilft auch dabei, diesen zu organisieren, und bietet weitere unterstützende Tools an, wie beispielsweise das automatische Einbinden von Klassen und Funktionen mit `import`-Befehlen. Außerdem werden Syntaxfehler direkt im Texteditor angezeigt, und es gibt eine automatische Vervollständigung für Methoden-, Variablen- und Klassennamen. Einen Verweis auf die aktuelle Version von PyCharm finden Sie auf der Webseite zum Buch. Für die Installation benötigen Sie eine Python-Installation.

Aufgaben

Aufgabe 1: Codeanalyse

a) In Listing 20.22 sehen Sie eine Methode, die irgendwie auf einer Liste von Büchern arbeitet. Was genau gibt die Methode zurück?

```
01  def methode(string, buecher):
02      zaehler = 0
03      for buch in buecher:
04          if string in buch.titel:
05              zaehler += 1
06      return zaehler
```

Listing 20.22 Eine Methode, die auf Büchern arbeitet. Aber was genau macht sie eigentlich?

b) Listing 20.23 zeigt eine Methode, die alle Bücher, die übergeben werden, anhand des Genres gruppieren und die so gruppierten Bücher zurückgeben soll. Leider haben sich in die Implementierung fünf Fehler eingeschlichen. Finden Sie diese?

```
01  def gruppiere(buecher):
02      gruppen = {}
03      for buch in range(len(buecher)):
04          genre = buch.genre
05          if genre in gruppen:
06              groups[genre] = []
07          gruppen[genre].add(buch)
08      return genre
```

Listing 20.23 Diese Methode soll die Bücher nach ihrem Genre gruppieren. Leider haben sich fünf Fehler eingeschlichen.

Aufgabe 2: Die Bibliothek

Wir möchten für die Verwaltung aller Bücher einer Bibliothek die Klasse `Bibliothek` hinzufügen. Diese Klasse soll für die Bibliothek, neben einem Namen, einer Anschrift und der Information, ob sie öffentlich zugänglich ist oder nicht, vor allem eine Liste von Büchern speichern. In diesem Beispiel verwenden wir die Klasse `Buch` aus Listing 20.7.

a) Implementieren Sie die Klasse `Bibliothek`. Machen Sie sich Gedanken über geeignete Datentypen für die im Text genannten Attribute. Schreiben Sie einen Konstruktor, dem alle Attribute übergeben werden können.

b) Erstellen Sie eine Methode in der `Bibliothek`-Klasse, die die Titel aller Bücher in der Liste ausgibt.

c) Implementieren Sie eine Methode `sortiere`, die alle Bücher in der Liste nach dem Titel alphabetisch aufsteigend mit Merge Sort sortiert. In Kapitel 6, »Effizientere Sortieralgorithmen«, ist Merge Sort als Pseudocode angegeben. Zum Vergleichen können Sie den Titel des Buches benutzen. Ein kleiner Tipp: Sie brauchen sich nicht selbst um die alphabetische Sortierung zu kümmern, da die Klasse `str` mit den Vergleichsoperatoren analog zu Zahlen bereits eine Möglichkeit dafür bereitstellt. Beispielsweise kann mit < überprüft werden, ob der erste String alphabetisch vor dem zweiten String kommt. Die anderen Operatoren, z. B. <=, funktionieren ebenso.

d) Fügen Sie eine Methode `enthaelt` hinzu, die ein Buch als Parameter hat und mittels binärer Suche ermittelt, ob das übergebene Buch in der Liste enthalten ist. Die Methode soll `True` zurückgeben, wenn es enthalten ist, sonst `False`. In den Lösungen von Kapitel 7, »Suchen«, ist die binäre Suche in Pseudocode vorgegeben. Zum Vergleichen können Sie wieder den Titel des Buches benutzen. Sie können annehmen, dass die Bücher bereits alphabetisch sortiert sind.

Lösungen

Aufgabe 1: Codeanalyse

a) Die Methode ist eine lineare Suche, die die Titel der Bücher nach einem bestimmten Suchwort durchsucht. Das Schlüsselwort `in`, das für jeden Titel ausgeführt wird, prüft, ob im String eine bestimmte Zeichenkette enthalten ist. Die Anzahl der Treffer wird gezählt und zurückgegeben. Übrigens: Die Benennung der Methode und des ersten Parameters ist natürlich nicht optimal, aber so wurde nichts zu früh verraten. Eine gute Benennung wäre zum Beispiel `zaehle_vorkommen` und `suchwort`.

b) Der erste Fehler versteckt sich in Zeile 3. Bei der `for`-Schleife muss man sich entscheiden: Iteriere ich über eine Zählvariable und benutze sie als Index, oder iteriere ich direkt über die Objekte aus einer Liste? Hier wird über einen Zahlenbereich iteriert, aber der Variablenname `buch` sowie der weitere Code deuten darauf hin, dass hier `for buch in buecher` gemeint ist. Die Bedingung in Zeile 5 muss negiert werden (also `not in`), da sonst nie ein neues Array der Map `gruppen` hinzugefügt und somit direkt im ersten

Durchlauf in Zeile 6 ein `KeyError` ausgelöst wird. In Zeile 6 wird plötzlich die Variable `groups` verwendet, die jedoch nicht existiert. `gruppen` wäre die richtige Variable. In Zeile 7 wird die Methode `add` verwendet, aber bei Listen werden neue Elemente mit `append` hinzugefügt. Zuletzt wird in Zeile 8 nicht wie gewünscht die Map zurückgegeben, richtig wäre `return gruppen`.

Aufgabe 2: Die Bibliothek

a) Der Name und die Anschrift der Bibliothek sind Strings, die Information, ob die Bibliothek öffentlich ist, ist ein Wahrheitswert, und die Bücher werden in einem Array gespeichert. Die Klasse mit dem Konstruktor ist in Listing 20.24 aufgeführt.

```
01    class Bibliothek:
02      def __init__(self, name, anschrift, oeffentlich, buecher):
03        self.name = name
04        self.anschrift = anschrift
05        self.oeffentlich = oeffentlich
06        self.buecher = buecher
```

Listing 20.24 Die Klasse »Bibliothek«, die einige Attribute über die Bibliothek enthält

b) Die Methode zum Ausgeben aller Titel ist in Listing 20.25 gezeigt. Sie kann zum Beispiel gut verwendet werden, um das Ergebnis der Sortierung auszugeben. Wichtig ist hier `self`, um auf die Liste der Bücher zuzugreifen.

```
01      def gebe_titel_aus(self):
02        for buch in self.buecher:
03          print(buch.titel)
```

Listing 20.25 Die Methode zum Ausgeben aller Buchtitel

c) Um alle Bücher zu sortieren, implementieren wir drei Methoden. Die erste Methode, `sortiere` (in Listing 20.26, als Teil von `Bibliothek`), ruft die Methode `mergesort` (in Listing 20.27) auf, die, wie in Kapitel 6, »Effizientere Sortieralgorithmen«, beschrieben, für die Aufteilung der dynamischen Listen und die Rekursion zuständig ist. Die Ergebnisse werden mit der dritten Methode, `merge` (in Listing 20.28), vereinigt. Im Code verwenden wir mehrmals Slices, um die Bücher in zwei Teile zu teilen sowie um das erste Element eines Teils zu »vergessen«.

```
01      def sortiere(self):
02        self.buecher = mergesort(self.buecher)
```

Listing 20.26 Die Methode »sortiere« startet durch den Aufruf der Methode »mergesort« den Sortiervorgang.

```
01  def mergesort(buecher):
02      n = len(buecher)
03      if n <= 1:
04          return buecher
05      else:
06          n1 = n // 2
07          n2 = n - n1
08          teil1 = mergesort(buecher[:n1])
09          teil2 = mergesort(buecher[n1:])
10          return merge(teil1, teil2)
```

Listing 20.27 Die Methode »mergesort« ist für das Zerlegen der Eingabe zuständig und führt die Rekursion durch.

```
01  def merge(teil1, teil2):
02      n1 = len(teil1)
03      n2 = len(teil2)
04      ergebnis = []
05      while n1 > 0 or n2 > 0:
06          if n2 == 0 or 
              (n1 > 0 and teil1[0].titel <= teil2[0].titel):
07              ergebnis.append(teil1[0])
08              teil1 = teil1[1:]
09              n1 -= 1
10          else:
11              ergebnis.append(teil2[0])
12              teil2 = teil2[1:]
13              n2 -= 1
14      return ergebnis
```

Listing 20.28 Die Methode »merge« vereinigt die Ergebnisse. Die Sortierung ist dank dieser Vereinigung korrekt.

d) Die Methode `enthaelt` zum Durchsuchen der Bücher mit der binären Suche ist in Listing 20.29 abgedruckt.

```
01  def enthaelt(self, buch):
02      l = 0
03      r = len(self.buecher) - 1
04      while r - l >= 0:
05          m = l + (r - l) // 2
06          mittlerer_buch_titel = self.buecher[m].titel
```

```
07      if mittlerer_buch_titel == buch.titel:
08        return True
09      if buch.titel < mittlerer_buch_titel:
10        r = m - 1
11      else:
12        l = m + 1
13    return False
```

Listing 20.29 Die Methode »enthaelt« führt eine binäre Suche auf allen Büchern aus, um zu prüfen, ob ein übergebenes Buch in der sortierten Liste enthalten ist.

Kapitel 21
Ethik in der Informatik

Als Informatiker haben Sie potentiell einen großen Einfluss auf das Leben vieler Menschen. Insbesondere deswegen ist jeder Informatiker in der Pflicht, sich über ethisch-moralische Grundsätze Gedanken zu machen. In diesem Kapitel wollen wir einige Fragestellungen aufzeigen und zum Nachdenken anregen.

Begriffe wie *digitale Revolution* oder die Bezeichnung unserer Gegenwart als *digitales Zeitalter* bringen gut zum Ausdruck, wie groß die Auswirkungen der Entwicklung von Computern, Kommunikationsnetzwerken und Software sind. IT-Systeme durchziehen unser Leben inzwischen so feinmaschig, wie es selbst die Pioniere dieser Technologie nicht für möglich gehalten hätten. Branchen und Berufsfelder wurden komplett umgekrempelt, ersetzt oder sind neu entstanden. Nachrichtenaustausch läuft in einer unglaublichen Geschwindigkeit ab, Privatsphäre wirkt manchmal nur wie eine veraltete Idee. Das Smartphone in der Hosentasche scheint einen Zugang zum gesamten Wissen der Menschheit zu ermöglichen – zu jeder Zeit und überall. Menschen werden entlastet oder ersetzt, dazu befähigt, Großartiges zu schaffen oder Bestehendes mit wenigen Klicks zu zerstören. Wir sind in der Lage, komplexeste Systeme zu beherrschen, oder beherrschen die Systeme längst uns?

Als Informatiker stehen Sie an vorderster Front, diese Entwicklungen zu gestalten. Genauso wie im Alltagsleben muss das eigene persönliche Handeln auch im Beruf im Kontext eines Wertesystems betrachtet werden. Darüber hinaus gibt es selbstverständlich Gesetze und Vorschriften, die dem Handeln Grenzen setzen. Jedoch halten die Gesetzgebung und das Allgemeinwissen in der Regel nicht Schritt mit der Geschwindigkeit von Erfindungen und Weiterentwicklungen.

Im Folgenden laden wir Sie dazu ein, sich mit uns Gedanken zu ein paar der wichtigsten Fragen zu machen, denen sich ein Informatiker stellen muss. Bilden Sie sich bitte immer erst eine Meinung zum jeweiligen Thema, bevor Sie weiterlesen! Wichtig ist dabei, dass es nicht auf alle diese Fragen eine einfache, geschweige denn eine eindeutige Antwort gibt. Wir selbst haben als Autoren und Informatiker eine Position zu den angesprochenen Themen, versuchen jedoch trotzdem, diese von so vielen Seiten wie möglich zu beleuchten.

21.1 Recht und Ordnung

Unser Grundgesetz und unser Strafrecht wollen für alle Lebenssituationen Maßstäbe und Regeln vorgeben, nach denen Handeln in Deutschland beurteilt wird. Nicht immer ist es jedoch so einfach möglich, vor langer Zeit beschlossene Gesetze auf die digitale Welt zu übertragen.

Software für den Überwachungsstaat

Ist es in Ordnung, wenn ein Staat zur Verbrechensbekämpfung sämtliche digitale Kommunikation seiner Bürger wie zum Beispiel E-Mails durch eine Software auf verdächtige Inhalte prüft? Sollte die Exekutive eines Staates Internetinhalte löschen (dürfen), die ihrer Meinung nach gegen die Verfassung verstoßen? Ist Anonymität im Internet schützenswert oder gefährlich?

Sofern nicht anders geregelt, gelten in der digitalen Welt erst einmal dieselben Gesetze wie in der analogen. Das bedeutet insbesondere, dass das Fernmeldegeheimnis nach Artikel 10 des Grundgesetzes greift und Datenübertragung nicht einfach so überwacht werden darf. Jedoch gelten einige Einschränkungen, sodass rein rechtlich Geheimdienste auch flächendeckend Kommunikation auf die Verwendung bestimmter Wörter prüfen dürfen, wenn dies der Gefahrenabwehr dient.

Befürworter solcher Überwachung argumentieren, dass es fahrlässig wäre, diese Chance auf zusätzliche Informationen für die Prävention und Verfolgung von Straftaten zu vergeben. Wer sich nichts hat zu Schulden kommen lassen, habe zudem ja auch nichts zu befürchten, vor allem da ja nicht Menschen, sondern nur Maschinen die Daten auswerten. Blickt man jedoch auf autoritäre Regimes in vielen Ländern, die solche Überwachungstechniken verwenden, um ihre Gegner unter Kontrolle zu halten, so stellt sich zwingend die Frage, wie viel Überwachung sein darf und muss. Dies gilt umso mehr, da umstritten ist, ob flächendeckende Überwachung tatsächlich Straftaten verhindern kann. Sind solche Systeme überhaupt fehlerfrei möglich, werden also keine unschuldigen Personen verdächtigt? Und wo verläuft die Grenze zwischen Sicherheit und Freiheit?

Eine ähnliche Rechtslage gilt für die Löschung von Internetinhalten: *Zensur* ist nach Artikel 5 des Grundgesetzes im Rahmen der Meinungs-, Informations- und Pressefreiheit nicht erlaubt. Eingeschränkt werden dürfen diese Freiheiten zum Beispiel, wenn durch publizierte Inhalte die Menschenwürde von Personen verletzt wird oder der Jugendschutz gefährdet ist. Da die anonyme Verbreitung von Daten in großem Stil dank des Internets so einfach wie nie zuvor geworden ist, ist es praktisch unmöglich, solche Inhalte dauerhaft aus dem Netz zu entfernen.

Nur weil technische Gegebenheiten die Strafverfolgung erschweren, werden Handlungen jedoch selbstverständlich nicht legal. Beleidigungen und Mobbing, gezielte Desinformation und Hetze sind ebenso wenig erlaubt wie das Anbieten von illegalen Produkten und Dienstleistungen. Es ist also durchaus eine Gefahr, dass der dezentrale Aufbau des Internets Kontrolle praktisch unmöglich macht. Manchmal scheint es, als wäre die digitale Welt ein rechtsfreier Raum, in dem Werte und Gesetze keine Bedeutung haben. Gleichzeitig liegt in diesem Aufbau eine der größten Stärken des Internets: Eben weil sich Kommunikation dort staatlicher Kontrolle weitestgehend entzieht, haben Unterdrückte die Möglichkeit, Widerstand zu leisten. Eben weil Zensur in der Regel leicht umgangen werden kann, ist freie Meinungsäußerung auch in Staaten möglich, in denen die Obrigkeit dies zu verhindern sucht. Auch in Rechtsstaaten kann der einfache Zugang zu sowie die Verbreitung von unabhängigen Informationen Transparenz und öffentliche Kontrolle von Machtausübung fördern.

Die Hutfarben der Hacker

Was halten Sie davon, wenn eine unabhängige Gruppe von IT-Spezialisten selbstständig Maßnahmen gegen Gesetzesbrecher ergreift? Ist es in Ordnung, sich Zugang zu einem Computersystem zu verschaffen, um seine Kenntnisse auszuprobieren und das System auf Sicherheitsmängel zu überprüfen, wenn man diesen Zugang nicht missbraucht?

Die Rechtslage ist hier eindeutig: Nach § 202 des Strafgesetzbuchs macht sich jeder strafbar, der in irgendeiner Form in ein geschütztes Computersystem eindringt und sich damit Zugang zu Daten verschafft, die nicht für ihn bestimmt sind. Selbst Vorbereitungen zu einem solchen *Hack* sind nicht legal. Dabei ist auch unerheblich, ob der Eindringling im Rahmen einer selbst auferlegten *Hackerethik* agiert und versucht, gesellschaftlich anerkannte Werte zu verteidigen, oder den Zugang sogar überhaupt nicht nutzt. Selbstjustiz in solch einem Kontext verstößt zudem gegen das Gewaltmonopol der staatlichen Exekutive.

Da unerlaubter Zugriff auf Daten eines der größten Probleme der IT-Branche ist, engagieren viele Unternehmen sogenannte *White Hat Hacker*, die die Sicherheitssysteme des Unternehmens testen sollen. (Hacker, die sich durch das Eindringen in Systeme einen persönlichen Vorteil verschaffen wollen, nennt man entsprechend umgangssprachlich *Black Hat Hacker*.) Viele Dienste im Internet schreiben in einem sogenannten *Bug-Bounty-Programm* auch Belohnungen dafür aus, wenn Nutzer Sicherheitslücken finden und melden. Wird so ein Auftrag nicht erteilt, geht man ein großes Risiko ein, wenn man dennoch versucht, ein System zu knacken. Auch wenn im Regelfall die Absicht eines IT-Spezialisten berücksichtigt wird, der lediglich auf Sicherheitsmängel testen und hinweisen wollte, kann trotzdem allein schon der Besitz von Hilfsmitteln zum Hacken bestraft werden.

21.2 Informatik in der Wirtschaft

Durch computergestützte Systeme können in bestehenden Branchen Prozesse optimiert und Gewinne gesteigert werden. Ebenso ist der Verkauf oder die Bereitstellung von Software und IT-Systemen ein rentabler Markt. Sollte man dennoch in manchen Bereichen beschränken, wie Technologie eingesetzt und verkauft werden darf?

Automatisierung statt Arbeitsplatz

Wie sollte eine Gesellschaft damit umgehen, wenn Tausende Arbeitsplätze durch softwaregestützte Automatisierung wegfallen? Werden langfristig intelligente Computersysteme den Menschen als Arbeitskraft komplett ersetzen, und ist das überhaupt erstrebenswert?

Immer wieder haben neue Technologien die Arbeitswelt nachhaltig verändert. Mit der Einführung erster dampf- oder wassergetriebener Maschinen entfielen viele Tätigkeiten, die zuvor mit Muskelkraft ausgeführt worden waren. Fließbänder und die Nutzung von Elektrizität stellten Arbeitsweisen in Fabriken erneut auf den Kopf, ersetzten alte und schufen neue Aufgabenbereiche. Inzwischen werden viele dieser Aufgaben von Robotern übernommen, und auch dadurch wird den Menschen wieder Arbeit weggenommen.

Angelehnt an die Klassifizierung der vorherigen Umbrüche in die erste, zweite und dritte industrielle Revolution, sprechen inzwischen viele davon, dass die Vernetzung von Produktionsanlagen zur *Industrie 4.0* führen wird. Während zurzeit zumeist von Menschen kontrollierte computergesteuerte Systeme die Produktion durchführen, sollen künftig die Systeme selbst in der Lage sein, alle Prozesse zu organisieren.

Doch nicht nur in der Produktion lösen Computer mehr und mehr Arbeitskräfte ab. Digitale Assistenten übertreffen Ärzte bei der Diagnose von Krankheiten, Reinigungsroboter ersetzen Putzkräfte, der Einzelhandel leidet unter Online-Versandhäusern, Algorithmen schreiben juristische Gutachten und komponieren Musikstücke – die Liste lässt sich lange fortsetzen. Im Gegensatz zu früheren Arbeitsmarktveränderungen sind inzwischen auch hochqualifizierte Berufe von der Automatisierung betroffen. Sicher scheinen zurzeit vor allem Arbeitsplätze, bei denen es auf menschlichen Kontakt ankommt, also zum Beispiel Jobs in Erziehung und Pflege.

Dadurch entsteht primär die Herausforderung, mehr Arbeitnehmer für verbleibende und neue Tätigkeitsfelder auszubilden. Zukünftig werden sich Menschen noch stärker um extrem komplexe Tätigkeiten kümmern, die noch nicht von Computern übernommen werden können. Außerdem entsteht ein hoher Bedarf an Fachkräften, die IT-Systeme entwickeln und bedienen können. Da aufgrund der rasanten Weiterentwicklung lebenslanges Lernen unabdingbar ist, werden in diesem Bereich auch verstärkt Lehrkräfte benötigt.

Nicht zuletzt stellt sich natürlich die Frage, ob irgendwann die regelmäßige Arbeitszeit zurückgehen wird, weil nur noch wenige Tätigkeiten von Menschen ausgeführt werden müssen. Ob jedoch mehr Freizeit nur gute Seiten hat oder ob Menschen ihre Arbeit auch zur Selbstverwirklichung benötigen, ist ein eigenes Thema zur Diskussion.

Netzneutralität

Sollen bestimmte Datenübertragungen im Internet abhängig vom Inhalt priorisiert stattfinden? Darf ein Netzbetreiber darüber entscheiden, welche Datenpakete wie schnell verschickt werden?

Wie jede Infrastruktur müssen auch Datenübertragungsnetze regelmäßig gewartet, erneuert und ausgebaut werden. In den letzten Jahren sind die Datenmengen, die jeder von uns tagtäglich durchs Internet schickt, stark gestiegen. Deshalb argumentieren Netzbetreiber dafür, verschiedene Datenpakete unterschiedlich schnell verschicken zu dürfen, um eine hohe Servicequalität ohne hohe Zusatzkosten anbieten zu können.

Beispielsweise ist beim Hochladen einer großen Datei nicht so wichtig, dass jedes einzelne Paket möglichst ohne Verzögerung an seinem Ziel ankommt. Stattdessen geht es nur darum, dass insgesamt der Durchsatz, also die Menge an Daten, die über eine bestimmte Zeit beim Empfänger ankommt, hoch genug ist. Kurzzeitige Verzögerungen sind da nicht so relevant wie beispielsweise beim Telefonieren übers Internet. In diesem Fall würde schon eine kleine Wartezeit auf ein Paket zu enormen Verzerrungen des Gesprächs führen, dagegen ist insgesamt kein ganz so hoher Datendurchsatz notwendig. Wenn also im Gegensatz zum sogenannten *Best-Effort-Routing*, bei dem unabhängig vom Inhalt jedes Datenpaket so schnell wie möglich zum Ziel gebracht wird, ein Betreiber bestimmte Dienste bei der Übertragung bevorzugt, kann er damit die Qualität von Übertragungen, die in Echtzeit passieren müssen, verbessern, ohne andere Verbindungen relevant zu stören. Diese Art von »Ungerechtigkeit« bei der Datenübertragung wird weitgehend als unproblematisch angesehen und ist auch längst standardmäßig in vielen Netzwerkgeräten eingebaut.

Höchst umstritten ist jedoch, wie weit das Recht von Netzbetreibern, Pakete unterschiedlich zu behandeln, gehen sollte. Denn mit derselben Technologie könnte ein Netzbetreiber entscheiden, welche Videoplattform ihre Medien schneller übertragen darf als eine andere oder welche Suchmaschine mit weniger Verzögerung arbeiten kann. Diese Tatsache macht Befürwortern der sogenannten *Netzneutralität* große Sorgen, zu leicht ermöglicht sie nämlich eine Art Zensur von Inhalten oder versetzt Netzbetreiber in die Lage, über Erfolg oder Misserfolg von Internetdiensten zu entscheiden. Auch könnten kleineren Firmen im Wettbewerb Nachteile entstehen, da sie sich im Gegensatz zu größeren Firmen die Kosten für die schnelle Vermittlung von Daten nicht leisten könnten.

21.3 Der Wert persönlicher Daten

Im Rahmen der Volkszählung von 1987 gab es große Proteste gegen den Umfang der erhobenen Daten, und selbst das Bundesverfassungsgericht schritt ein, sodass Umfragebögen zwecks Verbesserung der Anonymität neu konzipiert werden mussten. Verglichen mit der Freizügigkeit, mit der inzwischen die meisten Menschen in sozialen Netzwerken persönlichste Daten für die ganze Welt freigeben, muten die damaligen Bedenken seltsam an. Andersherum formuliert scheint es, als wären über die Zeit der Wert von Privatsphäre und das Recht auf informationelle Selbstbestimmung in Vergessenheit geraten. Welche Position vertreten Sie in Bezug auf digitale Medien?

Darf ein Unternehmen, das kostenlose Dienste anbietet, die Daten seiner Nutzer kommerziell verwenden? Welchen Wert haben persönliche Daten überhaupt?

Unternehmen wie Google oder Facebook bieten qualitativ hochwertige Dienste für Milliarden Nutzer an, ohne dafür einen Cent zu verlangen. Mit Selbstlosigkeit hat das jedoch nur wenig zu tun – beide Unternehmen betreiben eine riesige Infrastruktur, beschäftigen Tausende Mitarbeiter und machen große Gewinne. Einkommensquellen kostenloser Onlinedienste sind in der Regel nur indirekt deren Nutzer. Üblicherweise finanzieren sich die Anbieter über Werbeeinblendungen und kassieren von den Werbenden ein paar Cent pro Anzeige oder wenige Euros pro Klick auf die Werbung. Bei Abertausenden Nutzern, die solche Werbung sehen und eventuell darauf reagieren, ergibt dies eine ordentliche Summe.

So viel Geld für Werbung zu zahlen sind Unternehmen aber nur dann bereit, wenn sie sich sicher sind, dass die Werbung den gewünschten Effekt hat, also zum Beispiel neue Kunden generiert. Damit das gut klappt, wird die jeweilige Werbeanzeige nicht beliebigen Personen angezeigt, sondern gezielt denjenigen, die vermutlich an den beworbenen Produkten interessiert sind. Die Onlinedienste versuchen, dafür möglichst viele Informationen über ihre Nutzer herauszufinden. Je genauer ein Dienst weiß, wie alt ein Benutzer ist, wo er wohnt, welcher Tätigkeit und welchen Hobbys er nachgeht, wie viel Geld er zur Verfügung hat und wohin sein nächster Urlaub gehen soll, welche Interessen er und seine Freunde haben und wann der nächste Geburtstag in seinem Freundeskreis ansteht – kurzum, je umfangreicher die vorliegenden Informationen über das gesamte Leben des Benutzers sind, desto besser funktioniert individuelle Werbung. Auch die Details des Onlinedienstes selbst – sei es ein Mailpostfach, ein soziales Netzwerk, eine Kommunikationsplattform oder eine kostenlose eigene Website – können vom Anbieter auf die Bedürfnisse des Kunden zugeschnitten werden.

Dahinter steht ein einleuchtendes Geschäftsprinzip, von dem zumindest auf den ersten Blick alle profitieren: Der Anbieter des Onlinedienstes verdient genügend Geld, um sein Angebot bereitzustellen und dessen Qualität zu verbessern. Die Werbepartner bekommen neue Kunden und haben die Möglichkeit, gezielt interessierte Personen anzusprechen, anstatt Geld für flächendeckende Werbung auszugeben, die vor allem von nicht interessierten Personen gesehen wird. Nutzer des Dienstes müssen nichts dafür zahlen, komfortable und ausgereifte Dienste nutzen zu können. Anstatt für sie uninteressante Massenwerbung zu sehen, bekommen sie maßgeschneiderte Anzeigen präsentiert, an deren Inhalten sie ohnehin Interesse haben. Eine Win-win-win-Situation?

Etwas kritischer muss das Geschäftsmodell schon betrachtet werden. Zunächst einmal ist vielen Nutzern gar nicht bewusst, dass die Dienste nicht wirklich kostenlos sind, sondern nur statt mit Geld mit persönlichen Daten bezahlt werden. Man kann den Anbietern der Dienste dafür nur bedingt einen Vorwurf machen, denn bei der Registrierung willigt jeder Benutzer ein, seine Daten für die beschriebene Verwendung zur Verfügung zu stellen. Oftmals sind die Belehrungen darüber aber in seitenlangen, teils schwer verständlichen Texten versteckt. Haben Sie solche AGB oder Datenschutzbestimmungen schon einmal vollständig durchgelesen?

Und auch wenn Sie sich vielleicht darüber bewusst sind, welche Daten Sie über sich selbst veröffentlichen, gelangt der Anbieter eines Dienstes darüber hinaus über Veröffentlichungen Ihrer Freunde an Informationen, die Sie vielleicht nicht teilen wollten. Letztlich lohnt es sich für Anbieter sogar, sogenannte *Metadaten* auszuwerten, also Informationen darüber, wann Sie wo eine bestimmte Kommunikationsverbindung genutzt haben. Selbst ohne Kenntnis über den Inhalt der Verbindung können Dienste teilweise ein präzises Bewegungsprofil von Ihnen erstellen und zutreffende Vermutungen über Ihre Tätigkeiten anstellen.

Anbieter müssen also über die technische Machbarkeit und die wirtschaftliche Rentabilität hinaus abwägen, in welchem Umfang Datennutzung ethisch vertretbar ist, und diese Frage auch transparent mit ihren Kunden diskutieren. Im Jahr 2018 wurde mit der Datenschutz-Grundverordnung (DSGVO) ein neuer Rahmen für die EU geschaffen, an den sich alle halten müssen, die personenbezogene Daten speichern und/oder automatisiert verarbeiten. Die Verordnung legt sechs Grundsätze für die Verarbeitung fest:

1. Es muss ein rechtmäßiger Grund für die Verarbeitung der Daten vorliegen. Dazu gehört zum Beispiel eine explizite Einwilligung der Person, aber auch die Notwendigkeit, Verträge oder gesetzliche Vorgaben erfüllen zu können. Die Art der Verarbeitung sowie eine Übersicht über die erhobenen und verarbeiteten Daten muss für die betroffene Person transparent gemacht werden.
2. Daten werden stets zweckgebunden erhoben und dürfen nicht für andere Zwecke als den ursprünglichen Grund verwendet werden.
3. Es dürfen nicht mehr Daten erhoben werden, als für den Zweck benötigt.
4. Daten müssen für die Verarbeitung korrekt und aktuell gehalten werden.
5. Personenbezogene Daten dürfen nur so lange gespeichert werden, wie dies für den rechtmäßigen Grund der Verarbeitung notwendig ist.
6. Die erhobenen Daten müssen geschützt werden, insbesondere vor unberechtigtem Zugriff, aber auch vor Datenverlust.

Darüber hinaus legt die DSGVO unter anderem fest, wie die Einhaltung dieser Grundsätze sicherzustellen ist, unter welchen Bedingungen Daten an andere Unternehmen oder in andere Länder übertragen werden dürfen und welche Strafen für eine Verletzung der Vorgaben verhängt werden können. Insbesondere die Strafen wurden im Vergleich zu früheren Gesetzen erheblich erhöht und können bei großen Unternehmen viele Millionen Euro betragen.

Strenge Vorschriften, hohe Strafen – sind ab sofort also alle Daten geschützt? Ganz so einfach ist es leider nicht. Zum einen ist die Umsetzung der DSGVO für viele Unternehmen eine langfristige Herausforderung, nicht nur, aber auch weil zuvor gegebenenfalls über viele Jahre Datenschutz vernachlässigt wurde. Zum anderen müssen Personen über die Verarbeitung ihrer Daten inzwischen so umfangreich aufgeklärt werden, dass die wenigsten sich diese Aufklärung überhaupt genauer anschauen, bevor sie ihre Einwilligung zur Datenverarbeitung geben – und damit unter Umständen umfangreichere Genehmigungen erteilen, als sie es eigentlich tun wollten. Jede einzelne Person sollte daher nicht aus Bequemlichkeit blind einen Dienst nutzen, sondern dessen Nutzungsbedingungen und Datenschutzrichtlinien durchschauen und aktiv die Entscheidung treffen, ob der Nutzen des Dienstes in akzeptablem Verhältnis zu den versteckten Kosten steht.

21.4 Gemeingüter und Open Source

Wem gehören frei verfügbare Informationen, und darf man diese kommerziell verwenden? Wer ist für Open-Source-Software verantwortlich?

Zu den Grundsätzen des Urheberrechts gehört insbesondere, dass allein der Autor eines Werks über Nutzungsrechte daran verfügt. Außer ihm darf also zunächst niemand das Werk vervielfältigen, verbreiten oder gar kommerziell nutzen. Der Autor kann diese Rechte an Dritte übertragen und zum Beispiel erlauben, dass diese die Inhalte weiterverwenden oder sogar verändern dürfen, ohne um Genehmigung fragen zu müssen.

Wissen für jedermann

Insbesondere mit der Gründung der Wikipedia im Jahr 2001 fand das Konzept, Inhalte gemeinschaftlich im Internet zu verfassen und kostenfrei zur Nutzung für alle anzubieten, immer weitere Verbreitung. Inzwischen übertrifft die Qualität vieler solcher gemeinnützigen Projekte vergleichbare kommerzielle Angebote. Die Idee dahinter ist bestechend simpel: Wenn sehr viele Leute ein bisschen Aufwand betreiben, entsteht für alle Menschen ein großer Gewinn.

Auf diese Weise entstandene Inhalte bedürfen jedoch neuer Lizenzmodelle, denn es muss geregelt sein, wer welche Inhalte auf welche Weise weiterverwenden darf. Ist es zum Beispiel erlaubt, kostenlose Inhalte, die von anderen in mühevoller Arbeit erstellt wurden, zu einem Teil eines kommerziellen Produkts zu machen und daran Geld zu verdienen? Beantwortet werden diese Fragen zum Beispiel durch die Verwendung einer *Creative-Commons*-Lizenz, die der Autor für sein Werk auswählt. Darin ist genau geregelt, welche Rechte in welcher Form abgetreten werden. Spannend bleibt dabei, wie es gelingen kann, Lizenzen international Geltung zu verschaffen, denn weltweit gelten verschiedenste Vorschriften bezüglich des Urheberrechts, die nicht alle miteinander kompatibel sind. Zusätzlich zu den angegebenen Nutzungsrechten müssen also Autoren und Nutzer abgleichen, ob alle beabsichtigten Regelungen in ihrem Land konform mit geltendem Recht sind.

Kostenlose und quelloffene Software

Insbesondere in der Softwareentwicklung ist die Idee der gemeinschaftlichen Arbeit weit verbreitet. Oftmals bemerken Benutzer eines IT-Systems, dass die zur Verfügung stehenden Softwarelösungen nicht perfekt oder sogar ungeeignet für die persönlichen Bedürfnisse sind. Dies geht auch Informatikern so; bei ihnen kommt jedoch die Fähigkeit dazu, etwas an der Situation zu ändern. Im Zusammenschluss mehrerer Entwickler entsteht dann Software, die oft große Verbreitung erlangt. Meist ist diese Software kostenlos (*Freeware*), und/oder der Programmquelltext ist öffentlich verfügbar (*Open Source*).

Beispiele sind auf dem *Linux-Kernel* basierende Betriebssysteme, der Webbrowser *Firefox* oder *LibreOffice*, ein Paket u. a. bestehend aus Programmen zur Textverarbeitung, Tabellenkalkulation und Erstellung von Präsentationen. Auch viele Entwicklerwerkzeuge wie Compiler oder Entwicklungsumgebungen fallen in diese Kategorie. Zu solchen vollständigen Programmen kommt im IT-Bereich außerdem eine Vielzahl an frei verfügbaren *Bibliotheken*. Diese Sammlungen an Algorithmen und Softwarekomponenten ersparen es einem Entwickler, alles selbst und neu programmieren zu müssen, was schon Hunderte Personen vor ihm gemacht haben. Stattdessen kann er sich auf die neuen Funktionen konzentrieren, die er entwickeln möchte.

Wie bei der Veröffentlichung und Freigabe von (gemeinschaftlich erstellten) Werken müssen auch in der Informatik die Programme und Quelltexte unter Lizenzen gestellt werden. Am bekanntesten und verbreitetsten sind die *GNU General Public License*, die *Apache License* und die *MIT License*, die jeweils etwas unterschiedliche Wege gehen, was Nutzungs- und Veränderungsrechte angeht.

Probleme der Anarchie

Wenn es nun so scheint, als ob mit der Beachtung der jeweiligen Lizenzen die Welt der digitalen Gemeingüter eine heile Welt wäre, so ist das jedoch nur ein Teil der Wahrheit. Denn bei allen unbestreitbaren Vorteilen – frei verfügbares Wissen für alle, kostenloses Bild-, Video- und Audiomaterial für Hobbyproduktionen, quelloffene Software und Bibliotheken für gemeinschaftlich entwickelte IT-Systeme – geht es mitunter auch schonmal weniger harmonisch zu.

Wenn jeder Mensch anonym an einer Online-Enzyklopädie Veränderungen vornehmen darf, kommt es natürlich auch regelmäßig zu fehlerhaften oder sogar absichtlich falschen Inhalten. Von unbeabsichtigten Fehlinformationen bis hin zu versuchter Zensur hat Wikipedia schon alles erlebt und deshalb ein umfangreiches Kontrollsystem etabliert, bei dem höherrangige Autoren Änderungen von neu hinzugestoßenen Helfern überprüfen und bestätigen müssen, bevor die Änderungen offiziell werden. Aus dem ursprünglich demokratischen Prinzip, dass jeder Laie zur Verbesserung der Enzyklopädie beitragen kann und soll, wird dadurch nach Ansicht von Kritikern eher eine Oligarchie, also eine Herrschaft von wenigen etablierten Mitwirkenden. Ob diese Redaktion dazu beiträgt, dass Inhalte objektiv und neutral beleuchtet werden, oder genau das behindert, ist schwer zu sagen.

Im Gegensatz zu kommerzieller Software, die von einem Unternehmen entwickelt und vertrieben wird, gibt es bei kostenloser gemeinschaftlich organisierter Software keine Garantie, dass eine Weiterentwicklung stattfindet. Als im Rahmen eines Namensstreits um ein Softwarepaket im März 2016 ein Open-Source-Entwickler seine Komponenten ohne Vorwarnung aus einer öffentlichen Datenbank entfernte, funktionierten bis zur Klärung des Vorfalls Tausende Programme weltweit nicht mehr, die eine dieser Komponenten als Abhängigkeit enthielten.

Und wie bei Wikipedia schleichen sich auch bei Softwareprojekten, an denen jeder mitarbeiten darf, Fehler ein. Im Fall von Sicherheitslücken oder unerwartetem Programmverhalten kann das auch üble Folgen haben. Mehr als einmal standen zum Beispiel Geheimdienste im Verdacht, Mitarbeiter in die Entwicklergemeinde einer Verschlüsselungssoftware eingeschleust zu haben, um gezielt Hintertüren für ihren Arbeitgeber einzubauen.

Befürworter sehen die besondere Stärke von Open-Source-Software darin, dass sich jeder durch Lesen des Quelltextes davon überzeugen kann, dass die Software genau das tut, was sie soll. Das sehen auch Kritiker so, merken jedoch an, dass es die Natur der Sache stark einschränkt, wer überhaupt die Fähigkeiten zu einer solchen Überprüfung hat. Deshalb schätzen sie trotz allem freie Software als zu unsicher ein, um damit im Unternehmenskontext zuverlässig arbeiten zu können.

Eine flächendeckende Prüfung, wie dies bei »analogen« Produkten zumindest in der EU üblich ist, existiert bei digitalen Inhalten nicht und ist auch kaum umsetzbar, zu groß ist inzwischen das Angebot im Internet. Diese Tatsache verspricht einerseits großartige Möglichkeiten, ist aber eben auch mit großen Gefahren verbunden. Nicht zuletzt machen es sich auch Kriminelle zunutze, dass inzwischen viele Menschen mit der Erwartung ins Internet gehen, dass jegliche Inhalte kostenlos und frei verfügbar sein müssten. Laden arglose Nutzer deshalb ungeprüft Software von unbekannten Autoren herunter, ist die Verbreitung von Viren und anderer Schadsoftware eine einfache Angelegenheit.

Die große Frage hinter all den freien Angeboten ist also stets dieselbe: Vertraue ich den Anbietern?

21.5 Vertrauen in Informationen

Wie kann man Informationen vertrauen, wenn Werkzeuge zum Fälschen von scheinbar glaubwürdigen Inhalten für jedermann verfügbar sind und das Internet voll von Fake News – also manipulativen Falschmeldungen – ist?

Eine der wichtigsten Kompetenzen im aufgeklärten Umgang mit Informationen ist, falsche von korrekten Informationen unterscheiden zu können. Innerhalb eines Themenfelds, in dem wir persönlich über Expertise verfügen, können wir Fehlinformationen selbst identifizieren und gegebenenfalls andere Menschen von deren Minderwertigkeit überzeugen. Fachfremde Personen sind dagegen darauf angewiesen, sich auf die Vertrauenswürdigkeit der Informationsquelle verlassen zu können. Insbesondere bei absichtlichen Täuschungsversuchen ist es in den vergangenen Jahren immer schwieriger geworden, Fälschungen von Originalen und vertrauenswürdige Urheber von Betrügern zu unterscheiden:

Phishing-Mails und -Webseiten imitieren die Optik von vertrauenswürdigen Anbietern teils so präzise, dass selbst erfahrene Internetnutzer ihre persönlichen Daten an Betrüger geben. Mit kostenlos verfügbarer Software basierend auf Methoden der künstlichen Intelligenz können Bild-, Ton- und inzwischen sogar Videoaufnahmen so manipuliert werden, dass diese sogenannten *Deep Fakes* nur noch (oder sogar nicht einmal mehr) durch forensische Analyse von unveränderten Originalen unterschieden werden können. Hat also die Person in der Videoaufnahme tatsächlich das gesagt, was man im Video hört und von den Lippen ablesen kann? Während solche Fortschritte in der Multimediabearbeitung den Spezialeffekten in Filmen und Computerspielen ein faszinierendes Level an Realismus einhauchen, stellen sie für Journalisten und Strafverfolger, aber auch für Sie als Privatperson ein ernstzunehmendes Problem für die Beschaffung verlässlicher Informationen dar – und für deren Verbreitung: Teilt eine Person oder Organisation eine Information, so erweckt sie damit den Eindruck, diese Information selbst überprüft zu haben und für vertrauenswürdig zu halten (man nennt diesen Effekt *indirektes Vertrauen*). Im Umkehrschluss sollten Sie demnach eine Information nur teilen, falls diese sicher von der behaupteten Quelle ist (Authentizität) und deren Inhalt unverändert ist (Integrität).

Auch von technischer Seite ist dahingehend einiges möglich und notwendig. So sind beispielsweise signierte und verschlüsselte Verbindungen zu Webseiten wesentlich schwieriger für Betrüger zu fälschen, als dies bei Webseiten ohne digitales Zertifikat der Fall ist. Aus diesem Grund zeigen alle gängigen aktuellen Browser Warnungen an und verweigern den Seitenaufruf, wenn eine ungeschützte Verbindung aufgebaut werden soll. Auch viele Messenger achten inzwischen verstärkt darauf, dass der Ursprung verschickter Nachrichten zuverlässig verifiziert werden kann. Im Gegensatz dazu hat sich im Mailversand leider nach wie vor keine Zertifizierung von Absenderadressen flächendeckend durchgesetzt.

Vertrauen basiert meist auf einer Kette von digitalen Zertifikaten: Eine zentrale vertrauenswürdige Stelle bestätigt die Identität weiterer Stellen, die wiederum weiteren Stellen ihr Vertrauen aussprechen, bis diese Kette zum Beispiel beim Betreiber eines Webservers endet, dessen Identität in der Folge von Ihrem Browser als gesichert angesehen wird. Was jedoch, wenn es keine zentrale Instanz gibt, der alle vertrauen? Seit 2009 zeigt die Kryptowährung *Bitcoin*, wie mithilfe einer sogenannten *Blockchain* auch dezentral Vertrauen in Informationen aufgebaut werden kann: Grob gesagt wird dort durch einen demokratischen Prozess über die Vertrauenswürdigkeit von Informationsblöcken entschieden. Da alle Informationen zudem nicht nur an einem zentralen Ort, sondern auf allen beteiligten Systemen gespeichert werden und nach dem Einfügen in die Blockchain nicht mehr verändert werden dürfen, würde man Manipulationen sofort erkennen.

21.6 Verantwortung für Technologie

Die meisten Laien gehen unbewusst davon aus, dass technische Systeme perfekt und unparteiisch sind. Selbstverständlich ist diese Annahme weit von der Wahrheit entfernt. Wie wir in Kapitel 19 besprochen haben, sind Fehler – insbesondere in Software – etwas völlig Normales und müssen erwartet werden. Und auch wenn Technologie selbst neutral in jeglicher Hinsicht ist, so kann ihr Einsatz dennoch bewusst oder unbewusst zu Ungleichbehandlung führen.

Das Leben in der Blase

Muss ein Suchmaschinenanbieter alle passenden Inhalte gleichberechtigt in Suchergebnissen auflisten?

Eigentlich sind alle Webseiten im Internet über ihre Adresse direkt erreichbar und können daher unzensiert ihre Inhalte anbieten. Faktisch sind jedoch wenige große Suchmaschinen und soziale Netzwerke das Tor zum Internet: Inhalte, die von einer Suchmaschine nicht auf den ersten Seiten gelistet werden und die nicht im *Feed*, also im Nachrichtenstrom eines sozialen Netzwerks, auftauchen, existieren praktisch nicht, denn kaum einer wird je diese Seiten aufrufen.

Wenn Suchmaschinen also rechtswidrige Inhalte aus ihren Suchergebnissen entfernen und die Anzeigereihenfolge der Ergebnisse für den jeweiligen Nutzer personalisieren, muss man vorsichtig sein, denn der Grat zwischen Optimierung von Suchergebnissen und der gezielten Verfälschung derselben ist schmal. So kann es beispielsweise wahlbeeinflussend sein, wenn zu einem Kandidaten nur negative, zum anderen nur positive Ergebnisse präsentiert werden, obwohl sich vielleicht in Wirklichkeit bei beiden Lob und Kritik die Waage halten.

Im Kontext von sozialen Netzwerken wird ein solcher Effekt als *Filterblase* bezeichnet; Sie, genauso wie wir und alle anderen Menschen, sind empfänglicher für solche Informationen, die unsere Meinung bestätigen, als für solche, die unserem Standpunkt widersprechen. Da sich Menschen typischerweise mit ähnlich denkenden Personen umgeben, werden innerhalb eines Freundeskreises verstärkt erstere Inhalte verbreitet. Dadurch entsteht der Eindruck, dass unsere eigene Meinung von der Mehrheit unterstützt wird, und keine relevante Gegenposition existiert. Tatsächlich haben sich aber alle nur gegenseitig in ihrer Meinung bestätigt.

Dieser Effekt trat nicht erst in der digitalen Welt auf, im persönlichen Gespräch oder beim Lesen einer bestimmten Zeitung passiert dasselbe. Durch den ununterbrochenen Nachrichtenfluss über digitale Medien und angesichts von Algorithmen, die schnell lernen, was einen Nutzer interessiert, haben sich jedoch die Auswirkungen verstärkt. Anbieter von Nachrichten, Suchergebnissen und sozialen Netzwerken mit einer gewissen Marktmacht müssen deshalb von allen Nutzern beobachtet und dafür verantwortlich gemacht werden, für eine möglichst objektive Inhaltsauswahl zu sorgen, weil sie sonst durch ihre Monopolstellung (absichtlich oder unabsichtlich) die öffentliche Meinung manipulieren können.

Vermeidbare Fehlfunktionen

Ist ein Softwareentwickler dafür verantwortlich, wenn ein Fehler in seinem Algorithmus zu Sach- oder Personenschäden führt?

In der Regel sind Fehler unproblematisch. Ein Computerabsturz oder der Verlust von Daten mag nervig sein, aber die Folgen sind trotzdem noch sehr beschränkt. Je kritischer ein System ist, desto mehr Aufwand muss allerdings darin investiert werden, Fehler vor dem produktiven Einsatz zu finden und auszumerzen. Dennoch kann nie verhindert werden, dass eventuell doch noch ein Fehler übersehen wurde, der dann beim Kunden zum ersten Mal auftritt und schlimme Schäden verursacht. Eine rein rationale Untersuchung könnte in drei Schritten ablaufen:

Zunächst einmal muss geklärt werden, ob der Fehler zu einem oder mehreren verantwortlichen Entwicklern zurückzuverfolgen ist. Dies schließt ein, dass der Fehler nicht nur von diesen Personen verursacht und bei der Qualitätssicherung nicht bemerkt wurde, sondern auch, dass dahinter fahrlässiges oder sogar vorsätzliches Handeln steht. Sofern objektiv betrachtet alle Beteiligten nach bestem Wissen und Gewissen vorgegangen sind, können ihnen weder der Fehler noch seine Folgen vorgeworfen werden.

In einem zweiten Schritt müsste geklärt werden, wie die Rahmenbedingungen bei der Entwicklung der Software aussahen und ob diese angemessen für deren Einsatzzweck waren. Beispielsweise kann man von einem Unternehmen, das Software für Medizingeräte entwickelt, einen erheblich umfangreicheren Testprozess erwarten als vom Entwickler eines Videospiels fürs Smartphone. Sollten hier gravierende Mängel festgestellt werden, wäre dem Unternehmen oder den für den Prozess verantwortlichen Personen eine Pflichtverletzung vorzuwerfen.

Zuletzt stellt sich die Frage, ob der Fehler nicht nur von der Software verursacht, sondern auch von dieser eingeführt wurde. Wenn beispielsweise ein autonomes Fahrzeug einen Unfall verursacht oder einen solchen nicht verhindern kann, muss als Vergleich eigentlich betrachtet werden, ob ein Mensch in derselben Situation besser hätte handeln können, als es der Steuerungssoftware möglich war.

Spätestens wenn es um Personenschäden geht, macht uns Menschen jedoch aus, dass wir nicht rational, sondern auch emotional reagieren. Im Kontext von neuen Technologien führt das dazu, dass für Menschen die Erfahrung aus einem Fehlschlag weitaus schwerer wirkt als die Wahrnehmung vieler Erfolge. Einerseits verhindert dies, dass unnötiger Schaden verursacht wird. Andererseits kann eine Verklärung des Status quo und damit verbundene Angst vor technologischem Fortschritt auch verhindern, dass vorteilhafte neue Technologie akzeptiert wird. Als Informatiker sind Sie mit dafür verantwortlich, die Sorgen von Nutzern ernst zu nehmen und notwendige Aufklärungsarbeit zu leisten. Dies gilt natürlich sowohl wenn irrationale Ängste aus Unkenntnis erwachsen, als auch wenn aus der Illusion von perfekten Systemen ein unbegründetes und naives Vertrauen in Technologie entsteht.

Unvermeidbare Folgen

Wenn ein selbstfahrendes Auto einen Unfall nicht mehr vermeiden kann, sollte es einem spielenden Kind ausweichen, dafür aber einen Rentner anfahren?

Wenn wir Menschen in eine unerwartete Situation kommen, die rasches Handeln erfordert, so treffen wir Entscheidungen intuitiv und auf Basis unvollständiger Informationen. Ein Autofahrer würde im obigen Beispiel unter Umständen erst erkennen, dass auch auf seiner Ausweichstrecke Personen sind, wenn es bereits zu spät ist, erneut die Richtung zu wechseln. Alle Entscheidungen basieren jedoch letztlich auf einem Wertesystem, das wir über die Erziehung und das Miteinander in unserer Gesellschaft erlernt haben.

Computer verfügen über keinen solchen inneren Wertekompass, stattdessen erfolgen Entscheidungen auf Basis von logischen Verzweigungen und Berechnungen. Zudem können spezialisierte Systeme sehr wohl über annähernd vollständige Informationen verfügen und haben potentiell auch die Zeit dazu, die vorliegenden Daten umfassend auszuwerten. Die Entscheidung, wie die Software darauf reagieren soll, trifft nun der Programmierer, der den zugrunde liegenden Algorithmus entwickelt, ohne aber tatsächlich in der betrachteten Situation zu sein.

Soll bewertet werden, wie schwer voraussichtliche Verletzungen ausfallen und welche davon schlimmer sein werden? Bevorzugt das System grundsätzlich Kinder, weil sie noch mehr Lebenszeit vor sich haben? Ist eine Menschenmenge schützenswerter als eine einzelne Person? Eine Entscheidung des Bundesverfassungsgerichts im Jahr 2006 stellt fest, dass jegliche quantifizierende Abwägung von Menschenleben nicht mit dem Grundrecht auf Menschenwürde vereinbar ist. Für den verantwortlichen Softwareentwickler löst diese Entscheidung das Dilemma leider nicht, denn er kann einem Algorithmus nicht *nicht* einprogrammieren, wie er handeln soll. Da letztendlich eine Maschine Schritt für Schritt den Programmcode abarbeitet, besteht der Unterschied höchstens darin, ob implizit durch das Fehlen eines Befehls oder explizit durch einen vorhandenen Befehl das Ergebnis des Algorithmus bestimmt wird.

Noch sind die Sensoren an selbstfahrenden Fahrzeugen nicht in der Lage, zuverlässig Detailinformationen zum Beispiel über das Alter anderer Verkehrsteilnehmer zu ermitteln. Fortschritte in der Sensortechnologie lassen jedoch vermuten, dass diese Fähigkeit nicht mehr allzu lange auf sich warten lassen dürfte. Spätestens dann müssen sich die Gesellschaft im Allgemeinen und die Informatiker im Speziellen neu mit den ethischen Grundlagen von Entscheidungen über Leben und Tod befassen.

21.7 IT-Gerechtigkeit

Welche Maßnahmen sind nötig, um den Zugang zu und die Benutzbarkeit von IT-Systemen verantwortungsvoll und gerecht zu ermöglichen?

Auch wenn inzwischen gefühlt die ganze Welt im Internet vertreten ist, so stimmt das natürlich nicht. Nach wie vor gibt es große Unterschiede, die mit dem Alter, unterschiedlicher Schulbildung, Herkunft und sozialer Schicht oder Sprachkenntnissen zusammenhängen. Beschränkt zum Beispiel eine Bank bestimmte Dienstleistungen auf ihr digitales Angebot oder verlangt Zusatzgebühren für das Abwickeln von Geschäften in der Filiale, so ist dies zwar nachvollziehbar durch die höheren Personalkosten begründbar, benachteiligt jedoch unter Umständen trotzdem unfair einen Teil der Kunden.

Da die Abhängigkeit von Computern und insbesondere von einem Zugang zum Internet inzwischen enorm groß ist und einige Aspekte des Alltagslebens kaum noch ohne funktionieren, hat vor einiger Zeit auch der Bundesgerichtshof festgestellt, dass das Recht auf einen Internetanschluss ähnlichen Stellenwert hat wie das Recht auf einen Wasser- oder Stromanschluss. Wer jedoch glaubt, dass mit der Bezeichnung des Internets als Grundrecht alle bestehenden Ungerechtigkeiten beseitigt würden, irrt. Noch immer steht Deutschland im internationalen Vergleich des Breitbandausbaus schlecht da, vor allem im ländlichen Raum haben viele Menschen noch keinen Zugang zu schnellem Internet.

Dazu kommt, dass mit der technischen Bereitstellung von Zugängen noch längst nicht alle Schwierigkeiten überwunden sind. Seit der Erfindung der ersten Computer hat sich viel getan, was Benutzbarkeit der Systeme angeht. Im Gegensatz zu den ersten Benutzerschnittstellen, die vertiefte Kenntnisse vom Aufbau der Maschinen erforderten, erscheint die Bedienung von heutigen Smartphones und Tablets etwa so kompliziert wie die Verwendung eines Notizblocks. Dennoch bleiben Computer nach wie vor Expertensysteme, deren fortgeschrittene Funktionen nur einem relativ kleinen Kreis an Fachleuten verständlich und zugänglich sind. Der Zugang wird zudem durch die Kosten von Computern erschwert, sodass der Zugang zu moderner Technologie auch von der sozialen Schicht abhängen kann.

Dies ist eine Herausforderung sowohl für Softwareentwickler als auch für Bildungssysteme. Noch immer ist nicht an allen Schulen in Deutschland genügend Erfahrung und Fachpersonal vorhanden, weshalb nicht überall Informatikunterricht angeboten werden kann, der Schülerinnen und Schülern die notwendigen Grundlagen von IT-Systemen vermittelt. Zum Vergleich: Man benötigt eine spezielle Ausbildung und Erlaubnis, bevor man die zu Recht als gefährlich eingestufte Maschine »Auto« bedienen darf. Unsachgemäße Benutzung von Computersystemen kann ähnlich verheerende Folgen haben wie ein Autounfall. Beispielsweise resultiert der Erfolg von Schadsoftware-Angriffen auf IT-Systeme meist aus Fehlverhalten von deren Benutzern.

21.8 Der technisierte Mensch

Wann haben Sie das letzte Mal mehrere Tage komplett ohne Zugang zu Computern oder anderen IT-Systemen verbracht? Hatten Sie das Gefühl, dass Ihnen etwas fehlt? Den meisten von uns geht es inzwischen so, da für uns die digitale und die analoge Welt längst miteinander verschmolzen sind. Das hat jedoch nicht nur positive Auswirkungen.

Abhängigkeit von Technik

Ist es problematisch, wenn die Fähigkeit von Menschen, ohne Navigationsgerät ihr Fahrtziel zu finden, aufgrund verstärkter Techniknutzung verlorengeht?

Assistenten aller Art nehmen uns im Alltag viele Aufgaben ab, die uns als Menschen lästig erscheinen. Das fängt bei der Benachrichtigung über das Wetter, das wenige Meter von uns entfernt vor der Tür herrscht, an, erstreckt sich über Navigationssysteme, die gedruckte

Karten fast vollständig ersetzt haben, und geht bis hin zum Taschenrechner, den wir schon bei der Addition von kleinen Beträgen immer häufiger zu Rate ziehen. Sind Sie genauso schuldig wie wir, wenn es um die Nutzung von Computern aus Faulheit geht?

Stellen Sie sich einmal vor, all diese kleinen Helferlein wären von jetzt auf gleich nicht mehr verfügbar – wie sehr verändert sich dann nicht nur, wie Sie Dinge erledigen, sondern auch, welche Dinge Sie überhaupt erledigen können? In vielen Bereichen ist es sinnvoll, dass Menschen nicht mehr über auswendig gelerntes Wissen verfügen müssen, sondern über die Kompetenz, dieses kurzfristig zu recherchieren. Wenn jedoch durch das Vertrauen auf digitale Systeme zum Teil die Kompetenz, den Alltag ohne diese Systeme zu meistern, verlorengeht, ist die Abhängigkeit vielleicht doch zu groß geworden.

Arbeitszeit: 24/7

Welche Folgen hat es, wenn ein Arbeitnehmer mit dem Smartphone rund um die Uhr auf das E-Mail-Konto seines Arbeitsplatzes zugreifen kann?

Bevor flächendeckend jeder zumindest ein Mobiltelefon oder sogar ein Smartphone besaß, war es völlig normal, über längere Zeit nicht erreichbar zu sein. Egal, wie dringend dann Probleme am Arbeitsplatz waren, ein Chef hatte schlichtweg keine Möglichkeit, seine Angestellten zur Unterstützung heranzuziehen. Inzwischen ist es überhaupt kein Problem, Arbeit in großem Stil mit nach Hause zu nehmen. Aus »eben kurz eine Mail beantworten« kann leicht eine immense Verlängerung der Arbeitszeit werden. Besonders problematisch ist dieser Effekt, wenn Menschen ihre Arbeit vorrangig nicht in einem Unternehmensbüro, sondern im Home-Office erledigen und dadurch die Trennung zwischen Arbeitszeit und Privatleben ohnehin bereits unscharf ist.

Natürlich hat die Erreichbarkeit auch große Vorteile: Wir können unseren Gastgebern Bescheid geben, wenn wir uns wegen Zugausfall oder Stau auf der Autobahn verspäten, können kurzfristig einer Person beim Einkaufen mitteilen, dass auf dem Einkaufszettel noch Milch fehlt, oder spontan im Internet recherchieren, wo das nächste Restaurant ist. Und selbstverständlich ist es bei echten Notfällen tatsächlich wertvoll, sofort erreichbar zu sein.

Aus der technischen Möglichkeit folgt jedoch oftmals das Gefühl, zur Erreichbarkeit verpflichtet zu sein. Solch ein ununterbrochener Druck führt schnell zu Phänomenen wie dem *Phantomklingeln*, bei dem man fälschlicherweise glaubt, angerufen zu werden und die Vibration und den Klingelton wahrgenommen zu haben. Weitaus unangenehmer kann jedoch auch aus dem Mangel an echten Erholungsphasen ein dauerhafter Erschöpfungszustand bis hin zum Burnout-Syndrom entstehen. Insbesondere Arbeitgeber sind deshalb in der Pflicht, mit ihren Angestellten klare Regeln zu formulieren, ob, in welcher Form und für welche Angelegenheiten auch außerhalb der Arbeitszeit Erreichbarkeit bestehen muss.

21.9 Zusammenfassung und Einordnung

Die angesprochenen Themen decken bei weitem nicht alle Fragen ab, die man sich im Kontext von digitaler Technologie stellen kann und sollte. Und natürlich haben wir auch bei den gestellten Fragen nur einen Bruchteil der relevanten Argumente hier wiedergegeben. Wichtig ist für Sie vor allem, dass Sie sich beim Entwickeln neuer Technologien bewusst sind, dass diese im Regelfall nicht nur die von Ihnen beabsichtigten Auswirkungen haben, sondern meist auch missbraucht werden können. Technologie selbst ist zunächst einmal neutral, als Entwickler stehen Sie jedoch auch in der Verantwortung, Missbrauch und negativen Seiteneffekten vorzubeugen. Egal, ob Sie als Informatiker oder in einem anderen Beruf tätig sind – Sie sollten sich gut überlegen, welche ethischen Grundsätze Sie Ihrer Arbeit zugrunde legen und an welchen Projekten und für welche Arbeitgeber Sie arbeiten wollen.

Kapitel 22

Extro

Wenn Sie jetzt, zum Ende des Buchs, zurückdenken und sich überlegen, was Sie alles gelernt haben, dann ist das eine ganze Menge. Angefangen bei den Ursprüngen der Informatik, den Grundbegriffen und der Einführung in das algorithmische Denken und Formulieren über theoretische und technische Informatik bis hin zur praktischen Arbeit am Computer haben wir Ihnen einen Überblick über das Themenfeld gegeben.

Sie haben die wichtigsten Standardalgorithmen erarbeitet und ausprobiert, haben sich mit Datenstrukturen und Operationen darauf auseinandergesetzt, Laufzeiten bestimmt und verbessert. Computer und Netzwerke haben vielleicht ein bisschen von ihrer unbegreiflichen Magie verloren, weil Sie nun eine Vorstellung davon bekommen haben, was im Hintergrund passiert. Auch der nächste Programmabsturz überrascht Sie vermutlich etwas weniger, denn wie Sie nun wissen, sind Fehler in der Informatik ebenso wenig vermeidbar wie in anderen Ingenieursdisziplinen. Konzepte der objektorientierten Softwareentwicklung im Team sind Ihnen nun nicht mehr fremd, und Sie werden manch einen Onlinedienst sicherlich mit anderen Augen sehen, seit Sie sich mit Verschlüsselung und ethischen Fragen der Informatik beschäftigt haben.

22.1 Wie wird man Informatiker*in?

Von Aussagenlogik bis Zuse wissen Sie nun mit vielen Begriffen, die Sie zum Beispiel im Informatikstudium erwarten, etwas anzufangen. Natürlich konnten wir oftmals nur an der Oberfläche kratzen, aber mit diesem Vorwissen tun Sie sich zu Studienbeginn sicherlich leichter. Aber wie sieht so ein Studium der Informatik eigentlich aus, und welche alternativen Wege ins Berufsleben gibt es?

Inhalte des Informatikstudiums

Die Informatikausbildung an einer Hochschule beginnt mit einem *Bachelorstudium*, das in der Regel sechs Semester dauert. Darin beschäftigt man sich viel mit Mathematik, weil sie die Grundlage für viele weiterführende Informatikthemen darstellt. Im Gegensatz zur Schulmathematik liegt der Schwerpunkt im Studium nicht auf dem Rechnen, sondern auf Algebra, Analysis und Logik. Darauf aufbauend beschäftigt sich dann die *theoretische Informatik* mit den strukturellen Grundlagen der algorithmischen Automatisierung und beweisbaren Grenzen der Fähigkeiten von Computern. Viele der Themen, die dort behandelt werden, haben wir auch in diesem Buch angerissen: Es geht in diesem Fach um formale Sprachen, Automatentheorie, Berechenbarkeits- und Komplexitätstheorie. Auch Algorithmenentwurf und -analyse sind Themengebiete der theoretischen Informatik. Im Kontrast zu diesen abstrakten Inhalten beschäftigt sich die *technische Informatik* mit den elektrotechnischen Grundlagen und der Architektur heutiger Computer. Dort lernen Sie den Aufbau und die Funktionsweise eines Rechners von der Leiterbahn bis hin zur hardwarenahen Programmierung in Assembler kennen und beschäftigen sich mit den technischen Details von Netzwerken. Unsere Kapitel über Computer und Netzwerke haben einen kurzen Einblick in diese Themenfelder gegeben. Ein weiteres großes Themengebiet ist die *praktische und angewandte Informatik*, in der es um Programmierung, Softwareentwicklung und damit verwandte Themen wie Datenstrukturen und auch Algorithmen geht. Auch Konzepte der Software-Architektur sowie Softwareentwicklung im Team sind Teil dieses Themenkomplexes. Gegen Ende des Bachelorstudiums vertieft man sich in der Regel in ein oder mehrere Fachgebiete, die man selbst wählt. Neben den bereits genannten Informatikgebieten können Sie sich in einer Vielzahl von Themengebieten wie zum Beispiel IT-Security oder Computergrafik spezialisieren; das Angebot ist stark von der Universität abhängig, an der Sie studieren. Zusätzlich zu den technischen Inhalten wird vermehrt Wert auf die Vermittlung von sogenannten *Softskills* gelegt, zum Beispiel im Bereich Kommunikation und Präsentationskompetenz.

Der Bachelorabschluss ist bereits eine vollständige Berufsausbildung, mit der Sie ohne Probleme einen guten Arbeitsplatz finden können. Möchten Sie Ihr Hochschulstudium jedoch fortsetzen, so schließt sich das meist viersemestrige *Masterstudium* an. Darin werden Teilfachbereiche vertieft, und die Arbeit wird zudem forschungszentrierter. Im Gegensatz zum Bachelorstudium, bei dem direkter Kontakt zu Forschung eher die Ausnahme als die Regel darstellt, arbeiten viele im Masterstudium verstärkt an wissenschaftlichen Veröffentlichungen mit und lernen so die Arbeit in der Wissenschaft kennen. Da sich das Angebot verschiedener Hochschulen im Master noch stärker als im Bachelor unterscheidet, ist es auch keine Seltenheit, dass Studierende zwischen dem Bachelor- und dem Masterstudium die Universität wechseln.

Neben dem reinen Informatikstudium gibt es informatikverwandte Studiengänge, bei denen eine Spezialisierung direkt im Studienplan verankert ist. Diese oft als *Bindestrich-Informatik* bezeichneten Studiengänge verbinden die Informatik zum Beispiel mit Wirtschaft zu Wirtschaftsinformatik oder auch mit Medizin, Biologie, Geologie, Jura oder Medientechnik. Studierende werden dort in zwei Wissenschaften ausgebildet, damit sie fachspezifische Software besser entwickeln können und in Teams das Bindeglied zwischen Informatiker*innen und zum Beispiel Ärzt*innen sein können, da sie Kenntnisse in beiden Fachrichtungen haben. Die Studiendauer in diesen spezialisierten Studiengängen unterscheidet sich nicht von normalen Bachelor- und Masterstudiengängen. Viele Informatikstudiengänge bieten zudem Möglichkeiten für ein Nebenfach an, um sich in eine andere Fachrichtung zu spezialisieren.

Auch wenn es häufig nicht im Studienplan vorgesehen ist, legen viele Studierende zwischen dem Bachelor und dem Master eine Pause ein, um ein Praktikum über ein Semester in einem Unternehmen oder einer Forschungseinrichtung zu absolvieren. Praktikant*innen sind bei Informatikunternehmen hoch erwünscht und werden in der Regel sehr gut bezahlt. Gerne werden diese Gelegenheiten von Studierenden auch genutzt, um ein fremdes Land kennenzulernen. Neben Praktika ist die Fortsetzung des Studiums an einer anderen Universität im Rahmen eines Auslandssemesters möglich. Über Kontakte der Hochschule oder über das EU-Förderprojekt Erasmus gelangt man meist an attraktive Angebote für beide Optionen.

Organisation des Studiums

Der Ablauf eines Studiums unterscheidet sich recht stark von der Ihnen bislang bekannten Schullaufbahn, denn im Gegensatz zum größtenteils durchgeplanten Verlauf der Schulausbildung ist das Studium wesentlich stärker selbstverantwortet. Generell haben Sie viele Freiheiten darin, welche Kurse Sie belegen möchten und welchen Aufwand Sie dafür aufwenden. Sie sind allerdings auch allein dafür verantwortlich, in einem bestimmten Zeitrahmen alle für den Abschluss notwendigen Kurse erfolgreich zu absolvieren. Es wird in der Regel kein Stundenplan vorgeschrieben. Stattdessen müssen sich Studierende selbst in die gewünschten Fächer einschreiben und für die Prüfungen anmelden.

Die angebotenen Lehrveranstaltungen können grob in Vorlesungen und Seminare unterteilt werden. Bei Vorlesungen spricht ein*e Professor*in oder ein*e Dozent*in zu einem bestimmten Thema zu den Studierenden, die später zu den Inhalten Übungen abgeben müssen, die wiederum Voraussetzung für die Klausur am Ende des Semesters sind. Bei Vorlesungen gibt es meist keine Anwesenheitspflicht. Dennoch empfiehlt es sich, die Inhalte direkt von der Lehrkraft zu hören, auch weil man während der Vorlesung Rückfragen stellen kann. Seminare finden meist in einem wesentlich kleineren Rahmen statt. Dort arbeiten Sie oft mit anderen Kommiliton*innen in Projekten zusammen oder erarbeiten selbstständig Fachinhalte und stellen diese den anderen Studierenden vor. Da Informatik am Ende auch viel Teamarbeit bedeutet, wird diese in manchen Universitäten in Projekten auch explizit geübt.

Jedes Studium endet mit einer Abschlussarbeit, der Bachelor- oder Masterarbeit. Diese schriftliche Ausarbeitung zu einem bestimmten Thema kann über einen Großteil der Abschlussnote entscheiden. Der Schreibprozess zieht sich oft über ein Semester oder auch länger.

Entscheidung für ein Studium

Ob ein Studium an einer Hochschule etwas für Sie ist, können nur Sie selbst entscheiden. Um sechs oder zehn Semester motiviert lernen und Prüfungen absolvieren zu können, sollten Sie sich insbesondere intensiv Gedanken über die passende Studienrichtung machen. Wichtig bei der Auswahl ist eine Begeisterung für das Fach. Entscheidungen, die auf Aussagen wie »In dem Bereich gibt es gute Jobs« oder »Auf Wunsch meiner Eltern studiere ich« basieren, enden häufig in einer Menge Frust und dem Abbruch des Studiums.

Haben Sie sich erst einmal für eine Richtung entschieden, müssen Sie die Wahl des geeigneten Studienorts und des genauen Studiengangs treffen. Es gibt in Deutschland viele Universitäten, die zwar ähnliche Studiengänge anbieten, jedoch oft unterschiedliche Spezialisierungen haben. Deshalb lohnt es sich sehr, einen genaueren Blick in den Studienplan zu werfen und auf die Erfahrung von Studierenden oder die Daten von Rankings zurückzugreifen.

Aber kein Ranking und kein Studienplan kann einen persönlichen Eindruck ersetzen. Aus diesem Grund sollten Sie vor der endgültigen Entscheidung mögliche Universitäten besuchen, mit Studierenden dort sprechen und sich einen Eindruck von der Lernumgebung machen. Jede Hochschule bietet einen Studieninformationstag an, bei dem Sie sich die Räumlichkeiten der Universität anschauen und oft auch eine Probevorlesung anhören können.

Wenn Sie einen noch tieferen Einblick in die Universität Ihrer Wahl bekommen möchten, können Sie sich auf deren Webseite über spezielle Angebote für Schülerinnen und Schüler informieren. Das kann beispielsweise ein Schülerstudium sein, bei dem Sie einige Zeit an der Universität verbringen und dort richtige Vorlesungen besuchen. Auch Schülercamps werden von einigen Universitäten angeboten, bei denen Sie über einen kurzen Zeitraum mit anderen interessierten Schüler*innen zusammenkommen und in der Regel von Studierenden ein spannendes Programm und tiefe Einblicke in die Universität und das Studienfach geboten bekommen.

Bei konkreten Fragen zum Studium können Sie sich auch außerhalb von solchen Veranstaltungen an die Vertretungen der Studierenden (Fachschaftsräte, Studierendenausschüsse oder ähnliche Organisationen), an für Schülerberatung zuständige Professor*innen oder die Studierendensekretariate wenden. Einige Universitäten haben zudem Mitarbeitende, die speziell für die Beratungen von angehenden Studierenden zuständig sind und eine große Bandbreite an Fragen über alle Studiengänge beantworten können. Die Website jeder Universität gibt darüber Auskunft.

Haben Sie sich letztendlich für ein Studium in einem bestimmten Studiengang entschieden, beginnt das Bewerbungsverfahren. Die formalen Voraussetzungen sind für jeden Studiengang unterschiedlich. Generell berechtigt eine allgemeine Hochschulreife für ein Studium an einer Universität. Diese erreichen Sie meist über das Abitur. Es gibt aber auch viele andere Wege, wie beispielsweise eine fachgebundene Hochschulreife, um eine Zulassung für ein Studium an einer Hochschule zu erhalten. Nähere Auskünfte dazu kann Ihre Schule oder die jeweilige Universität geben. Bei manchen Studiengängen gibt es weitere Zulassungsvoraussetzungen oder Bewerbungsanforderungen wie zum Beispiel das Einreichen eines Motivationsschreibens oder Kapazitätsbeschränkungen, die effektiv einen Abiturschnitt vorgeben, den Bewerber*innen mindestens erreicht haben müssen.

Statt an einer Universität können Sie Ihr Studium auch an einer Fachhochschule absolvieren, deren Fokus meist stärker praxisorientiert und weniger forschungsorientiert ist. Stellt sich das Studium letztlich doch nicht als das richtige heraus, ist auch ein Wechsel des Studiengangs möglich. Universitäten haben dafür in der Regel Beratungsstellen eingerichtet, die bei solchen Entscheidungen Unterstützung leisten.

Ausbildung als Alternative zum Studium

Entscheiden Sie sich gegen ein Hochschulstudium, können Sie auch eine Ausbildung in einem Unternehmen anfangen. In der Informatik gibt es klassischerweise die Ausbildung zum/zur Fachinformatiker*in in zwei Richtungen: *Fachinformatiker*in für Anwendungsentwicklung* und *Fachinformatiker*in für Systemintegration*. Bei der ersten Variante geht es hauptsächlich um das Entwickeln von Software, während die zweite den Fokus eher auf die Einrichtung und den störungsfreien Betrieb von IT-Systemen legt. Parallel zur Zeit im Unternehmen besuchen Sie eine Berufsschule, in der fachbezogene und fachübergreifende Schulfächer unterrichtet werden. Wer eine solche Ausbildung abschließt, arbeitet meist als Programmierer*in oder Systemadministrator*in in einem Unternehmen.

Ausbildungen sind oft praxisnäher als das eher theoretische und forschungsorientierte Studium der Informatik, weil Sie direkt in einem Unternehmen an realen Problemstellungen arbeiten. Außerdem hat eine Ausbildung in einem Unternehmen den Vorteil, dass Sie während der Ausbildung für die Arbeit bezahlt werden. Mit einem Bachelor- oder Masterabschluss steigen Sie jedoch oft höher in der Karriereleiter ein.

Die Voraussetzungen für eine Ausbildung sind nicht für alle Ausbildungsgänge zentral geregelt. Oft entscheidet ein Unternehmen über die Eignung von Bewerber*innen, in manchen Bundesländern sind auch rein schulische Ausbildungen möglich. Die Ausbildung erstreckt sich in der Regel über drei bis dreieinhalb Jahre, kann aber je nach Leistung der Auszubildenden auch kürzer oder länger dauern. Nach der Ausbildung haben Sie immer noch die Möglichkeit, ein Studium aufzunehmen, und können teilweise im Rahmen der Ausbildung dafür notwendige Abschlüsse erwerben.

Ein duales Studium als Mittelweg

Möchten Sie den Mittelweg zwischen einem Studium und einer Ausbildung gehen, können Sie ein duales Studium aufnehmen. Bei dieser Kombination aus Ausbildung und Studium verbringen Sie je einen Teil Ihrer Zeit im Unternehmen und in einer Hochschule. Sie lernen dadurch nicht nur in der Praxis, sondern erlangen auch vertiefte theoretische Kenntnisse, bilden sich akademisch weiter und verdienen bereits eigenes Geld. Abhängig vom genauen Format des Studiums erlangen Sie durch die Ausbildung einen Ausbildungsabschluss, einen Studienabschluss oder sogar beides. Auch die Dauer des Studiums hängt vom jeweiligen Studiengang ab.

Das Berufsleben in der Informatik

Nach Abschluss eines Studiums oder einer Ausbildung ist die Berufswahl sehr breit gefächert. Möchten Sie selbst Software entwickeln oder Unternehmen bei der Einrichtung von komplexen Systemen unterstützen? Haben Sie mehr Lust darauf, mit Ihren Entwicklungen hörbare, sichtbare oder greifbare Ausgaben zu erschaffen, oder möchten Sie Geschäfts- oder Forschungsdaten analysieren? Je nachdem, welche Voraussetzungen Sie mitbringen, welche Spezialisierungen Sie gewählt und welche Kompetenzen Sie im Rahmen Ihrer Ausbildung erworben haben, bieten sich natürlich manche Arbeitsplätze mehr an als andere. Da aber kaum ein Unternehmen heutzutage ohne eine IT-Abteilung auskommt, sind die Arbeitsplatzaussichten sehr gut. Schon während des Studiums bekommt man häufig Jobangebote von Unternehmen, und bei Ausbildungen ist es nicht selten, dass man direkt danach vom Ausbildungsbetrieb übernommen wird. Während des Berufslebens gehört eine ständige Weiterbildung dazu, damit Sie immer auf dem aktuellsten Stand der Technik bleiben.

22.2 Ressourcen

Im Intro haben wir bereits auf unsere Website zum Buch hingewiesen. Unter der Adresse *www.fit-fuers-informatikstudium.de* finden Sie weiterführende Ressourcen wie eine Linksammlung, alle Codebeispiele oder ausführlichere Lösungstexte. Außerdem werden wir dort eventuell notwendige Korrekturen für dieses Buch bereitstellen.

Für Feedback und Anregungen zum Buch sind wir Ihnen natürlich sehr dankbar! Und auch wenn unser Buch Ihnen bei der Planung Ihres Werdegangs geholfen hat, freuen wir uns über eine Nachricht.

22.3 Wie geht es weiter?

Natürlich gibt es neben diesem Buch noch weiterführende Literatur zur Informatik und zum Studium. Letztlich lässt sich aber die eigene praktische Erfahrung durch nichts ersetzen. Das Schöne an der Informatik ist, dass man oft keine oder nur sehr wenige Hilfsmittel braucht, um etwas Neues auszuprobieren oder Problemstellungen zu lösen.

Wenn Sie bereits alle Aufgaben aus diesem Buch bearbeitet haben, spukt Ihnen ja vielleicht schon eine schöne eigene Idee im Kopf herum, die Sie praktisch ausprobieren möchten. Versuchen Sie einfach einmal, ein Programm dafür zu schreiben! Die Grundlagen dafür haben wir in diesem Buch behandelt; sollten Sie an einem Punkt nicht weiterkommen, suchen Sie einfach im Internet nach Hinweisen zum Lösen der Probleme. Unzählige Tutorials und Dokumentationen bieten eine großartige Voraussetzung fürs Selbststudium.

Im Internet können Sie selbstverständlich nicht nur nach Hilfestellungen für Lösungen, sondern auch nach interessanten Aufgaben suchen. Auch andere Bücher sind gute Quellen für solche Problemstellungen. Darüber hinaus gibt es im Feld der Informatik viele Onlinekurse, die spezielle Themen vermitteln und dabei auch meist Aufgaben zur Vertiefung des Themas anbieten. An diesen Kursen können Sie oft kostenlos teilnehmen und auch zusammen mit anderen knobeln.

Eventuell haben Sie außerdem die Möglichkeit, an bundesweiten Wettbewerben im Bereich der Informatik teilzunehmen. Eine tolle Adresse dafür ist der Bundeswettbewerb für Informatik, der jedes Jahr über mehrere Runden hinweg Bundessieger*innen und Preisträger*innen aus allen Teilnehmenden ermittelt. Die Aufgaben sind etwas anspruchsvoller und aufwendiger in der Bearbeitung als unsere Aufgaben im Buch, umfassen aber durchweg spannende Konzepte der Informatik, von denen wir viele schon in diesem Buch vorgestellt haben. Ebenso gibt es den ebenfalls bundesweit ausgetragenen Wettbewerb Informatik-Biber, bei dem Schülerinnen und Schüler informatische Konzepte im Rahmen spannender Aufgaben unterschiedlicher Schwierigkeitsstufen üben können. Nähere Informationen zu beiden Wettbewerben finden Sie unter *www.bwinf.de*.

Sollte es bei Ihnen auf ein Informatikstudium zugehen, können Sie sich natürlich auch schon vorab mit Ihren Studieninhalten beschäftigen. Viele Professor*innen bieten ihre Materialien frei verfügbar im Internet an; alternativ besuchen Sie einfach einmal eine Schülerveranstaltung einer Universität.

Die Informatik ist ein riesiges Feld mit vielen spannenden Themen, das sich praktisch täglich weiterentwickelt. Es lohnt sich also, immer neugierig zu bleiben, Dinge einfach mal auszuprobieren und sich darüber zu freuen, wie kreativ Dinge schief- oder gutgehen können. Finden Sie Ihren Weg, und haben Sie viel Spaß beim Experimentieren und Erforschen dieses Themengebietes!

Eine letzte Aufgabe möchten wir Ihnen noch stellen. Erinnern Sie sich an die Frage, die wir Ihnen im Intro gestellt haben: Womit sind Sie in der letzten Woche in Kontakt gekommen, was keinen Bezug zur Informatik hat? Überlegen Sie selbst, wie Sie mit Werkzeugen der Informatik diese Sache ein klein bisschen besser machen können!

Index

A

A/B-Test 372
Abfragesprache 235
Addition 32
Adressauflösung 317
AES 329
Akzeptierender Zustand → Endzustand
Algorithmus 31
    ausführen 30
Allgemeine Grammatik 201
Android 299
Anfrage (Netzwerk) 311
Angewandte Informatik 426
Anpassungsfähigkeit 262
Antisymmetrie 96
Apache License 413
Arbeitsspeicher 294
Architektur 340
Arithmetischer Ausdruck 201
Array 69
Array, dynamisches 73
ASCII 59
Assemblercode 296
Asymmetrische Verschlüsselung 329
Asymptotische Schranke 113
Attribut 223, 236, 383
Ausdruck, arithmetischer 201
Ausdruck, regulärer 208
Ausführungsumgebung 302
Ausgabe 24
Ausgabedaten 30
Aussage, logische 39
Authentizität 331
Automat
    endlicher 202
    linear beschränkter 205
Automatenmodell 202
Autonomie 262
Average Case 107
AVL-Baum 157

B

Bachelorstudium 425
Backpropagation 278
Backtracking 167
Baum 151
Baum-Topologie 324
Befehl 30
Befehlssatz 31
Benachbart → Nachbarschaft
Benutzerverwaltung 299
Berechenbarkeitstheorie 25
Berechnung 24
Best Case 93, 107
Best-Effort-Routing 409
Betriebssystem 296
Bibliothek 342
Binärbaum 151
Binäre Suche 148, 158
Binärsystem 52
Bindestrich-Informatik 426
Bit 52
Black Box 132, 278
Black Hat Hacker 407
Blatt 151
Block 36
Blockchain 416
Bottom-up-Methode 344
Branch 356
Breitensuche 182
Brute-Force-Methode 332
Bubble Sort 93
Bug 365
Bug-Bounty-Programm 407
Bus 294
Bus Factor 351
Bus-Topologie 324
Byte 54
Bytecode 302

C

C	300
C#	302
Caesar-Verschlüsselung	327
Chinesisches Zimmer	264
Chomsky-Hierarchie	210
Church-Turing-These	205
Client	312
Client-Server-Kommunikation	312
Clique	182
Closed World Assumption	270
Clustering	273
Code Review	374
Codeblock	383
Coding Convention	373
Commit	354
Compiler	25, 300
Computer, virtueller	302
Content-Type	319
Counting Sort	134
CPU	293
Creative Commons	412

D

Datei	298
Dateikopf	60
Dateiverwaltung	299
Daten, geordnete	69
Datenbank	235
relationale	236
Debugger	341
Debugging	365
Deep Blue	272
Deep Fakes	415
Deep Learning	278
DES	329
Designfehler	368
Dezimalsystem	52
Digitale Revolution	405
Digitales Zeitalter	405
Distribution	299
Divide and Conquer → Teile und herrsche	
Division	32
DNS	317
DNS-Server	317
Dokumentation	343
Domain Name Service → DNS	
Doppelt verkettete Liste	74
Dynamische Programmierung	169
Dynamisches Array	73

E

Eingabe	24
Eingabealphabet	202
Eingabedaten	30
Eingabegröße	90, 107
Einloggen	299
Einwegfunktion	330
Elternklasse	224
Emoji	60
Encoding	56
Endlicher Automat	202
Endzustand	203
Enigma	333
Entität	236
Entitätstyp	236
Entity-Relationship-Diagramm	236
Entropie	266
Entwicklungsumgebung	341
Entziffern	332
ER-Diagramm → Entity-Relationship-Diagramm	
Eulerkreis	189
Eulerscher Graph	189
Eulerweg	189
Exception	396
Expertensystem	280
Exponent	58
Exponentialdarstellung	58

F

Falsch	39
Farbpalette	61
Feed	416
Fehler, logischer	367
Fehlertolerantes System	370
Fehlerwirkung	365
Fehlerzustand	365
Fehlhandlung	365
Festkommadarstellung	58

Festplatte 298
FIFO 72
Filterblase 417
Firewall 313
Freeware 413
Fremdschlüssel 239
Funktion 43

G

Ganze Zahl 56
Gatter 290
Geheimtext 327
Geordnete Daten 69
Gerichtete Kante 179
Git 358
GNU General Public License 413
Grad 181
Grammatik
   allgemeine 201
   kontextsensitive 201
   reguläre 200
Groß-O-Notation → Landau-Notation
Gruppieren 244
GUI 340

H

Hack 407
Hackerethik 407
Halbaddierer 292
Halteproblem 374
Hashfunktion 331
Häufigkeitsanalyse 333
Header 319
Heuristik 271
Hexadezimalsystem 53
Höhe 151
Höhere Programmiersprache 300
HTML 319
HTTP 318
HTTPS 318
Hybridverfahren 332
Hypertext Markup Language → HTML
Hypertext Transfer Protocol → HTTP

I

IDE 341
Identität 223
Implementieren 33
In place 95
Index 69
Industrie 4.0 408
Informatik
   angewandte 426
   praktische 426
   technische 425
   theoretische 425
Initialisierung 72
Insertion Sort 91
Instanz 223
Integrationstest 372
Integrierter Schaltkreis 290
Integrität 331
Intelligenz 262
Internet of Things 26
Internet Protocol → IP
Interpreter 301
IP 319
IP-Adresse 316
IPv4 325
IPv6 325
ISP → Provider
Issue 353
Issue-Tracking 353
Iteration 35

J

Java 302
JavaScript 302
Just-in-Time Compiler 301

K

Kante 151, 179
   gerichtete 179
Kantengewicht 180
Kantenkosten → Kantengewicht
Kapselung 226
Kardinalität 237

Kellerautomat 205
Kindklasse 224
Kindknoten 151
Klartext 327
Klasse 223
Klassifikation 265, 274
Kleene'scher Abschluss 208
Klonen 354
Knoten 151, 179
Kodierung 56
Kollision 331
Kommandozeile → Terminal
Kommunikationsfehler 370
Kompilat 300
Kompilieren 300
Kompilierungsfehler 365
Komplexität 90
Konstruktor 385
Kontext 201
Kontextfreie Sprache 201
Kontextsensitive Grammatik 201
Kontradiktion 43
Koprozessor 281
Korrektheit 106
Kreis 188
Kryptographie 328
Künstliche Intelligenz
　erklärbare 280
　schwache 264
　starke 264
　symbolische 268
Künstliches neuronales Netz 275
Kurzschlussauswertung 126

L

Landau-Notation 112
Laufvariable 36
Laufzeit 106, 301
　exponentielle 115
　konstante 115
　lineare 115
　logarithmische 115
　quadratische 115
Laufzeitfehler 366
Leere Summe 88
Leeres Wort 199

Lernen 263
　maschinelles 272
　überwachtes 273
　verstärkendes 272
Lernrate 276
LIFO 71
Linear beschränkter Automat 205
Linear separierbar 276
Lineare Suche 145, 158
Linux 299
Liste
　doppelt verkettete 74
　verkettete 70
Logische Aussage 39
Logische Programmiersprache 269
Logische Schaltung 290
Logischer Fehler 367

M

Mantisse 58
　Normalisierung 58
Map 77, 392
Maschinelles Lernen 272
Maschinencode 296
Masterstudium 426
Median 131
Menge 76
　Relation 77
Merge 126, 355
Merge Conflict 356
Merge Sort 123
Messaging-System 353
Metadaten 411
Methode 223, 383
MIT License 413
Modulo 32
MongoDB 254
Multiplikation 32

N

Nachbarschaft 179
Nachbedingung 32
Natürliche Sprache 32
Natürliche Zahl 56
Nebenläufigkeit 297

Netzneutralität 409
Netzwerk 311
Netzwerkschnittstelle 311
Neuronen 274
Nichtterminal 198
Normalisierung 251
Normalisierung der Mantisse 58
NoSQL 251
Notation, wissenschaftliche 58
Null-Wert 73, 166

O

Objekt 223
Objektorientierte Programmierung 223
Objektorientierung 223
One-Time-Pad 334
OOP → Objektorientierte Programmierung
Open Source 299, 413
Operation 236
Ordnerhierarchie 299
Ordnung 85, 96
Ordnungsrelation 96, 97
Out of place 95
Overfitting 274
Overflow 56

P

Pair Programming 351, 373
Paket 311
Paketverwaltung 342
Permutation 229
Perzeptron 275
Pfad 151, 188
Philosophie der künstlichen Intelligenz 264
Phishing 415
PHP 302
Pivotelement 128
Pixel 60
Planar 190
Plattformunabhängigkeit 301
Pledge-Algorithmus 47
Polymorphie 224
Port 312
Prädikat 113
Praktische Informatik 426

Primärschlüssel 239
Produktionsregel 198
Programmablaufplan 33
Programmiersprache 32
    höhere 300
    logische 269
Programmierung, dynamische 169
Programmzähler 294
Prolog 269
Protokoll 318
Provider 314
Prozess 298
Prozessor 290
Prozessorcache 295
Prüfsumme 331
Pseudocode 33
pull 355
Pull Request 357
Punkt-Operator 384
push 355
PyCharm 342, 398
Python 302, 379

Q

Q-Learning 272
Quantencomputer 335
Quantor 113
Queue 71, 391

R

RAM → Arbeitsspeicher
Rastergrafik 60
Rationale Zahl 56
Rechenwerk 293
Rechteverwaltung 299
Reelle Zahl 56
Reflexivität 96
Register 296
Regression 274
Reguläre Grammatik 200
Reguläre Sprache 200
Regulärer Ausdruck 208
Rekursion 122, 124, 131
Rekursionstiefe 126
Relation 236

Relationale Datenbank ... 236
Repository ... 342, 354
Ressource ... 319
Ring-Topologie ... 323
Router ... 312
RSA-Verfahren ... 330

S

Scheduling ... 298
Schleife ... 35
Schleifenkörper → Block
Schlüssel ... 77, 239
Schlüsselattribut ... 236
Schlüsselwort ... 32
Schranke, asymptotische ... 113
Scope ... 384
Seekabel ... 315
Selection Sort ... 89, 107
Server ... 311
Service ... 311
Set ... 76
Short-circuit evaluation → Kurzschlussauswertung
Sichtbarkeit ... 226, 384
Sigma ... 88
Signatur ... 331
Skriptsprache ... 302
Skytale ... 328
Slices ... 390
Softskills ... 352, 426
Software ... 339
Sortieren durch Auswählen → Selection Sort
Sortieren durch Einfügen → Insertion Sort
Sortierung, topologische ... 178
Speicher ... 293
Sprache ... 199
   kontextfreie ... 201
   natürliche ... 32
   reguläre ... 200
SQL ... 239
Stack ... 71
Stack Trace ... 397
Stapel → Stack
Startsymbol ... 198, 199
Startzustand ... 202
Statuscode ... 319
Stern-Topologie ... 323
Steuerwerk ... 293

String ... 382
Structured Query Language → SQL
Substitution ... 333
Subtraktion ... 32
Suchbaum ... 151, 158
Suche
   binäre ... 148, 158
   lineare ... 145, 158
Suchraum ... 149
Switch ... 313
Symbol ... 198
Symmetrische Verschlüsselung ... 328
System, fehlertolerantes ... 370

T

Tabelle ... 236
Tautologie ... 43
Technische Informatik ... 425
Teile und herrsche ... 122, 124, 133
Teilmenge ... 77
   echte ... 77
Terminal ... 198, 380
terminieren ... 147
Test first ... 375
Testdaten ... 274
Theoretische Informatik ... 425
Thread ... 298
Tiefensuche ... 182
Timsort ... 134
Top-down-Methode ... 343
Topologie, vollständig verbundene ... 324
Topologische Sortierung ... 178
Trainingsdaten ... 274
Transistor ... 290
Transitivität ... 96
Triple-DES ... 329
Tupel ... 199
Turingmaschine ... 205
Turing-Test ... 263

U

Übergangstabelle ... 203
Überwachtes Lernen ... 273
Umgebung ... 31
Umgebungsfehler ... 370

Ungerichtet 180
Ungewichtet 180
Unicode Standard 59
Unittest 372
Unüberwachtes Lernen 273

V

Variable 34, 381
Vektorgrafik 61
Vererbung 224
Verkettete Liste 70
Verkettung 207
Verschachteln 36
Verschlüsselung
    asymmetrische 329
    symmetrische 328
Versionsverwaltungswerkzeug 342
Verstärkendes Lernen 272
Verzweigung 37
Virenscanner 313
Virtuelle Maschine 302
Virtueller Computer 302
Volladdierer 305
Vollständig verbundene Topologie 324
Von-Neumann-Architektur 295
Vorbedingung 32

W

Wahr 39
Wahrheitswert 39
Wahrheitswertetabelle 40

Watson 270
Webserver 312
Wert 78
White Hat Hacker 407
Wissensbasis 268
Wissenschaftliche Notation 58
WLAN 311
Wohldefiniert 31
Worst Case 107
Worst-Case-Komplexität 90
Wort 199
    leeres 199
Wurzel 151

Z

Zahl
    ganze 56
    natürliche 56
    rationale 56
    reelle 56
Zeichenkodierung 59
Zensur 406
Zurückgeben 30
Zusammenhangskomponente 188
Zustand 202
    akzeptierender → *Endzustand*
Zustandsübergangsfunktion 202
Zuweisung 34
Zuweisungsoperator 34
Zweierkomplement 57
Zyklenfrei 188
Zyklus 188

Theoretische Informatik – der Vorlesungsbegleiter

Stefan Neubert hat Freude an der Theoretischen Informatik und widmet sich mit Leidenschaft der Aufgabe, sie zu Beginn und im Laufe des Bachelorstudiums zu vermitteln. Mit diesem Buch legt er eine erhellende Einführung in die Theoretische Informatik vor, die Sie mit anschaulichen Aufgaben und Beispiele beim Lernen unterstützt. Auch zum Selbststudium geeignet. Die einzelnen Kapitel des Buches sind lernfreundlich ausgearbeitet und stellen zu jedem Thema die Verbindung zu den Aufgabenfeldern der Informatik her.

416 Seiten, broschiert, 29,90 Euro, ISBN 978-3-8362-7588-0
www.rheinwerk-verlag.de/5092